## STUDIENKURS SOZIALE ARBEIT

Lehrbuchreihe für Studierende der Sozialen Arbeit
an Hochschulen und Universitäten

Praxisnah und in verständlicher Sprache führen die Bände der Reihe in die zentralen Anwendungsfelder und Bezugswissenschaften der Sozialen Arbeit ein und vermitteln die für angehende SozialarbeiterInnen und SozialpädagogInnen grundlegenden Studieninhalte. Die konsequente Problemorientierung und die didaktische Aufbereitung der einzelnen Kapitel erleichtern den Zugriff auf die fachlichen Inhalte. Bestens geeignet zur Prüfungsvorbereitung u.a. durch Zusammenfassungen, Wissens- und Verständnisfragen sowie Schaubilder und thematische Querweise.

Klaus Bendel

# Soziologie
# für die Soziale Arbeit

2., aktualisierte und erweiterte Auflage

Onlineversion
Nomos eLibrary

**Die Deutsche Nationalbibliothek** verzeichnet diese Publikation in der Deutschen Nationalbibliografie; detaillierte bibliografische Daten sind im Internet über http://dnb.d-nb.de abrufbar.

ISBN 978-3-8487-5050-4 (Print)
ISBN 978-3-8452-9222-9 (ePDF)

2. Auflage 2020
© Nomos Verlagsgesellschaft, Baden-Baden 2020. Gesamtverantwortung für Druck und Herstellung bei der Nomos Verlagsgesellschaft mbH & Co. KG. Alle Rechte, auch die des Nachdrucks von Auszügen, der fotomechanischen Wiedergabe und der Übersetzung, vorbehalten. Gedruckt auf alterungsbeständigem Papier.

# Inhalt

Abbildungsverzeichnis 9

Tabellenverzeichnis 10

Vorwort zur zweiten Auflage 11

Vorwort 13

1. Einführung: Soziologie und Soziale Arbeit 15

**Grundelemente sozialer Beziehungen** 21

2. Soziales Handeln 23
    2.1 Handeln, Sinn, Komplexität und Kontingenz 23
    2.2 Soziale Situationen 25
    2.3 Soziale Situationen und soziales Handeln 27
        2.3.1 Kultur, Institutionen, Werte, Normen und Rollen 27
        2.3.2 Die Eigendynamik sozialer Situationen 29

3. Soziale Beziehungen 33
    3.1 Soziale Beziehungen als eigenständige Form von Wirklichkeit 33
    3.2 Theoretische Denkfiguren zur Beschreibung sozialer Beziehungen 34

**Formen sozialer Beziehungen** 41

4. Gruppen, Netzwerke und Organisationen 43
    4.1 Gruppen 43
    4.2 Soziale Netzwerke 45
    4.3 Organisationen 47

5. Gesellschaft 53
    5.1 Die Entstehung der modernen Gesellschaft 53
    5.2 Die Veränderungen des Alltagslebens in der modernen Gesellschaft 54
    5.3 Soziologische Theorien der modernen Gesellschaft 55

**Familie, Lebensalter und Generationenbeziehungen** 69

6. Familie 71
    6.1 Was ist eine Familie? 73
    6.2 Die Familie in der modernen Gesellschaft 78
        6.2.1 Familie und Gesellschaftsstruktur 78
        6.2.2 Empirische Entwicklungstendenzen der Familie 82
    6.3 Die Entwicklung der Beziehungen in der Familie 88
        6.3.1 Partnerschaft 88
        6.3.2 Eltern-Kind-Beziehungen 90

## 7. Kindheit — 97

- 7.1 Kindheit als Lebensphase und sozialwissenschaftliches Forschungsfeld — 97
  - 7.1.1 Soziologie der Kindheit — 97
  - 7.1.2 Die Entstehung der Kindheit als eigenständige Lebensphase — 98
- 7.2 Die Lebenslage von Kindern — 101
  - 7.2.1 Kindheit und Familie — 101
  - 7.2.2 Kinder in vorschulischen Einrichtungen — 103
  - 7.2.3 Kindheit und Schule — 105
  - 7.2.4 Freizeitaktivitäten und Gleichaltrigenbeziehungen — 107
  - 7.2.5 Wohlbefinden und Gesundheit — 110
  - 7.2.6 Soziale Lage und Armut — 112

## 8. Jugend — 121

- 8.1 Jugend als Lebensphase — 121
  - 8.1.1 Individuation und Integration — 121
  - 8.1.2 Ausdifferenzierung und Strukturwandel der Lebensphase Jugend — 126
- 8.2 Die Lebenslage von Jugendlichen und jungen Erwachsenen — 130
  - 8.2.1 Familie, Sexualität und Partnerschaft — 130
  - 8.2.2 Schule, Ausbildung und Beruf — 132
  - 8.2.3 Kultur und Freizeit — 135
  - 8.2.4 Wertorientierungen und politische Orientierungen — 137
  - 8.2.5 Abweichendes Verhalten — 140

## 9. Alter — 151

- 9.1 Alter als Lebensphase und sozialwissenschaftliches Forschungsfeld — 151
  - 9.1.1 Soziologische Theorien zum Alter — 151
  - 9.1.2 Die Entstehung des Alters als eigenständige Lebensphase — 154
  - 9.1.3 Strukturmerkmale der Lebensphase Alter — 155
- 9.2 Die Lebenslage alter Menschen — 160
  - 9.2.1 Materielle Lage — 160
  - 9.2.2 Soziale Netzwerke, soziale Beziehungen, soziale Teilhabe — 163
  - 9.2.3 Gesundheit, Pflegebedürftigkeit und soziale Unterstützung — 166
- 9.3 Alter und demografischer Wandel — 168
  - 9.3.1 Demografische Entwicklungstrends — 168
  - 9.3.2 Konsequenzen des demografischen Wandels — 172

## Soziale Ungleichheiten und soziale Probleme — 179

## 10. Soziale Ungleichheit — 181

- 10.1 Grundfragen sozialer Ungleichheit und sozialer Gerechtigkeit — 181
- 10.2 Grundbegriffe zur Analyse und Beschreibung sozialer Ungleichheiten — 182
- 10.3 Theorien und Modelle sozialer Ungleichheit — 187
- 10.4 Die Entwicklung sozialer Ungleichheit — 198

**11. Armut als soziales Problem**     209

    11.1 Was ist Armut? – Theoretische Grundlagen und Konzepte     209
       11.1.1 Ressourcen vs. Lebenslagen     210
       11.1.2 Absolute und relative Armut     212
       11.1.3 Objektive und subjektive Armut     213
       11.1.4 Bekämpfte und verdeckte Armut     213
    11.2 Zur Entwicklung der Armut in Deutschland     215

**Literatur**     225

**Stichwortverzeichnis**     255

# Abbildungsverzeichnis

| | | |
|---|---|---:|
| Abbildung 1: | Soziale Arbeit und soziale Beziehungen | 17 |
| Abbildung 2: | Soziologie und Soziale Arbeit | 18 |
| Abbildung 3: | Handlungs- und Systemtheorie | 38 |
| Abbildung 4: | Subsysteme des allgemeinen Handlungssystems nach Talcott Parsons (AGIL-Schema) | 58 |
| Abbildung 5: | Soziale Differenzierung | 59 |
| Abbildung 6: | Systematik der Familien- und Lebensformen im Mikrozensus | 72 |
| Abbildung 7: | Familie in der modernen Gesellschaft | 79 |
| Abbildung 8: | Die Ausdifferenzierung von Lebensphasen in der modernen Gesellschaft | 100 |
| Abbildung 9: | Mehrdimensionales Modell kindlichen Wohlbefindens (UNICEF 2013) | 115 |
| Abbildung 10: | Gesellschaftliche Prägung von Individuation und Integration | 122 |
| Abbildung 11: | Entwicklungsprozesse im Jugendalter in gesellschaftlichen Teilbereichen | 124 |
| Abbildung 12: | Zeitliche Muster des Übergangs vom Jugend- zum Erwachsenenalter | 129 |
| Abbildung 13: | Jugend als Übergang von der Kindheit zum Erwachsenenstatus | 130 |
| Abbildung 14: | Wertorientierungen | 137 |
| Abbildung 15: | Die Ausdifferenzierung des Alters als Lebensphase | 160 |
| Abbildung 16: | Altersaufbau der Bevölkerung in Deutschland. | 170 |
| Abbildung 17: | Jugend-, Alten- und Gesamtquotient (1871-2060) | 172 |
| Abbildung 18: | Modell sozialer Schichtung für die westdeutsche Bevölkerung der 1960er–Jahre nach Ralf Dahrendorf | 190 |
| Abbildung 19: | Soziale Schichtung der deutschen Bevölkerung 2009 nach Rainer Geißler | 191 |
| Abbildung 20: | Dimensionen sozialer Ungleichheit nach Stefan Hradil | 193 |
| Abbildung 21: | Soziale Lagen nach Stefan Hradil | 194 |
| Abbildung 22: | Soziale Milieus in Deutschland | 195 |
| Abbildung 23: | Formen des Kapitals nach Pierre Bourdieu | 196 |
| Abbildung 24: | Habitus nach Bourdieu | 197 |
| Abbildung 25: | Die Ermittlung des Nettoäquivalenzeinkommens | 199 |
| Abbildung 26: | Fürsorgerechtliche Leistungssysteme in Deutschland. | 214 |

# Tabellenverzeichnis

| | | |
|---|---|---|
| Tabelle 1: | ‚Links-rechts'-Positionierung. | 139 |
| Tabelle 2: | Durchschnittliche Lebenserwartung von Männern und Frauen in Deutschland bei Geburt und im Alter von 60 Jahren | 157 |
| Tabelle 3: | Voraussichtliche Entwicklung der Bevölkerung in Deutschland (in Millionen) | 169 |
| Tabelle 4: | Jugend-, Alten- und Gesamtquotient mit den Altersgrenzen 20 und 65 Jahre (auf 100 20- bis unter 65-Jährige kommen) | 171 |
| Tabelle 5: | Bedarfsgewichtung nach der neuen OECD-Skala | 200 |
| Tabelle 6: | Verteilung des Nettoäquivalenzeinkommens auf Bevölkerungsquintile und Gini-Koeffizient in West- und Ostdeutschland 1991-2010 | 202 |
| Tabelle 7: | Verteilung des Nettoäquivalenzeinkommens auf Bevölkerungsquintile und Gini-Koeffizient in der Bundesrepublik Deutschland 1962-1988 | 202 |
| Tabelle 8: | Einkommensverteilung (Nettoäquivalenzeinkommen) in Deutschland 2008-2018 | 203 |
| Tabelle 9: | Armutsrisiko- und Reichtumsschwellen auf Basis des Nettoäquivalenzeinkommens. | 204 |
| Tabelle 10: | Median des monatlichen Nettoäquivalenzeinkommens in Deutschland 2013. | 205 |
| Tabelle 11: | Bevölkerungsanteile der Empfänger von Mindestsicherungsleistungen (in %). | 216 |
| Tabelle 12: | Anteil der Empfängerinnen und Empfänger sozialer Mindestsicherungsleistungen an der Gesamtbevölkerung in Deutschland (in %). | 216 |
| Tabelle 13: | Armutsrisikoquoten in Deutschland bezogen auf 60% des Medians der Nettoäquivalenzeinkommen aller Personen (neue OECD-Skala, in %). | 217 |

## Vorwort zur zweiten Auflage

Erfreulicherweise kann „Soziologie für die Soziale Arbeit" jetzt in einer zweiten Auflage erscheinen. Das eröffnet die Möglichkeit, Aussagen zu überprüfen, Formulierungen zu überdenken, Daten zu aktualisieren, gesellschaftlichen Entwicklungen der letzten Jahre Rechnung zu tragen und neuere Publikationen zu den einzelnen Themenschwerpunkten zu berücksichtigen. Die Resonanz, auf die der Band in seiner ersten Auflage gestoßen ist, gab mir jedoch Anlass zu der Annahme, dass dessen Grundkonzeption den Bedürfnissen seiner Nutzerinnen und Nutzer entgegenkam und sinnvoll war. Daher wurden der Aufbau und die Gliederung weitgehend beibehalten.

Danken möchte ich neben all denjenigen, die mich bereits beim erstmaligen Erscheinen des Buchs ebenso wie nun auch bei der zweiten Auflage unterstützt haben. Bei der Überarbeitung des Manuskripts für die zweite Auflage hat sich Maja Ostermann um die Beschaffung der Literatur bemüht. Jutta Müller und Thomas Reuter waren wiederum eine große Hilfe bei meinen Bemühungen um sprachliche Achtsamkeit. Nach wie vor trage ich für den Inhalt, insbesondere für etwaige Unzulänglichkeiten, die alleinige Verantwortung.

## Vorwort

Studierende stehen zu Beginn eines Studiums meist grundsätzlich vor der Frage, was die gewählte Fachrichtung in Theorie und Praxis eigentlich auszeichnet. Womit beschäftigt sie sich und was ist ihre Aufgabe? Welchen Themenstellungen widmet sie sich als Wissenschaft und welche beruflichen Handlungsfelder sind mit ihr verbunden? Was hat sie mit anderen Fachrichtungen gemeinsam und worin unterscheidet sie sich von ihnen?

Die Soziale Arbeit ist von einer besonderen interdisziplinären und multiprofessionellen Ausrichtung geprägt, so dass sich die Fragen, was ihren spezifischen Kern ausmacht und in welchem Verhältnis sie zu anderen Disziplinen und Professionen steht, umso nachdrücklicher stellen, zugleich aber auch nicht so einfach zu beantworten sind.

Theoriediskurse und -seminare versuchen zu klären, inwiefern sie einen eigenständigen wissenschaftlichen Standort besitzt, von dem aus der Bezug zu anderen Wissenschaften beschrieben werden kann und was ihr besonderer Gegenstand bzw. originäres Selbstverständnis, im Unterschied etwa zur Pädagogik, Psychologie, Medizin oder Soziologie, ist.

Diese Fragen stellen sich jedoch nicht nur theoretisch, sondern auch praktisch: Was brauchen Studierende der Sozialen Arbeit mit Blick auf ihre zukünftige berufliche Tätigkeit in welchem Umfang wofür? Wozu benötigt man beispielsweise soziologisches oder sozialpolitisches Wissen und was unterscheidet die Aufgaben eines Sozialarbeiters* von denen eines Psychologen, Mediziners, Juristen oder Pädagogen? Gibt es spezielle Probleme, für die Soziale Arbeit zuständig ist, und spezielle Methoden, mit denen sie sich ihnen widmet? Oder ist sie lediglich eine Summe von Teilbausteinen aus anderen Fachgebieten und kein eigenständiges Reflexions- und Handlungsfeld?

Diese Fragen begleiten nicht nur Studierende während ihres Studiums. Sie sind zentral für das Verständnis der Sozialen Arbeit als wissenschaftliche Disziplin und Profession.

Der vorliegende Band kann darauf selbstverständlich keine abschließenden Antworten geben. Er möchte lediglich den Stellenwert soziologischer Perspektiven für die Soziale Arbeit verdeutlichen und einführend erläutern, welche Verbindungen zwischen ihr und der Soziologie bestehen, an welchen Punkten sie sich unterscheiden und welche Aspekte der Soziologie für die Theorie und Praxis Sozialer Arbeit von besonderer Bedeutung sind.

---

* Im Interesse einer geschlechtergerechten Sprachverwendung werden im Folgenden (soweit es möglich ist) geschlechtsneutrale Formulierungen gebraucht. Aus Gründen der leichteren Lesbarkeit wird jedoch auf geschlechtsspezifische Differenzierungen in Form von Doppelnennungen, wie z.B. Teilnehmerinnen und Teilnehmer, Schrägstrichschreibweisen, wie z.B. Teilnehmer/innen, Klammerschreibweisen, wie z.B. Teilnehmer(in), sowie die Verwendung eines Binnen-I (TeilnehmerInnen), Gendergap (Teilnehmer_innen) oder Gendersternchens (Teilnehmer*innen) verzichtet. Entsprechende Bezeichnungen gelten im Sinne der Gleichbehandlung für alle Personen.

## Vorwort

Dabei wird zunächst das Verhältnis von Soziologie und Sozialer Arbeit thematisiert (Kap. 1). Die folgenden Kapitel behandeln die Grundlagen zum Verständnis sozialen Handelns (Kap. 2) und sozialer Beziehungen (Kap. 3) sowie unterschiedliche soziale Gebilde (Kap. 4 und 5). Im Anschluss werden sozialwissenschaftliche Themenfelder, die enge Bezüge zur Sozialen Arbeit besitzen, dargestellt. Zunächst stehen dabei die Lebensphasen Kindheit, Jugend und Alter sowie die damit verbundenen Beziehungen zwischen den Generationen und Formen des Zusammenlebens, insbesondere in Familien, im Vordergrund (Kap. 6, 7, 8 und 9). Das anschließende Kapitel (10) behandelt grundlegende Aspekte sozialer Ungleichheit in der modernen Gesellschaft. Welche besonderen Lebensumstände als soziale Probleme wahrgenommen werden und gesellschaftliche Reaktionen, unter anderem in Form der Sozialen Arbeit, hervorrufen, wird schließlich im elften Kapitel am Beispiel der Armut thematisiert.

Danken möchte ich allen, die mich bei der Arbeit an diesem Buch unterstützt haben. Insbesondere Ria Puhl für die Anregung hierzu, Anna Rhode für die regelmäßig verlässliche Beschaffung der Literatur, Christian Thiel für die grafische Gestaltung von Abbildungen sowie Yannik Bendel für instruktive Hinweise zum Manuskript. Jutta Müller, Thomas Reuter, Uli Hogh-Janovsky und Karl-Heinz Martinß waren bei meinen Bemühungen, achtsam mit der deutschen Sprache umzugehen, eine große Hilfe. Auch ihnen gilt mein herzlicher Dank. Selbstverständlich trage ich für den Inhalt dieses Bandes, insbesondere für etwaige Unzulänglichkeiten, die alleinige Verantwortung.

# 1. Einführung: Soziologie und Soziale Arbeit

Stellt man Studienanfängern die Frage, warum sie Soziale Arbeit studieren, so stößt man in der Regel auf drei Beweggründe:

Der erste ist der Wunsch nach einer Arbeit an und mit Menschen. Im Unterschied zu gewerblichen und technischen Berufen, die sich primär mit dem Bau von Geräten und Apparaturen oder der Gestaltung ganzer Produktionsabläufe befassen und ein Verständnis naturwissenschaftlich-technischer Zusammenhänge erfordern, stehen bei der Sozialen Arbeit die Beziehungen zwischen Menschen im Mittelpunkt. Während man im ersten Fall beispielsweise lernt, Häuser zu bauen, Möbel zu fertigen, Autos zu reparieren oder Computerprogramme zu schreiben, versucht man im zweiten Fall, soziale Beziehungen gezielt zu beeinflussen.

Daraus ergeben sich besondere Bedingungen und Anforderungen. Im Unterschied zur Bearbeitung von Gegenständen können die Menschen, mit denen man es zu tun hat, reagieren. Sie können ein Unterstützungsangebot annehmen oder ablehnen, sich mehr oder weniger kooperativ zeigen, Zustimmung oder Kritik äußern. Die Arbeit mit anderen Menschen und der Versuch, ihre sozialen Beziehungen absichtsvoll zu gestalten, müssen also in Rechnung stellen, dass diejenigen, denen die Hilfe zuteilwerden soll, selbst über ihre Situation und die Beziehungen, in denen sie stehen, nachdenken, sich dazu verhalten und die Absichten und Motive der anderen Beteiligten reflektieren. Soziale Arbeit erfolgt insofern immer in Form einer sozialen Beziehung, an der andere Menschen konstitutiv beteiligt sind. Sie ist kein auf Gegenstände gerichtetes, sondern ein soziales Handeln.

Der zweite Beweggrund, der in der Regel hinter dem Interesse an einem Studium der Sozialen Arbeit steht, ist der Wunsch, zu helfen. Man möchte nicht einfach nur mit anderen Menschen arbeiten, indem man sie beispielsweise bei ihrem Kleiderkauf berät oder ihnen die Haare schneidet. Vielmehr geht es darum, Menschen in schwierigen Lebenssituationen, die sie aus eigenen Kräften nicht verändern können, durch eine entsprechende Unterstützung Möglichkeiten zu eröffnen, sich aus dieser Lage zu lösen oder zumindest dazu beizutragen, besser mit diesen Umständen leben zu können. Soziale Arbeit ist insofern eine Tätigkeit, die auf eine besondere soziale Lage von Menschen gerichtet ist. Sie ist nicht nur soziales Handeln, sondern soziales Handeln in der Form von Hilfe.

Auch daraus ergeben sich Bedingungen und Anforderungen. In diesem Fall jedoch nicht allein hinsichtlich der möglichen Reaktionen anderer, mit denen man zu tun hat, sondern auch hinsichtlich der Reflexion des eigenen Handelns. Warum will man helfen, was sind die Motive, was die Ziele und Maßstäbe? Was unterstellt man bei der Wahrnehmung von Hilfebedürftigkeit als Ursache? Von Bedeutung sind jedoch nicht allein die persönlichen Motivationen und Wahrnehmungen, sondern auch die gesellschaftlichen Bedingungen, unter denen Hilfebedarf entsteht und Hilfen erbracht werden. Welche gesellschaftlichen Mechanismen schaffen Lebensbedingungen, die durch Hilfsbedürftigkeit gekennzeichnet sind, und welche gesellschaftlichen Instanzen nehmen einen derartigen Hilfebedarf wahr? Wer bestimmt, in welcher Art und Weise, in welchem Umfang und mit welchem Ressourceneinsatz darauf reagiert wird? Hilfe stellt in diesem Sinne eine bestimmte Form des sozialen Handelns in besonderen institutionellen Kontexten und unter spezifischen gesellschaftlichen Voraussetzungen dar.

Der dritte Beweggrund, Soziale Arbeit zu studieren, ist schließlich der Wunsch, einen Beruf zu erlernen, so dass man spezielle Leistungen für andere erbringen und damit seinen Lebensunterhalt sicherstellen kann. Wenn jemand seinen Kindern bei den Hausaufgaben hilft, spontan jemandem, der gestürzt ist, aufhilft oder Bekannten, die ihr Geld vergessen haben, etwas leiht, würde man dies alles als löbliche Formen alltäglicher Hilfe bezeichnen, wohl kaum aber als Soziale Arbeit. Gegenüber den informellen, spontanen und situativ geprägten alltäglichen Hilfen zeichnet sich die Soziale Arbeit durch ihre institutionalisierte Form aus.

Institutionen sorgen dafür, dass das Zusammenleben der Menschen in geordneten Bahnen verläuft (vgl. Kap. 2.3.1). Sie symbolisieren Regeln und Routinen, so dass Verhaltensweisen erwartbar und konkrete soziale Situationen absehbar in einer bestimmten Art und Weise bewältigt werden.

Eines der wichtigsten Elemente von Institutionalisierungsprozessen ist die Entstehung von Professionen. Sie gewährleisten, dass Menschen für bestimmte Aufgaben besondere, durch Prüfungsleistungen anerkannte, Qualifikationen erworben haben, so dass sie in entsprechenden Situationen verlässlich und auf der Grundlage fachlich anerkannter Standards handeln. Soziale Arbeit ist in diesem Sinne eine professionelle Form der Hilfe, da ihre Ausübung einen derartigen Qualifizierungsprozess voraussetzt.

Was aber zeichnet die professionelle Hilfe, die Soziale Arbeit erbringt, im Unterschied zu anderen Formen professioneller Hilfe aus? Was unterscheidet sie beispielsweise von medizinischen oder psychologischen Leistungen?

Sicherlich gibt es hier viele Überschneidungen und Berührungspunkte. Versucht man jedoch die jeweilige Besonderheit näher zu bestimmen, so lässt sich in einem ersten Schritt sagen, dass sowohl medizinische wie auch psychologische Behandlungen primär auf den Menschen in seiner individuellen Existenz als Einzelperson gerichtet sind. Zwar gibt es auch in diesen Disziplinen Teilgebiete wie die Sozialmedizin oder die Sozialpsychologie und selbstverständlich wird in Rechnung gestellt, dass Menschen nicht als Einzelwesen, sondern in sozialen Beziehungen leben. In der Medizin ebenso wie in der Psychologie richtet sich der Blick jedoch vor allem auf die Auswirkungen sozialer Lebensbedingungen auf die Gesundheit der Menschen als Individuen mit entsprechenden körperlichen und psychischen Gegebenheiten oder Beschwerden. Sie ist der zentrale Bezugspunkt. Wenn wir Bauchschmerzen haben oder das Knie angeschwollen ist, suchen wir einen Arzt auf und wenn wir Anzeichen einer depressiven Verstimmung oder Angstzustände verspüren, konsultieren wir einen Psychologen. Wann aber ist ein Sozialarbeiter gefragt?

Suchen wir aus der Praxis Beispiele, so lassen sich auch hier typische Handlungsfelder beschreiben: Wenn in einem Stadtteil viele Menschen unterschiedlicher Herkunft und ethnischer Zugehörigkeit leben, die kaum zueinander Kontakt haben, oder Barrieren hinsichtlich ihrer Teilhabe am sozialen Leben bestehen, würde man sie nicht zum Psychologen oder Mediziner schicken. Ebenso wenig Menschen, deren Lebensalltag von Armut geprägt ist oder Jugendliche, die kaum Freizeitmöglichkeiten haben oder keinen Ausbildungsplatz finden. Gesundheitliche Probleme können zwar Ursache oder Folge dieser Lebensumstände sein, so dass ein Anlass für medizinische oder psychologische Hilfen besteht. Primär handelt es sich jedoch um die prekäre Einbindung von Menschen in ein bestimmtes soziales Beziehungsgefüge. Das Wohlbefinden der Betroffenen, ihre biopsychosoziale Verfassung, ist das Bindeglied der beteiligten Professionen und im Idealfall sind alle gleichermaßen in enger Kooperation darum bemüht. Die Soziale Arbeit richtet ihren Blick dabei jedoch vorrangig auf die sozialen Beziehungen und gesellschaftlichen Kontexte, in denen der Mensch als Sozialwesen naturgemäß immer steht. Die Probleme, die sich für einen Menschen oder auch für eine ganze Gruppe daraus ergeben, stehen bei ihr im Mittelpunkt.[1] Dieser Fokus auf die Aspekte, die aus den zwischenmenschlichen sozialen Beziehungen resultieren, begründet zugleich auch die enge Verbindung der Sozialen Arbeit zur Soziologie.

*Abbildung 1: Soziale Arbeit und soziale Beziehungen*

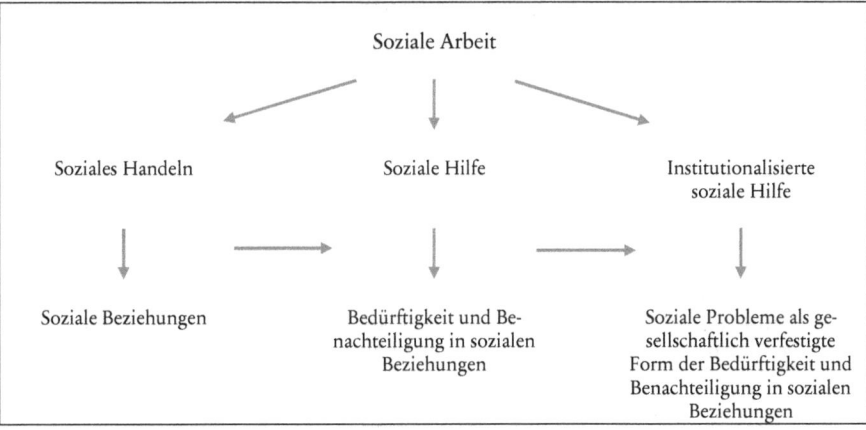

Soziale Arbeit richtet sich auf die Beziehungen, in denen Menschen zu anderen Menschen stehen. Sie versucht auf institutionell geregelte Art und Weise Probleme, die aus sozialen Beziehungen entstehen, zu bearbeiten und ist aufgrund der fachlichen Qualifizierungsprozesse, die zu ihrer Ausübung als Beruf erforderlich sind, eine professionelle Form sozialer Hilfe.

Wir alle leben in vielfältigen sozialen Beziehungen zu anderen Menschen, versuchen, sie absichtsvoll zu gestalten, und sind zugleich existentiell auf die Einbindung in soziale Kontexte angewiesen. Das – für jeden persönlich außerordentlich

---

1 Allerdings ist die Soziale Arbeit nicht allein und exklusiv für die Bearbeitung sozialer Probleme zuständig. Diesen kann beispielsweise auch durch Geld- und Sachleistungen, Erziehungs- und Bildungsmaßnahmen oder durch politische Entscheidungen bzw. rechtliche Regelungen entgegengewirkt werden. Soziale Arbeit ist offenbar immer dann gefordert, wenn diese Formen der spezifischen Bearbeitung sozialer Probleme an Grenzen stoßen und es zunächst darum geht, überhaupt einen Zugang zu entsprechenden Förder-, Unterstützungs- und Teilhabemöglichkeiten zu eröffnen.

wichtige Gelingen – dieses sozialen Miteinanders ist nicht allein von uns und unserem Verhalten, sondern von vielfältigen und komplexen Wechselwirkungen des gesellschaftlichen Lebens abhängig. Die Soziologie als Wissenschaft ist darum bemüht, die Strukturen und Regelmäßigkeiten dieser zwischenmenschlichen Beziehungen auf unterschiedlichen Ebenen und in unterschiedlichen Lebenszusammenhängen zu beschreiben. Während etwa die Wirtschafts-, Rechts-, Politik- oder Erziehungswissenschaften sich mit speziellen gesellschaftlichen Teilbereichen im Besonderen auseinandersetzen, ist es das Anliegen der Soziologie, Einblicke in die allgemeinen Grundmechanismen des Zusammenlebens zu geben, die sich sowohl in diesen Teilbereichen wie auch in ihrem Zusammenwirken im Rahmen des gesellschaftlichen Gesamtzusammenhangs wiederfinden. Sie beschäftigt sich insofern mit allem, was sich in der Gesellschaft vollzieht und ereignet.

Ihre besondere Bedeutung für die Soziale Arbeit liegt darin, dass sie sich auch mit der Erforschung ihres Gegenstandes beschäftigt. Das, was die Soziale Arbeit gezielt gestalten will, analysiert und beschreibt die Soziologie. Daher gibt es einen gemeinsamen Bezugspunkt, zugleich aber auch eine Differenz zwischen beiden Disziplinen. Während die Soziologie sich primär darum bemüht, soziale Prozesse auf unterschiedlichsten Ebenen und in all ihren Ausprägungen zu beobachten, zu beschreiben und ihre Entwicklungsdynamiken zu erklären, ist es das vorrangige Ziel der Sozialen Arbeit, in soziale Prozesse und Beziehungen, die als soziales Problem wahrgenommen werden, einzugreifen und sie gezielt zu gestalten.

*Abbildung 2: Soziologie und Soziale Arbeit*

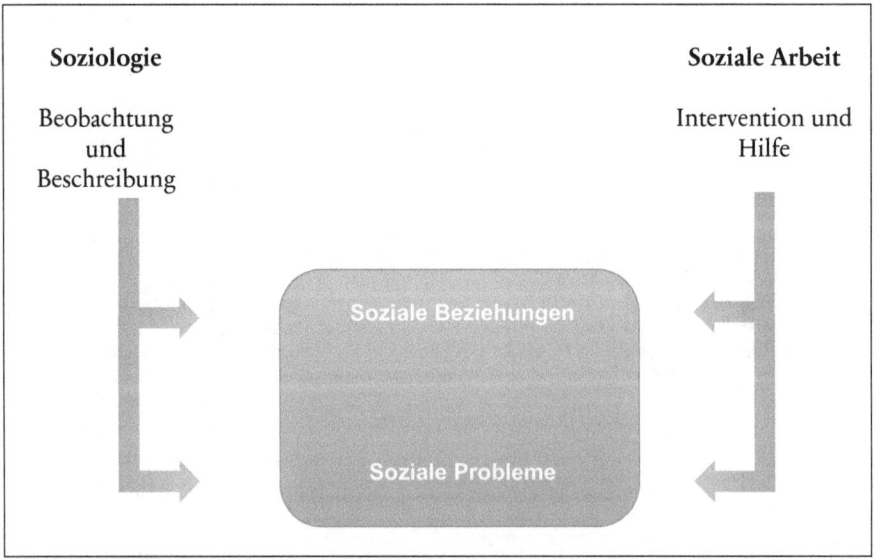

Da die Soziale Arbeit unter bestimmten Bedingungen und Voraussetzungen in soziale Prozesse interveniert und zugleich selbst auch ein Teil der Gesellschaft mit typischen Beziehungsmustern, Organisationsformen und gesellschaftlichen Funktionen ist, sind viele – wenn auch nicht alle – Themengebiete der Soziologie für sie relevant.

Neben einem grundlegenden Verständnis des eigentümlichen Charakters sozialer Beziehungen sind Kenntnisse über deren Vielfalt, Strukturen und Entwicklungsdynamik, etwa in Gruppen, Familien und Organisationen, zwischen Generationen oder in der Gesellschaft als Ganzes von Bedeutung. Hinzu kommen soziale Ungleichheiten in unterschiedlichen Bereichen des gesellschaftlichen Lebens, etwa im Bildungssystem, auf dem Arbeitsmarkt, in der Familie oder der Freizeit, die hieraus resultieren und beispielsweise mit der sozialen Herkunft, der Lebensform, dem Geschlecht, gesundheitlichen Beeinträchtigungen und Behinderungen oder einem Migrationshintergrund verbunden sind. Vor allem wenn diese Ungleichheiten extreme Formen annehmen und sich – wie in Fällen von Armut und sozialer Ausgrenzung – zu einem sozialen Problem entwickeln, gewinnen sie für die Soziale Arbeit einen besonderen Stellenwert, da dies der Anlass für ihr Handeln ist.

> Die Soziologie beschäftigt sich mit den Strukturen und Regelmäßigkeiten von zwischenmenschlichen Beziehungen auf unterschiedlichen Ebenen und in unterschiedlichen Lebensbereichen. Neben deren Mustern und Entwicklungsdynamiken sind insbesondere soziale Ungleichheiten, die hieraus hervorgehen und in extremen Fällen zu Benachteiligungen führen, für die Soziale Arbeit relevant. Die Soziologie dokumentiert und analysiert soziale Beziehungen, so dass soziale Probleme sichtbar werden, während die Soziale Arbeit in soziale Beziehungen interveniert, um sozialen Problemen entgegenzuwirken.

Die Soziale Arbeit ist jedoch nicht lediglich ein Fachgebiet, das sich auf soziologisches Wissen stützt und es praktisch anwendet. Sie geht in ihrer Theorie und Praxis vielmehr auch darüber hinaus, indem sie sich vor allem mit der Frage der gezielten Gestaltung von bestimmten sozialen Konstellationen beschäftigt. Dafür ist die soziologische Analyse relevanter sozialer Sachverhalte sicherlich zwingend notwendig. Zugleich bedarf es jedoch eines darauf aufbauenden Interventionsinstrumentariums, das die Soziologie allenfalls ansatzweise zur Verfügung stellt und die originäre wissenschaftliche Eigenständigkeit der Sozialen Arbeit ausmacht. Die Soziologie ist insofern nur eine Ressource, mit deren Hilfe die Soziale Arbeit ihr eigenes Potential als handlungsorientierte Disziplin und Profession entfaltet.

> **Zusammenfassung**
>
> Soziale Arbeit ist eine professionelle Form sozialer Hilfe. Ihr Ziel ist es, sozialen Problemen, die aus den sozialen Beziehungen der Menschen hervorgehen, auf der Grundlage fachlicher Standards und institutioneller Regeln entgegenzuwirken. Während die Soziologie soziale Beziehungen auf unterschiedlichen Ebenen und in unterschiedlichen Formen beschreibt, greift die Soziale Arbeit in Beziehungskonstellationen, die mit besonderen Benachteiligungen einhergehen, ein, um sie zu verändern. Soziale Arbeit stützt sich insofern auf soziologische Wissensbestände und Analysen, geht aber zugleich aufgrund ihrer auf besondere soziale Situationen gerichteten Anwendungsorientierung hierüber hinaus.

## 1. Einführung: Soziologie und Soziale Arbeit

> **Fragen zur Wiederholung**
> 1. Welche Aspekte zeichnen Soziale Arbeit aus?
>    Stichworte: Sozialität, Hilfe, Professionalität.
> 2. Was ist die besondere Aufgabe der Sozialen Arbeit in Abgrenzung bzw. Ergänzung zu medizinischen oder psychologischen Hilfen?
>    Stichwort: soziale Probleme.
> 3. Womit beschäftigt sich die Soziologie?
>    Stichworte: soziale Beziehungen, Gesellschaft.
> 4. Was verbindet die Soziologie und die Soziale Arbeit und in welcher Hinsicht unterscheiden sie sich?
>    Stichworte: soziale Beziehungen und soziale Probleme, Beobachtung und Intervention.

Literatur zur Vertiefung:

Birgmeier, Bernd/Mührel, Eric, 2017: Wissenschaftliche Grundlagen der Sozialen Arbeit. 2. Auflage. Schwalbach: Wochenschau, S. 100-108.

Engelke, Ernst/Spatscheck, Christian/Borrmann, Stefan, 2016: Die Wissenschaft Soziale Arbeit. Werdegang und Grundlagen. 4. Auflage. Freiburg: Lambertus, S. 229-246, 270-272.

Henecka, Hans Peter, 2015: Grundkurs Soziologie. 10. Auflage. Konstanz: UVK (UTB), S. 13-18, 23-30.

Gukenbiehl, Hermann L., 2016a: Soziologie als Wissenschaft. Warum Begriffe lernen? In: Korte, Hermann/Schäfers, Bernhard (Hg.), Einführung in Hauptbegriffe der Soziologie. 9. Auflage. Wiesbaden: Springer VS, S. 11-22.

Mennemann, Hugo/Dummann, Jörn, 2018: Einführung in die Soziale Arbeit. 2. Auflage. Baden-Baden: Nomos, S. 14-21, 71-75, 93-97.

Staub-Bernasconi, Silvia, 2018: Soziale Arbeit als Handlungswissenschaft. Auf dem Weg zu kritischer Professionalität. 2. Auflage. Opladen & Toronto: Barbara Budrich (UTB), S. 210-233.

## Grundelemente sozialer Beziehungen

Das erste Kapitel behandelte vorrangig die Frage, in welcher Hinsicht die Soziologie für die Soziale Arbeit von Bedeutung ist. Entscheidend war dabei, dass es der Soziologie darum geht, soziale Beziehungen in ihren unterschiedlichen Formen und auf unterschiedlichen Ebenen zu beschreiben. Ihr Thema ist der Mensch als Sozialwesen, das heißt die Gesamtheit seiner sozialen Beziehungen oder kurzum die Gesellschaft. In den beiden folgenden Kapiteln soll es nunmehr darum gehen zu klären, was soziale Beziehungen eigentlich sind und welche Phänomene eigener Art sie hervorbringen.

Welche Besonderheiten zeichnen sie aus und inwiefern stellen sie eine eigenständige Realität dar, die einerseits zwar durch das Handeln der Menschen entsteht, andererseits ihnen aber auch Bedingungen setzt, an denen sie ihr Handeln ausrichten?

Dies soll in fünf Schritten anhand der folgenden Fragen erläutert werden:[2]

1. Was zeichnet das menschliche Handeln generell aus und unter welchen Bedingungen vollzieht es sich?
2. Was ist die Besonderheit sozialen Handelns?
3. Wie ist soziales Handeln angesichts der besonderen Konstellationen in sozialen Situationen überhaupt möglich?
4. Inwiefern stellen soziale Beziehungen eine eigenständige Realität unabhängig von den Absichten der beteiligten Menschen dar?
5. In welcher Hinsicht unterscheiden sich soziologische Theorieansätze zur Beschreibung sozialer Beziehungen und welchen Beitrag leisten sie jeweils zum Verständnis sozialer Wirklichkeit?

Diese Fragen werden wiederum in zwei Teilschritten behandelt.

Das zweite Kapitel wird sich zunächst mit den grundlegenden Eigenheiten des menschlichen Handelns beschäftigen (2.1), um anschließend die besonderen Konstellationen von Handlungen, die auf andere Menschen gerichtet sind, darzustellen (2.2). In einem weiteren Schritt werden dann die Bedingungen und Voraussetzungen für den Aufbau und die Entfaltung sozialer Beziehungen beschrieben (2.3).

Das dritte Kapitel wird sich der Frage widmen, worin die Eigenständigkeit sozialer Tatbestände gegenüber den Absichten und Motiven handelnder Akteure besteht (3.1) und welche theoretischen Denktraditionen sich bei der Deutung dieser Eigenständigkeit entwickelt haben (3.2).

---

2 Vgl. im Folgenden Bendel 2009a, die Darstellung ist eine gekürzte und überarbeitete Fassung dieses Beitrags.

## 2. Soziales Handeln

### 2.1 Handeln, Sinn, Komplexität und Kontingenz

Die Besonderheit jeglicher Form menschlichen Handelns ist darin zu sehen, dass es auf der Interpretation von Situationen und Ereignissen basiert. Durch die Zuschreibung von Bedeutungen verleihen wir der von uns wahrgenommenen Welt einen jeweils spezifischen Sinn. Sofern unser Verhalten auf einer derartigen Deutung gründet, wird es mit Absichten und Motiven unterlegt, die es als Handeln auszeichnen. Als klassisch kann hier die Definition von Max Weber, einer der Gründerväter der Soziologie in Deutschland und bis heute einer der wichtigsten Klassiker soziologischen Denkens, gelten: „'Handeln' soll [...] ein menschliches Verhalten [...] heißen, wenn und insofern als der oder die Handelnden mit ihm einen subjektiven Sinn verbinden" (Weber 1972: 1).

Jede Situation wirft jedoch bei dem Versuch, ihren Sinn zu erfassen, zunächst ein Problem auf. Sie enthält eine Vielzahl von Bezügen und verweist in sachlicher, zeitlicher und sozialer Hinsicht auf ein unendliches Netzwerk anderer Ereignisse. Eine Situation spricht insofern nie „für sich", sondern steht immer in einem in seiner Gesamtheit letztlich unüberschaubaren Verweisungszusammenhang, der wiederum eine entsprechende Vielzahl an Interpretationsmöglichkeiten eröffnet. Diese Vielfalt möglicher Deutungen und sich daraus ergebender Handlungsoptionen wird als Komplexität einer Situation bezeichnet.

Den Begriff der Komplexität definiert der Soziologe Hartmut Esser, einer der wichtigsten zeitgenössischen Vertreter soziologischer Theoriebildung in Deutschland, wie folgt: „Unter Komplexität werden – ganz allgemein – die Vielzahl und/oder die Unterschiedlichkeit der Handlungsalternativen und Handlungsfolgen sowie die Risiken bzw. die Unsicherheit der Handlungsfolgen, kurz: der Grad der Vielschichtigkeit, der Intransparenz und der Unübersichtlichkeit einer Situation, verstanden" (Esser 2000/3: 5).

Niklas Luhmann, ebenfalls einer der wichtigsten Vertreter soziologischer Theoriebildung der Nachkriegszeit in Deutschland, gibt folgende einfache Erläuterung: „Komplexität ist ein Maß für Unbestimmtheit und für Mangel an Information" (Luhmann 1984: 50).

Wenn Situationen sich generell als komplex darstellen, müssen wir, um unserem Handeln einen Sinn zu verleihen, aus dem Raum möglicher Bedeutungen eine Auswahl treffen. Wir sind gezwungen, uns für eine bestimmte Deutung der Situation zu entscheiden und andere Möglichkeiten dabei außer Acht zu lassen. Da sich jedoch immer mehrere Alternativen bieten, erscheint unser Handeln grundsätzlich immer auch anders möglich und die Erwartungen, die wir mit ihm verbinden, können eintreten oder auch nicht. Das, was wir mit unserer Entscheidung für ein bestimmtes Handeln auslösen, ist mit anderen Worten von Faktoren abhängig, die wir im Moment der Entscheidung zwischen Alternativen nicht überschauen. Dieses Überraschungsmoment, das in jeder Handlung liegt, bezeichnet man als Kontingenz.

## 2. Soziales Handeln

Niklas Luhmann fasst diesen Gedanken folgendermaßen zusammen: „Durch den Begriff der Komplexität soll bezeichnet werden, dass es stets mehr Möglichkeiten des Erlebens und Handelns gibt, als aktualisiert werden können. Der Begriff der Kontingenz soll sagen, dass die im Horizont aktuellen Erlebens angezeigten Möglichkeiten weiteren Erlebens und Handelns nur Möglichkeiten sind, daher auch anders ausfallen können, als erwartet wurde; [...]. Komplexität heißt also praktisch Selektionszwang. Kontingenz heißt praktisch Enttäuschungsgefahr und Notwendigkeit, sich auf Risiken einzulassen" (Luhmann 1971: 32-33).

Handeln basiert somit auf der aktiven Interpretation einer Situation und diese kann nur durch die Reduktion der Komplexität von Sinn in Form einer Selektion erfolgen. Die Selektion aus einem Möglichkeitshorizont deutet aber darauf hin, dass es auch andere sinnvolle Interpretationen der Situation geben könnte. Indem also Komplexität durch Selektion reduziert wird, bleibt diese zugleich kontingent, das heißt, sie verweist auf weitere Möglichkeiten des Erlebens und Handelns. Dies wiederum macht weitere Reaktionen auf unser Handeln wahrscheinlich.

> Menschliches Handeln basiert auf der Interpretation von Ereignissen in Form von Sinn. Aufgrund der Komplexität der Welt besitzt der Mensch immer eine nicht überschaubare Vielzahl an Deutungsmöglichkeiten, die seinen Handlungen einen kontingenten Charakter verleihen, da sie immer auch anders möglich wären und die Folgen der Handlungen nicht absehbar sind.

Ein Beispiel: Wir begegnen jemandem in der Stadt, der uns grüßt (Ereignis/Situation). Zunächst müssen wir uns Klarheit darüber verschaffen, ob wir die Geste des anderen zutreffend deuten, das heißt, ob es sich wirklich um einen Gruß handelt und nicht um anderweitig zu interpretierende Laute oder Handbewegungen (Interpretation der Situation). Sofern wir vermuten, dass es sich um einen Gruß handelte, müssen wir sodann darüber nachdenken, ob der Gruß an uns gerichtet war oder vielleicht einer anderen Person galt, die sich in unserer Nähe befand. Haben wir das für uns eingeschätzt, bleibt unter Umständen die Unsicherheit darüber, wer die Person ist, die uns grüßt, ob wir sie überhaupt kennen und wenn ja, woher? Welche Erinnerungen verbinden sich eventuell mit früheren Begegnungen? Verwechselt diese Person uns vielleicht, sucht sie einen erstmaligen Kontakt oder erlaubt sie sich vielleicht einen Scherz mit uns? Zugleich müssen wir die Folgen unserer Reaktion bedenken. Was passiert, wenn wir ebenfalls grüßen bzw. wenn wir nicht grüßen? Sollten wir vielleicht grüßen, weil wir ein besonderes Interesse an der Person haben und uns weiteren Kontakt erhoffen oder aber die Möglichkeit sehen, wichtige Dinge zu besprechen, vielleicht auch eine Verabredung zu vereinbaren? Ist es vielleicht eine Gelegenheit, einen bislang unbekannten Menschen näher kennenzulernen? Oder sollten wir, da wir unsicher sind, einfach so tun, als hätten wir nicht bemerkt, dass wir gegrüßt wurden? Ist die Person dann vielleicht beleidigt, weil wir nicht zurückgegrüßt haben? Oder kommt sie, wenn wir sie grüßen, auf uns zu, um ein Gespräch zu beginnen, obwohl wir gerade sehr in Eile sind oder aber zwar gegrüßt haben, jedoch nach wie vor nicht wissen, um wen es sich handelt? Es könnte peinlich werden. Die Liste der Deutungsmöglichkeiten der Situation wie der Folgen von Handlungsoptionen ließe sich unendlich verlängern und verdeutlicht den vielfältigen Verweisungsüberschuss von Sinn (Komplexität der Situation).

Gleichzeitig sind wir aber gezwungen, relativ schnell zu entscheiden, ob wir reagieren und ebenfalls grüßen oder nicht. Ein zu langes Zögern wäre auch eine Entscheidung. Egal, wie wir uns entscheiden, sobald unser Gegenüber erkennt, dass sein Verhalten als Gruß wahrgenommen wurde, wird unser Verhalten als absichtsvolles Handeln gedeutet, bei dem wir durch die Auswahl einer der Alternativen eine Entscheidung getroffen haben, die auch anders möglich gewesen wäre (Komplexitätsreduktion durch Selektion).

Es bleibt daher die Unsicherheit, ob unsere Situationsbewertung zutreffend war bzw. ob die Erwartungen, die wir mit unserer Reaktion verbinden, bestätigt oder enttäuscht werden. Die Deutung der Situation, die uns zum Zurückgrüßen veranlasst hat, könnte ja auch eine Fehlinterpretation gewesen sein, so dass sich unser Gegenüber nun seinerseits fragt, welche Bedeutung unser Verhalten haben könnte (Kontingenz des Erlebens und Handelns).

Die Interpretation unseres Verhaltens als eine absichtsvolle Wahl zwischen mehreren Möglichkeiten gibt unserem Gegenüber jedoch auf jeden Fall Anlass, hierüber nunmehr nachzudenken, unser Verhalten zu deuten und mögliche Reaktionen seinerseits in Erwägung zu ziehen (Wahrscheinlichkeit der Anschlusshandlung bzw. -kommunikation).

## 2.2 Soziale Situationen

Hinsichtlich der Umstände für unser Handeln sind prinzipiell zwei Konstellationen zu unterscheiden. Einerseits Situationen, in denen unser Handeln auf Dinge bzw. Objekte gerichtet ist, und andererseits Situationen, in denen unser Handeln auf andere Menschen gerichtet ist.

Im ersten Fall wird das Handeln eines Akteurs davon geleitet, eine bestimmte Absicht zu realisieren. Man möchte beispielsweise den Rasen mähen, ein Bücherregal an der Wand befestigen oder einen Pudding kochen. Aufgrund der Komplexität der Situation bzw. des Verweisungsüberschusses von Sinn gibt es, wie im Kapitel 2.1 erläutert, immer verschiedene Möglichkeiten, dies jeweils zu tun, während die Folgen vorab nie mit absoluter Sicherheit absehbar sind. Daher ist mit der Entscheidung zur Ausführung einer bestimmten Handlung immer auch das Risiko verbunden, dass die zugrunde liegenden Annahmen sich nicht bestätigen, die erwarteten Wirkungen nicht eintreten und wir mit unseren Absichten scheitern. Der Rasenmäher kann streiken, der Dübel in der Wand partout keinen Halt finden und der Pudding anbrennen. Die Entscheidung für eine bestimmte Form des Handelns ist jedoch allein von unseren eigenen Erwägungen und Erwartungen in der Situation abhängig.

Davon zu unterscheiden sind Situationen, bei denen unser Handeln auf andere Mitmenschen gerichtet ist. In diesem Fall handelt es sich um soziales Handeln. Max Weber definiert es folgendermaßen: „Soziales Handeln soll ein [...] Handeln heißen, welches von seinem [...] gemeinten Sinn nach auf das Handeln anderer bezogen wird und daran in seinem Ablauf orientiert ist" (Weber 1972: 1).

## 2. Soziales Handeln

Hier müssen wir in Rechnung stellen, dass die Folgen unseres Handelns auch von der Situationsbewertung anderer Akteure abhängig sind. Während beispielsweise der oben erwähnte Pudding aufgrund unserer Handlungen beim Kochen einfach nur anbrennt oder eben nicht und wir das Ergebnis zur Kenntnis nehmen müssen, hängen die Folgen sozialen Handelns zusätzlich von den Interpretationen derjenigen ab, auf die es gerichtet ist. Es gibt also in diesem Fall eine zweite kontingente Selektion, die darüber entscheidet, welche Konsequenzen mit unseren Handlungen verbunden sind. Folglich denken wir als Erstes darüber nach, was die jeweils anderen wohl tun werden, wenn sie mit unseren Aktivitäten konfrontiert sind. Wir versetzen uns also in deren Lage und versuchen, aus ihrer Sicht die Situation zu bewerten, um abzuschätzen, wie sie wohl reagieren werden. Wir erwägen somit die Folgen unseres Handelns nicht allein aus unserer Sicht, sondern auch aus der Perspektive der anderen. In der Soziologie wird diese Grundkonstellation sozialer Situationen mit dem Begriff der doppelten Kontingenz charakterisiert.

Ein einfaches Beispiel für eine solche Form sozialen Handelns wäre die Absicht, einer nahe stehenden Person ein Geschenk zum Geburtstag machen zu wollen. Wir überlegen in diesem Fall, was ihr eine Freude bereiten könnte, versuchen also, uns in ihre Lage zu versetzen, und wählen etwas aus. Ob das Geschenk dann allerdings tatsächlich die Erwartungen erfüllt und Freude auslöst, hängt von der Wahrnehmung und den Deutungen dieser Person ab, wenn sie das Geschenk erhalten hat. Man könnte auch nichts ahnend danebengelegen haben.

> Menschliches Handeln, das auf andere Menschen gerichtet ist, wird als soziales Handeln bezeichnet. Die Besonderheit sozialen Handelns besteht darin, dass die Folgen des Handelns auch von der Situationsbewertung anderer Akteure abhängig sind. Diese soziale Konstellation bezeichnet man als doppelte Kontingenz.

Wie das folgende Beispiel der Ausführung eines Strafstoßes bei einem Fußballspiel besonders anschaulich verdeutlicht, bringen uns doppelt kontingente soziale Situationen in ein Dilemma: Der Schütze stellt sich die Frage, in welche Ecke er den Ball schießen soll. Der Torwart stellt sich die Frage, in welche Ecke er hechten soll, um den Ball zu halten. Der Schütze überlegt, den Ball in die linke Ecke zu schießen, stellt sich zugleich aber die Frage, ob der Torwart sich nicht die gleiche Ecke ausgesucht hat, weil er weiß, dass der Schütze die linke Ecke bevorzugt. Aus diesem Grund erwägt der Schütze, den Ball in die rechte Ecke zu schießen. Er muss allerdings wieder in Rechnung stellen, dass der Torwart genauso denkt: Weil der Schütze meist die linke Ecke bevorzugt und weiß, dass dies dem Torhüter wahrscheinlich bekannt ist, könnte er also gerade in die rechte Ecke schießen. Beide wissen demnach nicht, für welche Ecke sie sich entscheiden sollen und egal welche Ecke sie wählen, es könnte gerade die falsche gewesen sein.

Ein weiteres beliebtes Beispiel, das jeder aus eigener Erfahrung kennt, ist die Begegnung von zwei Personen an einer engen Stelle:

Um bei der Begegnung einen Zusammenstoß zu vermeiden, muss einer von beiden ausweichen. Der eine erkennt die Situation, möchte ausweichen und geht leicht nach links. Der andere erkennt die Situation ebenfalls, möchte ausweichen und geht leicht nach rechts. Da nunmehr ein Zusammenprall droht, reagieren beide sofort und weichen in die jeweils andere Richtung aus. Es droht wiederum ein Zusammenprall und sie revidieren ihre Laufrichtung abermals. Und wieder reagieren sie entsprechend. Es erscheint kein Vorbeikommen möglich, weil nicht nur einer, sondern beide gleichzeitig auf die Situation reagieren und sich gerade dadurch immer wieder in die Quere geraten.

Ähnlich wie bei dem Strafstoß besteht die Schwierigkeit darin, dass wir zwar Vermutungen über das Erleben und Handeln unseres Interaktionspartners anstellen können, letztendlich aber nicht wissen, wie er sich verhalten wird, obwohl die erfolgreiche Verwirklichung unserer Absichten gerade davon abhängig wäre. Währenddessen denkt unser Interaktionspartner ebenfalls über die Situation nach und sieht sich dabei mit der gleichen Schwierigkeit konfrontiert. Es bleiben wechselseitige Annahmen, Vermutungen und Unterstellungen mit entsprechendem Enttäuschungsrisiko.

Um Missverständnissen vorzubeugen, sei darauf hingewiesen, dass es hier jeweils lediglich um die Möglichkeit des sozialen Handelns in einer doppelt kontingenten Situation geht, nicht jedoch um die Erzielung eines gemeinsamen Einverständnisses über die Interpretation der Situation. Auch oder gerade dann, wenn man die Absichten und Ziele des Interaktionspartners nicht teilt, beruht die Möglichkeit des Handelns auf einer Interpretation der sozialen Situation. Etwa im Fall des Strafstoßbeispiels: Der Elfmeterschütze und der Torwart haben gegensätzliche Interessen, versuchen aber gerade deshalb jeweils, die Situation mit Blick auf das Verhalten des Kontrahenten zu deuten, um ihr Handeln daran zu orientieren.

Die Frage ist jedoch, wie angesichts der Offenheit der Situation eine verlässliche Interpretation zustande kommt, so dass die Handlungsblockade der doppelt kontingenten Situation aufgelöst werden kann? Wie kommt es, dass soziales Handeln unter diesen Voraussetzungen im Alltag selbstverständlich funktioniert?

## 2.3 Soziale Situationen und soziales Handeln

### 2.3.1 Kultur, Institutionen, Werte, Normen und Rollen

Eine mögliche Erklärung dafür, dass soziales Handeln unter den Bedingungen doppelter Kontingenz gelingen kann, sind Gewohnheiten und Konventionen.

Im sozialen Zusammenleben haben sich im Lauf der Zeit Regeln und Routinen entwickelt, die dazu führen, dass wir in vielen Situationen mit einer gewissen Sicherheit wissen, wie sich die Beteiligten verhalten werden. Wir verfügen mit anderen Worten über einen gemeinsamen Erfahrungshintergrund, auf den sich die Verhaltenserwartungen in einer konkreten Situation gründen.

Stellen sich beispielsweise Begegnungen mit einer gewissen Regelmäßigkeit ein und bedarf es aufgrund der Vielzahl potentieller Engstellen einer entsprechend häufigen wechselseitigen Abstimmung, entwickeln sich Regeln, wie in diesen Fällen zu verfahren ist. Etwa eine Straßenverkehrsordnung, die an Kreuzungen die Regel „rechts vor links" oder die Regel „bei Rot halten, bei Grün fahren" festschreibt. Diese Regeln kennen alle, ihre Kenntnis muss sogar beim Erwerb einer

Fahrerlaubnis nachgewiesen werden, so dass davon auszugehen ist, dass sie im Verkehrsalltag Beachtung finden. Die Beteiligten müssen nicht in jeder konkreten Situation selbst aushandeln, wie sie miteinander umgehen wollen.

Die Gesamtheit dieses gemeinsamen Erfahrungshintergrundes in Form von Sprache, Wissen, Werten, Normen, intuitiven Deutungsmustern und Verhaltensgewohnheiten bezeichnet man als Kultur.

Die sozialen Strukturen, die das Zusammenwirken der Menschen vor dem Hintergrund ihrer Zugehörigkeit zu einer konkreten Kultur regeln, so dass bestimmte Aufgaben oder Probleme in gleichartiger Weise angegangen werden, bezeichnet man als Institutionen. Durch sie besteht für die Beteiligten eine Art Vorgabe für ihr konkretes Handeln, die ihnen Orientierung und Sicherheit bietet und das Handeln in sozialen Situationen absehbar werden lässt. Institutionen beschreiben somit Muster von Handlungsabläufen in sozialen Situationen, die sich zu einer allgemeinen Regel entwickelt haben, so dass wir wechselseitig voneinander ein bestimmtes Verhalten in der jeweiligen Situation erwarten. Gukenbiehl (2016b: 175) nennt unter anderem folgende Beispiele: Grüßen, Diskutieren, Unterrichten, Kaufen und Verkaufen, Spielen oder Feiern.

In dem Maße, wie sich bestimmte Umgangsformen, wie etwa die Begrüßung anlässlich einer Begegnung, zu einer selbstverständlichen Handlungsroutine in bestimmten Situationen entwickeln, entsteht eine generalisierte Verhaltenserwartung, die uns in einer konkreten Situation als etwas vermeintlich objektiv Gegebenes gegenübersteht, an dem sich das Handeln der Beteiligten ausrichtet. Das Verhalten hat sich institutionalisiert: Man grüßt sich!

Weitere Beispiele für Prozesse der Institutionalisierung wären aber auch das gesamte Bildungs-, Gesundheits- und Sozialwesen, politische Ordnungen, Organisationen und Märkte, die Ehe als Beziehungs- oder die Familie als Lebensform. In all diesen Kontexten gibt es institutionalisierte Erwartungshorizonte, an denen sich die Akteure orientieren.

Werte bringen gemeinsame Vorstellungen darüber, wie man sich verhalten sollte, was gut oder richtig bzw. schlecht oder falsch ist, zum Ausdruck. Normen sind von gemeinsam geteilten Werten abgeleitete gesellschaftliche Erwartungen an das Verhalten in sozialen Situationen. Die Freiheit und die Gleichheit aller Menschen sind beispielsweise Werte, an denen sich viele in unserer Gesellschaft orientieren. Die Regelungen im Grundgesetz etwa zur Meinungsfreiheit (Artikel 5) oder zur Gleichberechtigung aller Menschen (Artikel 3) sind davon abgeleitete Normen, die das Verhalten rechtlich regeln. Normen sind somit institutionalisierte Werte.

Der Begriff der Norm lässt sich nur schwer gegenüber dem Verständnis von Institutionen abgrenzen. Hartmut Esser (2000/5: 10) vertritt mit Verweis auf Heinrich Popitz die Auffassung, dass es sich bei Normen um institutionelle Regeln handelt, die mit negativen Sanktionen für den Fall ihrer Nichteinhaltung belegt sind. Normen sind also im engeren Sinne Vorschriften, Gebote bzw. Verbote, deren Beachtung häufig auch durch entsprechende Instanzen kontrolliert und gegebenenfalls sanktioniert wird. Beim Übertreten der Straßenverkehrsordnung droht beispielsweise ein Strafmandat; beim Verstoß gegen die Regelungen eines Mietvertrags die Kündigung, bei wiederholtem Foulspiel im Fußball ein Platzverweis.

Den Prozess der Aneignung von Verhaltensorientierungen und Verhaltenserwartungen bezeichnet man als Sozialisation. Menschen erlernen im Verlauf ihres Lebens, sich an Werten und Normen zu orientieren, die durch das Zusammenleben mit anderen zum Teil gezielt und bewusst, etwa im Rahmen von Bildungs- und Erziehungsmaßnahmen, zum Teil aber auch unbewusst und implizit im alltäglichen sozialen Leben als Verhaltensroutinen vermittelt werden.

Eine besondere Form der Bündelung und damit Stabilisierung von Verhaltenserwartungen sind soziale Rollen. Sie sind Ausdruck sozialer Positionen, die sich im Zusammenleben der Menschen im Zuge von Institutionalisierungsprozessen entwickeln, und mit bestimmten Verhaltensvorgaben an diejenigen, die diese Positionen einnehmen, verbunden. Etwa die Rollen des Angeklagten und Richters, des Sozialarbeiters und Klienten, des Arztes und Patienten, des Lehrers und Schülers oder des Fußgängers und Autofahrers. Elementare Rollen, an denen sich der Mensch frühzeitig bei der Suche nach Verhaltenssicherheiten orientiert, sind Geschlechts- und Generationenrollen. Die Unterscheidung zwischen Mann und Frau bzw. Kind und Erwachsenem stellen erste Formen der Differenzierung bei der Deutung sozialer Situationen im frühen Kindesalter dar. Zugleich sind Rollenzuschreibungen aufgrund des Geschlechts und des Alters Ordnungsmuster, die in fast allen Lebensbereichen dauerhaft bedeutsam bleiben.

In ein kulturelles System von Verhaltensorientierungen und Verhaltenserwartungen wird jeder Mensch hineingeboren. Er entwickelt seine Fähigkeit zu sozialem Handeln durch die Übernahme von Traditionen, Gewohnheiten und Rollen im Rahmen seines Lebens in einer sozialen Gemeinschaft. Wir begegnen uns daher nie völlig voraussetzungslos als Einzelwesen und können in sozialen Situationen verlässlich auf einen gemeinsam geteilten Wissenshintergrund zurückgreifen. Diese dem sozialen Handeln zugrunde liegenden kulturellen Deutungsmuster und institutionellen Strukturen sind das zentrale Thema der Soziologie.

> Soziale Beziehungen können sich unter den Bedingungen doppelter Kontingenz aufgrund eines gemeinsamen Erfahrungshintergrundes entwickeln. Die Gesamtheit dieses gemeinsamen Erfahrungshintergrundes bezeichnet man als Kultur. Institutionen beschreiben Handlungsweisen, die sich vor dem Hintergrund einer gemeinsamen Kultur zu einer allgemeinen Regel entwickelt haben, so dass wechselseitig voneinander ein bestimmtes Verhalten in einer konkreten Situation erwartet werden kann.

## 2.3.2 Die Eigendynamik sozialer Situationen

Die Annahme eines gemeinsamen kulturellen Orientierungshintergrundes in sozialen Situationen, durch den das Problem doppelter Kontingenz aufgelöst werden kann, erscheint naheliegend, da es keine Situation gibt, in der Menschen ohne diese Voraussetzungen handeln müssten bzw. handeln könnten. Jeder hat von Geburt an soziale Beziehungen zu Eltern, Geschwistern oder anderen Mitmenschen und ist zur Entwicklung seiner eigenen Identität und Handlungsfähigkeit existenziell hierauf angewiesen. Nur durch das alltägliche Leben in einer sozialen Gemein-

## 2. Soziales Handeln

schaft wird der Mensch zu sozialem Handeln befähigt und jede soziale Situation ist dadurch geprägt, dass die Akteure sich im Zuge ihres wechselseitig aufeinander gerichteten Handelns auf ein Setting normativer Regeln und kulturellen Wissens beziehen, das sie gemeinsam teilen.

Andererseits lässt sich die gleiche Konstellation aber auch immer umgekehrt betrachten. Es gibt keine sozialen Beziehungen, institutionellen Strukturen oder kulturellen Deutungsmuster, die nicht auf das Handeln der Menschen zurückzuführen wären. Diese erscheinen daher nicht nur als durch ihre sozialen Beziehungen geprägte Wesen, sondern zugleich als diejenigen, die diese Beziehungen aufgrund bestimmter Absichten und Motive hervorbringen.

Damit entsteht jedoch für die Beantwortung der Frage, wie soziale Beziehungen möglich sind, ein Problem: Einerseits ist ein gemeinsamer Erfahrungshintergrund die Voraussetzung für soziales Handeln, andererseits wird dieser aber erst durch soziales Handeln hervorgebracht.

Niklas Luhmann hat vor diesem Hintergrund versucht, das Zustandekommen sozialer Beziehungen zu erklären, ohne auf einen bereits gegebenen gemeinsamen Erfahrungshintergrund zurückzugreifen bzw. ohne die individuellen Absichten und Motive der Akteure als Ausgangspunkt zu nehmen, und seine Aufmerksamkeit dabei auf die soziale Situation selbst gerichtet (vgl. Luhmann 1984: 148ff.). Seines Erachtens entwickelt die Konstellation doppelter Kontingenz aus sich heraus eine Dynamik, die das Entstehen sozialer Beziehungen erklären kann:

Wenn wir eine Situation als doppelt kontingent wahrnehmen, erfahren wir sie so, dass der weitere Situationsverlauf sowohl von unserem Verhalten wie von dem unseres Interaktionspartners abhängig ist, während dieser parallel die Situation in der gleichen Weise erlebt. Daher sind die Beteiligten besonders unsicher, wie sie damit umgehen sollen. Zugleich erleben sie die Situation so, dass die Möglichkeit, sich zu ihr zu verhalten und eine soziale Beziehung aufzunehmen, zeitlich begrenzt ist und sich früher oder später wieder auflöst, falls keiner einen Anfang wagt.

Anhand einer kleinen Vorgeschichte zu dem im Kapitel 2.1 zur Erläuterung der Begriffe „Komplexität" und „Kontingenz" geschilderten „Grußbeispiel" lässt sich die Ausgangskonstellation verdeutlichen:

Zwei Personen begegnen sich in der Stadt und haben kurzen Blickkontakt. Beide haben das vage Gefühl, sich zu kennen, sind sich darüber aber im Unklaren und auch unsicher, ob die jeweils andere Person sie erkennt bzw. wie sie die Situation einordnet (Unsicherheit aufgrund der Unbestimmtheit der Situation). Die Erfahrung, „es könnte jemand sein, den ich kenne", löst bei beiden die Überlegung aus, wie sie damit umgehen sollen. Wollen sie reagieren, müssen sie sich schnell dazu entscheiden, da sich die Situation ansonsten von einem Moment zum nächsten sofort wieder auflöst und der Anlass für den Aufbau einer sozialen Beziehung ungenutzt bleibt (Instabilität der Situation). Die Erfahrung dieser Unsicherheit („ich könnte die Person kennen" bzw. „sie könnte mich kennen") und Instabilität („ich kann mir nicht stundenlang darüber Gedanken machen oder andere fragen, ob mein Eindruck richtig ist") führt uns dazu, darüber nachzudenken, ob wir auf die

Situation reagieren sollen, um mit der erlebten Unsicherheit umzugehen, in dem wir beispielsweise „Hallo" sagen. Es ist also die Unbestimmtheit der momenthaft gegebenen sozialen Situation selbst, die zu einer Kommunikationsofferte Anlass gibt. Die Erfahrung doppelter Kontingenz motiviert zu einem Versuch, sie aufzulösen, und die soziale Beziehung kommt in Gang.

> Nach Niklas Luhmann entfalten soziale Beziehungen sich unter den Bedingungen doppelter Kontingenz aufgrund der Unbestimmtheit und Offenheit der Situation selbst. Die extreme Unsicherheit aufgrund der Unklarheit der Situation führt dazu, dass die Beteiligten versuchen, die Komplexität der Situation zu reduzieren, indem sie sich zu ihr verhalten. Dadurch setzen sie eine soziale Beziehung in Gang.

Ist dann der erste Schritt getan, hat sich das Ganze schon deutlich vereinfacht. Der Gruß „Hallo" liefert dem Gegrüßten einen ersten Anlass zur Überwindung der eigenen Unsicherheit („die andere Person tut zumindest so, als würde sie mich kennen"). Natürlich kann der Gegrüßte auch jetzt noch ohne Antwort weitergehen, aber die Wahrscheinlichkeit, dass er auf die Situation reagiert, ist nun deutlich höher als in der zunächst wortlosen Ausgangssituation. Die Komplexität der Situation hat sich reduziert und dies erhöht die Anschlusswahrscheinlichkeit.

Unser Alltag bietet viele weitere Beispiele für die interne Dynamik des Erlebens doppelt kontingenter Konstellationen. Situationen der Kontakt- oder Gesprächsanbahnung zwischen zwei bislang einander nicht bekannten Personen sind diesbezüglich sicherlich die anschaulichsten. So könnten zum Beispiel ein junger Mann und eine junge Frau auf einer Feier Interesse aneinander zeigen und sich gerne kennenlernen wollen. Obwohl sie zufällig gemeinsam an einem Tisch sitzen, scheitert dieser Wunsch zunächst an der Angst, angesichts des hohen Enttäuschungsrisikos den ersten Schritt in einer noch unbestimmten Situation zu wagen. Beide sind unsicher und nervös und keiner von ihnen weiß, was er sagen soll. Es herrscht Schweigen und die Situation wird zunehmend unerträglich. Beide suchen krampfhaft nach einem Anlass, um sie auflösen zu können, und greifen dabei auf jede Gelegenheit zurück, das Schweigen zu brechen. Ein freundlicher Blick, eine kleine Geste oder ein kleines Missgeschick; irgendetwas, das zu einer Reaktion einlädt ... Je länger die Situation in Offenheit und Unbestimmtheit verharrt, umso wahrscheinlicher wird es, dass einer der beiden, selbst ohne erkennbaren Anlass, einen Anfang wagt.

Der Prozess der Selbstauflösung doppelt kontingenter Situationen ließe sich genauso für den Fall rekonstruieren, dass zwei Menschen sich begegnen, die sich weniger sympathisch sind. Auch wenn sie sich auf einer Feier zufällig den ganzen Abend gegenübersitzen, wird es mit hoher Wahrscheinlichkeit zu einem unverbindlichen Gespräch kommen, um die drohende Peinlichkeit der Situation eines abendfüllenden Schweigens zu vermeiden. Es kommt, wie hier deutlich wird, letztlich gar nicht darauf an, ob wir jemanden sympathisch oder unsympathisch finden. Entscheidend ist vielmehr, dass man sich den ganzen Abend gegenübersitzt und die Situation dadurch gleichsam zur Kommunikation drängt, da sie ansonsten schwer erträglich wäre. Voraussetzung für einen Anfang ist immer nur, dass wir eine Situation als doppelt kontingent wahrnehmen. Dies motiviert uns zu dem

## 2. Soziales Handeln

Versuch, die hiermit einhergehende Unsicherheit durch den Aufbau einer sozialen Beziehung zu überwinden.

> **Zusammenfassung**
>
> Menschliches Handeln basiert auf kontingenten Interpretationen komplexer Situationen und Ereignisse in Form von Sinn. Die Besonderheit sozialen Handelns besteht darin, dass es auf andere Menschen gerichtet ist, so dass die Folgen des Handelns auch von der Situationsbewertung anderer Akteure abhängig sind.
>
> Soziale Beziehungen können sich unter den Bedingungen dieser sogenannten Konstellation doppelter Kontingenz entweder aufgrund eines gemeinsamen kulturellen Erfahrungshintergrundes entwickeln oder sich aufgrund der Unbestimmtheit und Offenheit der Situation selbst entfalten.

> **Fragen zur Wiederholung**
>
> 1. Was zeichnet das menschliche Handeln aus?
>    Stichworte: Sinn, Komplexität, Kontingenz.
> 2. Was ist die Besonderheit sozialer Situationen?
>    Stichwort: Doppelte Kontingenz.
> 3. Wie lässt sich das Problem doppelter Kontingenz lösen?
>    Stichworte: Kultur und Institutionen, Unbestimmtheit der Situation.

Literatur zur Vertiefung:

Esser, Hartmut, 2000/3: Soziologie. Spezielle Grundlagen Band 3: Soziales Handeln. Frankfurt am Main/New York: Campus, S. 1-23.

Esser, Hartmut, 2000/5: Soziologie. Spezielle Grundlagen Band 5: Institutionen. Frankfurt am Main/New York: Campus, S. 1-20.

Gukenbiehl, Hermann L., 2016b: Institution und Organisation. In: Korte, Hermann/Schäfers, Bernhard (Hg.), Einführung in Hauptbegriffe der Soziologie. 9. Auflage. Wiesbaden: Springer VS, S. 174-183.

Henecka, Hans Peter, 2015: Grundkurs Soziologie. 10. Auflage. Konstanz: UVK (UTB), S. 88-93, 101-115.

Luhmann, Niklas, 1984: Soziale Systeme. Grundriß einer allgemeinen Theorie. Frankfurt am Main: Suhrkamp, S. 152-162, 166-173.

Luhmann, Niklas, 2017: Einführung in die Systemtheorie. 7. Auflage. Heidelberg: Carl-Auer, S. 303-311.

Opitz, Sven, 2012: Doppelte Kontingenz. In: Jahraus, Oliver/Nassehi, Armin/Grizelj, Mario/Saake, Irmhild/Kirchmeier, Christian/Müller, Julian (Hg.), Luhmann-Handbuch. Leben – Werk – Wirkung. Stuttgart/Weimar: Metzler, 75-77.

Rehberg, Karl-Siegbert, 2007: Kultur. In: Joas, Hans (Hg.), Lehrbuch der Soziologie. 3. Auflage. Frankfurt am Main/New York: Campus, S. 76-91.

Schäfers, Bernhard, 2016: Soziales Handeln und seine Grundlagen: Normen, Werte, Sinn. In: Korte, Hermann/Schäfers, Bernhard (Hg.), Einführung in Hauptbegriffe der Soziologie. 9. Auflage. Wiesbaden: Springer VS, S. 23-48.

## 3. Soziale Beziehungen

Nachdem sich das zweite Kapitel mit den Eigenheiten menschlichen Handelns und sozialer Situationen beschäftigte, widmet sich das dritte der Frage, worin die eigenständige Realität sozialer Beziehungen unabhängig von den Absichten und Motiven der beteiligten Menschen besteht (3.1) und wie diese Eigenständigkeit als das besondere Forschungsfeld der Soziologie in zwei unterschiedlichen Formen interpretiert werden kann (3.2).

### 3.1 Soziale Beziehungen als eigenständige Form von Wirklichkeit

Wie kommt es dazu, dass den Menschen soziale Strukturen als etwas vermeintlich objektiv Gegebenes, nicht unmittelbar Beinfluss- und Steuerbares gegenübertreten, obwohl sie diese doch selbst mit ihrem sozialen Handeln hervorbringen? Was sind soziale Tatbestände und inwiefern sind sie unabhängig von den handelnden Akteuren?

Hans Joas (2007: 25) nennt als Beispiele für soziale Tatbestände Verbrechens-, Eheschließungs- und Geburtenraten. Ergänzend könnte man auch die Sozialstruktur in einer Gesellschaft, Einkommensverteilungen, das Bruttoinlandsprodukt oder Aktienkurse nennen. Mit Blick auf die Soziale Arbeit vielleicht auch die Armuts- oder Erwerbslosenquoten oder den Anteil regelmäßiger Raucher und Alkoholkonsumenten unter Jugendlichen.

Gemeinsam ist all diesen Phänomenen, dass sie auf sozialen Prozessen beruhen, an denen viele beteiligt sind, deren Resultat jedoch niemand absichtsvoll herbeigeführt hat. Kein Paar hat bei seiner Entscheidung für ein Kind die Geburtenraten im Blick. Ebenso wenig ein Einbrecher die Kriminalitätsraten. Und selbst wenn dies der Fall wäre, könnten sie durch ihr persönliches Verhalten die Gesamtentwicklung nicht nennenswert beeinflussen.

Wie das Beispiel der Ausführung eines Strafstoßes (vgl. Kap. 2.2) zeigt, gilt dies nicht nur bei einem komplexen sozialen Geschehen, sondern selbst dann, wenn nur zwei Personen beteiligt sind. Weder der Schütze noch der Torhüter können erahnen, wie sie sich verhalten sollen, um ihr Ziel zu erreichen. Soziale Beziehungen entwickeln eine Dynamik, die durch die Konstellation der Situation selbst bedingt ist. Ob der Ball ins Tor geht oder gehalten wird, hängt weder allein vom Schützen noch allein vom Torhüter, sondern immer von beiden ab. Dadurch führt das Soziale eine Art Eigenleben unabhängig von den Überlegungen der handelnden Akteure.

Dieser Sachverhalt wird in der Soziologie mit dem Begriff der Emergenz charakterisiert. Damit soll zum Ausdruck gebracht werden, dass soziale Beziehungen charakteristische Tatbestände hervorbringen, die sich nicht aus den Absichten und Motiven der beteiligten Personen ableiten lassen.

# 3. Soziale Beziehungen

> Das soziale Zusammenleben der Menschen bringt Phänomene hervor, die sich nicht unmittelbar aus den Absichten und Motiven der beteiligten Personen ableiten lassen. Sie werden als emergente Effekte des Sozialen bezeichnet und markieren den Gegenstand soziologischer Darstellung und Analyse.

Phänomene der Emergenz beschränken sich nicht auf das soziale Leben, sondern lassen sich beispielsweise auch in naturwissenschaftlichen und technischen Kontexten beobachten. So können etwa die Eigenschaften von Wasserstoff und Sauerstoff nicht erklären, dass daraus Wasser entsteht und dass dieses Wasser Durst löschen und Leben erhalten kann (vgl. Esser 2000/2: 3). Ebenso wenig können die Bestandteile, aus denen ein Haus gebaut wird (Steine, Bretter, Mörtel, Nägel etc.), erklären, warum man darin wohnen kann. Das Haus hat Eigenschaften und eine Struktur (Räumlichkeiten), die sich nicht aus den Bestandteilen, aus denen es gebaut ist, herleiten lassen, sondern nur aus der Art und Weise, wie es gebaut ist, das heißt aus der Art und Weise, wie Steine, Bretter und anderes zusammengefügt wurden (vgl. Luhmann 1981: 277).

Analog zu diesen beiden Beispielen Hartmut Essers und Niklas Luhmanns könnte man sagen, dass die Gesellschaft aus absichtsvollen sozialen Handlungen von Menschen besteht, während sich die Eigenschaften der Gesellschaft nicht hieraus, sondern aus der Art und Weise, wie die Menschen in Beziehung zueinander stehen, erschließen. Das soziale Leben produziert eigenständige, emergente Effekte, etwa Verbrechens-, Eheschließungs- und Geburtenraten, Sozialstrukturen in Form von Klassen-, Schicht- und Milieuzugehörigkeiten oder Aktienkurse, Einkommensverteilungen und Armutsquoten.

## 3.2 Theoretische Denkfiguren zur Beschreibung sozialer Beziehungen

Auch in der Soziologie gibt es nicht nur eine Meinung, sondern unterschiedliche und zum Teil miteinander konkurrierende theoretische Ansätze. Grundsätzlich lassen sich dabei zwei Perspektiven auf soziale Sachverhalte unterscheiden:

Die eine richtet ihren Blick auf das Handeln der Akteure. Sie versucht zu erklären, wie diese sich aufgrund von Bedürfnissen und Interessen vor dem Hintergrund eines gemeinsamen kulturellen Erfahrungshorizonts und eines Systems von Institutionen in bestimmten sozialen Situationen verhalten und welche sozialen Effekte daraus resultieren. Eine solche Perspektive wird als handlungs- oder auch akteurtheoretische Perspektive bezeichnet. Dabei gibt es wiederum eine Fülle von Traditionen und Varianten. Sie reichen von den klassischen Theorien des Handelns, etwa von Max Weber und Alfred Schütz, über Theorien der symbolischen Interaktion von George Herbert Mead bis hin zu Theorien der rationalen Wahl (Rational-Choice-Theorien).

Letztere verfolgen vielleicht am konsequentesten und radikalsten den theoretischen Ansatz, soziale Verhältnisse unter Bezug auf Absichten und Motive handelnder Menschen zu erklären. Sie orientieren sich an individualistischen Theorietraditionen der Nutzenmaximierung (Utilitarismus) und gehen auf philosophische Theorien des Gesellschaftsvertrags von Thomas Hobbes und John Locke sowie auf klassische ökonomische Tauschtheorien von Adam Smith und Davids Hume zurück. Zeitgenössische Vertreter dieser Variante sind beispielsweise James S. Coleman und Hartmut Esser. Aus ihrer Sicht resultieren soziale Beziehungen aus absichtsvollen Handlungen rational abwägender Akteure, die sich unter gegebenen Umständen für diejenige Handlungsalternative entscheiden, von der sie den größten Nutzen erwarten.

Eines der berühmtesten Beispiele, das in diesem Kontext die besondere Schwierigkeit von Entscheidungen in doppelt kontingenten sozialen Situationen verdeutlicht (vgl. Kap. 2.2), ist das sogenannte Gefangenendilemma (vgl. Esser 2000/3: 72 mit Bezug auf Luce/Raiffa 1957: 95ff.): Zwei einer schweren Straftat verdächtigte Personen werden verhaftet. Es gibt zwar Indizien, die auf ihre Tatbeteiligung hinweisen, bis auf ein paar kleinere Delikte ist ihnen allerdings nichts nachzuweisen. Bei getrenntem Verhör machen die Strafverfolgungsbehörden jedem von ihnen dann folgendes Angebot: Sie können ein Geständnis ablegen und als Zeuge gegen den anderen Tatverdächtigen auftreten, sofern dieser die Tat weiterhin abstreitet. Dies hätte zur Folge, dass derjenige, der gesteht und als Zeuge auftritt, freikommt, während der andere zur Höchststrafe von zehn Jahren verurteilt wird. Gestehen beide, so müssen sie für jeweils acht Jahre ins Gefängnis. Schweigen beide, müssen sie, da ihnen die schwere Straftat nicht nachzuweisen ist, für jeweils ein Jahr ins Gefängnis.

Die Situation wechselseitiger Abhängigkeit führt bei diesem Beispiel dazu, dass das absichtsvolle rationale Handeln der Akteure zu einem von beiden nicht beabsichtigten Ergebnis führt: Die Folgen des eigenen Handelns (Gestehen oder Abstreiten) sind vom Handeln des jeweils anderen abhängig, das heißt ob dieser die Tat seinerseits gesteht oder abstreitet. Beide könnten sich zwar absprechen und vereinbaren, zu schweigen, so dass sie vergleichsweise günstig mit jeweils einem Jahr Haft davonkommen. Da sie jedoch einzeln vernommen werden, wissen sie nicht, wie sich der jeweils andere während der Vernehmung verhalten wird. Sie müssen angesichts der Aussicht, bei einem eigenen Geständnis gegenüber einem Schweigen des anderen freigelassen zu werden, befürchten, dass sie, wenn sie sich an die Absprache halten, für zehn Jahre ins Gefängnis wandern, während der andere gesteht und freikommt. Daher gestehen beide und wandern für jeweils acht Jahre ins Gefängnis!

Auch das Beispiel der Ausführung eines Strafstoßes in einem Fußballspiel, das im Kapitel 2.2 zur Erläuterung der Entscheidungsprobleme in doppelt kontingenten Konstellationen dargestellt wurde, ist auf der Grundlage von Theorien rationaler Wahl einer empirischen Überprüfung unterzogen worden. Dabei haben Berger und Hammer (2007) in einer umfangreichen Analyse von über tausend, in deutschen Erstligaspielen geschossenen, Elfmetern festgestellt, dass es in der Tat keine Strategie gibt, die sicheren Erfolg in Aussicht stellen kann (vgl. auch Diekmann 2016: 103f.). Egal welche Ecke der Schütze sich ausgesucht hatte, der Torhüter sprang genauso oft in die gleiche Ecke wie in die andere. Umgekehrt war es natürlich genauso. Egal welche Ecke sich der Torhüter ausgesucht hatte, der Schütze schoss genauso oft in die gleiche Ecke wie in die andere.

## 3. Soziale Beziehungen

Die zweite theoretische Perspektive richtet ihren Blick nicht primär auf das Handeln der Akteure und die Frage, wie daraus soziale Strukturen entstehen. Sie geht vielmehr genau umgekehrt vor und konzentriert sich auf die institutionellen Verhältnisse und die Frage, wie sie sich etablieren und das Handeln der Menschen bedingen. Dabei gibt es auch hier eine Fülle von Traditionen und Varianten. Sie reichen von der Theorie sozialer Tatbestände bei Emile Durkheim über die funktionalistische Systemtheorie von Talcott Parsons bis hin zu Niklas Luhmanns Theorie sozialer Systeme.

Letzterer verfolgt wiederum am konsequentesten und radikalsten den theoretischen Denkweg, soziale Verhältnisse in ihrer Eigenständigkeit ohne Bezug auf die Absichten und Motive von Akteuren zu beschreiben. Aus seiner Sicht sind soziale Beziehungen nicht als eine Kette absichtsvoller Handlungen von Menschen zu verstehen, sondern als sich selbst erhaltende Kommunikationssysteme.

Wie im Kapitel 2.3.2 bereits dargelegt, entstehen soziale Beziehungen aus dieser Perspektive aufgrund der Struktur sozialer Situationen selbst. Die aus der Konstellation doppelter Kontingenz resultierende Unbestimmtheit der Situation führt dazu, jemanden zu grüßen oder anzusprechen, um auf diesem Weg die Unbestimmtheit der Situation aufzulösen. Dadurch entsteht immer wieder aufs Neue ein Anlass, soziale Beziehungen aufzubauen und fortzuführen. Entscheidend ist dabei weniger, was jemand mit der Ausführung einer Handlung beabsichtigt, sondern vielmehr, inwieweit diese von einer anderen Person als eine solche interpretiert wird, so dass diese Person sich ihrerseits mit einer absichtsvollen Anschlussaktivität hierauf bezieht. Nur dann, wenn beispielsweise auf eine Frage eine Antwort erfolgt oder ein Gruß erwidert wird, entsteht eine soziale Beziehung zwischen Menschen. Diese Kette von Reaktionen auf, als Handlungen interpretierte, Ereignisse bezeichnet Luhmann als Kommunikation.

Soziale Funktionssysteme moderner Gesellschaften, wie etwa das Wirtschaftssystem, das politische System oder das Wissenschaftssystem bilden dabei spezielle Kommunikationsmuster, sogenannte Kommunikationscodes, aus, mit deren Hilfe sie sich als gesellschaftliche Teilsysteme auf Dauer stellen. In der Wirtschaft sind dies Geldzahlungen, in der Politik kollektiv bindende Entscheidungen aufgrund von Machtverhältnissen und in der Wissenschaft Diskurse um die Frage, welche Hypothesen richtig und welche falsch sind. In der Wirtschaft dreht sich mit anderen Worten alles um Geld, in der Politik alles um Macht und in der Wissenschaft alles um Wahrheit.

Die Wirtschaft ist beispielsweise ein sich selbst erhaltendes soziales System, das, unabhängig davon, wer sich wann und mit welchen Geldtransaktionen beteiligt, immer weiter fortbesteht. Die Zahlungsprozesse reißen nie ab und wer Geld besitzt, hat zugleich auch immer ein Motiv, es irgendwann wieder auszugeben. Ebenso brechen die politischen Prozesse des Machtgewinns, der Machterhaltung und des Machtverlusts nie ab, auch wenn einzelne Politiker zurücktreten oder auf Machtpositionen verzichten. Der Machtkreislauf ist ebenso wie der Geldkreislauf oder auch die Suche nach Wahrheit beständig. Sie alle gelangen genauso wie das

## 3.2 Theoretische Denkfiguren zur Beschreibung sozialer Beziehungen

gesamte System der sozialen Beziehungen (Kommunikation) nie an einen Endpunkt, an dem alles gesagt, bezahlt, entschieden oder entschlüsselt wäre.

Luhmann bezeichnet diese Muster der Selbstreproduktion sozialer Systeme als Selbstreferenz oder auch als Autopoiesis.

Einige in der Tradition der Systemtheorie Luhmanns stehende Sozialwissenschaftler sind der Ansicht, dass auch die Soziale Arbeit in der modernen Gesellschaft in ein selbstreferentielles gesellschaftliches Funktionssystem sozialer Hilfen integriert ist, das sich in dieser kreislaufartigen Weise auf die Beobachtung von Hilfsbedürftigkeit und die Entscheidung über Hilfeleistungen spezialisiert hat (vgl. Baecker 1994; Hillebrandt 2010).

Theorien der Selbstreferenz bzw. Autopoiesis beschränken sich nicht auf die Sozialwissenschaften. Sie wurden vielmehr zunächst in der Biologie zum Verständnis von Zellen und Organismen entwickelt. Der Ausgangspunkt ist dabei, dass es sich bei den zu erklärenden Prozessen um komplexe Abläufe handelt, deren Entwicklung nicht von außen gesteuert werden kann. Vielmehr entstehen die Elemente ebenso wie ihre Beziehung zueinander immer nur durch den jeweiligen Wirkungszusammenhang selbst. Aus diesem Grund werden Strukturen, die in dieser Weise selbsttätig operieren, als selbstreferentielle Systeme bezeichnet.

Während z.B. bei einer Maschine immer absehbar ist, was eine bestimmte Handlung, etwa das Betätigen der Zündung bei einem Kraftfahrzeug, bewirkt, gehen die Reaktionen eines Organismus immer auf eine eigene Aktivität zurück, die nicht unmittelbar durch Außeneinflüsse gesteuert werden kann. Im Fall einer Erkrankung kann man beispielsweise versuchen, sie mit Medikamenten zu bekämpfen. Entscheidend bleibt aber, wie der Organismus auf die Gabe von Medikamenten reagiert und wie er die Wirkstoffe in seine Abläufe einbaut. Daher kann es, wie wir aus jeder Packungsbeilage wissen, immer zu nicht absehbaren Risiken und Nebenwirkungen kommen.

Auch unser Bewusstsein wird von Luhmann als ein solches selbstreferentielles, psychisches System interpretiert. Dieses ist zwar an seine Umwelt gebunden und beispielsweise existentiell von der Funktionsfähigkeit unseres Körpers abhängig. Das Gehirn muss durchblutet werden, damit es Denken kann. Es benötigt ausreichend Sauerstoff und vieles mehr. Gleichzeitig regen Ereignisse in unserer Umwelt uns auch zu vielerlei Gedanken an. Gleichwohl dringen weder der Blutkreislauf, der unser Gehirn versorgt, der Regen, der draußen fällt, oder die sozialen Beziehungen, die wir unterhalten, unmittelbar in unser Bewusstsein ein. Wir können zwar über all das nachdenken. Es bleiben jedoch immer Gedanken, die an Gedanken anschließen, und welche dies im Einzelfall sind, ist nicht von außen steuerbar. Selbstreferentielle Systeme sind in diesem Sinne strukturell an ihre Umwelt gekoppelt, während zugleich ihr charakteristischer Prozess der Selbsterhaltung operational geschlossen bleibt.

Versucht man nunmehr die Perspektiven von Handlungstheorien und Systemtheorien miteinander zu vergleichen, lässt sich zusammenfassend zunächst sagen, dass in den ersten Theorievarianten der Frage nachgegangen wird, wie durch das Handeln der Menschen soziale Beziehungen entstehen, während in den zweiten Theorievarianten die Frage im Vordergrund steht, wie soziale Strukturen das Verhalten der Menschen bedingen.

*Abbildung 3: Handlungs- und Systemtheorie*

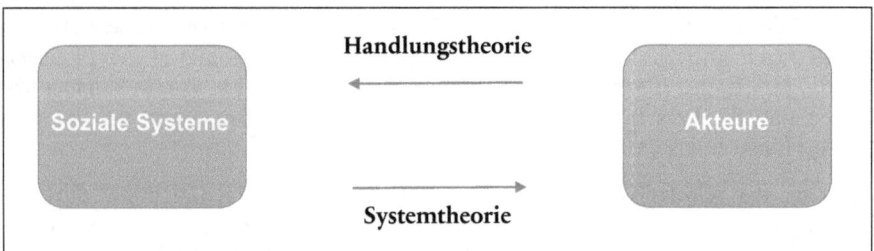

Beide Perspektiven haben in den Sozialwissenschaften ihre Tradition und sind mit Blick auf die soziale Wirklichkeit plausibel, so dass es unangemessen erscheint, einfach zu behaupten, die eine Perspektive sei der anderen über- bzw. unterlegen. Vielmehr lohnt es sich, darüber nachzudenken, was diese unterschiedlichen Zugänge zum Verständnis sozialer Beziehungen jeweils beitragen und welche Aspekte sozialer Wirklichkeit man mit ihnen jeweils erkennen und nachzeichnen kann:

Theorien der rationalen Wahl, deren Grundkonzept stellvertretend für die Vielzahl handlungstheoretischer Ansätze dargestellt wurde, versuchen zu zeigen, nach welchen Kriterien wir uns in sozialen Situationen für ein bestimmtes Handeln entscheiden und welche sozialen Konsequenzen sich unter Berücksichtigung der gesamten Umstände daraus mit einer gewissen Wahrscheinlichkeit ergeben.

Der Ansatz Niklas Luhmanns, dessen Grundgedanken stellvertretend für die Gruppe von Systemtheorien erläutert wurde, widmet sich hingegen der Frage, wie soziale Strukturen das Handeln der Menschen bedingen. Zugleich versucht er zu verdeutlichen, aus welchen Gründen sich mit unserem Handeln nie eindeutige, absehbare Wirkungen verbinden.

Während also die Handlungstheorie versucht, konkrete Handlungsoptionen aufzuzeigen, betont die Systemtheorie die Offenheit und Unbestimmtheit der Situation. Im ersten Fall wird der Blickwinkel des Akteurs, der eine Entscheidung treffen muss, eingenommen, im zweiten Fall der Blickwinkel eines Beobachters, aus dessen Perspektive die soziale Situation, unabhängig davon wie die Entscheidung ausfällt, ihre eigenständige Dynamik entfaltet.

> Bei der Analyse und Interpretation soziologischer Tatbestände haben sich zwei unterschiedliche theoretische Perspektiven herausgebildet: Die eine richtet ihren Blick auf das Handeln der Akteure und versucht zu erklären, wie sie sich in bestimmten sozialen Situationen verhalten und welche sozialen Effekte daraus resultieren. Die zweite Perspektive richtet ihren Blick auf die sozialen Strukturen und die Frage, wie sie sich etablieren und das Handeln der Menschen bedingen.

## 3.2 Theoretische Denkfiguren zur Beschreibung sozialer Beziehungen

Die Differenz der Perspektiven lässt sich wiederum am Beispiel der Ausführung eines Strafstoßes während eines Fußballspiels anschaulich verdeutlichen: Der „Handlungstheoretiker" wird die Perspektive des Schützen (oder des Torwarts) einnehmen und nach Anhaltspunkten für eine erfolgreiche Ausführung (oder Abwehr) des Strafstoßes suchen. Er wird z.B. die Statistik bemühen, um aus Erfahrungen der Vergangenheit Handlungsempfehlungen abzuleiten.

Der „Systemtheoretiker" hingegen interessiert sich nicht dafür, wie man als Schütze oder Torwart erfolgreich sein kann. Ihn treibt vielmehr die Frage um, was an diesem Spektakel so spannend und faszinierend ist, so dass es immer wieder stattfindet und viele Menschen immer wieder gebannt zuschauen. Warum wird ein Strafstoß überhaupt ausgeführt? Die Absicht des Schützen, den Ball im Tor unterzubringen, und die Absicht des Torwarts, den Ball zu halten, reichen als Erklärung hierfür allein nicht aus. Entscheidend für die Ausführung ist vielmehr die Offenheit und Unbestimmtheit der Situation. Der Ball kann im Tor landen oder eben auch nicht. Und genau deswegen setzen sich Schütze wie Torwart dieser, nicht immer angenehmen, Situation aus und auch nur deshalb schauen die Zuschauer gespannt der Ausführung eines Strafstoßes zu.

Auch für die Soziale Arbeit lohnt es sich, die konkrete Praxis sozialer Hilfen sowie die dazugehörigen institutionellen Kontexte der Hilfegewährung und Hilfeorganisation sowohl entlang von handlungstheoretischen wie auch von systemtheoretischen Denkfiguren zu reflektieren.

Handlungstheorien können hier wertvolle Hinweise geben, in welchen Fällen welcher Hilfebedarf gegeben ist und mit welchen Mitteln man diesen Bedarf decken kann. Systemtheorien wiederum machen deutlich, welche gesellschaftlichen Verhältnisse und sozialen Beziehungsmuster Hilfebedarf produzieren und unter welchen Rahmenbedingungen die professionelle Organisation von Hilfen steht, so dass es nicht allein vom guten Willen und den guten Absichten der Akteure abhängt, ob angemessene Hilfen erbracht werden oder die sozialen Ursachen der Entstehung von Hilfsbedürftigkeit beseitigt werden können.

### Zusammenfassung

Das soziale Zusammenleben der Menschen bringt eigenständige Phänomene hervor, die sich nicht unmittelbar aus den Absichten und Motiven der beteiligten Personen ableiten lassen. Mit diesen sogenannten emergenten Effekten des Sozialen beschäftigt sich die Soziologie als Wissenschaft. Bei der Analyse und Interpretation dieser sozialen Tatbestände haben sich zwei unterschiedliche theoretische Perspektiven herausgebildet:

Die eine richtet ihren Blick auf das Handeln der Akteure und versucht zu erklären, wie sie sich aufgrund von Bedürfnissen und Interessen vor dem Hintergrund eines gemeinsamen kulturellen Erfahrungshorizonts und eines Systems von Institutionen in bestimmten sozialen Situationen verhalten und welche sozialen Effekte daraus resultieren. Diese Perspektive wird als handlungs- oder auch akteurtheoretischer Ansatz bezeichnet, da sie soziale Strukturen und gesellschaftliche Verhältnisse in Bezug auf die Handlungsmotive von Akteuren analysiert.

## 3. Soziale Beziehungen

Die zweite Perspektive richtet ihren Blick auf die institutionellen Verhältnisse und die Frage, wie sie sich etablieren und das Handeln der Menschen bedingen. Soziale Verhältnisse werden in diesem Fall in ihrer Eigenständigkeit, ohne Bezug auf die Absichten und Motive von Akteuren beschrieben. Systemtheorien, die eine solche Perspektive einnehmen, interpretieren soziale Beziehungen nicht als eine Kette absichtsvoller Handlungen von Menschen, sondern als sich selbst erhaltende Kommunikationssysteme.

**Fragen zur Wiederholung**

1. Worin besteht die Eigenständigkeit des Sozialen gegenüber den Absichten und Motiven handelnder Akteure?
   Stichwort: Emergenz.
2. Was unterscheidet handlungs- und systemtheoretische Beschreibungen sozialer Beziehungen?
   Stichworte: soziale Beziehungen als Folge rationaler Handlungsentscheidungen von Akteuren, soziale Systeme als selbstreferentielles Kommunikationsgeschehen.

Literatur zur Vertiefung:

Esser, Hartmut, 1999: Soziologie. Allgemeine Grundlagen. 3. Auflage. Frankfurt am Main/New York: Campus, S. 19-26.
Esser, Hartmut, 2000/2: Soziologie. Spezielle Grundlagen Band 2: Die Konstruktion der Gesellschaft. Frankfurt am Main/New York: Campus, S. 1-19.
Joas, Hans, 2007: Die soziologische Perspektive. In: Joas, Hans (Hg.), Lehrbuch der Soziologie. 3. Auflage. Frankfurt am Main/New York: Campus, S. 11-26.
Kneer, Georg/Nassehi, Armin, 2000: Niklas Luhmanns Theorie sozialer Systeme. Eine Einführung. 4. Auflage. München: Fink (UTB), S. 17-95.
Kroneberg, Clemens, 2014: Theorien rationaler Wahl: James S. Coleman und Hartmut Esser. In: Lamla, Jörn/Laux, Henning/Rosa, Hartmut/Strecker David (Hg.), Handbuch der Soziologie. Konstanz: UVK (UTB), S. 228-243.
Luhmann, Niklas, 2017: Einführung in die Systemtheorie. 7. Auflage. Heidelberg: Carl-Auer, S. 105-113.
Rosa, Hartmut/Strecker, David/Kottmann, Andrea, 2018: Soziologische Theorien. 3. Auflage. Konstanz: UVK (UTB), S. 14-21, 181-188, 245-259.

## Formen sozialer Beziehungen

Nachdem in den beiden vorangegangenen Kapiteln die Frage behandelt wurde, was soziale Beziehungen eigentlich sind, welche Besonderheiten sie auszeichnen und inwiefern ihnen eine eigenständige Realität zugeschrieben werden kann, sollen in den folgenden beiden Abschnitten die unterschiedlichen Formen, in denen sie in Erscheinung treten, dargestellt werden. Welche Varianten sozialer Beziehungen gibt es und welche Eigentümlichkeiten zeichnen sie jeweils aus?

Ausgehend von den bereits beschriebenen Institutionalisierungsprozessen, die ein soziales Handeln in sozialen Situationen ermöglichen oder zumindest erleichtern, werden zunächst die wesentlichen Strukturelemente von Gruppen, Netzwerken und Organisationen erläutert (Kap. 4). In einem weiteren Schritt wird dann die Gesellschaft als Gesamtheit sozialer Beziehungen thematisiert (Kap. 5).

## 4. Gruppen, Netzwerke und Organisationen

### 4.1 Gruppen

Was Gruppen ausmacht, lässt sich allgemein zunächst sehr einfach charakterisieren: Es müssen mehr als zwei Personen etwas gemeinsam haben, wodurch sie sich von anderen unterscheiden.

Soziale Gebilde, die wir im Alltag und in den Sozialwissenschaften typischerweise als Gruppe charakterisieren, zeichnen sich jedoch nicht allein hierdurch aus. Die Gruppenmitglieder teilen vielmehr zumeist auch gemeinsam bestimmte Ziele und beziehen sich mit einer gewissen Regelmäßigkeit aufeinander. Es gibt Kriterien der Zugehörigkeit und – zumindest ab einer bestimmten Gruppengröße – interne Gruppenstrukturen in Form von Funktionen und Rollen.

Gruppen entwickeln eine eigene Dynamik und Ordnung. Ausgangspunkt ist ein gemeinsames Gruppenbewusstsein, ein Wir-Gefühl, das festlegt, wer dazu gehört und wer nicht. Gruppenregeln und -symbole sichern und verstärken die Gruppenidentität. Die Normen der Gruppe üben einen Gruppendruck oder gar Gruppenzwang aus, der dazu führt, dass sich der Einzelne gruppenkonform verhält und unter Umständen Dinge tut, die er allein oder in anderen Zusammenhängen nicht tun würde. Mit zunehmender Gruppengröße entsteht die Notwendigkeit, die Beziehungen innerhalb der Gruppe zu regeln. Der Status der einzelnen Mitglieder verändert sich. Es bilden sich spezielle Zuständigkeiten und Entscheidungsverfahren, Gruppenhierarchien und Gruppenleitungen aus.

> Soziale Gruppen zeichnen sich dadurch aus, dass mehr als zwei Personen in einer regelmäßigen persönlichen Beziehung zueinander stehen, um gemeinsame Interessen zu verfolgen. In diesem Rahmen entwickeln sich gemeinsame Werte und Normen sowie besondere Zuständigkeiten und Rollen, die eine Gruppenidentität stiften und der Verwirklichung von Gruppeninteressen dienen.

Die Beziehungsmuster innerhalb einer Gruppe sowie die gesamte Gruppenstruktur und -dynamik sind in erster Linie von der Gruppengröße abhängig. In Kleingruppen bestehen in der Regel direkte soziale Kontakte zwischen den Gruppenmitgliedern. Mit zunehmender Gruppengröße nimmt jedoch die Möglichkeit, mit allen anderen persönlich in Beziehung zu treten, ab.

Die Angaben für die Obergrenze von Kleingruppen schwanken zwischen 7 und ungefähr 25 Personen. Eine genauere Zahl für die Bestimmung der maximalen Größe lässt sich nicht nennen, da neben der Gelegenheit zu direkten Kontakten auch noch andere Aspekte wie beispielsweise die Zielsetzung der Gruppe von Bedeutung sind. So dürfte eine studentische Arbeitsgruppe zur Vorbereitung einer Seminareinheit mit sieben Teilnehmern hinsichtlich ihrer Arbeitsmöglichkeiten bereits an Grenzen stoßen, während hingegen eine Wandergruppe bei ihren Ausflügen durchaus mehr Teilnehmer integrieren kann, da im Regelfall weniger Kommunikation und Koordination zwischen den Beteiligten erforderlich ist. Auch die Häufigkeit und Regelmäßigkeit sozialer Kontakte kann eine Rolle spielen, so dass sich beispielsweise in einer Schulklasse von mehr als zwanzig Schülern durchaus noch ein, für Kleingruppen typischer, hoher persönlicher Bekanntheitsgrad zwischen den Schülern entwickeln kann.

Der Soziologe George C. Homans vertritt in seiner klassischen Theorie der sozialen Gruppe die Ansicht, dass eigentlich nur Kleingruppen als soziale Gruppen bezeichnet werden können, da größere soziale Gebilde keinen direkten sozialen Kontakt zulassen und die Trennlinie zu Organisationen (vgl. Kap. 4.3) ansonsten unscharf wird. Er definiert soziale Gruppen als „eine Reihe von Personen, die in einer bestimmten Zeitspanne häufig miteinander Umgang haben und deren Anzahl so gering ist, dass jede Person mit allen anderen Personen in Verbindung treten kann, und zwar nicht nur mittelbar über andere Menschen, sondern von Angesicht zu Angesicht" (Homans 1978: 29).

Größere Gruppen, wie Parteien, Verbände, Kirchen und Religionsgemeinschaften, zeichnen sich zwar auch durch gemeinsame Ziele, Interessen, Normen, Werte, das Gefühl der Zusammengehörigkeit und regelmäßige soziale Beziehungen aus; unmittelbare persönliche Kontakte zwischen allen Gruppenmitgliedern sind jedoch nicht möglich, so dass nicht jeder jeden persönlich kennt. Die Beziehungen sind zugleich sehr viel stärker als in Kleingruppen geregelt. Es gibt formelle Mitgliedschaften und Mitgliedsbeiträge, Führungspositionen und Ämter, Symbole und Rituale, eine Vielzahl von Untergliederungen wie Bezirks-, Kreis- und Ortsgruppen sowie Broschüren, Zeitschriften, Bücher oder Internetportale (vgl. Henecka 2015: 159f.).

Die Unterscheidung zwischen Groß- und Kleingruppen ist eng verbunden mit der Unterscheidung zwischen formellen und informellen Gruppen.

Während in größeren, formellen Gruppen die Aktivitäten zum Erreichen gemeinsamer Ziele sowie die gruppeninternen Abläufe und Beziehungen in hohem Maße strukturiert sind, bilden sie sich in kleineren, informellen Gruppen meist spontan in direkten persönlichen Interaktionen auf der Grundlage emotionaler und freundschaftlicher Verbundenheit aus. Innerhalb größerer, formeller Gruppen existieren daher zumeist auch kleinere, informelle Gruppen, die von den Bedürfnissen nach unmittelbarem Einfluss, direktem sozialen Austausch, persönlicher Anerkennung und emotionaler Nähe getragen werden.

Studierende beispielsweise, die regelmäßig gemeinsam Lehrveranstaltungen besuchen, werden ihre sozialen Kontakte nicht darauf beschränken, sondern Beziehungen zu einigen Kommilitonen, die ihnen sympathisch erscheinen, aufbauen und sich häufiger mit ihnen persönlich austauschen. Auch Angestellte eines Unternehmens oder Mitglieder politischer Parteien werden in kleineren Kreisen engere Kontakte pflegen, sich anfreunden oder Absprachen treffen.

Da nicht alles geplant und organisiert werden kann, erfüllen kleinere, informelle Gruppen innerhalb größerer, formeller Gruppen eine wichtige Funktion. Sie fördern die Motivation und das Engagement der Mitglieder, so dass gerade dann, wenn etwas nicht wie geplant verläuft, spontan und schnell reagiert werden kann. Umgekehrt können kleine, informelle Gruppen jedoch auch die Verwirklichung der gemeinsamen Ziele größerer, formeller Gruppen hemmen, wenn Rivalitäten und Streitigkeiten zwischen ihnen das erfolgreiche Zusammenwirken verhindern.

> In Kleingruppen bestehen in der Regel direkte soziale Kontakte zwischen den Gruppenmitgliedern. Aktivitäten und Beziehungen bilden sich meist informell und spontan auf der Grundlage emotionaler und freundschaftlicher Verbundenheit aus. In größeren Gruppen sind die Aktivitäten und Beziehungen hingegen in hohem Maße formell geregelt. Innerhalb größerer, formeller Gruppen existieren allerdings zumeist auch kleinere, informelle Gruppen, die von den Bedürfnissen nach unmittelbarem Einfluss, direktem sozialem Austausch, persönlicher Anerkennung und emotionaler Nähe getragen werden.

Auch die Unterscheidung zwischen Primär- und Sekundärgruppen nimmt auf den Aspekt der Gruppengröße und die hiermit verbundene Möglichkeit zu direkten sozialen Beziehungen Bezug.

Primärgruppen sind kleinere, informelle Gruppen, die regelmäßige, direkte zwischenmenschliche Interaktionen unter Anwesenden ermöglichen und damit einhergehend ein hohes Maß an emotionaler Verbundenheit schaffen. Die Mitglieder gehören ihnen als Person und nicht aufgrund einer Funktion an.

Vor allem jedoch wird durch Primärgruppen die Persönlichkeitsentwicklung des Einzelnen sehr stark beeinflusst, da sie intensive soziale Erfahrungen vermitteln, die Menschen bei der Ausbildung einer sozialen Identität in besonderer Weise prägen. Familien, enge Freundschaften, Gleichaltrigen-Cliquen sowie Verwandtschafts- und Nachbarschaftsbeziehungen können diesen Status einnehmen.

Primärgruppen sind die ersten Sozialisationsinstanzen in der Kindheit und im Jugendalter. Charles Horton Cooley, auf den die Unterscheidung von Primär- und Sekundärgruppen zu Beginn des zwanzigsten Jahrhunderts zurückgeht, hat daher diese Bezeichnung gewählt (vgl. Cooley 1993). Aufgrund ihres intimen und emotionalen Charakters behalten Primärgruppen aber auch für Erwachsene dauerhaft die Funktion der Stabilisierung ihrer Identität und Individualität.

Die Familie ist die klassische Form der Primärgruppe. In ihr ist man selbstverständlich geborenes Mitglied, sammelt erste soziale Erfahrungen und entwickelt enge emotionale Bindungen zu anderen. Der Einzelne ist immer als Gesamtpersönlichkeit und nicht nur in begrenzten Teilausschnitten seiner Person eingebunden. Dadurch ist die Familie für die Sozialisation ihrer Mitglieder von besonderer Bedeutung (vgl. Kap. 6.1).

> In Abgrenzung zu allen sonstigen, als sekundär bezeichneten Gruppen handelt es sich bei Primärgruppen um kontinuierliche, enge persönliche Beziehungen zwischen einer relativ geringen Zahl von Personen, denen eine besondere Bedeutung bei der Ausbildung und Stabilisierung der Identität sowie bei der sozialen Integration des Menschen zukommt.

## 4.2 Soziale Netzwerke

Eng verwandt mit der sozialen Gruppe als Beziehungsgebilde sind soziale Netzwerke. Auch bei ihnen handelt es sich um regelmäßige soziale Beziehungen zwischen den Beteiligten. Allerdings stehen dabei nicht die gemeinsamen Ziele, Werte und Normen, die ein „Wir-Gefühl" stiften, im Vordergrund, sondern die tatsächlichen gegebenen Beziehungen.

Ausgangspunkt sind dabei die Bedürfnisse und Interessen individueller oder kollektiver Akteure, die sie zu einer Anbahnung und Pflege regelmäßiger sozialer Kontakte motivieren. Die Grundlage sozialer Netzwerke ist insofern lediglich eine Schnittmenge von individuellen Bedürfnissen oder strategischen Interessen zum Nutzen der beteiligten Akteure.

Dabei kann es sich um Beziehungen zwischen Personen, Gruppen oder auch Organisationen handeln. Sie stellen die Knotenpunkte innerhalb eines sozialen Netzwerks dar. Die Handlungsressourcen, die den Akteuren in diesem Rahmen zur Befriedigung von Bedürfnissen oder Verwirklichung von Interessen zur Verfügung stehen, werden als Sozialkapital bezeichnet. Dieses bringt das Potential an Möglichkeiten, soziale Kontakte zum eigenen Vorteil und Wohlergehen zu nutzen, zum Ausdruck.

Im Vergleich zu sozialen Gruppen sind die Beziehungen in sozialen Netzwerken weniger voraussetzungsvoll. Sie können daher auch einen eher situativen und punktuellen Charakter ohne weitreichende wechselseitige Verpflichtungen, festgelegte Funktionen und Rollen annehmen, so dass sich den Beteiligten die Möglichkeit eröffnet, relativ unabhängig, unverbindlich und gleichberechtigt zu interagieren.

Die Analyse sozialer Netzwerke kann auf unterschiedlichen Ebenen erfolgen. So lässt sich beispielsweise die soziale Eingebundenheit (Integration) einzelner Personen aufgrund ihrer Stellung in sozialen Netzwerken bilanzieren. Etwa hinsichtlich der Zahl der Kontakte zu Personen, Gruppen oder Organisationen, der Häufigkeit der Kontakte, der Einseitigkeit oder Gegenseitigkeit der Kontakte oder der sozialen Merkmale der Kontaktpersonen. Beispielsweise lässt sich so die Stellung von Schülern in einer Schulklasse darstellen und vergleichen.

Ebenso kann man aber auch die Netzwerke selbst hinsichtlich der Zahl der Einheiten, die eingebunden sind (Größe), der Vielzahl von Beziehungen, die innerhalb des Netzwerks bestehen (Dichte), oder den Positionen, die Einzelne innerhalb des Netzwerks einnehmen (Zentralität), analysieren. So lässt sich beispielsweise die Beziehungsstruktur innerhalb einer Schulklasse darstellen und mit der von anderen Schulklassen vergleichen.

> Ein soziales Netzwerk ist ein regelmäßiges Beziehungsgeflecht zwischen einzelnen Personen oder sozialen Gebilden, das hinsichtlich seiner Eigenart oder der Stellung einzelner Einheiten (Knoten) innerhalb des Netzwerks analysiert werden kann.

Für die Soziale Arbeit kann die Analyse sozialer Netzwerke ein wichtiges Mittel zum Verständnis der sozialen Lagen von Klienten und zugleich ein Ansatzpunkt zur gezielten Veränderung ihrer Lebensumstände sein. Durch soziale Netzwerkarbeit werden fehlendes Sozialkapital kompensiert, neue Beziehungen angebahnt, die Qualität bestehender Beziehungen verbessert oder die Fähigkeit, soziale Beziehungen aufzubauen, gefördert (vgl. Bullinger/Nowak 1998; Schönig/Motzke 2016; Fischer/Kosellek 2019).

Die bevorstehende Entlassung eines Patienten aus einer Klinik kann beispielsweise ein Anlass für die Aktivierung eines sozialen Unterstützungsnetzwerks durch den Sozialdienst der Klinik sein, wenn die Person zu Hause weiterhin auf Hilfeleistungen angewiesen ist. Angehörige, Hausarzt, Pflegedienste, Kostenträger, möglicherweise auch noch weitere oder andere Personen und Organisationen müssen hier kontaktiert und miteinander ins Gespräch gebracht werden, um Strukturen aufzubauen, die eine Versorgung im häuslichen Umfeld sicherstellen.

Im Alltag spielen soziale Netzwerke beispielsweise bei der Job- oder Wohnungssuche eine große Rolle. So hat Granovetter bereits 1974 in einer Studie verdeutlicht, dass die meisten Menschen durch Hinweise aus ihren sozialen Netzwerken und nicht aufgrund formeller Bewerbungen auf Stellenanzeigen oder Bemühungen von Jobvermittlungsagenturen eine Beschäftigung finden (vgl. Granovetter 1974; Weymann 2007: 120f.; Hollstein 2013: 750f.).

## 4.3 Organisationen

Wenn soziale Gruppen größer werden, entwickeln sie sich früher oder später zu Organisationen. Solange noch Möglichkeiten zu direkten sozialen Kontakten zwischen den Gruppenmitgliedern bestehen, können Aufgaben und Funktionen spontan zugewiesen werden und Entscheidungen informell erfolgen. Um sich in einem Kreis von Personen, der über die Größenordnung von Kleingruppen hinausgeht, regelmäßig über gemeinsame Ziele zu verständigen und Aktivitäten zu koordinieren, bedarf es hingegen weitreichender Regelungen, die das Zusammenwirken der Beteiligten dauerhaft und verlässlich gewährleisten.

Eine Ordnung, die sich Menschen selbst geben, um ein bestimmtes Ziel gemeinsam mit anderen zu verwirklichen, bezeichnet man als Organisation. In ihr sind Sinn und Zweck der Kooperation, die Mitgliedschaft, Aufgaben und Zuständigkeiten sowie Verfahrensabläufe und Entscheidungsstrukturen formal und personenunabhängig geregelt sowie schriftlich dokumentiert.

Für die moderne Gesellschaft ist die Tendenz zu einer formalen Organisation weiter Bereiche des sozialen Lebens kennzeichnend. Vor allem in der Wirtschaft und öffentlichen Verwaltung sind Organisationen allgegenwärtig. In jedem Unternehmen, jeder Behörde und jedem Verband sorgt das Prinzip geregelter Kooperation dafür, dass regelmäßig Mittel planvoll zur Erreichung eines festgelegten Zwecks eingesetzt werden und das Verhältnis der Personen zueinander in Form von Mitgliedschaften, Zuständigkeiten und Befugnissen eindeutig geregelt ist. Schulen und Krankenhäuser, Militär, Polizei- und Justizbehörden, Stadt- und Gemeindeverwaltungen, Sozial- und Jugendämter, Wohlfahrtsverbände, soziale Dienste und Einrichtungen, Gewerkschaften, Interessenverbände und Vereine sind soziale Gebilde, in denen sich das Zusammenwirken der Menschen organisationsförmig gestaltet.

Aufgaben lassen sich meist effektiver lösen, wenn sie von größeren sozialen Einheiten übernommen und in kleinere Teilschritte zerlegt werden, um diese dann durch Untergliederungen, die sich auf jeweils einen Schritt konzentrieren, zu bearbeiten. Insbesondere die industrielle Massenproduktion ist durch die weitreichen-

## 4. Gruppen, Netzwerke und Organisationen

de Zerlegung von Arbeitsabläufen gekennzeichnet. Etwa in Form der Fließbandproduktion, bei der jeder Arbeiter im Gesamtprozess nur für wenige Handgriffe zuständig ist, diese aber perfekt beherrscht.

Solche Formen der Arbeitsorganisation werden häufig mit den Begriffen „Taylorismus" und „Fordismus" charakterisiert. Sie gehen zurück auf den amerikanischen Arbeitswissenschaftler Frederick Winslow Taylor, der zu Beginn des zwanzigsten Jahrhunderts wesentliche Elemente der Planung und Steuerung industrieller Fertigungsabläufe durch ein arbeitsvorbereitendes Management entwickelte, sowie auf den amerikanischen Industriellen Henry Ford, der zur gleichen Zeit die standardisierte Fließbandproduktion in der Automobilindustrie einführte.

Damit sich arbeitsteilig gestaltete Prozesse nicht völlig zufällig und beliebig entwickeln, sondern sich zu einem vorab konzipierten zielorientierten Gesamtablauf zusammenfügen, müssen sie koordiniert werden. Nur auf der Grundlage einer planvollen Regelung des Zusammenwirkens aller Beteiligten kann das Prinzip der Spezialisierung und Arbeitsteilung seine Effektivität entfalten.

Die Effizienz, mit der sich durch eine koordinierte Arbeitsteilung angestrebte Ziele erreichen lassen, hat dazu geführt, dass wir heute in fast allen Bereichen des Lebens auf Organisationen angewiesen sind und uns tagtäglich in ihnen bewegen. Fast jeder hat seit der Kindheit eine Vielzahl von Organisationen durchlaufen und sich im Rahmen von Ausbildung oder Studium darauf vorbereitet, in Organisationen spezielle Funktionen zu übernehmen. Im Alltag sind wir als Konsumenten weitgehend von ihnen abhängig. Wenn wir einen Haushalt führen, benötigen wir eine Vielzahl von Gütern und Dienstleistungen, die wir fast alle nicht selbst herstellen oder erbringen. Wir müssen Lebensmittel, Haushaltsgeräte, Wasser und Strom von Organisationen kaufen und wenn der Herd, der Computer oder die Heizung streikt, können wir dies im Regelfall nicht selbst beheben.

Auch im sozialen Bereich übernehmen formale Organisationen zunehmend Aufgaben, die traditionell eher ungeplant und naturwüchsig oder im Rahmen persönlicher Beziehungen und Solidargemeinschaften wie der Familie, der Verwandtschaft oder der Nachbarschaft wahrgenommen wurden.

Die Soziale Arbeit ist ein geradezu idealtypisches Beispiel für die Ausbreitung von Organisationen. Organisierte Hilfen haben sich im Verlauf des zwanzigsten Jahrhunderts, insbesondere in der zweiten Hälfte, rasant entwickelt. Allein zwischen 1961 und 2007 hat sich im Westen Deutschlands die Zahl der Stellen für soziale Berufe von 96.000 auf 1.187.000 in etwa um das Zwölffache erhöht, so dass sich bekannte Vertreter der Disziplin wie Hans Thiersch oder Thomas Rauschenbach bereits in den 1990er-Jahren veranlasst sahen, von einem „sozialpädagogischen Jahrhundert" zu sprechen (vgl. Thiersch 1992, Rauschenbach 1999 sowie Züchner/Cloos 2012: 936f.).

Max Weber hat diese Entwicklung hin zu einer zunehmend arbeitsteiligen und personenunabhängigen Regelung von Aufgaben als Prozess der Rationalisierung charakterisiert. Am Beispiel staatlicher Bürokratien schilderte er bereits zu Beginn des zwanzigsten Jahrhunderts die zentralen Elemente formaler Organisationen (vgl. Weber 1972: 125ff.). Dazu gehören:

- ein sachlich abgegrenzter Auftrag (Ziel- und Zwecksetzung), der arbeitsteilig zu erfüllen ist,
- die personenunabhängige Regelung von Aufgaben, Befugnissen und erforderlichen fachlichen Kompetenzen des Personals (Stellenbeschreibungen) sowie dessen vertraglich festgelegte Vergütung nach entsprechenden Gehaltsgruppen,
- eine durch generelle Verfahrensregeln und Verhaltensnormen gewährleistete Gleichförmigkeit und Kontinuität der Aufgabenerfüllung,
- hierarchische Kontroll- und Entscheidungsstrukturen (Dienstaufsicht und Instanzenweg),
- die schriftliche Dokumentation von Vorschriften, Abläufen, Anträgen und Entscheidungen (Aktenführung).

> Organisationen streben die Verwirklichung von Zielen durch arbeitsteilige Kooperation und mithilfe eines Regelwerks an, das die Formen der Zusammenarbeit personenunabhängig festschreibt. Die Effizienz, mit der sich durch eine koordinierte Arbeitsteilung angestrebte Ziele erreichen lassen, hat dazu geführt, dass wir heute in fast allen Bereichen des Lebens auf Organisationen angewiesen sind und uns tagtäglich in Organisationen bewegen.

Das Idealbild einer Organisation in Anlehnung an Max Webers Bürokratietheorie geht davon aus, dass Abläufe zur Erfüllung eines bestimmten Zwecks vollständig rational gestaltet werden können. In der sozialen Wirklichkeit agieren jedoch Menschen in Organisationen, die nicht wie Maschinen programmierbar sind.

Sie haben eine eigene Meinung, die nicht unbedingt mit den Zielen der Organisation übereinstimmen muss, und private Sorgen oder Interessen, die sie beschäftigen und nichts mit den Aufgaben der Organisation zu tun haben. Daher gibt es immer ein Spannungsfeld zwischen der Organisation und den Personen, die in ihr agieren, so dass Organisationen sich darum kümmern müssen, dass die Funktionsträger ihr Handeln an den Zielen der Organisation ausrichten und das zu diesem Zweck entwickelte Regelwerk einhalten.

Jedes Unternehmen muss beispielsweise sicherstellen, dass die Mitarbeiter täglich pünktlich zur ihrer Arbeit erscheinen und sich für einen erheblichen Teil des Tages für den wirtschaftlichen Erfolg des Unternehmens einsetzen. Jede Schule muss dafür Sorge tragen, dass die Schüler regelmäßig am Unterricht teilnehmen und die in den Lehrplänen festgelegten Inhalte vermittelt werden. Und jeder Verein muss darauf achten, dass der Vorstand seine Aufgaben satzungsgemäß erfüllt und die dafür vorgesehenen Mittel ordnungsgemäß verwendet.

Auf der Grundlage entsprechender Dokumentations- und Kontrollsysteme, wie Arbeitszeit- und Leistungsnachweise, Anwesenheitsüberprüfungen, Rechenschaftsberichte oder Kassenprüfungen, geschieht dies entweder durch Motivationsanreize, wie etwa Belohnungen, Auszeichnungen und Beförderungen, oder durch Sanktionsandrohungen, wie Abmahnungen, Disziplinarstrafen, Entlassung oder Ausschluss. Ebenso ist es denkbar, mit allgemeinen, nicht unmittelbar auf das individuelle Verhalten zielenden Maßnahmen, wie Mitbestimmungsmöglichkeiten,

## 4. Gruppen, Netzwerke und Organisationen

Freiräumen bei der Arbeitsgestaltung, zusätzlichen freiwilligen Leistungen, Ausflügen und Freizeitangeboten, für ein gutes Allgemeinklima zu sorgen, so dass die Menschen gerne in der Organisation tätig sind und sich bereitwillig für sie engagieren.

Neben der formellen Ebene der Regelung und Planung existiert innerhalb von Organisationen parallel immer auch eine informelle Ebene von Stimmungen und Emotionen, unausgesprochenen Regeln und ungeschriebenen Gesetzen. Es gibt gute und weniger gute Kontakte zwischen Kollegen, Sympathien und Animositäten, ein gutes oder schlechtes Verhältnis zwischen Vorgesetzten und Untergebenen, besser und schlechter unterrichtete Kreise, Interessengruppen und Seilschaften oder ein besseres oder schlechteres Betriebsklima.

Da nicht alle Beziehungen und Abläufe geplant und gesteuert werden können, ist die informelle Ebene von großer Bedeutung. Sie kann hilfreich oder hemmend bei der Verwirklichung von Organisationszielen sein, indem sie die Motivation und das Engagement der Mitglieder fördert und die Flexibilität der Organisation durch spontane Koordination erhöht oder all dies aufgrund von Rivalitäten, Animositäten und Streitigkeiten einschränkt (vgl. Kap. 4.1).

Als Ressource von Organisationen ist die informelle Ebene vor allem dann wichtig, wenn die Ziele oder die zu ihrer Verwirklichung erforderlichen Mittel nicht eindeutig festgelegt werden können, so dass den Mitgliedern in konkreten Situationen ein größerer Gestaltungsspielraum zugestanden werden muss. Dies erfordert einen gewissen Grad an Offenheit, Reflexivität und Lernfähigkeit innerhalb der Organisation. Gerade im Rahmen der Sozialen Arbeit sind solche Autonomiespielräume von elementarer Bedeutung, da immer die besonderen Konstellationen des Einzelfalls zu berücksichtigen sind. Im Vergleich etwa zu industriellen Fertigungsprozessen lassen sich die erforderlichen Schritte und möglichen Eventualitäten nicht im gleichen Maße planen und vorhersehen (vgl. Kap. 2.2).

Formalisierte Abläufe können generell nur einen Orientierungsrahmen abstecken, der im konkreten Fall immer von den handelnden Akteuren interpretiert und ausgefüllt werden muss. Anschließend an Max Webers Bürokratietheorie haben neuere Theorien der Führung und Leitung in Organisationen die informelle Ebene daher stärker berücksichtigt. Selbst wenn jedoch in modernen Konzepten der Personalführung und Organisationsentwicklung dieser „menschliche Faktor" mehr als zu Beginn des zwanzigsten Jahrhunderts beachtet wird, lassen sich die sozialen Beziehungen in Organisationen nicht komplett planen und steuern. Sie führen ein Eigenleben und es kommt immer wieder zu unvorhergesehenen Ereignissen und Entwicklungen, die die Rationalität der Organisation generell begrenzen.

Zudem sind Organisationen in ein sich permanent veränderndes Umfeld eingebunden und gezwungen, sich kontinuierlich diesen wechselhaften Bedingungen anzupassen. Migrationsprozesse, demografischer Wandel, der Wandel von Lebensformen, Lebensstilen, Wertorientierungen und Einstellungen, Geburten- oder Scheidungsraten, Armutsquoten, Entwicklungen auf dem Arbeitsmarkt, Tarifabschlüsse, Veränderungen der Sozialgesetzgebung oder neue Konzepte und Methoden der Hilfe und Unterstützung sind Rahmenbedingungen, denen beispielsweise soziale Dienste und Einrichtungen je nach Ausrichtung und Zielsetzung mehr oder weniger Rechnung tragen müssen, ohne dies alles selbst unmittelbar beeinflussen zu können.

> Das Idealbild einer Organisation geht davon aus, dass Abläufe zur Erfüllung eines bestimmten Zwecks vollständig rational gestaltet werden können. In der sozialen Wirklichkeit kommt es jedoch immer wieder zu unvorhergesehenen Ereignissen. Für Organisationen besteht daher die Notwendigkeit, sich an überraschende Entwicklungen anzupassen und die informellen Aspekte sozialer Beziehungen zu berücksichtigen.

In Anlehnung an Niklas Luhmann können Organisationen daher auch als selbstreferentielle soziale Systeme interpretiert werden (vgl. Kap. 3.2), deren Strukturen Komplexität reduzieren und Entscheidungen ermöglichen, ohne die Konsequenzen dieser Entscheidungen mit vollkommener Sicherheit absehen zu können, so dass immer wieder neuer Entscheidungsbedarf entsteht (vgl. Luhmann 2000).

> **Zusammenfassung**
>
> Soziale Gruppen sind durch fünf Merkmale gekennzeichnet (vgl. Schäfers 2016: 158):
>
> 1. durch gemeinsame Absichten, Ziele oder Interessen, die mehr als zwei Personen zusammenführen.
> 2. durch regelmäßige sozialen Beziehungen, um die gemeinsamen Absichten, Ziele oder Interessen zu verwirklichen.
> 3. durch eine gemeinsame Identität, die ein Gefühl der Zusammengehörigkeit stiftet und deutlich macht, was die Gruppe von anderen unterscheidet.
> 4. durch ein gemeinsames, gruppeninternes Werte- und Normensystem, das Verhaltensmaßstäbe innerhalb der Gruppe festlegt.
> 5. durch Funktionen, Aufgaben und Rollen, die Statusunterschiede innerhalb der Gruppe schaffen.
>
> Netzwerke sind soziale Gebilde, bei denen weniger die gemeinsamen Normen und Werte, sondern tatsächlich gegebene soziale Beziehungen zwischen Personen, Gruppen oder Organisationen im Vordergrund stehen, deren Charakter anhand empirisch messbarer Kennziffern, mit Blick auf die Eigenheiten des Netzwerks oder die Stellung einzelner Einheiten innerhalb des Netzwerks, analysiert werden kann.
>
> Organisationen zeichnen sich dadurch aus, dass sie die arbeitsteilige Verwirklichung ihrer Ziele durch ein bewusst für diese Zwecke konstruiertes Regelwerk anstreben, das Zuständigkeiten, Entscheidungsstrukturen und Mitgliedschaftsbedingungen festlegt, so dass personenunabhängige Rollen und Hierarchien in Form von Ämtern und Stellen vorgegeben sind. Die organisationsinternen Abläufe werden im Interesse einer jederzeit möglichen Bezugnahme auf vergangene Entscheidungen schriftlich dokumentiert.

## 4. Gruppen, Netzwerke und Organisationen

> **Fragen zur Wiederholung**
> 1. Was zeichnet eine soziale Gruppe aus?
>    Stichworte: gemeinsame Ziele, regelmäßiger Kontakt, Normen, Funktionen und Rollen.
> 2. Wie lässt sich die Stellung von Personen in sozialen Netzwerken bestimmen und wie lassen sich verschiedene soziale Netzwerke miteinander vergleichen?
>    Stichworte: soziale Eingebundenheit, Größe, Dichte, Zentralität.
> 3. Wodurch entwickeln sich Gruppen zu Organisationen?
>    Stichworte: Gruppengröße, formell geregelte Kooperation (Zweck, Zuständigkeiten, Mitgliedschaft), Dokumentation.
> 4. Wodurch sind formalisierten Abläufen bei der Verwirklichung von Organisationszielen Grenzen gesetzt?
>    Stichworte: informelle Ebenen, nicht absehbare Ereignisse.

Literatur zur Vertiefung:

Esser, Hartmut, 2000/5: Soziologie. Spezielle Grundlagen Band 5: Institutionen. Frankfurt am Main/New York: Campus, S. 237-249.

Gukenbiehl, Hermann L., 2016b: Institution und Organisation. In: Korte, Hermann/Schäfers, Bernhard (Hg.), Einführung in Hauptbegriffe der Soziologie. 9. Auflage. Wiesbaden: Springer VS, S. 183-189.

Henecka, Hans Peter, 2015: Grundkurs Soziologie. 10. Auflage. Konstanz: UVK (UTB), S. 137-160.

Hollstein, Bettina, 2013: Soziale Netzwerke. In: Mau, Steffen/Schöneck, Nadine M. (Hg.), Handwörterbuch zur Gesellschaft Deutschlands. Band 2. 3. Auflage. Wiesbaden: Springer VS, S. 745-757.

Schäfers, Bernhard, 2016: Die soziale Gruppe. In: Korte, Hermann/Schäfers, Bernhard (Hg.), Einführung in Hauptbegriffe der Soziologie. 9. Auflage. Wiesbaden: Springer VS, S. 153-172.

Schimank, Uwe, 2007: Gruppen und Organisationen. In: Joas, Hans (Hg.), Lehrbuch der Soziologie. 3. Auflage. Frankfurt am Main/New York: Campus, S. 217-239.

Schnurr, Stefan, 2016: Organisationen. In: Scherr, Albert (Hg.), Soziologische Basics. Eine Einführung für pädagogische und soziale Berufe. 3. Auflage. Wiesbaden: Springer VS, S. 233-240.

Weymann, Ansgar, 2007: Interaktion, Institution und Gesellschaft. In: Joas, Hans (Hg.), Lehrbuch der Soziologie. 3. Auflage. Frankfurt am Main/New York: Campus, S. 117-123.

## 5. Gesellschaft

Interaktionen, Gruppen, Netzwerke und Organisationen sind immer nur punktuelle Ausschnitte und Momentaufnahmen des sozialen Lebens. Sie stehen miteinander in Beziehung und sind Teil einer umfassenderen sozialen Struktur, die Eigenheiten und Funktionen dieser sozialen Gebilde sowie die Formen ihres Zusammenwirkens bedingt. Diese Gesamtheit der sozialen Beziehungen wird als Gesellschaft bezeichnet. Im Folgenden sollen die Kennzeichen und Entwicklungsprozesse der modernen Gesellschaft nachgezeichnet werden (5.1 und 5.2). In einem weiteren Schritt werden soziologische Theorien hierzu vorgestellt (5.3).

### 5.1 Die Entstehung der modernen Gesellschaft

Historisch haben die Strukturen, die das soziale Leben in der heutigen Gesellschaft prägen, ihren Ausgangspunkt in dem Übergang von einer streng hierarchisch und zentralistisch verfassten, ständischen Ordnung auf der Grundlage einer primär von Landwirtschaft und Handwerk geprägten Produktionsweise hin zu einer demokratisch und rechtsstaatlich verfassten politischen Ordnung auf der Grundlage einer durch industrielle Massenproduktion und später zunehmend auch durch organisierte Dienstleistungen geprägten Produktionsweise.

Die vormoderne, hierarchisch geordnete Gesellschaft beruhte auf einem Weltbild, das von der natürlichen Ungleichheit der Menschen ausgeht und sie in eine als unveränderlich gegebene soziale Position gestellt sieht, während das aufkommende moderne Weltbild die natürliche Gleichheit aller Menschen zur Grundlage hat und sie als vernunftbegabte Wesen betrachtet, die ihre Lebensverhältnisse eigenverantwortlich gestalten.

Die Triebkräfte für diese Umwälzungen bildeten sich bereits im Verlauf des achtzehnten Jahrhunderts. Sie sind zurückzuführen auf die Ideen der Aufklärung, für die in Deutschland insbesondere die Philosophie Immanuel Kants (1724-1804) steht, sowie auf technische Neuerungen, die zunächst in England den Bereich der Herstellung von Textilien ebenso wie die Eisengewinnung revolutionierten und den Eisenbahnbau ermöglichten.

Die sich in der Folge im Verlauf des neunzehnten und beginnenden zwanzigsten Jahrhunderts in Europa durchsetzende Entwicklung brachte weitreichende Veränderungen mit sich:

Es entstehen zunehmend demokratische Rechts- und Sozialstaaten, auf der Grundlage von Verfassungen, die auf der Idee der Freiheit und Gleichheit aller Menschen beruhen.

Parallel wird das wirtschaftliche Leben immer stärker von der industriellen Massenproduktion in Fabriken geprägt. Die moderne Form der Lohnarbeit sowie die Markt- und Geldwirtschaft etablieren sich. Arbeit und Privatleben werden räumlich, zeitlich und sozial getrennt, so dass sich die traditionellen Familienformen auflösen und die moderne Kleinfamilie entsteht. Statt einer ökonomischen Zweckgemeinschaft gibt es nun private Beziehungen, deren Grundlage emotionale Bin-

## 5. Gesellschaft

dungen bilden. Die Mobilität der Familienmitglieder erhöht sich, unterschiedliche Alltagserfahrungen werden zur Regel.

Zugleich entstehen außerhalb der Familie, insbesondere in den Bereichen Bildung, Erziehung, Gesundheit, Pflege und soziale Hilfen, spezielle Einrichtungen und Professionen, denen Aufgaben zufallen, die traditionell von der Familie wahrgenommen wurden. Hinzu treten, vor allem im Bereich des kulturellen und sozialen Lebens, zivilgesellschaftliche Vereinigungen und Bewegungen, in deren Rahmen die Menschen freiwillig und selbstbestimmt ihre Interessen verfolgen.

> Die Entstehung der modernen Gesellschaft gründet auf dem Prozess der Industrialisierung, der im neunzehnten Jahrhundert die gewinn- und marktorientierte Massenproduktion, die Lohnarbeit als dominante Erwerbsform sowie das Familienleben als eine vom Erwerbsleben abgetrennte, auf emotionalen Bindungen beruhende, Sphäre des Privaten hervorbringt. Ideengeschichtlich basiert sie auf den Gedanken der Aufklärung, nach der die Menschen gleich, frei und vernunftbegabt sind, so dass sie sich nicht in eine unveränderlich vorgegebene soziale Ordnung gestellt sehen, sondern ihr Leben eigenverantwortlich im Rahmen eines demokratischen Gemeinwesens selbst gestalten können.

### 5.2 Die Veränderungen des Alltagslebens in der modernen Gesellschaft

Zu Beginn des zwanzigsten Jahrhunderts wohnten die meisten Menschen in kleineren Orten und verließen diese nur selten. In der Regel lebten sie in größeren Haushalten, denen mehrere Generationen, oft auch weitere Verwandte, Lehrlinge, Bedienstete oder Gehilfen angehörten, und arbeiteten tagtäglich in der Landwirtschaft oder in kleineren Handwerksbetrieben.

Die sozialen Beziehungen reduzierten sich vorwiegend auf die Familie und Verwandtschaft sowie die Dorfgemeinschaft. Fast alle Bedürfnisse des täglichen Lebens konnten innerhalb dieses relativ überschaubaren Lebenszusammenhangs befriedigt werden. Dadurch bestand aber auch ein hohes Maß an wechselseitiger Abhängigkeit und Verpflichtung. Es gab einen weitgehend festgelegten Tagesablauf, unverrückbare soziale Hierarchien und Ordnungen, vorgegebene Rituale und Rhythmen. Die räumliche und soziale Mobilität waren sehr gering.

Heute lebt etwa ein Drittel der deutschen Bevölkerung in Städten mit mehr als 100.000 Einwohnern und ein Großteil der Menschen ist regelmäßig aus unterschiedlichen Gründen außerhalb des eigenen Wohnorts unterwegs. Die meisten Erwachsenen leben in einer Kleinfamilie oder in einer Partnerschaft ohne Kinder. Etwa ein Fünftel der Bevölkerung lebt allein (vgl. Statistisches Bundesamt 2018a: 114ff.). Im Verlauf des Lebens wechseln die Lebensformen zunehmend häufiger und Umzüge aus privaten oder beruflichen Gründen gehören zum Alltag.

Für die Erwerbstätigkeit sind immer längere Schulbesuche und darauf aufbauende weitere Qualifizierungsprozesse erforderlich. Dass Menschen ihr gesamtes Erwerbsleben an einem Arbeitsplatz verbringen, ist eher eine Ausnahme. Allein die Dynamik der wirtschaftlichen Entwicklung und das Risiko des Arbeitsplatzverlusts zwingen zu dauerhafter Flexibilität und zur Bereitschaft, sich weiter zu qualifizieren und sein Leben neu auszurichten. Soziale und räumliche Mobilität sind selbstverständlich.

Die Kontakte zu anderen beschränken sich nicht mehr auf einen überschaubaren Personenkreis in der Familie, Verwandtschaft und Dorfgemeinschaft. Vielmehr stehen wir tagtäglich in verschiedenen Lebensbereichen in sehr unterschiedlichen Beziehungen zu einer Vielzahl von Personen. Der gesamte Lebens- und Tagesrhythmus ist von persönlichen Konstellationen und Arrangements abhängig. Jeder hat einen eigenen Kalender, eigene Termine und Verabredungen.

Vor dem Hintergrund der zunehmenden Auflösung vorgegebener traditioneller Strukturen und Abläufe sowie sich beschleunigender Veränderungen der gesellschaftlichen Rahmenbedingungen wird die aktive individuelle Gestaltung und Koordination sozialer Beziehungen immer bedeutsamer. Parallel sind die Menschen jedoch verstärkt in ein globales Netz von institutionellen Ordnungen und arbeitsteilig operierenden Organisationen eingebunden, die ihnen Regeln vorgeben und ihre Handlungsspielräume begrenzen (vgl. Kap. 4.3).

Das klingt paradox und wird in der Soziologie auch sehr unterschiedlich interpretiert.

> In der modernen Gesellschaft gewinnen die Momente rationaler Planung und arbeitsteiliger Organisation zunehmend an Bedeutung. Institutionelle Vorgaben breiten sich aus. Die Menschen leben immer häufiger in Städten und sind alltäglich in Organisationen eingebunden. Ihre sozialen Beziehungsnetzwerke werden größer, flexibler und vielfältiger. Das gesamte soziale Leben intensiviert, differenziert und beschleunigt sich.

## 5.3 Soziologische Theorien der modernen Gesellschaft

Max Webers Modernisierungstheorie, die er vor allem in seiner 1920 erschienenen Aufsatzsammlung „Die protestantische Ethik und der Geist des Kapitalismus" entwickelte (vgl. Weber 2010), geht davon aus, dass sich im abendländischen Europa eine besondere Kultur herausgebildet hat, die auf der Herauslösung von Bereichen wie Wirtschaft, Recht, Politik, Wissenschaft und Kunst aus einer übergreifenden religiösen Weltanschauung beruht und die Momente rationaler Planung und Organisation als zentrale Kennzeichen des modernen Lebens hervorbringt.

Die Möglichkeiten, die sich den Menschen durch die Verselbstständigung von Lebenssphären eröffnen, sind seines Erachtens jedoch zugleich durch die hiermit verbundene Rationalisierung des sozialen Lebens gefährdet, da die Regelwerke von Organisationen ihre Freiheit einschränken und sie in ein enges Korsett formalisierter Ordnungen zwängen. So besteht nach Weber die Gefahr, dass sich die Elemente rationaler Planung und Organisation zu einem „stahlharten Gehäuse" von Sachzwängen entwickeln, dem der Einzelne nicht entrinnen kann (vgl. Weber 2010: 200f., 1972: 835).

Die Befürchtung, dass sich abstrakte und formale Strukturen in der Gesellschaft verselbstständigen und sich von den Bedürfnissen und Interessen der Menschen, denen sie eigentlich dienen sollten, lösen, ist in unterschiedlichen Variationen in der Soziologie immer wieder geäußert worden und geht von der Annahme aus, dass rein zweckrationale und unpersönliche Beziehungen in der modernen Gesellschaft zunehmend an Bedeutung gewinnen, während informelle, auf persönlicher

## 5. Gesellschaft

Nähe, affektiv-emotionaler Bindung und Solidarität beruhende soziale Beziehungen, die für den Menschen von existentieller Bedeutung sind, in den Hintergrund treten.

Sie wurde in ähnlicher Weise auch später von berühmten Sozialwissenschaftlern wie James S. Coleman (1986) in Form der These einer „asymmetrischen Gesellschaft" oder Jürgen Habermas (1981) in Form der These einer „Kolonialisierung der Lebenswelt durch Systeme" zum Ausdruck gebracht.

Während Coleman ein zunehmendes Ungleichgewicht zwischen Organisationen als „korporative Akteure" und natürlichen Personen sieht, das die gesellschaftliche Gestaltungskraft der Menschen gefährdet und ein Verantwortungsvakuum, insbesondere auch für bedürftige Gesellschaftsmitglieder, hervorbringt, geht Habermas davon aus, dass sich die zweckrationalen gesellschaftlichen Sozialsysteme wie Wirtschaft und Politik aufgrund ihrer Eigendynamik von den lebensweltlichen, verständigungsorientierten Beziehungen des Alltags, in denen sich Sinnorientierungen, Solidarität und Identität ausbilden, entkoppeln und diese in ihren Funktionen zunehmend beeinträchtigen.

Ferdinand Tönnies, einer der Gründerväter der Soziologie in Deutschland, hatte bereits Ende des neunzehnten Jahrhunderts die Unterscheidung zwischen Gemeinschaft und Gesellschaft in die sozialwissenschaftliche Diskussion eingeführt (vgl. Tönnies 2005). Sie beruhte auf der Annahme, dass es einerseits soziale Beziehungen gibt, in die wir persönlich und emotional eingebunden sind, so dass sie uns weitreichend prägen und wir uns diesen Gemeinschaften selbstverständlich zugehörig sowie in besonderer Weise verpflichtet fühlen. Auf der anderen Seite stehen wir in sozialen Beziehungen, die wir aus sachlichen Gründen zur Erreichung eines bestimmten Zwecks eingehen, so dass sie durch einen eher emotional distanzierten und formalen Charakter auf der Grundlage funktionaler Erfordernisse gekennzeichnet sind.

> Soziologen wie Tönnies, Weber, Coleman und Habermas gehen davon aus, dass sich in der modernen Gesellschaft zwei Sphären gegenüberstehen: einerseits ein von institutionellen Regelwerken und unpersönlicher Zweckrationalität geprägter Bereich des öffentlichen Lebens, insbesondere in Wirtschaft, Politik und Verwaltung, andererseits ein Bereich des sozialen Lebens in Familien, Freundschaftsbeziehungen, informellen Gruppen und zivilgesellschaftlichen Vereinigungen, der auf persönlicher Nähe, emotionalen Bindungen und gemeinsamen Wertorientierungen beruht.

Die Sorge, dass in der modernen Gesellschaft die eine Art von Beziehungen die Oberhand gegenüber der anderen gewinnt, so dass sich Verhältnisse entwickeln, die den eigentlichen menschlichen Bedürfnissen und Interessen widersprechen, wird jedoch nicht von allen Soziologen geteilt.

So stehen für Talcott Parsons, der sich mit der Modernisierungstheorie Max Webers intensiv beschäftigt hatte, weniger die Risiken und Gefahren, die mit der Entwicklungsdynamik moderner Gesellschaften verbunden sind, im Vordergrund als vielmehr die Frage, auf welchen Strukturen ihre Funktionsfähigkeit basiert. Die Voraussetzung für eine stabile soziale Ordnung ist seines Erachtens die Erfüllung von vier Grundfunktionen (vgl. Parsons 1972: 12ff., 1975: 14ff.): Anpassung (Adaptation) an die äußere Umwelt im Sinne der Beschaffung erforderlicher Ressourcen, Zielerreichung (Goal Attainment) im Sinne der Festlegung und Durchsetzung gemeinsamer Ziele, soziale Integration (Integration) im Sinne der Herstellung von Gemeinschaft und Solidarität, Erhalt von Strukturen (Latent Pattern Maintenance) im Sinne der Förderung und Sicherung gemeinsamer Wertorientierungen.

Diese vier Grundfunktionen der Bestandserhaltung einer Gesellschaft werden auch als sogenanntes AGIL-Schema bezeichnet, wobei „A" für „Adaptation", „G" für „Goal Attainment", „I" für „Integration" und „L" für „Latent Pattern Maintenance" steht. Ihnen ordnet Parsons jeweils gesellschaftliche Teilsysteme zu, die für die Erfüllung dieser Aufgaben zuständig sind. Das Wirtschaftssystem ist für die Beschaffung von Ressourcen in der Gesellschaft zuständig (Anpassung), das politische System sorgt für die Entwicklung und Verwirklichung gemeinsamer Ziele (Zielerreichung), das System gesellschaftlicher Gemeinschaft für Zusammenhalt und Solidarität auf der Grundlage von Normen (Integration) und das kulturelle System der Gesellschaft für die Ausbildung und Stabilisierung von Wertorientierungen im Rahmen einer gemeinsamen Kultur (Strukturerhaltung). Die Gesellschaft gliedert sich somit in vier Subsysteme, die jeweils mit einem für sie charakteristischen Interaktionsmedium operieren und darüber auch in Beziehung zu den anderen Subsystemen stehen: Die Wirtschaft operiert mit dem Medium Geld, die Politik mit dem Medium Macht, die gesellschaftliche Gemeinschaft mit dem Medium Einfluss und die Kultur mit dem Medium Wertbindung.

> Nach Talcott Parsons ist zur Bestandserhaltung einer Gesellschaft die Erfüllung von vier Funktionen erforderlich: Anpassung, Zielerreichung, Integration und Strukturerhaltung. Entsprechend gliedert sich die Gesellschaft in vier Subsysteme, die primär diese Funktionen übernehmen. Das Wirtschaftssystem ist für die Beschaffung von Ressourcen zuständig (Anpassung), das politische System für die Verwirklichung gemeinsamer Ziele (Zielerreichung), das System gesellschaftlicher Gemeinschaft für die Sicherung von Zusammenhalt und Solidarität (Integration), das kulturelle System für die Ausbildung und Stabilisierung gemeinsamer Wertorientierungen (Strukturerhaltung).

Die Beziehungen zwischen den Subsystemen der Gesellschaft unterliegen dabei einer hierarchischen Steuerungs- und Kontrollstruktur. Auf gemeinsamen Wertorientierungen gründen gesellschaftliche Normen, an denen sich die politischen Ziele ausrichten, die wiederum ihrerseits die Grundlage ökonomischer Aktivitäten darstellen. Wirtschaftliches Handeln orientiert sich an politischen Vorgaben, politische Vorgaben an den geltenden Normen in einer Gemeinschaft und diese wiederum an den Grundwerten einer Kultur (L→I→G→A).

Hinsichtlich der Handlungsimpulse ist es hingegen genau umgekehrt. Wirtschaftliche Entwicklungsprozesse sind Anlass zur politischen Neubestimmung von Zielen, die mittelfristig die normativen Regeln des Zusammenlebens verändern, was sich wiederum langfristig auf die Wertorientierungen in einer Gesellschaft auswirkt (A→G→I→L).

Die Gesellschaft als soziales System ist in ein allgemeines Handlungssystem eingebettet, das sich ebenfalls in vier Subsysteme auf der Grundlage von vier Grundfunktionen gliedert: Kultur, Gesellschaft, Persönlichkeit und Verhalten sind für die Funktionen der Strukturerhaltung, Integration, Zielerreichung und Anpassung zuständig. Ausgangspunkt ist die Annahme, dass das menschliche Handeln generell auf Wertvorstellungen, Normen, Zielen und Ressourcen basiert.

*Abbildung 4: Subsysteme des allgemeinen Handlungssystems nach Talcott Parsons (AGIL-Schema)*

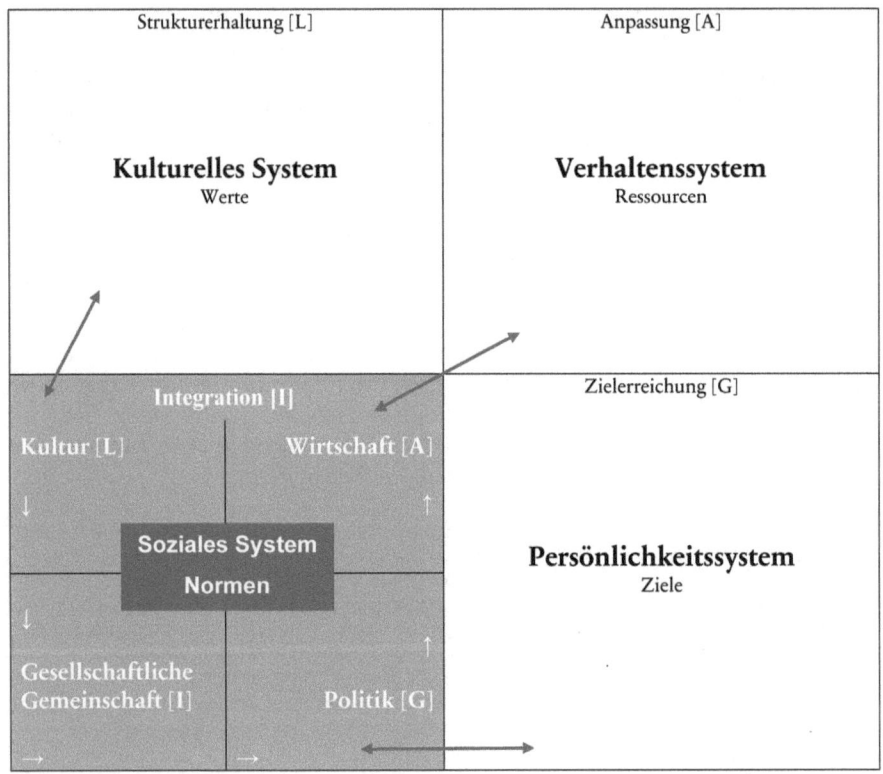

Quelle: http://de.wikipedia.org/wiki/AGIL-Schema[3]

Die Systemtheorie von Talcott Parsons wurde von Niklas Luhmann aufgegriffen und in entscheidenden Punkten weiterentwickelt.

Ähnlich wie für Parsons stehen auch für Luhmann weniger die Risiken und Gefahren, die mit den arbeitsteiligen Strukturen der modernen Gesellschaft verbunden sind, im Vordergrund. Vielmehr konzentriert er sich auf die Frage, inwieweit die Ausdifferenzierung funktionaler gesellschaftlicher Teilsysteme neue Möglichkeiten des Erlebens und Handelns eröffnet, auf denen unser heutiges Verständnis von Individualität gründet. Spezialisierung und Organisation stellen keine Bedrohung, sondern die Grundlage individueller Freiheiten und sozialer Teilhabe dar.

---

3 Die Abbildung wurde hinsichtlich der grafischen Darstellung und der verwendeten Begrifflichkeiten gegenüber der Darstellung in der angegebenen Quelle geringfügig verändert und ergänzt.

## 5.3 Soziologische Theorien der modernen Gesellschaft

Allerdings wird die für Talcott Parsons' Systemtheorie zentrale Vorstellung von vier funktional erforderlichen gesellschaftlichen Teilsystemen, die in einer festgelegten Beziehung zueinander stehen, nicht von Luhmann geteilt. Aus seiner Sicht zeichnet sich die moderne Gesellschaft, gegenüber der hierarchischen, zentralistischen Ordnung vormoderner Gesellschaften, durch eine funktionale Differenzierung aus, in deren Rahmen sich eine Vielzahl von Teilsystemen entwickelt, die nach je eigenen Gesichtspunkten bestimmte Aufgaben erfüllen (vgl. Luhmann 1997/2: 743ff.). Sie stehen ohne zentrale gesellschaftliche Steuerungsinstanz nebeneinander und können sich aufgrund ihrer unterschiedlichen Funktionslogik nicht gegenseitig ersetzen. Neben der Familie, die zuvor das Zentrum des gesellschaftlichen Alltagslebens bildete, und der politischen Ordnung, die traditionell streng hierarchisch mit einem absoluten Herrscher an der Spitze gegliedert war und alles, was in der Gesellschaft geschah, regulierte, gibt es nun ein Wirtschaftssystem, ein Wissenschaftssystem, ein Rechtssystem und viele Weitere. Familie und Politik verändern zugleich auch selbst ihren Charakter und entwickeln sich ebenfalls zu spezialisierten Funktionssystemen, die sich auf bestimmte Aufgaben konzentrieren, während andere nicht mehr in ihren Zuständigkeitsbereich fallen.

*Abbildung 5: Soziale Differenzierung*

Hierarchische Differenzierung der vormodernen ständischen Gesellschaft.

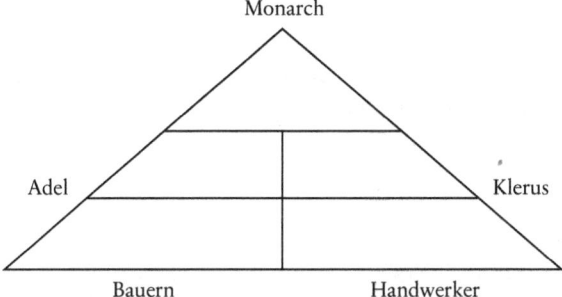

Funktionale Differenzierung der modernen Gesellschaft.

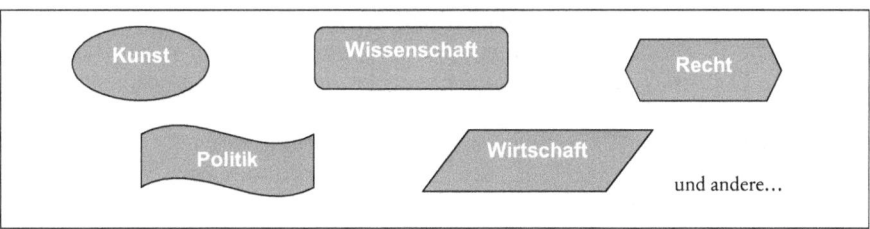

Quelle: Rosa/Strecker/Kottmann 2018: 189.[4]

---

[4] Die Abbildung zur funktionalen Differenzierung wurde hinsichtlich der grafischen Darstellung gegenüber der Darstellung bei Rosa/Strecker/Kottmann (2018: 189) geringfügig verändert und durch den Hinweis auf weitere Funktionssysteme neben den genannten ergänzt.

## 5. Gesellschaft

Das wesentliche Kennzeichen dieser funktionalen Differenzierung der modernen Gesellschaft ist nach Luhmann die operative Geschlossenheit der Kommunikation innerhalb der gesellschaftlichen Teilsysteme, die sich auf spezielle Kommunikationscodes und hiermit verbundene eigensinnige Rationalitätskriterien gründet (vgl. hierzu bereits Kap. 3.2).

Dadurch reduzieren sich beispielsweise soziale Beziehungen in der Wirtschaft ausschließlich auf Zahlungsakte, gleichgültig aus welchen Motiven sie getätigt wurden. Wir kaufen in einem Supermarkt ein, gehen an die Kasse und müssen uns nicht dafür rechtfertigen, was im Einkaufswagen liegt. Es kommt lediglich darauf an, dass wir den dafür geforderten Preis entrichten. Ebenso können Unternehmen die unterschiedlichsten Geschäftsideen verfolgen. Für ihr Überleben am Markt ist letztendlich allein die Gegenüberstellung von Einnahmen und Ausgaben entscheidend.

In derselben Weise steht im politischen System das Zustandekommen gesellschaftlich verbindlicher Regelungen durch Mehrheitsentscheidungen, unabhängig von den Idealen und Programmen der beteiligten Personen und Gruppierungen, im Vordergrund. Das Gesundheitswesen konzentriert sich, trotz vielfältiger wirtschaftlicher Interessen, auf die Behandlung und Vermeidung von Erkrankungen und im wissenschaftlichen Diskurs zählt, unabhängig von den Finanzierungsgrundlagen der Projekte und den Motiven der Forscher, allein der Wahrheitsgehalt von Aussagen (vgl. Bendel 2009b: 45).

Zugleich sind die sozialen Systeme trotz ihrer operativen Geschlossenheit immer strukturell an ihre Umwelt gekoppelt. Geldausgaben können beispielsweise auch der Gesundheit dienen und politische Entscheidungen weitreichende ökonomische Folgen haben. Ebenso kann keine Einrichtung in der Wissenschaft oder im Gesundheits- und Sozialwesen ohne finanzielle Mittel überleben.

Die funktionale Differenzierung der modernen Gesellschaft verändert dabei nach Luhmann auch die soziale Existenz des Menschen. Während in der vormodernen Gesellschaft dessen soziale Position im hierarchischen Gesamtgefüge von Geburt an umfassend und dauerhaft festgelegt war, so dass sich der Einzelne über diese vorgegebene soziale Platzierung und die damit verbundenen Aufgaben und Rollen definierte, ist der moderne Mensch in zahlreiche, unterschiedliche gesellschaftliche Funktionssysteme eingebunden. Seine Aufgaben und Rollen wechseln je nach System und die Positionen, die er dort jeweils einnimmt, werden variabel. In wirtschaftliche Prozesse kann er beispielsweise als Produzent oder Konsument, als Kapitalanleger, Gehaltsbezieher oder Sozialleistungsempfänger involviert sein und in die Politik als Wähler, Parteifunktionär oder Regierungsmitglied. Zugleich kann er beruflich auf- oder absteigen, sich finanziell verbessern oder verschlechtern, eine politische Karriere anstreben oder als Mandatsträger abgewählt werden.

Aufgrund der Vervielfältigung und Flexibilisierung von Positionen ist die soziale Existenz des Menschen nicht mehr dauerhaft an einen bestimmten Ort in der Gesellschaft gebunden. Seine Identität besteht vielmehr aus zahlreichen, unterschiedlichen und sich permanent verändernden Teilrollen, so dass er wie ein externer Beobachter vor seinen komplexen sozialen Einbindungen und der Frage steht, wer er eigentlich ist und was er aus seinem Leben machen möchte. Luhmann (1989) bezeichnet diesen Perspektivenwechsel als Übergang von der Inklusions- zur Exklusionsindividualität (vgl. auch Luhmann 1995 sowie Bendel 2005: 133ff.).

> Nach Niklas Luhmann ist die moderne Gesellschaft von einer funktionalen Differenzierung geprägt, durch die sich innerhalb der Gesellschaft verschiedene Teilsysteme entwickeln, die arbeitsteilig, nach je eigenen Gesichtspunkten bestimmte Aufgaben erfüllen. Sie stehen ohne zentrale gesellschaftliche Steuerungsinstanz nebeneinander und können sich aufgrund ihrer unterschiedlichen Funktionslogik nicht gegenseitig ersetzen. Die Teilsysteme operieren auf der Grundlage jeweils besonderer Kommunikationscodes. In der Wirtschaft stehen beispielsweise ausschließlich Zahlungen mittels Geld und in der Politik Entscheidungen im Medium der Macht im Vordergrund. Soziale Positionen sind aufgrund der funktionalen Differenzierung der Gesellschaft nicht mehr dauerhaft und für alle Bereiche gleichermaßen festgelegt. Sie können von Teilsystem zu Teilsystem, aber auch innerhalb eines einzelnen Teilsystems variieren.

Auch Ulrich Beck (1986) sieht die Rolle des Menschen in der modernen Gesellschaft dadurch geprägt, dass sie ihm eher neue Autonomie- und Freiheitsspielräume eröffnet, die allerdings sowohl Chancen als auch Risiken beinhalten.

Die Institutionalisierungsprozesse in der modernen Gesellschaft werden aus seiner Sicht begleitet von einer zunehmenden Auflösung traditioneller Formen sozialer Einbindung und verlässlicher Orientierungsgrundlagen der Lebensführung. Sogenannte sekundäre Institutionen, wie rechts- und sozialstaatliche Regelwerke, Bildungssysteme und Arbeitsmärkte, Konsummärkte und Massenmedien, bestimmen immer mehr den Lebenslauf der Menschen, während die zuvor dominierenden Formen sozialer Integration über Familien und Verwandtschaftssysteme, klassen- bzw. schichtgebundene Milieus sowie Generationen- und Geschlechtsrollen in den Hintergrund treten. Die traditionellen Grundlagen der Lebensorientierung und Sinnstiftung verlieren damit an Bedeutung.

Zugleich werden die Möglichkeiten der Lebensführung vielfältiger, so dass sich das moderne Individuum immer häufiger mit Entscheidungssituationen konfrontiert sieht, ohne dabei auf eine verlässliche Wissensbasis oder verbindliche Normen und Werte zurückgreifen zu können. Den zunehmenden Entscheidungsmöglichkeiten stehen vermehrt Unsicherheiten bei der Entscheidungsfindung und Risiken, die sich mit den Folgen von Entscheidungen verbinden, gegenüber.

> Industrialisierung und Modernisierung führen nach Ulrich Beck „zu einer dreifachen ‚Individualisierung': Herauslösung aus historisch vorgegebenen Sozialformen und -bindungen im Sinne traditioneller Herrschafts- und Versorgungszusammenhänge (‚Freisetzungsdimension'), Verlust von traditionellen Sicherheiten im Hinblick auf Handlungswissen, Glauben und leitende Normen (‚Entzauberungsdimension') und – womit die Bedeutung des Begriffes gleichsam in ihr Gegenteil verkehrt wird – eine neue Art der sozialen Einbindung (‚Kontroll- bzw. Reintegrationsdimension')." (Beck 1986: 206).

Die wachsende Entscheidungsabhängigkeit des individuellen Lebenslaufs, vor dem Hintergrund der Auflösung traditioneller Formen sozialer Einbindung und des damit einhergehenden Verlusts an Sicherheiten und Vorgaben, zeichnet nach Beck die Ambivalenz des Individualisierungsprozesses aus (vgl. Schroer 2008: 151ff.). Einerseits gibt es mehr Möglichkeiten und Freiheiten zur individuellen Entscheidung. Andererseits besteht die Gefahr, dass das Individuum aufgrund des Mangels

## 5. Gesellschaft

an sinnstiftenden Formen sozialer Integration mit der individualisierten Lebensführung überfordert ist.

Institutionalisierung und Individualisierung sind dabei lediglich zwei Seiten einer Medaille. Der Lebenslauf der Menschen verliert insofern keineswegs seine gesellschaftliche Prägung. Vielmehr handelt es sich um eine neue Form der Vergesellschaftung durch Institutionen, die zunehmend Entscheidungen des Einzelnen erfordern. Beck bezeichnet den Prozess der Individualisierung daher auch als einen „neuen Modus der Vergesellschaftung [...], als eine Art ‚Gestaltwandel' [...] im Verhältnis von Individuum und Gesellschaft" (Beck 1986: 205).

Der Beruf und das Privatleben sind zwei Bereiche, anhand derer sich diese Entwicklungsprozesse anschaulich nachzeichnen lassen. Während der Weg junger Menschen ins Erwerbsleben einerseits sehr stark von den Institutionen des Bildungswesens geprägt wird, ist die Erwerbsbiographie des Einzelnen andererseits zunehmend von eigenen Entscheidungen abhängig und in ihrem Entwicklungsverlauf immer weniger standardisiert. Langfristige Normalarbeitsverhältnisse werden seltener, die Beschäftigungsmodalitäten vielfältiger und berufliche Veränderungen häufiger.

Partnerschaft und Familiengründung sind ebenso immer weniger ein Resultat kollektiver Erwartungen und Normen, sondern ein Moment individueller Entscheidungen. Angesichts individualisierter Erwerbsmuster und Lebensentwürfe nimmt die Selbstverständlichkeit und Stabilität von Bindungen ab und die Entscheidung zur Gründung einer Familie wird immer schwieriger (vgl. Kap. 6.2.1).

Auch die institutionalisierte Form sozialer Hilfen durch professionelle Soziale Arbeit ist ein Beispiel für die Ambivalenz von Modernisierungsprozessen und das Spannungsfeld zwischen informellen Solidarstrukturen traditioneller Gemeinschaften, wie etwa der Familie, und der Ausdifferenzierung funktionaler Hilfesysteme (vgl. auch Kap. 4.3 sowie Kap. 6.2.1). Einerseits löst der Prozess hilfsbedürftige Menschen aus den vormodernen Netzwerken persönlicher Abhängigkeit und schafft die Voraussetzungen für eine gezielte Förderung sowie Rechtsansprüche auf Hilfeleistungen, durch die ein hohes Maß an Sicherheit gewährleistet wird. Andererseits entwickeln sich im Hilfesystem eigensinnige Rationalitätskriterien effizienter Organisation in Form von Regeln und Vorschriften, die aus unterschiedlichsten Gründen einzuhalten sind. Beispielsweise Dienstpläne und routineförmige Arbeitsabläufe, die standardisiert festlegen, wann die Bewohner von Einrichtungen aufstehen, zu Bett gehen oder Mahlzeiten zu sich nehmen.

Wie Erving Goffman (1973) anhand seiner klassischen Studie zu totalen Institutionen verdeutlicht hat, kann dieser Prozess im Extremfall zu einem völligen Verlust von selbstbestimmter Individualität und Privatheit führen, wenn alle Bereiche der Lebensführung den Regeln einer Institution unterworfen sind. In dem Maße, wie sich jedoch die Hilfestrukturen, etwa durch individuelle Hilfeplanung, persönliche Budgets, Fallmanagement, ambulante Hilfen, Beratung oder befähigende Assistenz, individualisieren, dezentralisieren und zum alltäglichen Leben hin öffnen, können sie aber auch eine zuvor nie da gewesene Chance zu einer selbstbestimmten Lebensführung trotz Hilfsbedürftigkeit bieten.

Neuere Analysen und Beschreibungen der modernen Gesellschaft knüpfen zum Teil an die Überlegungen von Jürgen Habermas, Ulrich Beck oder Niklas Luhmann an, setzen jedoch mit Bezug auf die gegenwärtigen gesellschaftlichen Verhältnisse besondere Akzente, indem sie beispielsweise Phänomene der Ökonomisierung, der Beschleunigung bzw. der Singularisierung in den Mittelpunkt ihrer Betrachtungen stellen.

Die These der Ökonomisierung geht davon aus, dass das ökonomische (Kosten-Nutzen-) Denken und die Logik des Marktes sich zunehmend auf andere Bereiche, wie etwa die Wissenschaft und die Politik oder das Bildungs-, Gesundheitswesen und Sozialwesen ausbreiten, die eigentlich anderen Zwecken dienen und nach anderen Prinzipien organisiert sind (vgl. Schimank/Volkmann 2017a). Ökonomisierung bedeutet in diesem Zusammenhang, dass sich beispielsweise im Gesundheitswesen Kliniken zunehmend an der finanziellen Rentabilität bestimmter Behandlungen und nicht allein an der Förderung bzw. Wiederherstellung der Gesundheit von Patienten orientieren, dass in der Wissenschaft zunehmend der Umfang eingeworbener Drittmittel und weniger die Suche nach neuen Erkenntnissen im Vordergrund steht oder im Bereich sozialer Dienstleistungen primär Maßnahmen durchgeführt werden, mit denen die vermeintlich günstigste Kosten-Nutzen-Relation verbunden ist, während die nachhaltige Bewältigung sozialer Probleme nur noch zweitrangig ist. Nicht zuletzt wird auch die persönliche Lebensführung von derartigen Ökonomisierungsdynamiken erfasst, so dass sich der Lebenslauf für immer mehr Menschen zu einem Projekt der permanenten Selbstoptimierung entwickelt, welches statt eines gelingenden Lebens mit anderen die erfolgreiche Selbstbehauptung gegen andere zum primären Ziel hat. Ulrich Bröckling (2007) charakterisiert diese Haltung als ein „unternehmerisches Selbst", das sich in allen Lebensbereichen im Wettbewerb mit anderen sieht und, begleitet von der Angst des Scheiterns, seine besonderen Fähigkeiten immer wieder unter Beweis stellen muss.

Dysfunktionale Folgen der Ökonomisierung können sich darüber hinaus dadurch einstellen, dass eine ökonomische Ausrichtung in Lebensbereichen, die nicht in erster Linie wirtschaftliche Ziele verfolgen, einen erhöhten organisatorischen Aufwand und zusätzliche Kosten produziert, so dass nicht allein Effizienzgewinne, sondern auch Effizienzverluste entstehen, wenn beispielsweise Hochschulen erhebliche Energien in Akkreditierungs- und Evaluierungsverfahren statt in Lehre und Forschung investieren müssen oder Pflegekräfte einen erheblichen Teil ihrer Arbeitszeit mit der Dokumentation von Leistungen statt mit der Versorgung von Patienten verbringen. Zudem kann sich eine ruinöse Konkurrenz mit der Folge entwickeln, dass ökonomisch weniger erfolgreiche Organisationen den Umfang oder die Qualität ihres Leistungsangebotes reduzieren oder ihr Angebot gänzlich einstellen, was zu Engpässen, z.B. bei der flächendeckenden Versorgung mit Krankenhäusern, Arztpraxen, Sportstätten oder Studienmöglichkeiten, führen kann. Schließlich können Leistungsanbieter auch versuchen, ihre Attraktivität für Leistungsabnehmer durch eine Senkung fachlicher Qualitätsansprüche zu steigern, z.B. indem Schulen und Hochschulen die Standards für Abschlüsse und gute Noten senken, was sich mittelfristig fatal auf das Qualifikationsniveau von Absolventen und die Leistungsfähigkeit von Unternehmen und Organisationen in ihren jeweiligen Tätigkeitsfeldern auswirkt (vgl. Schimank/Volkmann 2017a: 164ff.; 2017b: 605ff.).

Die These der Beschleunigung begreift die Entwicklung der modernen Gesellschaft als einen Prozess der sozialen Beschleunigung (vgl. Rosa 2005, 2012). Diese vollzieht sich in drei Dimensionen: einer technischen Beschleunigung, die es ermöglicht, Produktions-, Transport- und Kommunikationsprozesse in immer kürzerer Zeit abzuwickeln, z.B. durch eine zunehmende Digitalisierung der Kommunikation; einer Beschleunigung des sozialen Wandels, die darin zum Ausdruck kommt, dass sich unsere sozialen Beziehungen im Berufs- und Privatleben vervielfältigen und permanent verändern, indem wir selbst oder Menschen in unserem sozialen Umfeld beispielsweise den Job wechseln, umziehen, neue Beziehungen eingehen oder alte lösen; schließlich einer aus den beiden erstgenannten Phänomenen resultierenden Beschleunigung des individuellen Lebenstempos. Obwohl aufgrund des technischen Fortschritts vieles einfacher wird und schneller geht, führt dies nicht zu mehr Zeitsouveränität und Freiräumen für den Einzelnen, sondern dazu, dass tagtäglich immer mehr Ereignisse auf uns einströmen, während zugleich auch die Erwartung wächst, dass wir möglichst umgehend auf die Vielzahl der Ereignisse reagieren. Digitale Kommunikationsmöglichkeiten und mobile Internetnutzung haben beispielsweise nicht mehr Freizeit, Entspannung und Entlastung, sondern vermehrte Anforderungen, erhöhte Erwartungen und Zeitstress zur Folge. Es gibt täglich immer mehr zu tun, und wir versuchen dem zu begegnen, indem wir unser Lebenstempo erhöhen, Erholungs- und Entspannungszeiten verringern oder Dinge parallel erledigen. Ein gelingendes Leben erscheint unter diesen Vorzeichen nicht als ein sinnerfülltes, sondern als ein möglichst schnelles Leben.

In der spätmodernen Gesellschaft führt das steigende Tempo des sozialen Wandels dazu, dass dieser sich nicht mehr als eine Abfolge unterschiedlicher Lebensbedingungen von Generationen darstellt, sondern sich permanent verändernde Lebensbedingungen innerhalb einer Generation hervorbringt. Gesellschaftliche und persönliche Lebensverhältnisse verlieren dadurch an Stabilität. Identität und Lebensführung müssen immer wieder situativ neujustiert werden und gründen nicht mehr auf einem Entwurf, der ein ganzes Leben trägt. Die Erwartungsunsicherheiten nehmen zu, und die Möglichkeiten, das eigene Leben selbst planvoll zu gestalten, schwinden ebenso wie die Chancen zu einer gezielten, auf demokratischer Willensbildung basierenden politischen Weiterentwicklung der Gesellschaft.[5]

Die These der Singularisierung geht schließlich davon aus, dass die moderne Gesellschaft durch zwei soziale Logiken, die des Allgemeinen (rationalen, versachlichten, standardisierten) und die des Besonderen (kulturalisierten, affektintensivierten, singulären) gekennzeichnet ist, wobei in der spätmodernen, postindustriellen Dienstleistungsgesellschaft die Logik des Besonderen, zunehmend in den Vordergrund rückt, so dass die Hervorhebung und Akzentuierung des Einzigartigen und Singulären die Praktiken des sozialen Lebens in allen gesellschaftlichen Bereichen durchzieht (vgl. Reckwitz 2017).

---

5 Rosa (2012: 218) spricht von einem rasenden Stillstand, indem sich die Dinge ändern, aber sich nicht entwickeln (vgl. auch Rosa 2005: 479).

Der Strukturwandel von der modernen Industriegesellschaft zur spätmodernen Dienstleistungsgesellschaft, der sich seit den 70er-Jahren des letzten Jahrhunderts vollzogen hat, basiert technologisch vor allem auf einer fortschreitenden Digitalisierung und manifestiert sich ökonomisch und kulturell in dem Übergang von einer standardisierten Produktion und einem massenhaften Konsum funktionaler Güter zu einem individuellen an Einzigartigkeit und Originalität orientierten Angebot und Konsum kultureller Güter. Während es für Konsumenten traditionell primär darum ging, über bestimmte Güter verfügen zu können, um deren Funktionalität zu nutzen, etwa ein Auto oder ein Fahrrad, um mobil zu sein, steht heute nicht mehr die Funktion, sondern die Kultur, das heißt die besondere Beschaffenheit und das Design eines Produkts im Vordergrund. Menschen erwerben ein bestimmtes Auto, etwa ein SUV,[6] oder ein Fahrrad, etwa ein Mountainbike, in den meisten Fällen nicht, um abseits befestigter Straßen und Wege mobil zu sein, sondern um eine persönliche Haltung und Lebensweise zum Ausdruck zu bringen. Zudem werden diese Produkte, z.B. hinsichtlich Ausstattung und Design, individuell gestaltet, so dass sie einen Charakter des Außerordentlichen und Singulären erhalten. So sind sie nicht mehr nur ein Mittel zum Zweck, sondern repräsentieren einen besonderen kulturellen Eigenwert.

Der Trend zu einer Singularisierung, das heißt der sozialen Hervorbringung und Betonung des Einzigartigen, betrifft nicht allein die Produktion von Gütern bzw. den individuellen Konsum und Lebensstil, sondern alle Bereiche des sozialen Lebens. Bildungseinrichtungen zielen beispielsweise immer weniger auf standardisierte Angebote als vielmehr zunehmend auf Differenzierung und Einmaligkeit ab. So beschränken sich Schulen und Hochschulen mit ihren Unterrichts- und Lehrprogrammen nicht mehr nur auf das Angebot, bestimmte Bildungsabschlüsse erwerben zu können. Vielmehr geben sie sich ein individuelles Profil und Leitbild, um ihre Besonderheit und Einzigartigkeit herauszustellen und den individuellen Interessen potentieller Schüler und Studenten bzw. deren Bemühungen um Singularität im Wettbewerb mit anderen Schulen und Hochschulen gerecht zu werden. Auch auf dem Arbeitsmarkt werden nicht mehr allein allgemeine formale Qualifikationen, sondern vermehrt besondere individuelle Profile erwartet, um eine Stelle zu erhalten. Bewerber müssen neben dem Nachweis formaler Qualifikation deutlich machen, warum gerade sie aufgrund ihrer individuellen Einzigartigkeit für eine bestimmte Aufgabe besonders geeignet sind.

Im Zuge dieser Entwicklung verlieren die traditionellen Formen des Sozialen, die sich an kollektiver Gemeinsamkeit, allgemeingültigen Regeln und standardisierten Verfahren orientieren, gegenüber partikularistischen und temporären Formen des Sozialen an Bedeutung. Ehemals große Volksparteien, Kirchen, Gewerkschaften und traditionsreiche Vereine, Verbände und Unternehmen büßen an Bindungskraft zugunsten von punktuellem Engagement, individuell konstruierten Sinnorientierungen, temporären Projekten und spontanen Interessenorganisationen, flüchtigen Subkulturen und flexiblen Szenen ein. Rationale, zukunftsorientierte

---

6   Abkürzung für Sport Utility Vehicle (auch Geländelimousine).

## 5. Gesellschaft

Ziele werden vermehrt durch affektgesteuerte, gegenwartsbezogene Präferenzen ersetzt.

Die Verschiebung der Verhältnisse zwischen der Logik des Allgemeinen und der Logik des Besonderen in spätmodernen Gesellschaften eröffnet nicht nur neue Freiheiten und Selbstverwirklichungspotentiale. Sie produziert auch spezifische Probleme. So führen die fortwährenden Ansprüche an individuelle Besonderheit und Selbstentfaltung vermehrt zu Enttäuschungen und psychischen Überforderungen. Darüber hinaus fördert die Betonung des Einzigartigen gegenüber dem Allgemeinen Praktiken sozialer Ausgrenzung und Abwertung, etwa durch neu aufkommende oder wiederbelebte Nationalismen, Fundamentalismen und Ethnizismen. Ebenso geht mit ihr eine Schwächung der das Allgemeine sichernden Institutionen einher, z.B. in Form einer Fragmentierung der politischen Öffentlichkeit oder des Abbaus staatlicher Sicherungs- und Steuerungsfunktionen. Schließlich produziert die postindustrielle Wissens- und Kulturökonomie neue soziale Spaltungen zwischen denjenigen, die hoch qualifiziert, finanziell unabhängig, sozial integriert und am Markt erfolgreich sind, und denjenigen, die sich als einfache Dienstleister in prekären Verhältnissen bewegen oder der Unberechenbarkeit des Marktes zum Opfer gefallen sind und sich nicht mehr auf die traditionellen, der Logik des Allgemeinen geschuldeten Sicherheiten, Standards und Normen der industriellen Moderne verlassen können.[7]

> **Zusammenfassung**
>
> Die Gesamtheit der sozialen Beziehungen wird als Gesellschaft bezeichnet. Moderne Gesellschaften gründen auf einem Weltbild, das die Freiheit und Gleichheit aller Menschen zur Grundlage hat, sowie auf technologischen Entwicklungen, die eine industrielle Massenproduktion ermöglichen. Daraus entwickeln sich die Lohnarbeit, Geld- und Marktwirtschaft, demokratische Rechts- und Sozialstaaten, zivilgesellschaftliche Betätigungsmöglichkeiten sowie ein neues Verständnis von Individualität, das nicht mehr an eine vorgegebene Platzierung des Einzelnen an einem festen Ort in der Gesellschaft gebunden ist. Die Beziehungsnetzwerke der Menschen werden in modernen Gesellschaften größer, flexibler und vielfältiger. Ihr Lebenslauf wird zunehmend institutionalisiert, zugleich aber auch individualisiert und von eigenen Entscheidungen abhängig. Die soziale Mobilität nimmt zu.
>
> Zunehmende Spezialisierung und Arbeitsteilung führen zur Ausbreitung von Organisationen und Professionen sowie zu einer funktionalen Differenzierung der Gesellschaft als Ganzes, in deren Rahmen sich verschiedene Teilsysteme, wie die Wirtschaft, die Politik oder die Wissenschaft, auf der Grundlage eigensinniger Zielperspektiven und Kommunikationsmuster herausbilden.

---

7 Reckwitz (2017: 429ff.) spricht in diesem Zusammenhang von einer Krise der Selbstverwirklichung, einer Krise des Politischen sowie einer Krise der Anerkennung, die er als Facetten einer Krise des Allgemeinen interpretiert.

Einige soziologische Gesellschaftstheorien sehen dabei die Gefahr, dass die Momente der Institutionalisierung sozialer Beziehungen und Ausdifferenzierung spezialisierter Funktionssysteme die Bereiche zwischenmenschlicher Gemeinschaft, die auf persönlicher Nähe und affektiv-emotionaler Bindung beruhen und die Grundlage für Sinnorientierung, Identität und Solidarität im gesellschaftlichen Zusammenleben darstellen, immer weiter einschränken. Andere gehen hingegen davon aus, dass auch in der modernen Gesellschaft die Grundstrukturen zu ihrer eigenen Bestandserhaltung gegeben sind. Es bilden sich jedoch ein individualisiertes Selbstverständnis des Menschen sowie flexibilisierte Sozialstrukturen heraus, die vielfältigere Möglichkeiten der Lebensführung eröffnen, zugleich aber mit wachsenden Unsicherheiten und Risiken verbunden sind.

Neuere Analysen, insbesondere der spätmodernen Gesellschaft, verweisen auf Prozesse der Ökonomisierung, sozialen Beschleunigung und Singularisierung, die Ausgangspunkte für eine krisenhafte Entwicklung sein könnten.

**Fragen zur Wiederholung**

1. Was sind die Triebkräfte, die zur Herausbildung der modernen Gesellschaft führen?
   Stichworte: Aufklärung, Industrialisierung, Gleichheit und Freiheit, demokratischer Rechtsstaat, Marktwirtschaft, Lohnarbeit, Massenproduktion.
2. Wie verändert sich das Leben der Menschen in der modernen Gesellschaft?
   Stichworte: Arbeitsteilung, Professionalisierung, Organisation, Beschleunigung und Differenzierung des sozialen Lebens, Trennung von Lebens- und Erfahrungswelten, soziale Mobilität und aktive Gestaltung des Lebenslaufs.
3. Was zeichnet die Strukturen der modernen Gesellschaft aus?
   Stichworte: Rationalisierung, funktionale Differenzierung, Individualisierung.
4. Wie werden die Entwicklungsprozesse in der modernen Gesellschaft soziologisch gedeutet?
   Stichworte: „stahlhartes Gehäuse" von Sachzwängen (Weber), Gesellschaft und Gemeinschaft (Tönnies), „Asymmetrie" zwischen korporativen Akteuren und natürlichen Personen (Coleman), „Kolonialisierung" der Lebenswelt durch Systeme (Habermas), Grundfunktionen der Bestandserhaltung nach dem AGIL-Schema (Parsons), operative Geschlossenheit gesellschaftlicher Teilsysteme und Exklusionsindividualität (Luhmann), Ambivalenz von Individualisierung und Institutionalisierung (Beck), Ökonomisierung (Schimank/Volkmann), soziale Beschleunigung (Rosa), Singularisierung (Reckwitz).

Literatur zur Vertiefung:

Beck, Ulrich, 1986: Risikogesellschaft. Auf dem Weg in eine andere Moderne. Frankfurt am Main: Suhrkamp, S. 205-219.
Endreß, Martin, 2018: Soziologische Theorien kompakt. 3. Auflage. Berlin/Boston: De Gruyter Oldenbourg, S. 184-198, 243-251.
Esser, Hartmut, 2000/2: Soziologie. Spezielle Grundlagen Band 2: Die Konstruktion der Gesellschaft. Frankfurt am Main/New York: Campus, S. 64-79.

# 5. Gesellschaft

Kneer, Georg/Nassehi, Armin, 2000: Niklas Luhmanns Theorie sozialer Systeme. Eine Einführung. 4. Auflage. München: Fink (UTB), S. 122-141, 155-165.

Nowak, Jürgen, 2009: Soziologie in der Sozialen Arbeit. Schwalbach: Wochenschau Verlag, S. 22-36.

Rosa, Hartmut, 2012: Weltbeziehungen im Zeitalter der Beschleunigung. Umrisse einer neuen Gesellschaftskritik. Berlin: Suhrkamp, 185-223.

Rosa, Hartmut/Strecker, David/Kottmann, Andrea, 2018: Soziologische Theorien. 3. Auflage. Konstanz: UVK (UTB), S. 21-30, 59-70, 164-177.

Reckwitz, Andreas, 2017: Die Gesellschaft der Singularitäten. Zum Strukturwandel der Moderne. Frankfurt am Main: Suhrkamp, 7-25.

Scherr, Albert, 2016a: Gesellschaft und Gemeinschaft. In: Scherr, Albert (Hg.), Soziologische Basics. Eine Einführung für pädagogische und soziale Berufe. 3. Auflage. Wiesbaden: Springer VS, S. 89-98.

Schimank, Uwe/Volkmann, Ute, 2017b: Die Ökonomisierung der Gesellschaft. In: Maurer, Andrea (Hg.), Handbuch der Wirtschaftssoziologie. 2. Auflage. Wiesbaden: VS, 593-609.

Schroer, Markus, 2008: Individualisierung. In: Baur, Nina/Korte, Hermann/Löw, Martina/Schroer, Markus (Hg.), Handbuch Soziologie. Wiesbaden: VS, S. 139-161.

## Familie, Lebensalter und Generationenbeziehungen

Bislang standen die Grundelemente und Formen sozialer Beziehungen im Vordergrund. Die folgenden Kapitel versuchen nachzuzeichnen, welche Bedeutung Familien- und Generationenbeziehungen für das Zusammenleben der Menschen haben und welche Rollen den Menschen in diesem Zusammenhang zugewiesen werden.

Das sechste Kapitel widmet sich zunächst der Familie als Lebensform. Im Mittelpunkt stehen dabei die Fragen, was eine Familie aus sozialwissenschaftlicher Sicht auszeichnet, welchen Entwicklungstendenzen sie in der modernen Gesellschaft unterliegt und wie sich die Beziehungen in der Familie gestalten und verändern.

Stärker als andere soziale Gebilde beruht die Familie auf persönlicher Nähe, affektiv-emotionaler Bindung und wechselseitiger Verpflichtung. Insofern ist sie als Institution in der modernen Gesellschaft in gewisser Weise das Gegenmodell zur formalen Organisation. Neben der Bereicherung, die dadurch mit dem Leben in der Familie einhergeht, machen die Erwartungen, die sich mit ihrem besonderen Charakter verbinden, Familienbeziehungen jedoch auch zu einem bevorzugten Ort der Enttäuschung und Verzweiflung, der Gefühle des Versagens und Scheiterns, der tief greifenden Zerwürfnisse und dramatischen Trennungen sowie der Misshandlung und Gewalt. Zu einem Thema der Sozialen Arbeit werden sie allerdings nicht allein aufgrund ihrer Anfälligkeit für Krisen und Konflikte, sondern auch, weil sie aufgrund ihrer Eigentümlichkeit besonders geeignet sind, sozialen Risiko- und Gefährdungslagen wirksam zu begegnen. Darüber hinaus ist die Familie aber auch der traditionelle Ort zwischenmenschlicher Solidarität, aus dem die Soziale Arbeit als professionelles Hilfesystem hervorgegangen ist und mit dem sie nach wie vor, im Rahmen der Solidarstrukturen einer Gesellschaft, eng verzahnt ist.

Die Kapitel sieben, acht und neun beschäftigen sich anschließend mit den Lebensphasen der Kindheit, der Jugend und des Alters. Im Vordergrund steht dabei, was sie jeweils aus sozialwissenschaftlicher Sicht auszeichnet und welche Lebenslagen mit ihnen einhergehen. Das neunte Kapitel widmet sich darüber hinaus den Generationenbeziehungen im Kontext des demografischen Wandels (Kap. 9.3).

In vielen Lebensbereichen ist das Lebensalter ein zentrales Element für die Zuweisung von Rollen und sozialen Positionen. Zugleich ist es aber auch Ausdruck eines unterschiedlichen Grades an Selbstständigkeit und Bedürftigkeit. Während die Menschen in Kindheit und Jugend auf vielfältige Unterstützungsleistungen durch ihr soziales Umfeld angewiesen sind, deren Umfang im Zuge des Erwachsenwerdens langsam abnimmt, steigt der Hilfebedarf mit zunehmendem Alter wieder an. Kindheit, Jugend und das fortgeschrittene Lebensalter stehen daher ebenfalls im Fokus der Sozialen Arbeit. In diesen Lebensabschnitten stellen sich Fragen der gleichberechtigten Teilhabe am sozialen Leben und der Möglichkeiten zu einer selbstbestimmten Lebensführung sehr viel häufiger und nachdrücklicher als in anderen Lebensphasen.[8]

---

[8] Die Lebenslage Erwachsener wird aus diesem Grund nicht gesondert in einem eigenen Kapitel behandelt. Im Unterschied zu Kindern, Jugendlichen und alten Menschen sind Erwachsene als solche keine Zielgruppe Sozialer Arbeit. In der Regel sind sie vielmehr die Gruppe, an der sich bemisst, inwieweit junge oder alte Menschen im Rahmen der Generationenbeziehungen in einer Gesellschaft benachteiligt sind. In ihren besonderen Rollen und Lebenslagen, beispielsweise als Paar und als Eltern in Familien oder als von sozialer Ungleichheit und Armut Betroffene, finden sie jedoch selbstverständlich Berücksichtigung (vgl. Kap. 6, 10 und 11).

## 6. Familie

Die Familie hat einen besonderen Status. Für viele Menschen ist sie das Wichtigste im Leben und sie tun alles für sie. Im Grundgesetz ist sie unter besonderen Schutz gestellt und in den Wissenschaften wird sie in vielen Disziplinen erforscht.

Daher wird auch häufig heftig und emotional über sie gestritten. Jeder Vater und jede Mutter sieht sich als Experte in eigener Sache, in den Medien ist sie regelmäßig gefährdet oder vom Untergang bedroht und in der Politik gibt es immer wieder Vorschläge, wie sie besser geschützt oder gefördert werden könnte. Befragt man die Menschen im Alltag, was eine Familie ist oder ausmacht, sagt jeder etwas anderes. Offenkundig gibt es sehr unterschiedliche Sichtweisen der Familie und sehr vielfältige Motive und Interessen, sich mit ihr zu beschäftigen.

Vor diesem Hintergrund ist es nicht weiter überraschend, dass auch in der Soziologie kein einheitliches Verständnis der Familie vorherrscht. Je nach theoretischer Ausrichtung ist sie eine Institution, eine Gruppe, ein Netzwerk oder ein System und je nach Erkenntnisinteresse beruht sie auf einer dauerhaften Beziehung zwischen Mann und Frau, dem Zusammenleben von Erwachsenen mit Kindern, der gemeinsamen Haushaltsführung oder einer Kombination aus diesen Elementen (vgl. Hill/Kopp 2013: 10ff.).

Dahinter stecken nicht allein weltanschauliche Fragen und moralische Einstellungen, sondern historische Entwicklungsprozesse, theoretische Überlegungen zur Differenzierung von Beziehungsebenen sowie praktische Probleme der Einordnung und Abgrenzung von Lebensformen. Legt man beispielsweise den ersten der drei genannten Gesichtspunkte – eine dauerhafte Beziehung zwischen Mann und Frau – zugrunde, sind Haushalte, in denen ein Erwachsener mit Kindern lebt (Alleinerziehende), keine Familien. Sofern sich eine auf Dauer angelegte Beziehung zwischen Mann und Frau an der Eheschließung festmacht, wären unverheiratete Paare, die mit Kindern zusammenleben, ebenfalls keine Familie. Ebenso wenig gleichgeschlechtliche Lebensgemeinschaften mit Kindern. Wird dabei zugleich auf das zweite Kriterium – ein Zusammenleben von Erwachsenen mit Kindern – verzichtet, können hingegen kinderlose Ehepaare, wie beim Familienkonzept der Vereinten Nationen, als Familie betrachtet werden (vgl. Mühling/Rupp 2008: 78).

Der soziale Wandel in der modernen Gesellschaft führt zu einer Pluralisierung von Beziehungskonstellationen und Formen des Zusammenlebens. Im Zuge dieser Entwicklung stellt sich in den Sozialwissenschaften verstärkt die Frage, nach welchen Gesichtspunkten zwischen familialen und nichtfamilialen Lebensformen differenziert werden soll. Insgesamt lässt sich dabei eine Tendenz erkennen, den Familienbegriff für die Haushaltsgemeinschaft von zwei Generationen zu verwenden, so dass das Zusammenleben von Erwachsenen mit Kindern zum Kernelement der Familie erklärt wird. Dies ist beispielsweise seit 2005 im Rahmen des sogenannten Lebensformenkonzepts des Statistischen Bundesamts der Bundesrepublik Deutschland der Fall, bei dem hinsichtlich der Lebensformen einerseits danach unterschieden wird, ob Erwachsene allein oder in einer Partnerschaft leben und andererseits danach, ob sie mit Kindern oder ohne Kinder leben. Seither beruhen alle amtlichen Daten zur Entwicklung der Familie auf dieser Grundlage.

*Abbildung 6: Systematik der Familien- und Lebensformen im Mikrozensus*

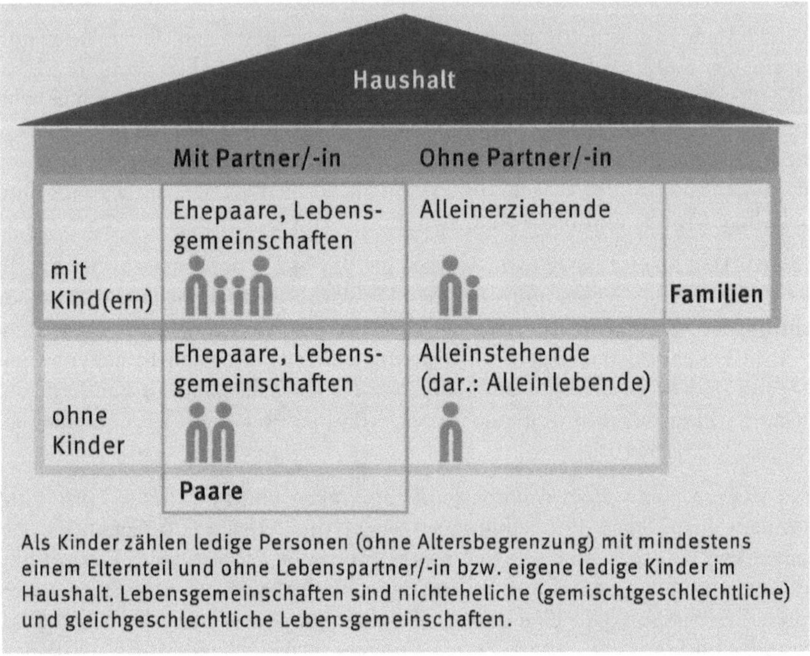

| Haushalt | | | |
|---|---|---|---|
| | Mit Partner/-in | Ohne Partner/-in | |
| mit Kind(ern) | Ehepaare, Lebensgemeinschaften | Alleinerziehende | Familien |
| ohne Kinder | Ehepaare, Lebensgemeinschaften | Alleinstehende (dar.: Alleinlebende) | |
| | Paare | | |

Als Kinder zählen ledige Personen (ohne Altersbegrenzung) mit mindestens einem Elternteil und ohne Lebenspartner/-in bzw. eigene ledige Kinder im Haushalt. Lebensgemeinschaften sind nichteheliche (gemischtgeschlechtliche) und gleichgeschlechtliche Lebensgemeinschaften.

Quelle: Statistisches Bundesamt 2018a: 4.

Auch hier stellen sich jedoch Fragen nach dem Verhältnis zu Personen, die nicht im Haushalt leben. Ist der Elternteil, der im Fall der Trennung den gemeinsamen Haushalt verlässt, nicht mehr Teil der Familie? Gehören die Kinder, die im jungen Erwachsenenalter den Haushalt verlassen, ohne eine eigene Familie zu gründen, nicht mehr dazu? Sind Großeltern, zu denen ein intensiver Kontakt besteht, nicht Teil der Familienbeziehungen? Wo liegt hier die Grenze zwischen Familie und Verwandtschaft? Existiert eine Familie nur in einem gemeinsamen Haushalt?

Der Notwendigkeit, im Rahmen empirischer Forschungen und statistischer Dokumentationen klare Abgrenzungen festlegen zu müssen, steht die soziale Wirklichkeit gegenüber, die sich nicht so leicht widerspruchsfrei kategorisieren lässt.

Doch auch im Rahmen theoretischer Definitionsbemühungen bleibt die Familie widerständig und ihr Verständnis in der Soziologie uneinheitlich. Während einige im Anschluss an Talcott Parsons die funktionale Bedeutung der Ehe bzw. Partnerschaft für die Familie betonen (vgl. Bertram 2002; Kaufmann 1995: 22ff.) und darauf verweisen können, dass die meisten Kinder bis heute nach wie vor im Haushalt ihrer verheirateten Eltern bzw. eines un- oder wiederverheirateten Paares aufwachsen, nehmen andere die zunehmende Differenzierung der modernen Gesellschaft zum Anlass, Partnerschaft und Generationenbeziehungen analytisch zu trennen und als zwei unterschiedliche Ebenen persönlicher Beziehungen aufzufassen (vgl. Lenz/Böhnisch 1999: 25ff.; Lenz 2009: 11ff., 2013). Dabei können sie auf die steigende Zahl von dauerhaft kinderlosen Paaren und Ein-Eltern-Familien verweisen. Als Familie wird in diesem Kontext ausschließlich „die Zusammengehörigkeit von zwei (oder mehreren) aufeinander bezogenen Generationen, die zueinander in einer Elter-Kind-Beziehung stehen", definiert (Lenz/Böhnisch 1999: 28).[9]

Lässt sich aber die Partnerschaft wirklich vollkommen aus dem Familienleben heraushalten, so dass Familienbeziehungen ausschließlich auf der Ebene der Generationenbeziehungen anzusiedeln sind? Besteht nicht generell ein enger Verweisungszusammenhang zwischen Partnerschaft und Elternschaft auch dann, wenn eine Eltern-Kind-Beziehung nicht bzw. nicht mehr in Verbindung mit einer Paarbeziehung gelebt wird? Und kommt nicht gerade dies im Familienbegriff in Abgrenzung zur Partnerschaft und zu Eltern-Kind-Beziehungen, die durchaus analytisch getrennt betrachtet werden können, zum Ausdruck? Burkart (2010: 131) bezweifelt beispielsweise, dass die gesellschaftliche Bedeutung der Familie ohne die Berücksichtigung der Ebene der Partnerschaft noch hinreichend erfasst werden kann.

Was eine Familie auszeichnet, bleibt in der wissenschaftlichen Diskussion ebenso wie im Alltagsleben umstritten. Gleichwohl lassen sich jenseits der Bemühungen um eine eindeutige Bestimmung des Familienbegriffs einige übergreifende Momente benennen, die das soziologische Verständnis der Familie kennzeichnen und für die theoretische Reflexion ebenso wie für die soziale Praxis hilfreich sind.

## 6.1 Was ist eine Familie?

In einer ersten Annäherung könnte man zunächst einfach sagen, was die Familie in der modernen Gesellschaft eindeutig nicht ist: eine Organisation (vgl. Kap. 4.3). Es gibt keine formale Mitgliedschaft wie in einem Verein oder Unternehmen. Man kann nicht einfach in eine Familie ein- oder aus ihr austreten, von ihr angestellt oder entlassen werden und Stellenausschreibungen zur Besetzung freiwerdender Positionen sind ebenso wenig üblich. In der Familie stehen nicht sachliche Zwecke und personenunabhängige Strukturen im Vordergrund, sondern tief greifende emotionale Bindungen zwischen konkreten Personen in ihrer besonderen Individualität.

Familie ist auch keine typische soziale Gruppe, wie etwa eine Freizeitgruppe, in der alles informell und spontan geregelt wird und der man fernbleibt, wenn man keine Lust mehr auf bestimmte Aktivitäten hat. Sie hat ein deutlich höheres Maß an Verbindlichkeit und wechselseitiger Verpflichtung und wird aufgrund der engen emotionalen Bindungen und ihrer persönlichkeitsprägenden Bedeutung auch als Primärgruppe bezeichnet (vgl. Kap. 4.1).

---

9  Lenz/Böhnisch sprechen bewusst von „Elter". Dabei handelt es sich um die nicht mehr gebräuchliche Singularform von „Eltern" (vgl. ebd.).

## 6. Familie

Familienbeziehungen sind jedoch noch darüber hinaus von einer besonderen Kontinuität gekennzeichnet. Man ist selbstverständlich und ungefragt in sie eingebunden. Familie hat jeder, auch wenn er sich von ihr distanziert, zu Hause ausgezogen ist oder die Eltern bereits verstorben sind. Jeder wird in familiale Beziehungen hineingeboren, entwickelt sich in ihnen und hat eine eigene Familiengeschichte, die sein Leben entscheidend bestimmt. Auch Erwachsene, die eine Familie gründen und sie irgendwann vielleicht wieder verlassen, bleiben in familiale Beziehungen involviert. Unabhängig davon, ob sie eine neue Beziehung eingehen oder nicht, lösen sich die bisherigen Familienbeziehungen nicht einfach auf. Gerade eine Trennung kann ein Ereignis sein, das für alle Beteiligten und ihre Beziehungen zueinander dauerhaft von Bedeutung bleibt.

Familienbeziehungen kann man insofern als Einzelperson, Paar oder Gruppe nicht beginnen oder beenden. Sie sind ein Teilbereich der Gesellschaft, der ähnlich wie die Wirtschaft, die Politik oder das Recht unser Leben selbstverständlich bestimmt, unabhängig davon, welche Haltung wir persönlich dazu einnehmen und in welchen Konstellationen wir uns konkret bewegen.

Was die Familie als Teil der Gesellschaft auszeichnet, lässt sich wiederum je nach theoretischer Ausrichtung unterschiedlich beschreiben.

Aus einer akteurtheoretischen Perspektive, wie sie beispielsweise von Theorien der rationalen Wahl eingenommen wird (vgl. Kap. 3.2), bietet die Familie die Möglichkeit, bestimmte Bedürfnisse und Interessen zu befriedigen, etwa nach körperlicher Nähe und Sexualität, Zuneigung und Verständnis oder Solidarität und Sicherheit, so dass Akteure sich aus diesen Motiven auf das Leben in einer Familie einlassen, wenn der zu erwartende Nutzen höher ist als der hiermit verbundene Aufwand (Kosten) (vgl. Hill/Kopp 2013: 84ff.). Demgegenüber beschreiben auf Talcott Parsons zurückgehende funktionalistische Ansätze (vgl. Kap. 5.3), welche Funktionen die Familie in der Gesellschaft hat. Danach gewährleistet sie insbesondere die Fortpflanzung (biologische Reproduktion), die Entspannung und Erholung nach Feierabend, am Wochenende oder im Urlaub (Haushaltsführung und Regeneration), die Versorgung und Erziehung der Kinder sowie ihre Platzierung im Sozialgefüge der Gesellschaft (Sozialisation und Statuszuweisung) (vgl. Kaufmann 1995: 34ff., Nave-Herz 2013: 77ff.).

> Die Funktionen der Familie in der modernen Gesellschaft sind Fortpflanzung, Haushaltsführung und Entspannung sowie Sozialisation und soziale Platzierung der Nachkommen.

Nach Niklas Luhmann hingegen wäre aus systemtheoretischer Sicht hervorzuheben, dass Familienbeziehungen eine besondere Art des Umgangs der Menschen miteinander darstellen, die sich von den Umgangsformen in anderen Bereichen der Gesellschaft unterscheidet. Vergleichbar der Wirtschaft, der Politik oder der Wissenschaft ist in ihr ein besonderer Kommunikationscode wirksam, der eine spezielle Form der Thematisierung von Ereignissen und des Anschlusses an sie zum Ausdruck bringt (vgl. Kap. 5.3 und 3.2).

Während unter wirtschaftlichen Gesichtspunkten alles, was sich ereignet, als Zahlungsprozess erscheint, der in Form eines in Geld ausgedrückten Bilanzpostens bewertet wird, und alle anderen Aspekte des Lebens dem untergeordnet sind, steht im Familienleben die Person in ihrer Einzigartigkeit und als Ganzes in all ihren Lebensbezügen im Mittelpunkt (vgl. Luhmann 1990). Die Liebe und Zuwendung, die man erhält oder schenkt, ist sozusagen die „Währung" oder das Medium, in der Gewinne und Verluste an Beziehungsqualität gebucht werden, wobei dies nicht exklusiv für die Familie, sondern für alle intimen Beziehungen gilt (vgl. Burkart 2005).

Es wird erwartet, dass man dem anderen jenseits von eigenen Interessen und Bedürfnissen Aufmerksamkeit widmet, sich um ihn kümmert und ihm zuhört, während zugleich auch selbstverständlich vorausgesetzt wird, dass man bereit ist, aus seinem Leben zu berichten und sich für andere zu öffnen. Jeder möchte wissen, was der andere macht. Geheimnisse sind in der Familie ein Problem.

So erwartet man einerseits, über Konflikte am Arbeitsplatz sprechen oder stolz über gute Schulnoten berichten zu können sowie die Bereitschaft der anderen, zuzuhören und das Erlebte nachzuempfinden. Andererseits muss man aber auch damit rechnen, mit unangenehmen Fragen, Maßregelungen und Verhaltenskontrollen konfrontiert zu werden. Sind die Schulleistungen schlecht, bohren die Eltern besonders hartnäckig nach, kommen Jugendliche spät nach Hause, sollen sie rechtfertigen, wo sie sich herumgetrieben haben und verbringt der Ehemann oder die Ehefrau ohne Erklärung eine Nacht nicht zu Hause, droht die Scheidung.

> „Alles, was eine Person betrifft, ist in der Familie für Kommunikation zugänglich. Geheimhaltung kann natürlich praktiziert werden und wird praktiziert, aber sie hat keinen legitimen Status. Man kann eine Kommunikation über sich selbst nicht ablehnen mit der Bemerkung: das geht Dich nichts an!" (Luhmann 1990: 201).

Im Fall von Krisen ist die Familie der wichtigste Rückhalt. Sie sorgt sich, kommt ins Krankenhaus, Gefängnis oder Altenheim, um Angehörige zu besuchen, und kümmert sich um ihr Begräbnis. Ebenso werden aber auch freudige Lebensereignisse, wie Geburten und Hochzeiten, Geburtstage oder Schul- und Ausbildungsabschlüsse, in der Regel gemeinsam mit der Familie gefeiert.

Da man aufgrund der engen Beziehungen und im Fall einer gemeinsamen Haushaltsführung auch durch das alltägliche Zusammenleben sehr viel voneinander erfährt und miterlebt, besteht eine besondere wechselseitige Vertrautheit, zugleich jedoch ein weitreichendes Maß an sozialer Kontrolle. Man kennt die Stärken und Schwächen des anderen und ist im Familienalltag wesentlich ungezwungener und weniger förmlich als im sonstigen Leben. Während die eigenen Verhaltenskontrollen sich reduzieren, muss man parallel mit vermehrten Verhaltensmaßregelungen durch andere rechnen. Bei gemeinsamen Mahlzeiten in der Familie weist man jemanden durchaus darauf hin, wenn er schmatzt oder schlürft. Bei einem Geschäftsessen im Restaurant würde man sich das verkneifen.

Sofern es sich bei familialen bzw. allen intimen Beziehungen um ein Teilsystem im Rahmen der funktionalen Differenzierung der modernen Gesellschaft handelt, das sich wie alle anderen Teilsysteme durch eine besondere operativ geschlossene Form der Kommunikation auszeichnet (vgl. Kap. 5.3), kann diese auch nicht durch den Code anderer Teilsysteme ersetzt werden. Konkret bedeutet dies, dass man intime Beziehungen beispielsweise nicht kaufen oder erzwingen kann. Würde man in einer Partnerschaft den Geldbeutel zücken und für ein bestimmtes Maß an persönlicher Zuwendung bezahlen wollen, wäre dies ein irritierender Verstoß gegen die vermeintlichen Grundlagen der Beziehung und wollte man sich umgekehrt von der Erwartung des anderen, Aufmerksamkeit und Zuwendung zu erhalten, freikaufen, wäre dies mit Sicherheit ein Trennungsgrund.

Da sich aus dieser Sicht bestimmte soziale Beziehungen dadurch auszeichnen, dass sie sich an der Person in ihrer Einzigartigkeit in all ihren Lebensbezügen orientieren, erscheint es zunächst völlig gleichgültig, wer beteiligt ist und welchen Status die Beziehungen haben. Entscheidend ist, dass die Beteiligten bestimmte Erwartungen aneinander richten und dass dies wechselseitig akzeptiert und respektiert wird. Ob sie verheiratet sind oder nicht, sexuelle Beziehungen bestehen oder nicht, ein gemeinsamer Haushalt besteht oder nicht, ein Sorgerecht gegeben ist oder nicht, sie verwandt sind oder nicht, spielt in diesem Zusammenhang keine Rolle.

Persönliche und intime Beziehungen kann es insofern durchaus auch außerhalb der Familie, etwa in Form von Freundschaften, geben. Die Familie ist jedoch ein vergleichsweise stärker institutionalisierter Rahmen, der die Möglichkeit bietet, intime Beziehungen in einem höheren Maß zu stabilisieren und auf Dauer zu stellen, indem sie weitreichende Verhaltensnormen vorgibt, die uns eine gewisse Sicherheit darüber geben, was in bestimmten sozialen Situationen von uns erwartet wird und welche Erwartungen wir an die Interaktionspartner richten können (vgl. Kap. 2.3.1). Sie zeichnet sich daher nicht allein durch die beschriebene Art des persönlichen Miteinanders aus, sondern auch durch eine institutionelle Struktur, die für konkrete Beziehungskonstellationen bestimmte Rollen für die Beteiligten vorsieht. Partnerschaft und Elternschaft sind dabei die beiden zentralen Bündel an generalisierten Verhaltenserwartungen (vgl. ebd.), die das Feld der Familie ordnen. Im Rahmen der Partnerschaft handelt es sich beispielsweise um Erwartungen an Treue, Unterstützung und Aufmerksamkeit, im Rahmen der Elternschaft beispielsweise um Erwartungen hinsichtlich der Verantwortung für die Kinder, ihrer verlässlichen Versorgung und der Gewährleistung entwicklungsförderlicher Bedingungen oder aber um Erwartungen an die Kinder, sich an den Vorgaben der Eltern zu orientieren und sich um sie zu kümmern, wenn sie älter werden. Zudem sind zentrale Aspekte des familiären Lebens im Unterschied zu Freundschaften rechtlich reguliert, so dass es auch gesetzliche Vorgaben dafür gibt, welche Erwartungen wir im Rahmen von Partnerschaft und Elternschaft aneinander richten können.

Zusammenfassend lässt sich die Familie als ein soziales Gebilde beschreiben, das einerseits (aus akteurtheoretischer Perspektive) den Bedürfnissen der Menschen nach persönlicher Nähe, emotionaler Bindung und sozialer Unterstützung Rechnung trägt, anderseits (aus funktionalistischer Perspektive) für die Gesellschaft Leistungen der Reproduktion, Regeneration und Integration erbringt und schließlich (aus systemtheoretischer Perspektive) ein soziales System darstellt, das sich durch eine besondere Form intimer Kommunikation auszeichnet, bei der die Aufmerksamkeit für die beteiligten Personen als Ganzes mit all ihren Lebensbezügen im Mittelpunkt steht. Zugleich ist sie eine Institution, die Generationenbeziehungen und Geschlechterverhältnisse durch generalisierte Verhaltenserwartungen ordnet und damit auf Dauer stellt.

> Familie ist ein auf Dauer angelegtes soziales Gebilde (Institution), das auf persönlicher Nähe (Intimität), affektiver Bindung (Emotionalität) und wechselseitiger Verpflichtung (Solidarität) beruht, für die (moderne) Gesellschaft Funktionen der Reproduktion, Regeneration und Integration erfüllt sowie durch Elternschaft (Generationenbeziehungen) und Partnerschaft (Geschlechterverhältnisse) geprägt ist.

Unabhängig davon, welche Aspekte bei der Definition der Familie in den Vordergrund gestellt werden, lässt sich die Vielfalt ihrer konkreten Erscheinungsformen nach verschiedenen Gesichtspunkten systematisieren. Nave-Herz (2013: 39f.) benennt insgesamt fünf Kriterien, die dabei von Bedeutung sind (vgl. auch Peuckert 2019: 18ff.):

1. Familienbildungsprozess: Familien können sich danach unterscheiden, ob es sich um eine Eltern-Familie aufgrund biologischer Elternschaft handelt, um eine Stief- bzw. Fortsetzungsfamilie, bei der ein sozialer Elternteil zu einem biologischen Elternteil aufgrund einer neuen Partnerschaft hinzutritt, oder um eine Patchwork-Familie, bei der das Paar gemeinsame Kinder hat, zugleich aber auch Kinder aus früheren Verbindungen mit in der Familie leben. Das Auseinandertreten von biologischer und sozialer Elternschaft wird auch als multiple Elternschaft bezeichnet. Im Falle einer Pflegschaft oder Adoption wird die biologische Elternschaft zeitweise oder dauerhaft durch eine soziale Elternschaft aufgrund einer Übernahme sorgerechtlicher Verpflichtungen ersetzt (Pflegefamilien bzw. Adoptivfamilien). Durch eine künstliche Befruchtung in Form einer Eizellspende, die in Deutschland untersagt ist, oder einer nicht vom Partner stammenden Samenspende werden biologische und soziale Elternschaft ebenfalls getrennt. In diesen Fällen spricht man von heterologen Inseminationsfamilien.
2. Zahl der Generationen: Hier wird in erster Linie danach differenziert, ob es sich um eine Zwei- oder Mehrgenerationenfamilie handelt. Bei einer Zwei-Generationenfamilie spricht man auch von der Kernfamilie. Zu den mindestens zwei Generationen können auch noch weitere, oft seitenverwandte Einzelpersonen hinzukommen. In diesem Fall spricht man von einer erweiterten Familie.
3. Rollenbesetzung in der Kernfamilie: Danach können insbesondere beide Eltern oder nur ein Elternteil in der Familie leben (Zwei-Eltern- bzw. Ein-Eltern-Familie). Dem in der modernen, bürgerlichen Familie üblichen Prinzip der ausschließlichen Paarbeziehung zwischen einem Mann und einer Frau (exklusive Monogamie) steht in sogenannten nichtexklusiven Beziehungsformen ein erweitertes Rollenmodell gegenüber, bei dem seitens des Mannes oder der Frau weitere Beziehungen zu anderen Partnern unterhalten werden, aus denen ebenfalls Kinder hervorgehen (polygame Familien).
4. Wohnsitz: Die Kernfamilie kann ihren Wohnsitz eigenständig festlegen (neolokale Familie) oder aber die Herkunftsfamilie mütterlicherseits bzw. väterlicherseits bestimmt den Wohnsitz (matrilokale bzw. patrilokale Familie). Darüber

hinaus kann eine Familie auch über zwei Wohnsitze verfügen (bilokale Familie), wobei hier wiederum zwischen Familien unterschieden wird, bei denen aus beruflichen Gründen entweder ein Elternteil regelmäßig zeitweilig abwesend ist (Pendler-Familien) oder aber zwei komplette Haushalte unterhalten werden (Commuter-Familien). Hinzu kommt die Möglichkeit eines sogenannten Living-Apart-Together (getrenntes Zusammenleben), bei dem unabhängig von beruflichen Zwängen zwei getrennte Haushalte aufrechterhalten werden, wobei die Kinder in der Regel nur in einem der beiden Haushalte leben, sowie die binukleare Familie, bei der die Kinder – oft nach einer Trennung der Eltern – gleichzeitig in zwei Haushalten leben und tage- oder wochenweise zwischen diesen hin und her pendeln.

5. Erwerbstätigkeit der Eltern: Ein Elternteil kann Vollzeit erwerbstätig sein, während der andere nicht erwerbstätig ist und sich um den Haushalt kümmert (Hausfrauen- bzw. Hausmännermodell), beide können Vollzeit bzw. Teilzeit erwerbstätig sein und sich gleichermaßen um den Haushalt kümmern (Doppelkarriere- bzw. egalitäres Modell) oder aber einer der beiden ist voll erwerbstätig, während der andere teilzeitbeschäftigt ist und sich primär um den Haushalt kümmert (Hinzuverdienermodell).

## 6.2 Die Familie in der modernen Gesellschaft

### 6.2.1 Familie und Gesellschaftsstruktur

Aufgaben, Stellung und Bedeutung der Familie haben sich in der modernen Gesellschaft gravierend verändert. Während sie in vormodernen Gesellschaften eine Wirtschafts- und Versorgungsgemeinschaft darstellte, in die das gesamte Alltagsleben der Menschen selbstverständlich eingebettet war, so dass ein Leben außerhalb der Familie praktisch undenkbar erschien, führte die Industrialisierung zu einer Trennung von Arbeit und Privatleben und der Entstehung der modernen Kleinfamilie. Bäuerliche und handwerkliche Hausgemeinschaften lösten sich zunehmend auf und die Familie entwickelte sich zu einer Lebensform, die weniger auf zweckrationalen ökonomischen Kalkülen als vielmehr auf emotionalen Bindungen, als Gegenpol und in Ergänzung zur industrialisierten Arbeitswelt, basiert (vgl. Kap. 5.1).

Die funktionale Differenzierung in der modernen Gesellschaft ist Ausdruck einer wachsenden Spezialisierung und Arbeitsteilung (vgl. Kap. 5.3). Im Zuge dieser Entwicklung verliert die Familie ihre zentrale Stellung und gibt immer mehr Aufgaben an andere Bereiche ab. Gleichzeitig spezialisiert sie sich ihrerseits auf die Funktionen der Reproduktion, Regeneration und Integration (vgl. Kap. 6.1).

*Abbildung 7: Familie in der modernen Gesellschaft*

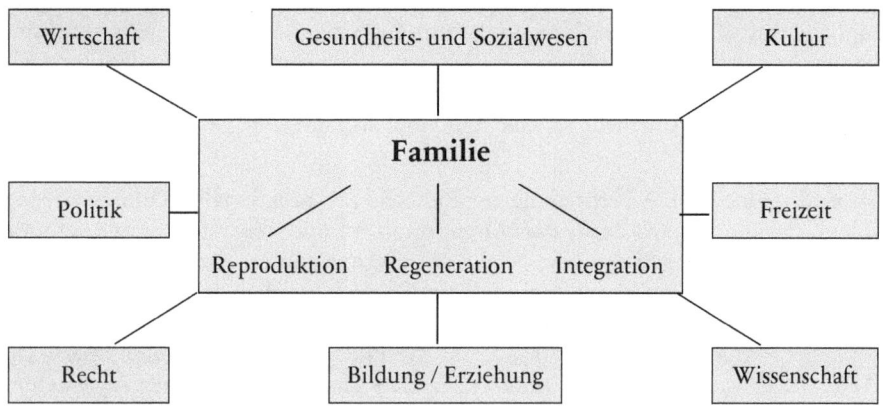

Obwohl Bildung, Erwerbstätigkeit, Gesundheitspflege und soziale Sicherung zu weiten Teilen außerhalb der Familie angesiedelt sind, hat sie in diesen Feldern jedoch weiterhin eine große Bedeutung. Die Begleitung und Unterstützung der Nachkommen bei ihrem schulischen und beruflichen Werdegang oder die Versorgung und Pflege bei Krankheit und im Alter sind Aufgaben, die trotz der Ausdifferenzierung von spezialisierten gesellschaftlichen Teilbereichen und Organisationen nach wie vor primär der Familie zufallen. Parallel haben Erholung und Freizeit langfristig einen höheren Stellenwert erhalten, so dass die Bedeutung familialer Aktivitäten in diesem Bereich gewachsen ist. Nave-Herz (2018: 125) spricht daher auch von einem Funktionswandel statt von einem Funktionsverlust der Familie in der modernen Gesellschaft.

Dieser Funktionswandel verändert ihren Charakter grundlegend. Die Familie wird zu einem Moment des Privaten jenseits des öffentlichen Lebens in anderen gesellschaftlichen Bereichen und Organisationen. Es gibt ein exklusives Familienleben, an dem nur die Familienmitglieder teilhaben und dessen Vertrautheit und Intimität von allen geschätzt und geschützt wird. Familienangelegenheiten sind Angelegenheiten, die zunächst nicht selbstverständlich nach außen dringen. Man kann sich in einer Weise offen, frei und enthemmt verhalten, wie man es in anderen Lebensbereichen nicht tun würde, zeigt Emotionen und Befindlichkeiten, äußert Meinungen und Einstellungen ohne die in der Öffentlichkeit übliche Zurückhaltung.

Gegenüber dem vormodernen Leben in der Familie, das sich vor allem durch die gemeinsame Bewältigung aller alltäglichen Aufgaben auszeichnete, trennen sich in der modernen Gesellschaft die Lebenswelten der Familienmitglieder. Sie haben in wachsendem Maße individuelle Außenbeziehungen, machen unterschiedliche Erfahrungen und müssen Gemeinsamkeit selbst herstellen.

Zunehmend gestalten sich die Lebensrhythmen aber auch individuell. Gemeinsame Gespräche, Mahlzeiten oder Freizeitaktivitäten sind nicht mehr selbstverständlich. Sie werden zu Veranstaltungen, die man aktiv planen und mit den anderen

Familienmitgliedern abstimmen muss. Selbst die Gewährleistung elementarer Aufgaben der Haushaltsführung und Kinderbetreuung müssen individuell koordiniert und abgesprochen werden. Wer holt wann die Kinder ab, kocht, spült, geht einkaufen und bringt den Müll weg? Die Rollen in der Familie werden dadurch vielfältiger und flexibler. Sowohl in der Partnerschaft wie auch in der Eltern-Kind-Beziehung sind sie nicht mehr so klar und eindeutig festgelegt, wie dies traditionell der Fall war.

Spezialisierung und Arbeitsteilung im Rahmen der funktionalen Differenzierung führen darüber hinaus dazu, dass Organisationen und Teilsysteme ohne zentrale gesellschaftliche Steuerung jeweils nur entsprechend ihrer besonderen Interessen und eigenen Logik operieren (vgl. 5.3). Im Wirtschaftsleben zählt die positive Bilanz, in der Politik der Gewinn von Wahlen, in der Wissenschaft stehen Forschungsaktivitäten im Vordergrund, im Gesundheitswesen Behandlungserfolge. Auch die Erwartungen an die Mitarbeiter eines Unternehmens, einer Partei, einer Hochschule oder einer Klinik werden hieran gemessen, egal ob sie Familie haben oder nicht. Inwieweit sie dies mit familiären Interessen und Verpflichtungen in Einklang bringen können, bleibt ihnen persönlich überlassen und wer beruflich besonders erfolgreich sein will, muss zeitlich, räumlich und sozial besonders flexibel sein. Er sollte daher möglichst keine Kinder, keine pflegebedürftigen Eltern und keinen ortsgebundenen Partner haben, die ihn von nicht planbaren Arbeitszeiten, Überstunden, Arbeitsort- oder Arbeitsplatzwechseln abhalten. Kaufmann (1995: 169ff.) spricht in diesem Zusammenhang von einer strukturellen Rücksichtslosigkeit der modernen Gesellschaft gegenüber der Familie, Beck (1986: 191) von Anforderungen des Arbeitsmarktes an das Individuum, nach Möglichkeit alleinstehend und nicht durch Partnerschaft, Ehe oder Familie „behindert" zu sein.

Im Zuge der mit der funktionalen Differenzierung einhergehenden Individualisierung werden Partnerschaft und Familiengründung auch immer mehr zu einem Moment individueller Lebensplanung (vgl. Kap. 5.3). Beziehungen sind nicht mehr durch Angehörige arrangiert oder von ständischen Ordnungen und daraus abgeleiteten Heiratsregeln abhängig. Sie werden nicht mehr als schicksalhaft hingenommen, sondern an persönliche Erwartungen und Bedingungen geknüpft, regelmäßig thematisiert, kritisch reflektiert und unter den Vorbehalt der Kündigung gestellt. Auch die Elternschaft ist keineswegs mehr zwangsläufig und selbstverständlich. Gesellschaftliche Normen verlieren an Verbindlichkeit und der Einzelne muss selbst entscheiden, ob, wann und mit wem er eine dauerhafte Partnerschaft eingeht oder eine Familie gründet. Tyrell (1988) spricht in diesem Zusammenhang von einer Deinstitutionalisierung von Ehe und Familie.

Auf diese Möglichkeit der freien Entscheidung möchte heute aus guten Gründen niemand mehr verzichten. Zugleich schwinden jedoch die Chancen, klare Entscheidungen zu bestimmten Zeitpunkten fällen zu können. Die Lebensverhältnisse sind zunehmend weniger planbar, die Orientierungsgrundlagen verlieren an Eindeutigkeit und die Alternativen, das Leben zu gestalten, werden immer zahlreicher. Angesichts dieser Umstände wird es schwieriger zu entscheiden, ob man den richtigen Partner fürs Leben gefunden hat und man sich langfristig binden möchte, ob man Kinder bzw. wie viele Kinder man haben möchte und wann der richtige Zeitpunkt gekommen ist, einen Kinderwunsch zu realisieren. Daher werden solche Entscheidungen auch häufig vermieden oder aufgeschoben und unverbindlichere Lebensumstände bevorzugt.

Darüber hinaus werden die Beziehungen im Rahmen von Partnerschaft und Familie in der modernen Gesellschaft auch emotionaler. Sachliche, zweckrationale Erwägungen treten in den Hintergrund. Partnerschaften dienen nicht mehr primär ökonomischen oder politischen Interessen und Kinder nicht mehr primär der Alterssicherung. Gefühle wie Zuneigung und Liebe bilden die Grundlage der familialen Beziehungen. Dies macht sie krisenanfällig und brüchig.

Je höher die Erwartungen an Zuwendung, Aufmerksamkeit und Geborgenheit sind und je mehr sich diese Erwartungen auf das Familienleben konzentrieren, desto größer ist auch das Enttäuschungsrisiko (vgl. Peuckert 2019: 275f.; Nave-Herz 2019: 138ff.). Bei einer intensiven Zuneigung kann sehr viel leichter eine tief greifende Verletzung entstehen und große Sympathie kann schnell in ausgeprägte Abneigung umschlagen. Wenn Menschen ihr Leben alltäglich sehr weitreichend aufeinander abstimmen, ist die Möglichkeit von Konflikten ohnehin sehr hoch und die Wahrscheinlichkeit, dass sich diese angesichts der Emotionalität der Beziehungen in Ausbrüchen von Wut oder Enttäuschung äußern, ebenfalls. Nirgendwo sonst wird so häufig, so leidenschaftlich und so lautstark gestritten wie in der Familie.

Während emotionale Aspekte in den Familienbeziehungen an Bedeutung gewinnen, werden sie parallel aus anderen Lebensbereichen weitgehend verdrängt. Der Alltag in Organisationen, die sich ansonsten immer mehr in der Gesellschaft ausbreiten, ist von einem Regelwerk geprägt, das sich an sachlichen Zielen und Interessen orientiert und affektive Regungen weitgehend neutralisiert (vgl. Kap. 4.3). So kommt es, dass die Familie auch zu einem Ort wird, an dem sich Ärger und Frustrationen, die andernorts unterdrückt werden müssen, Ausdruck verschaffen.

Vor diesem Hintergrund ist es nicht überraschend, dass die Familie nicht allein eine heile Welt der Geborgenheit, der Anteilnahme und der Erholung vom „rauen, öffentlichen Leben" in „gefühlskalten, formalen Organisationen" darstellt, sondern auch einen Ort, an dem Aggressivität, Misshandlung und Gewalt besonders häufig zutage treten. Das größte Risiko, Opfer einer Gewalttat zu werden, geht für Kinder von ihren Eltern aus und für Erwachsene vom Lebenspartner (vgl. Kaufmann 1995: 36f.; Nave-Herz/Onnen-Isemann 2007: 329ff.; Lamnek et al. 2013: 4f.; Nave-Herz 2013: 210ff.; Völschow 2014: 179ff.).

# 6. Familie

> **Die Entwicklung der Familie in der modernen Gesellschaft**
> 1. Spezialisierung der Familie (Reproduktion/Regeneration/Integration)
> 2. Privatisierung des Familienlebens, Individualisierung von Außenbeziehungen
> 3. Trennung von Lebenswelten der Familienmitglieder
> 4. Vielfalt möglicher Rollen innerhalb der Familie
> 5. Unterschiedliche Erwartungen in verschiedenen Lebensbereichen
> 6. Familie als Moment individueller Entscheidung und Lebensplanung
> 7. Emotionalisierung der Familienbeziehungen

## 6.2.2 Empirische Entwicklungstendenzen der Familie

Die geschilderten Entwicklungsprozesse der funktionalen Differenzierung und Individualisierung sowie die damit einhergehenden Momente der Emotionalisierung von Familienbeziehungen und der Deinstitutionalisierung von Partnerschaft und Elternschaft führen dazu, dass in der modernen Gesellschaft die Heirats- und Geburtenraten langfristig zurückgehen, die Scheidungsraten steigen und die Zahl kinderloser Paare und nichtehelicher Lebensgemeinschaften zunimmt.

Während man 1970 noch davon ausgehen konnte, dass mehr als 90% der Männer und Frauen in Deutschland mindestens einmal in ihrem Leben eine Ehe eingehen, ist dieser Anteil im Jahr 2016 auf ca. 80% bei den Frauen und ca. 70% bei den Männern zurückgegangen (vgl. BiB 2018a).[10]

Gleichzeitig ist in Deutschland zwischen 1971 und 2018 das durchschnittliche Erstheiratsalter der Frauen von 22,7 Jahre auf 32,1 Jahre und das der Männer von 25,1 Jahren auf 34,6 Jahre gestiegen (vgl. BiB 2018b, Statistisches Bundesamt 2019a).

Der Altersabstand zwischen den Partnern hat sich dabei kaum verändert. In der gesamten Nachkriegszeit sind bei den Eheschließungen die Frauen etwa drei bis vier Jahre jünger als ihre Männer (vgl. Klein 1996: 355; 2015: 333f.; Statistisches Bundesamt 2014; Burkart 2018: 93ff.).[11] 2017 lag der Altersabstand bei annähernd der Hälfte aller Paare zwischen einem Jahr und drei Jahren. Bei ca. einem Viertel aller Paare betrug der Abstand vier bis sieben Jahre. In ca. drei Viertel aller Ehen war der Mann älter als die Frau (vgl. Baumann/Hochgürtel/Sommer 2018: 53).

Auch die Tendenz, sich einen Partner mit ähnlicher sozialer Herkunft, Einstellung und vergleichbarem Lebensstil zu suchen, ist stabil und kommt insbesondere in

---

10 Die Angaben beziehen sich auf den Anteil der Ledigen in der Altersgruppe zwischen 40 und 49 Jahren, sodass aufgrund des gestiegenen Erstheiratsalters zu berücksichtigen ist, dass im Jahr 2016 im Vergleich zum Jahr 1970 einige mehr in dieser Altersgruppe noch eine Ehe eingehen werden. Die Differenz zwischen Frauen und Männern ist darauf zurückzuführen, dass ledige Frauen häufiger geschiedene Männer heiraten als umgekehrt (vgl. Peuckert 2019: 35).
11 Berechnungsgrundlage ist dabei nicht das Erstheiratsalter von Männern und Frauen, da dort jeweils auch die Ehen einfließen, bei denen die erstmalig Heiratenden eine Person ehelichen, die bereits verheiratet war. Der Berechnung des Erstheiratsalters von Männern und der Berechnung des Erstheiratsalters von Frauen „liegen somit nicht dieselben Ehen zugrunde. Aus den amtlichen Angaben zum durchschnittlichen Erstheiratsalter lassen sich deshalb keine Folgerungen zum Altersabstand ziehen" (Klein 1996: 354).

der Neigung zum Ausdruck, einen Partner mit gleichem Bildungsniveau zu heiraten. Im Zuge der Angleichung der geschlechtsspezifischen Bildungsabschlüsse hat sich der Anteil dieser sogenannten bildungshomogamen Ehen langfristig eher noch erhöht (vgl. Klein 2015: 334f.; Burkart 2018: 90ff.; Peuckert 2019: 53ff.).[12] Am häufigsten unverheiratet sind hochqualifizierte Frauen. Sie erfüllen am wenigsten die traditionellen geschlechtsspezifischen Rollenerwartungen in einer Partnerschaft.

Parallel zur rückläufigen Heiratsneigung hat die nichteheliche Lebensgemeinschaft (NEL) an Bedeutung gewonnen. Von den 81,8 Millionen Menschen in Deutschland lebten 2017 6,5 Millionen in einer solchen Lebensform. 1996 waren dies bei fast identischer Gesamtbevölkerung nur 3,7 Millionen (vgl. Statistisches Bundesamt 2018a: 120f.). Überwiegend ist sie jedoch eine Lebensform jüngerer Menschen ohne Kinder, so dass sie vielfach eine Vorstufe zur Ehe bzw. Familiengründung darstellt (vgl. Peuckert 2019: 102f.; Burkart 2018: 127f.; Statistisches Bundesamt 2018a: 114f.).

Auch das Alleinleben gewinnt zunehmend an Bedeutung. Obwohl jedoch 2017 über 40% aller Haushalte Einpersonenhaushalte waren, ist der Anteil der Menschen, die alleine leben, deutlich niedriger. Gegenüber 1996 ist er allerdings von 15,6% auf 20,5% gestiegen (vgl. Statistisches Bundesamt 2018a: 34, 121). Nach wie vor stellen die über 65-Jährigen die größte Gruppe der Alleinlebenden und auch die Altersgruppe mit der höchsten Alleinlebendenquote dar, so dass es sich oft um eine nachfamiliale Lebensform handelt. Dabei handelt es sich überwiegend um alleinlebende Frauen (vgl. Statistisches Bundesamt 2018a: 114f., 2018c; Burkart 2018: 155). Bei den 35- bis 64-Jährigen spielt die Zunahme der Trennungen und Scheidungen, insbesondere bei den häufiger alleinlebenden Männern, eine Rolle, während bei den 18- bis 34-Jährigen das Alleinleben meist eine Übergangsphase zum Zusammenleben als Paar darstellt. Das bewusste auf Dauer angelegte Alleinleben als Alternative zum paarweisen Zusammenleben bzw. zur Eheschließung spielt insgesamt nur eine sehr untergeordnete Rolle und dürfte sogar eher ab- als zugenommen haben (vgl. Lenz 2009: 26f.). Schätzungen gehen davon aus, dass der Anteil an der Gesamtbevölkerung, der dies praktiziert, bei unter einem Prozent liegt, bei der erwachsenen Bevölkerung zwischen dem 25. und 55. Lebensjahr bei ca. drei Prozent (vgl. Burkart 2008: 32, 252, 2018: 156; Peuckert 2019: 76).

Auch wenn die meisten Menschen in Deutschland nach wie vor irgendwann eine Ehe eingehen, haben sich die Motive für eine Eheschließung gewandelt. Während es in den 1950er- und 1960er-Jahren des letzten Jahrhunderts noch primär darum ging, das Zusammenleben als Paar zu ermöglichen, da nichteheliche Intimbeziehungen sozial nicht akzeptiert waren und das unverheiratete Zusammenwohnen als Paar in der Bundesrepublik Deutschland bis 1973 sogar gesetzlich verboten

---

12 1989 hatten in der Bundesrepublik 45% aller Ehepaare denselben Bildungsabschluss, 2010 lag dieser Wert bei 61% (vgl. Burkart 2018: 91). 2017 hatten 63% aller gemischtgeschlechtlichen Paare ein vergleichbares Bildungsniveau. In 27% der Partnerschaften hatte der Mann ein höheres Bildungsniveau als die Frau und in 10% aller Partnerschaften die Frau ein höheres Bildungsniveau als der Mann (vgl. Statistisches Bundesamt 2018b).

war, hat sich in der Folgezeit das Muster der „kindorientierten Ehegründung" (Nave-Herz 2019: 20) durchgesetzt. Hinter dieser Verknüpfung von Ehe und Elternschaft steht vor allem das Bedürfnis nach Sicherheit, um den Belangen der Kinder verlässlich gerecht werden zu können. Gegenüber der nichtehelichen Lebensgemeinschaft symbolisiert der institutionelle Charakter der Ehe in einem stärkeren Maß die Bereitschaft, dauerhaft zusammenzuleben, sich wechselseitig zu unterstützen und gemeinsam Verantwortung für die Kinder zu übernehmen (vgl. Nave-Herz 2019: 22f.; Rupp/Blossfeld 2008: 146ff.).

In den letzten Jahren gibt es allerdings auch Anzeichen für eine stärkere Entkoppelung von Ehe und Elternschaft. So hat einerseits die Zahl der Ehen, die dauerhaft kinderlos bleiben, kontinuierlich zugenommen, während zugleich immer mehr Kinder aus nichtehelichen Beziehungen hervorgehen. Auch wenn ein Teil dieser Paare später noch heiratet, ist dieser Anteil tendenziell rückläufig. Zudem wächst der Zeitraum zwischen der Geburt des Kindes und der Eheschließung. Schneider/Rüger (2007) sehen vor diesem Hintergrund die Notwendigkeit, Motive für eine Eheschließung unabhängig von der Elternschaft stärker zu differenzieren. Sie unterscheiden nutzenorientierte, wertorientierte und emotionale Heiratsmotive. Ein Nutzen besteht beispielsweise in ökonomischen oder rechtlichen Vorteilen (Steuerrecht, Sorgerecht), der Vermeidung räumlicher Trennung (Versetzung, Abschiebung) sowie der Konfliktvorbeugung im persönlichen Umfeld (familiäre Auseinandersetzungen, Stigmatisierungen in einer Glaubensgemeinschaft). Bei wertorientierten Heiratsmotiven ist die Ehe nicht Mittel zum Zweck, sondern erfährt als Institution eine besondere Wertschätzung. Sie wird als eine gesellschaftliche bzw. biografische Selbstverständlichkeit betrachtet. Man heiratet, weil es normal ist zu heiraten (Tradition) oder weil man es aufgrund eigener Überzeugungen für richtig und geboten hält (innere Motivation). Bei emotionalen Heiratsmotiven schließlich handelt es sich entweder um den Wunsch, die Beziehung zu festigen, oder um einen spontanen, eher unreflektierten Entschluss oder aber um eine Liebesheirat, bei der ausschließlich die Gefühlslage und keine weiteren wert- oder nutzenorientierte Motive von Bedeutung sind.

Die Geburtenrate (zusammengefasste Geburtenziffer)[13] ist in Deutschland von durchschnittlich 2,37 Kindern pro Frau im Jahr 1960 auf 1,57 Kinder im Jahr 2018 zurückgegangen. Es handelt sich dabei allerdings um einen eher langfristigen, in allen Industrieländern erkennbaren Prozess, der mit der Wohlstandsentwicklung seit der Industrialisierung, dem damit einhergehenden Aufbau sozialer Sicherungssysteme sowie der Verbesserung der allgemeinen Lebensbedingungen der Bevölkerung in Zusammenhang steht. In Deutschland lag die Geburtenrate um 1900 noch bei vier bis fünf Kindern pro Frau. Um 1925 war sie jedoch bereits auf etwa zwei Kinder pro Frau gesunken. Dieser Trend wurde in der Nachkriegs-

---

13 Die zusammengefasste Geburtenziffer beschreibt das Geburtenverhalten der Frauen im Alter von 15 bis 49 Jahren im jeweiligen Kalenderjahr. „Das Geburtenverhalten wird anhand der altersspezifischen Geburtenziffern gemessen, die für jedes einzelne Altersjahr zwischen 15 bis 49 Jahren berechnet werden. Die altersspezifische Geburtenziffer zeigt dabei die Relation zwischen der Zahl der von Müttern eines bestimmten Alters geborenen Kinder und der Zahl aller Frauen dieses Alters. Durch die Addition – und damit Zusammenfassung – der altersspezifischen Geburtenziffern ergibt sich die zusammengefasste Geburtenziffer" (Statistisches Bundesamt 2020a).

zeit nur kurzzeitig ab Mitte der 1950er-Jahre durchbrochen. Die Geburtenrate stieg wieder an und erreichte um 1965 mit etwa 2,5 Kindern pro Frau ihren Höhepunkt. Danach sank sie bis Anfang der 1970er-Jahre auf nur noch etwa 1,5 Kinder pro Frau. Seither gibt es kaum nennenswerte Schwankungen. Ab Mitte der 1990er-Jahre ist sie jedoch von einem Tiefstwert von 1,25 Kindern pro Frau (1995) auf 1,57 Kinder pro Frau im Jahr 2018 gestiegen (vgl. Peuckert 2019: 149, 162; BiB 2018c; Statistisches Bundesamt 2013a: 14f., 2019b).

International lassen sich allerdings auch bei einem ungefähr vergleichbaren Wohlstandsniveau durchaus bemerkenswerte Differenzen erkennen. So schwanken die Geburtenraten innerhalb der Europäischen Union durchaus beträchtlich. Während die Geburtenrate in Deutschland 2017 mit 1,57 Kindern pro Frau in etwa dem Durchschnitt in der Europäischen Union entsprach (1,59 Kinder pro Frau), bewegte sie sich in Ländern wie Spanien und Italien mit 1,31 bzw. 1,32 Kindern pro Frau auf einem deutlich niedrigeren Niveau. Hingegen sind die Geburtenraten in Frankreich und Schweden mit 1,90 bzw. 1,78 Kindern pro Frau deutlich höher (vgl. Eurostat 2019a). Bei Ländern mit einem hohen Wohlstandsniveau kommt es offenbar vor allem darauf an, inwieweit Familie und Beruf miteinander vereinbar sind. Günstige Voraussetzungen für eine Vereinbarkeit sind in der Regel gegeben, wenn ein ausgebautes Bildungs- und Kinderbetreuungssystem existiert, das in der Lage ist, Kinder aller Altersgruppen ganztags flexibel aufzunehmen, oder aber die Möglichkeit besteht, sich als Eltern aufgrund einer entsprechenden finanziellen Unterstützung und Arbeitsplatzgarantie den Kindern in der ersten Lebensphase selbst widmen zu können.

Aufgrund des langfristigen Rückgangs der Geburtenraten ist auch die Kinderzahl in den Familien rückläufig. Entgegen der landläufigen Meinung hat sich die Zahl der Kinder, die dauerhaft als Einzelkinder aufwachsen, in Deutschland jedoch nicht nennenswert erhöht. Statistisch betrachtet lebt gegenwärtig etwa ein Viertel aller minderjährigen Kinder ohne Geschwister im Haushalt. Da jedoch in vielen Familien zukünftig noch Kinder geboren werden und in einigen ältere Geschwister den Haushalt bereits verlassen haben, ist die Quote der Kinder, die tatsächlich dauerhaft als Einzelkinder aufwachsen, mit etwa 19% deutlich geringer und seit Anfang der 1980er-Jahre konstant. Auch die Quote der minderjährigen Kinder, die mit zwei Geschwistern im Haushalt leben, ist relativ stabil. Demgegenüber ist die Zahl der minderjährigen Kinder, die mit einer Schwester oder einem Bruder aufwachsen, gestiegen, während die Zahl derjenigen, die drei und mehr Geschwister haben, deutlich zurückgegangen ist (vgl. Statistisches Bundesamt 2019c: 144, 2018d; Barlen/Hochgürtel 2019; Peuckert 2012: 201ff., 2019: 180ff.).

Durchschnittlich bringen die Mütter in Deutschland ca. zwei Kinder zur Welt, während zugleich aber ein im internationalen Vergleich relativ hoher Anteil der Frauen kinderlos bleibt. 2018 hatten 21% der Frauen im Alter zwischen 45 und 49 Jahren keine Kinder. Nachdem sich die Kinderlosenquote in den vergangenen dreißig Jahren annähernd verdoppelt hatte, setzte sich dieser Trend bei den Frauen, die Ende der 1960er- und Anfang der 1970er-Jahre geboren wurden, nicht mehr fort. Das Durchschnittsalter der Mütter bei Geburt des ersten Kindes ist zwischen 1970 und 2018 von 24 Jahre auf 30 Jahre gestiegen[14] (vgl. BiB 2018d; Statistisches Bundesamt 2017a: 14, 21, 2020b, 2019d; Pötzsch 2018: 79ff.).

Die Kinderzahl ist ebenso wie das Alter bei Geburt des ersten Kindes stark vom Bildungsniveau der Frauen abhängig. Je höher ihr Bildungsniveau ist, desto älter sind sie bei der Geburt des ersten Kindes und desto weniger Kinder werden von ihnen geboren. Gleichzeitig bleiben hochqualifizierte Frauen häufiger als andere dauerhaft kinderlos (vgl. Peuckert 2019: 174f., 230ff.; Statistisches Bundesamt 2017a: 17ff., 22).

Die Zahl der Scheidungen (zusammengefasste Scheidungsziffer)[15] hat sich im früheren Bundesgebiet zwischen 1970 und 2016 von 15,1% auf 36,1% erhöht, in Deutschland insgesamt von 27,4% (1990) auf 34,6% (2016), wobei in etwa der Hälfte aller Fälle minderjährige Kinder betroffen sind (vgl. BiB 2018e; Statistisches Bundesamt 2019g). Entsprechend hat sich der Anteil der Alleinerziehenden an allen Familien in den alten Bundesländern von 8,7% im Jahr 1970 auf 17,1% im Jahr 2018 erhöht, in Deutschland insgesamt von 15,7% im Jahr 1991 auf 18,5% im Jahr 2018 (vgl. Peuckert 2012: 348; Statistisches Bundesamt 2019c: 124f., 128). Allerdings war in der Nachkriegszeit die Zahl alleinerziehender Mütter noch bis Anfang der 1960er-Jahre höher als heute (vgl. Bertram 2002: 524).

Nach wie vor leben die meisten Kinder in Deutschland im Haushalt ihrer verheirateten Eltern. 16,2% lebten 2018 bei einem alleinerziehenden Elternteil, wobei dies zu knapp 90% die Mutter ist, und 10% in einer gemischtgeschlechtlichen oder – in seltenen Fällen – gleichgeschlechtlichen Lebensgemeinschaft (vgl. Statistisches Bundesamt 2019c: 144). Die biografische Wahrscheinlichkeit für Kinder, im Zuge des Aufwachsens von der Trennung der Eltern betroffen zu sein, liegt jedoch wesentlich höher. Etwa jedes vierte Kind muss damit rechnen, dass sich seine Eltern vor der Vollendung seines 18. Lebensjahres trennen (vgl. Peuckert 2019: 287).

Wenn Kinder die Scheidung der Eltern erlebten, erhöht sich das eigene Trennungsrisiko (sogenannte intergenerationale Scheidungstransmission). Eine erhöhte Scheidungswahrscheinlichkeit besteht ebenso bei niedrigem Heiratsalter, binationalen Ehen, in städtischen Regionen, bei Erwerbstätigkeit beider Partner bzw. ausgeprägter Karriereorientierung und hohem Einkommen der Frau im Vergleich zum Mann, bei niedrigem Bildungsniveau des Paares bzw. wenn die Frau ein höheres Bildungsniveau besitzt als der Mann sowie in Fällen, in denen die Frau erwerbstätig ist und der Mann die Hausarbeit verrichtet, bzw. bei einer überproportionalen Belastung der Frau durch Erwerbstätigkeit und Hausarbeit. Kirchliche

---

[14] Wert für 1970 in bestehender Ehe. Wert für 2018 alle Mütter. Wert für 2018 in bestehender Ehe: 30,6 Jahre (vgl. Statistisches Bundesamt 2019e).
[15] Die zusammengefasste Scheidungsziffer „gibt die Anzahl der im Berichtsjahr geschiedenen Ehen eines Eheschließungsjahrgangs je 1000 geschlossener Ehen desselben Jahrgangs an. Werden für ein Kalenderjahr die ehedauerspezifischen Scheidungsziffern für 25 Eheschließungsjahrgänge addiert, ergibt dies die zusammengefasste ehedauerspezifische Scheidungsziffer. Diese erreichte 2017 einen Wert von 329 bzw. 33%. Dies bedeutet, dass unter den Scheidungsverhältnissen von 2017 mehr als jede dritte Ehe im Laufe von 25 Jahren geschieden wurde" (Statistisches Bundesamt 2019f: 64).

Bindungen, gemeinsame Freunde sowie Eigentum und Besitz reduzieren demgegenüber, ebenso wie das Vorhandensein von Kindern, das Scheidungsrisiko (vgl. Peuckert 2019: 269ff.; ergänzend Arránz Becker 2015: 537ff.).

Die rückläufige Heiratsneigung, die zunehmende Zahl der Trennungen und der Geburtenrückgang führen insgesamt zu einer Pluralisierung von Lebens- und Familienformen (vgl. Wagner 2008; Peuckert 2019: 18ff.; Kuhnt/Steinbach 2014: 19ff.).

Es gibt zunehmend Alleinlebende, nichteheliche Lebensgemeinschaften, Paare mit getrennter Haushaltsführung, wiederverheiratete Paare, kinderlose Beziehungen, Ein-Eltern-Familien, binukleare Familien oder Stieffamilien.

Das klassische bürgerliche Normalfamilienmodell, nach dem ein verheiratetes Paar mit Kindern in einem Haushalt lebt, der Mann primär den Unterhalt sicherstellt und die Frau sich um den Haushalt und die Kinder kümmert, stellte allerdings immer nur ein Idealbild dar, dem die Familien allenfalls in den 1950er- und 1960er-Jahren des letzten Jahrhunderts recht nahekamen. Zuvor war die Vielfalt von Lebensformen und Haushaltskonstellationen aufgrund der geringen Lebenserwartung, materieller Armut, sozialer oder rechtlicher Barrieren sowie der engen Verbindung von Arbeit und Wohnen durchaus vergleichbar, wenn nicht gar stärker ausgeprägt als heute.

Gleichwohl gibt es in den letzten Jahrzehnten eindeutige Entwicklungstrends. Die Haushalte werden immer kleiner und das Zusammenleben von Erwachsenen mit Kindern wird immer seltener. Das Alleinleben und das Zusammenleben als Paar ohne Kinder nehmen demgegenüber zu. Obwohl der Anteil der Ein-Eltern-Familien an den Familienformen steigt, ist ihr Anteil an der Gesamtheit aller Lebensformen relativ stabil, da das Zusammenleben von Erwachsenen mit Kindern insgesamt rückläufig ist.

Während traditionell lediglich einmalig der Übergang von der Herkunftsfamilie in eine neugegründete, eigene Familie vollzogen wurde, verändern sich heute die Lebensformen der Menschen häufiger. Zwischen dem Aufwachsen in der Herkunftsfamilie und der Gründung einer eigenen Familie haben sich Phasen des Alleinlebens, des Zusammenlebens in einer Wohngemeinschaft oder als unverheiratetes Paar ohne Kinder geschoben. Aufgrund der zunehmenden Trennungen können sich auch nach der Familiengründung Phasen des Alleinlebens bzw. Alleinerziehens, neue Partnerschaften sowie Stief- oder Patchwork-Familienkonstellationen anschließen, die ihrerseits wiederum nicht von Dauer sein müssen und durch andere Lebensformen abgelöst werden können.

Gleichzeitig hat sich der Stellenwert der Familienphase im Lebenslauf gewandelt. Die vorfamiliale Phase im frühen Erwachsenenalter dauert, insbesondere aufgrund der verlängerten Ausbildungszeiten, immer länger an und die nachfamiliale Phase hat sich aufgrund der gestiegenen Lebenserwartung ebenfalls deutlich ausgedehnt. Im Verhältnis dazu nimmt die klassische Familienphase des Zusammenlebens mit versorgungsbedürftigen Kindern einen immer geringeren Raum ein. Langfristig hat sie sich auch aufgrund der geringeren Kinderzahlen pro Familie verkürzt.

Während sie früher das Leben der Erwachsenen weitgehend bestimmte, umfasst sie heute nur noch etwa ein Viertel der gesamten Lebensspanne eines Menschen (vgl. Nave-Herz 2019: 28f.; Peuckert 2019: 526f.).

## 6.3 Die Entwicklung der Beziehungen in der Familie

### 6.3.1 Partnerschaft

Auf der Ebene der Partnerschaft lässt sich langfristig eine zunehmende rechtliche Gleichstellung von Mann und Frau erkennen. Während das Grundgesetz im Artikel 3, Absatz 2 bereits seit Gründung der Bundesrepublik Deutschland im Jahr 1949 festlegte, dass Männer und Frauen gleichberechtigt sind, war dies nach dem Bürgerlichen Gesetzbuch und auch im Alltag der 1950er- und 1960er-Jahre noch keineswegs selbstverständlich. Bis zum Inkrafttreten des sogenannten Gleichberechtigungsgesetzes im Jahr 1958 stand dem Ehemann beispielsweise die Entscheidung in allen das gemeinschaftliche eheliche Leben betreffenden Angelegenheiten zu. Er bestimmte Wohnort und Wohnung, verfügte über das gemeinsame Vermögen, hatte das alleinige Vertretungsrecht für die Kinder und konnte ein Arbeitsverhältnis, das die Ehefrau eingegangen war, eigenmächtig ohne Angabe von Gründen kündigen. Auch der Name des Mannes war selbstverständlich der gemeinsame Familienname und eine Fahrerlaubnis konnte die Ehefrau nur mit dem Einverständnis des Ehemannes erwerben. Ebenso war die Eröffnung eines Bankkontos an dessen Zustimmung gebunden. Die meisten dieser Regelungen wurden mit dem Gleichberechtigungsgesetz im Jahr 1958 aufgehoben. Zum Teil, etwa bei der Verpflichtung zum Führen des gemeinsamen Haushalts bzw. der Berechtigung zur Erwerbstätigkeit ohne Zustimmung des Ehegatten, wurde jedoch erst durch das 1977 in Kraft getretene sogenannte Erste Eherechtsreformgesetz eine völlige Gleichheit zwischen Mann und Frau hergestellt. Beim Sorge- und Namensrecht dauerte dies bis 1980 bzw. 1994. Seit den 1970er-Jahren rückten auch zunehmend die nichtehelichen Familienverhältnisse in den Vordergrund. Bis 1970 waren nichteheliche Kinder mit dem leiblichen Vater nicht verwandt und somit auch nicht erbberechtigt. Sie standen Kraft Gesetz unter Amtsvormundschaft und ihre Unterhaltsansprüche waren eingeschränkt. Erst 1998 erhielten die Väter nichtehelicher Kinder die Möglichkeit, das Sorgerecht gemeinsam mit der Mutter auszuüben. Allerdings bedurfte es dazu deren Zustimmung. Dieser Vorbehalt wurde schließlich 2010 durch eine Entscheidung des Bundesverfassungsgerichts aufgehoben.

Die zunehmende rechtliche Gleichstellung der Partner spiegelt sich durchaus auch im Familienalltag wider. Die Entscheidungen zu zentralen Fragen des Familienlebens, wie etwa Wohnort, Wohnung, größere Anschaffungen, berufliche Veränderungen, Schulwahl für die Kinder oder Urlaubsplanungen, werden in aller Regel gemeinsam getroffen (vgl. Keddi/Seidenspinner 1991: 171f.; Peuckert 2019: 444ff.; Rüssmann/Kopp/Hill 2015: 489f.).

Hinsichtlich der Erwerbstätigkeit und der häuslichen Arbeitsteilung sind die geschlechtsspezifischen Muster hingegen nach wie vor deutlich erkennbar (vgl. Burkart 2018: 280ff.; Rüssmann/Kopp/Hill 2015: 492ff.; Peuckert 2019: 421ff.;

Rupp 2013: 36f.; Autorengruppe Bildungsberichterstattung 2018: 32f.). Vor allem die Elternschaft führt zu einer sogenannten „Retraditionalisierung" der Aufgabenverteilungen (vgl. Rost/Schneider 1994: 48ff.; Schulz/Blossfeld 2006; Grunow 2013: 392ff.). Während junge Paare ohne Kinder häufig gleichermaßen erwerbstätig sind und die Arbeiten im Haushalt relativ gleichberechtigt aufteilen, führt die Geburt eines Kindes auf beiden Ebenen zu deutlichen Verschiebungen.

Die Männer sehen sich stärker als zuvor in der Rolle des Ernährers der Familie, konzentrieren sich auf ihre Erwerbstätigkeit und ziehen sich zu Hause aus zentralen Tätigkeitsfeldern zurück. Demgegenüber reduzieren die Frauen die Erwerbstätigkeit, um sich mehr dem Haushalt und der Kinderversorgung zu widmen. Sie gehen überwiegend in Elternzeit und arbeiten danach häufig in Teilzeit. Im Unterschied zu Männern, in ihrer Rolle als Vater, ist die Erwerbsbiographie der Frauen unmittelbar von ihrer Rolle als Mutter und dem Alter der Kinder abhängig. Zugleich bleiben sie nach der Geburt eines Kindes meist dauerhaft primär für die Aufgaben im Haushalt zuständig, auch wenn die Kinder erwachsen geworden sind, das Elternhaus verlassen haben und sie selbst wieder vollzeiterwerbstätig sind (vgl. Huinink/Reichart 2008).

> Langfristig sind Mann und Frau in der Partnerschaft zunehmend rechtlich gleichgestellt worden. Auch die Entscheidungen zu zentralen Fragen des Familienlebens werden heute in der Regel gemeinsam getroffen. Hinsichtlich der Erwerbstätigkeit und der häuslichen Arbeitsteilung existieren hingegen nach wie vor geschlechtsspezifische Rollenmuster. Insbesondere die Elternschaft führt zu einer sogenannten „Retraditionalisierung" der Aufgabenverteilungen.

Als Erklärungsansatz für diese, sich im Verlauf einer Partnerschaft verfestigende Arbeitsteilung werden häufig Theorien der rationalen Wahl im Rahmen einer männlich dominierten gesellschaftlichen Grundstruktur herangezogen (vgl. Burkart 2018: 285ff.; Rüssmann/Kopp/Hill 2015: 496ff.). Ausgangspunkt sind dabei gesellschaftliche Verhältnisse, unter denen eine Höherbewertung typisch männlicher Tätigkeiten und Lebensweisen gegenüber weiblichen selbstverständlich ist, so dass sie in höherem Maße anerkannt und besser honoriert werden. Unter diesen Voraussetzungen erscheint es rational, dass sich in einer Partnerschaft der Mann aufgrund seines in der Regel höheren Einkommens primär um die Sicherstellung des Lebensunterhalts für die Familie bemüht, während sich die Frau auf die Haushalts- und Familientätigkeiten konzentriert.

Aufgrund der geschlechtsspezifischen Sozialisation kommt hinzu, dass beide in ihrer Kindheit frühzeitig auf die Übernahme der jeweiligen Aufgaben vorbereitet werden. So erscheint die Frau meist als die kompetentere Person für die häuslichen Tätigkeiten und die Kinderversorgung, während der Mann in der Regel als Experte für technische und außerhäusliche Dinge angesehen wird.

Diese internalisierten Geschlechtsrollenmodelle sind zugleich auch gesellschaftlich normiert, so dass sich mit der Erfüllung entsprechender Verhaltenserwartungen eine soziale Anerkennung bzw. mit der Nichterfüllung eine soziale Abwertung verbindet. Ernährt ein Mann durch seine Erwerbstätigkeit die Familie, ist er ein vorbildlicher Familienvater und versorgt seine Frau zu Hause die Kinder, ist sie eine vorbildliche Mutter. Machen sie es umgekehrt, erscheint sie schnell als „Rabenmutter", die ihre Kinder vernachlässigt, und er als jemand, der im Beruf nicht zurechtkommt und sich von seiner Frau aushalten lässt.

Gegenüber den unterschiedlich verteilten externen Ressourcen, insbesondere hinsichtlich des Einkommens, und den darauf gründenden asymmetrischen Machtpositionen scheinen die gesellschaftlichen Verhaltenserwartungen an Männer und Frauen und ihre darauf gründenden Selbstkonzepte von größerer Bedeutung für die Erklärung der geschlechtsspezifischen Muster der Arbeitsteilung in einer Partnerschaft zu sein. So ziehen sich beispielsweise die Frauen auch dann überwiegend aus dem Erwerbsleben zurück und kümmern sich vornehmlich um den Haushalt und die Kinder, wenn sie mehr verdienen als der Mann. Offenbar streben Mütter und Väter auf der Grundlage eines normativen Bezugsrahmens, den sie in Form von Leitbildern und Einstellungen verinnerlicht haben, unabhängig von ihren Einkommensverhältnissen die Ausfüllung traditioneller Geschlechtsrollen an, um eine soziale Anerkennung als „vollwertige Frau" bzw. „vollwertiger Mann" zu finden (vgl. Rost/Schneider 1995; Schulz/Blossfeld 2006; Grunow/Schulz/Blossfeld 2007; Schulz/Blossfeld 2009).

Erwerbsmodelle, häusliche Aufgabenteilung und Beziehungsmuster in einer Partnerschaft sind stark abhängig vom Bildungsgrad und der damit eng verknüpften Zugehörigkeit zu sozialen Milieus. Akademikerpaare pflegen eher egalitäre Beziehungsmodelle. Sie haben weniger Kinder, sind beide erwerbstätig und entsprechend wohlhabend, teilen sich häusliche Aufgaben oder delegieren sie an andere (z.B. das Putzen). Die Beziehung ist zugleich individualisierter. Sie verbringen weniger Zeit gemeinsam, haben jeweils einen eigenen Freundeskreis, verfügen eigenständig über ihr Einkommen und richten sich innerhalb der Wohnung eigene Zimmer ein. Demgegenüber betonen Paare aus nicht akademischen Arbeiter- und Angestelltenmilieus stärker die Gemeinschaft als Paar. Sie wohnen und wirtschaften gemeinsam, gehen in der Regel auch zusammen aus und haben mehr Kinder (vgl. Burkart/Kohli 1992: 198ff.).

### 6.3.2 Eltern-Kind-Beziehungen

Die Beziehungen zwischen Eltern und Kindern haben sich langfristig verbessert. Aufgrund der kleineren Familien und der größeren Wohnflächen bestehen für die Kinder mehr Entfaltungsmöglichkeiten innerhalb der Wohnung. Sie verfügen in der Regel über ein eigenes Zimmer, Besuch oder Übernachtungen von Freunden sind alltäglich geworden und die Nutzung anderer Räume, wie Küche oder Wohnzimmer, wird selbstverständlicher toleriert.

Die Kinder stehen mehr im Mittelpunkt und nehmen größeren Einfluss auf das Familienleben. Sie sind an Entscheidungen stärker als gleichberechtigte Partner beteiligt und haben mehr Spielräume zur selbstständigen Gestaltung ihrer persönlichen Lebensverhältnisse. Bei den elterlichen Erziehungsstilen stehen, statt Gehorsam und Unterordnung, Selbstständigkeit und die Respektierung kindlicher Bedürfnisse und Interessen im Vordergrund. Gleichwohl sind Höflichkeit und gutes Benehmen, Sorgfalt und Gewissenhaftigkeit sowie Hilfsbereitschaft und Toleranz nach wie vor wichtige Erziehungsziele. Auf autoritäre Zwangsmaßnahmen und körperliche Gewalt zur Durchsetzung von eigenen Vorstellungen wird jedoch zunehmend verzichtet. Anstelle von Befehlen bevorzugen die Eltern eher den Dialog und setzen auf die innere Einsicht aufgrund von Erklärungen. Häufig wird daher auch von einer Versprachlichung der Erziehung, einem Übergang von der Erziehung zur Beziehung bzw. vom Befehlshaushalt zum Verhandlungshaushalt gesprochen (vgl. Bois-Reymond 1994; Zinnecker 1985: 187ff.; Nave-Herz 2019: 77ff.).

Die Erziehungsleitbilder und das Verhalten der Eltern sind dabei vor allem durch die langfristige Veränderung der Bedeutung von Kindern bedingt. Je weniger die Entscheidung zur Elternschaft von ökonomischen Nutzenerwägungen und je mehr sie von emotionalen Bedürfnissen sowie der Suche nach persönlicher Sinnstiftung und Lebenserfüllung geprägt ist, desto mehr wird die Eltern-Kind-Beziehung zu einer gefühlsbetonten Bindung, bei der das gemeinsame Erleben und Gespräche im Mittelpunkt stehen und als Bereicherung des eigenen Lebens betrachtet werden (vgl. Nave-Herz 2013: 199).

Mit der gestiegenen emotionalen Bedeutung des Kindes und einem zunehmend kindzentrierten Familienleben gehen wachsende gesellschaftliche Erwartungen an die Elternrolle einher. Das Kind soll in seiner Entwicklung optimal gefördert werden und die Eltern werden permanent mit neuen wissenschaftlichen Erkenntnissen hierzu konfrontiert, denen sie Rechnung tragen sollen. Bereits während der Schwangerschaft ist es fast schon unabdingbar, sich mit den neuesten Erkenntnissen zu den Entwicklungsschritten des Kindes vertraut zu machen, um diesen Prozess bestmöglich zu unterstützen und zu begleiten. Peuckert (2007: 52) spricht in diesem Zusammenhang von einer zunehmenden Verwissenschaftlichung der Erziehung und professionalisierten Elternschaft, bei der die Kinder rund um die Uhr im Mittelpunkt stehen, so dass sich die Partnerschaft tendenziell in der Elternschaft aufzulösen droht (vgl. auch Schütze 2002: 77f.).

Ebenso sind im Alltag die Anforderungen an die Eltern gewachsen. Die veränderten Siedlungsstrukturen und Verkehrsverhältnisse führen dazu, dass jüngere Kinder sich kaum noch eigenständig im öffentlichen Raum bewegen können. Sie sind auf die Begleitung Erwachsener angewiesen, die sie zu Veranstaltungen und Verabredungen bringen und wieder abholen. Dadurch steigt der innerfamiliäre Koordinationsaufwand. Termine müssen geplant und abgestimmt werden, während die Eltern zugleich einen erheblichen Teil des Tages damit beschäftigt sind, ihre Kinder von einem Ort zum anderen zu befördern (vgl. Kap. 7.2.1).

Für Kinder im Alter zwischen 6 und 18 Jahren hat sich die Schule zu einer zweiten Sozialisationsinstanz neben der Familie entwickelt. Die schulischen Leistungen sind für die spätere soziale Platzierung von wachsender Bedeutung. Die Eltern haben den schulischen Leistungserfolg ihrer Kinder verstärkt im Blick und versuchen, diese bei ihren Bemühungen um gute Noten nach Kräften zu unterstützen. Dadurch wird die Schule zum zentralen Thema der alltäglichen Eltern-Kind-Kommunikation (vgl. Bründel/Hurrelmann 2017: 132ff.).

Im Jugend- und jungen Erwachsenenalter werden die Eltern zu wichtigen Berufs- und Karriereberatern. Gegenüber traditionellen Generationen- und Autoritätskonflikten bleiben sie auch in dieser Phase wichtige Vertrauenspersonen in zentralen

## 6. Familie

Fragen der Lebensgestaltung (vgl. Gensicke 2010: 227; Leven/Utzmann 2015: 279ff.; Nave-Herz 2019: 80f.; Kap. 8.2.1). Mit der verlängerten Schul- und Ausbildungszeit hat sich jedoch auch die materielle Abhängigkeit junger Erwachsener von ihren Eltern verlängert. Allerdings verbleiben sie deshalb nicht länger im Elternhaus als früher (vgl. Konietzka/Tatjes 2018; ergänzend auch Wolfert/Quenzel 2019: 136 sowie Kap. 8.2.1).

Entgegen weitverbreiteter Annahmen nehmen im Vergleich zu früher Qualität und Intensität der Kontakte zwischen den Generationen auch keineswegs ab, wenn die Kinder älter werden und eine eigene Familie gründen. Vielfach herrscht der Eindruck vor, die Kinder würden sich kaum noch um ihre altwerdenden Eltern kümmern, weil sie erwerbstätig sind und ihr Wohnort immer weiter entfernt vom Wohnort der Eltern liegt. Das Verhältnis zwischen den Generationen ist jedoch auch im Erwachsenenalter sehr viel besser, als viele vermuten. Die meisten Kinder haben regelmäßig, mindestens einmal im Monat, Kontakt zu ihren Eltern. Die überwiegende Mehrheit der Eltern wiederum gibt an, mindestens einmal pro Woche Kontakt mit den Kindern zu haben, viele sogar noch deutlich öfter. Insgesamt wird das Verhältnis der Generationen sowohl hinsichtlich der Kontakte als auch hinsichtlich der finanziellen und sozialen Unterstützungsleistungen als relativ gut angesehen (vgl. Burkart 2008: 208f.; Hank 2015: 467ff.; Mahne/Huxhold 2017).

Aufgrund der gestiegenen Lebenserwartung ist auch die gemeinsame Lebenszeit, die Eltern und Kinder miteinander verbringen, deutlich angestiegen. Vor etwa 100 Jahren mussten ca. 18% aller Kinder noch davon ausgehen, dass, bevor sie das 18. Lebensjahr erreicht hatten, beide Elternteile bereits verstorben waren. Heute beträgt die gemeinsame Lebenszeit etwa 55-60 Jahre (vgl. Bertram 2002: 525; Lauterbach 2004: 87). Kinder haben selbstverständlich Großeltern und in den ersten Lebensjahren nicht selten sogar noch Urgroßeltern. Mehr als 90% der 5- bis 6-Jährigen in Deutschland haben mindestens einen noch lebenden Großelternteil, 60% drei oder vier noch lebende Großeltern und 25% mindestens einen noch lebenden Urgroßelternteil. Die durchschnittliche gemeinsame Lebenszeit von Großmüttern und Enkeln betrug 2010 in Westdeutschland 33 Jahre (vgl. Peuckert 2012: 598f.).[16]

Der Geburtenrückgang und die gestiegene Lebenserwartung führen zudem dazu, dass immer mehr noch lebende Großeltern sich um eine kleiner werdende Zahl von Enkeln kümmern können. Allein die gemeinsame Lebenszeit und die demografische Konstellation erhöhen das innerfamiliale Unterstützungspotential beträchtlich. Auch angesichts der Zunahme von Trennungen und Scheidungen ist zu vermuten, dass die Großeltern für ihre Enkelkinder zukünftig, trotz des Ausbaus institutioneller Betreuungsmöglichkeiten, von wachsender Bedeutung sein werden (vgl. Bertram 2002: 525 sowie Kap. 9.2.2).

---

16 Aufgrund des gestiegenen Alters der Mütter bei der (Erst-)Geburt eines Kindes ist die durchschnittliche gemeinsame Lebenszeit von Großeltern und Enkeln seit Beginn des einundzwanzigsten Jahrhunderts jedoch leicht zurückgegangen. Für die Zukunft ist daher auch davon auszugehen, dass eine steigende Lebenserwartung nicht unbedingt mit einer längeren gemeinsamen Lebenszeit der Generationen einhergehen wird (vgl. Peuckert 2012: 599f.; Dudel 2014: 219ff.).

Der demografische Wandel führt allerdings ebenso dazu, dass immer mehr ältere Menschen auf Hilfe und Unterstützung angewiesen sind. Auch in diesem Fall werden die meisten Leistungen nach wie vor von der Familie erbracht. Die Zahl der pflegebedürftigen Menschen in Deutschland lag 2017 bei 3,41 Millionen, von denen mehr als drei Viertel (2,59 Millionen) zu Hause versorgt wurden. 1,76 Millionen Menschen wurden dabei ohne ambulante Pflegedienste, ausschließlich durch Angehörige versorgt. Unabhängig vom Ausbau professioneller Angebote wird die Familie auf absehbare Zeit die zentrale Säule der Unterstützung von pflegebedürftigen Menschen im Alter bleiben. Die Bereitschaft zur Pflege der Eltern wird auch nach wie vor von den Kindern erwartet und die meisten Menschen würden im Alter gerne mit Unterstützung der Kinder und gegebenenfalls eines ambulanten Pflegedienstes in der eigenen Wohnung bleiben (vgl. Statistisches Bundesamt 2018e: 18; Peuckert 2019: 540ff. sowie Kap. 9.2.3).

Familiäre Kontakte und Unterstützungsleistungen sind von der relativen Nähe und Erreichbarkeit der jeweiligen Wohnorte abhängig. Zwar haben sich aufgrund der höheren Bildungsabschlüsse und der hierdurch bedingten zunehmenden beruflichen Mobilität die Entfernungen zwischen den Wohnorten der Generationen erhöht. Die meisten Kinder leben jedoch in relativer Nähe zu ihren Eltern. Etwa 80% der Kinder wohnen maximal eine Stunde von ihnen entfernt. Im Durchschnitt beträgt die Distanz zwischen ihrem Wohnsitz und dem Elternhaus nur 9,5 km und bei über 40% der Eltern lebt mindestens ein Kind in der Nachbarschaft oder im gleichen Ort (vgl. Mahne/Huxold 2017: 223ff.; Burkart 2008: 212; Peuckert 2019: 527f.). Während in früheren Jahrhunderten die geringe Lebenserwartung und das hohe Heiratsalter dazu führten, dass das Zusammenleben von mehr als zwei Generationen eher selten war, ist heute das Leben von drei Generationen in relativer Nähe, mit regelmäßigem Kontakt und der Bereitschaft zu wechselseitiger Unterstützung die Regel. Bertram (2002) charakterisiert dies als eine Entwicklung von der traditionellen Klein- oder Kernfamilie der Nachkriegszeit hin zu einer multilokalen Mehrgenerationenfamilie (vgl. auch Lauterbach 2004).

Das Verhältnis zwischen Eltern und Kindern hat sich verbessert. Vielfach wird von einem Übergang vom Befehls- zum Verhandlungshaushalt gesprochen. Die Erziehung wird zunehmend verwissenschaftlicht, die Elternschaft professionalisiert. Beziehungen zwischen drei Generationen sind heute die Regel, wobei diese zumeist nicht gemeinsam in einem Haushalt, jedoch in relativer Nähe zueinander leben und ein regelmäßiger Kontakt besteht.

## 6. Familie

> **Zusammenfassung**
>
> Familie ist ein auf Dauer angelegtes soziales Gebilde, das auf persönlicher Nähe, affektiver Bindung und wechselseitiger Verpflichtung beruht sowie durch Generationenbeziehungen und Geschlechterverhältnisse geprägt ist. Die Entwicklung der Familie in der modernen Gesellschaft ist dadurch gekennzeichnet, dass sie immer mehr Aufgaben an andere Bereiche, die sich von der Familie lösen, abgibt und sich auf die Funktionen der Reproduktion, Regeneration und Integration spezialisiert. Die Beziehungen gründen weniger auf wirtschaftlichen Interessen und sozialen Abhängigkeiten. Stattdessen rücken emotionale Aspekte in den Vordergrund. Zugleich werden Partnerschaft und Familiengründung zunehmend zu einem Moment individueller Entscheidung und Lebensplanung. Die Folgen dieser Entwicklung sind steigende Erwartungen und ein erhöhtes Konfliktpotential. Wachsende Unsicherheiten, die Verlängerung beruflicher Qualifikationswege und die funktionale Verselbstständigung anderer Lebensbereiche, die auf familiäre Belange kaum Rücksicht nehmen, führen dazu, dass die Familiengründung aufgeschoben oder auch ganz auf sie verzichtet wird. Die Heiratsneigung sinkt, die Geburtenraten bewegen sich auf einem relativ niedrigen Niveau und die Zahl der Trennungen und Scheidungen nimmt zu, so dass sich die Lebens- und Familienformen pluralisieren.
>
> Innerhalb der Familie sind die Beziehungen auf der Ebene der Partnerschaft zunehmend gleichberechtigt. Gleichwohl dominieren mit Blick auf die Erwerbsbiografie und die häusliche Arbeitsteilung nach wie vor die traditionellen Geschlechtsrollenmuster. Die Beziehungen zwischen Eltern und Kindern sind ebenfalls von zunehmender Partnerschaftlichkeit geprägt und haben sich langfristig verbessert. Dabei sind die Anforderungen an die Elternrolle gestiegen. Der familiäre Kontakt und die Unterstützung zwischen den Generationen gewinnen angesichts des demografischen Wandels und der Pluralisierung von Lebensformen an Bedeutung.

> **Fragen zur Wiederholung**
>
> 1. Was kennzeichnet aus soziologischer Sicht eine Familie?
>    Stichworte: Intimität, Emotionalität, Solidarität, Reproduktion, Regeneration, Integration, Generation und Geschlecht.
> 2. Was sind die wesentlichen Entwicklungstendenzen der Familie in der modernen Gesellschaft?
>    Stichworte: Funktionsspezialisierung, Emotionalisierung, Deinstitutionalisierung, Individualisierung.
> 3. Was sind die Hintergründe für die Pluralisierung von Lebensformen?
>    Stichworte: abnehmende Heiratsneigung und veränderte Heiratsmotive, niedrige Geburtenraten und Aufschub der Familiengründung, Zunahme von Trennungen, Folgebeziehungen und multiplen Elternschaften.
> 4. Wie haben sich die Beziehungen innerhalb der Familie entwickelt?
>    Stichworte: formale Gleichstellung unter Beibehaltung traditioneller Geschlechtsrollen in der Partnerschaft, kindzentriertes Familienleben, vom Befehls- zum Verhandlungshaushalt, multilokale Mehrgenerationenfamilie.

Literatur zur Vertiefung:

Burkart, Günter, 2008: Familiensoziologie. Konstanz: UVK (UTB); S. 13-50, 139-170.
Burkart, Günter, 2010: Familiensoziologie. In: Kneer, Georg/Schroer, Markus (Hg.), Handbuch spezielle Soziologien. Wiesbaden: VS, S. 123-144.
Hill, Paul B./Kopp, Johannes, 2013: Familiensoziologie. Grundlagen und theoretische Perspektiven. 5. Auflage. Wiesbaden: Springer VS, S. 9-13, 255-278.
Konietzka, Dirk/Kreyenfeld, Michaela, 2013: Familie und Lebensformen. In: Mau, Steffen/Schöneck, Nadine M. (Hg.), Handwörterbuch zur Gesellschaft Deutschlands. Band 1. 3. Auflage. Wiesbaden: Springer VS, S. 257-271.
Lenz, Karl, 2013: Was ist eine Familie? Konturen eines universalen Familienbegriffs. In: Krüger, Dorothea Christa/Herma, Holger/Schierbaum, Anja (Hg.), Familie(n) heute. Entwicklungen, Kontroversen, Prognosen. Weinheim/Basel: Beltz Juventa, S. 104-125.
Nave-Herz, Rosemarie, 2013: Ehe- und Familiensoziologie. Eine Einführung in Geschichte, theoretische Ansätze und empirische Befunde. 3. Auflage. Weinheim: Beltz Juventa, S. 33-40,-77-103, 201-210, 220-233.
Peuckert, Rüdiger, 2007: Zur aktuellen Lage der Familie. In: Ecarius, Jutta (Hg.), Handbuch Familie. Wiesbaden: VS, S. 36-56.
Peuckert, Rüdiger, 2019: Familienformen im sozialen Wandel. 9. Auflage. Wiesbaden: Springer VS, S. 11-26, 137-145, 147-171, 173-200, 201-221, 257-296, 421-450, 521-545.

# 7. Kindheit

Die Familie ist für Kinder die primäre Sozialisationsinstanz. Parallel sind sie aber auch von klein auf in andere Institutionen eingebunden, deren Bedeutung mit zunehmendem Alter wächst. Kinder sind daher nicht nur ein Teil der Familie. Aufgrund ihres Lebensalters haben sie vielmehr typische Lebenslagen und Rollen, die von zahlreichen Faktoren beeinflusst werden und mit eigenständigen Formen des Erlebens und Handelns verbunden sind.

## 7.1 Kindheit als Lebensphase und sozialwissenschaftliches Forschungsfeld

### 7.1.1 Soziologie der Kindheit

Eine eigenständige soziologische Perspektive auf die Kindheit als Lebensphase existiert noch nicht allzu lange. Sie hat sich erst seit Ende der achtziger Jahre des letzten Jahrhunderts entwickelt und ist insofern relativ neu (vgl. Hengst/Zeiher 2005; Bühler-Niederberger 2020: 190ff.). Zuvor dominierten bei der Betrachtung der Kindheit die Aspekte der Entwicklung und Sozialisation. Nach diesem Verständnis galt es, die Kinder zu formen, um sie auf ihre zukünftige Rolle als Erwachsene vorzubereiten. Dabei stehen sie zunächst als eine Art unberührtes Naturprodukt außerhalb der Gesellschaft und wachsen durch die Vermittlung von Werten, Normen und Rollen langsam Schritt für Schritt in sie hinein. Ob und inwieweit dies gelingt, ist primär von den daran beteiligten Institutionen, den sogenannten Sozialisationsinstanzen, abhängig. Diese funktionale Perspektive auf Kinder als zukünftige Erwachsene beschäftigte sich daher auch vornehmlich damit, welchen Einfluss etwa die Familie oder die Schule auf die Entwicklung von Kindern haben.

Die neuere sozialwissenschaftliche Kindheitsforschung rückt demgegenüber drei Aspekte in den Mittelpunkt, die zuvor weitgehend vernachlässigt worden waren (vgl. Qvortrup 2005; Bühler-Niederberger 2020: 194ff.):

1. Kinder haben einen eigenständigen gesellschaftlichen Status. Ihre Lebenslage bestimmt sich in Relation zu anderen gesellschaftlichen Gruppen und Generationen und berührt Fragen sozialer Ungleichheit aufgrund unterschiedlicher Verfügungsmöglichkeiten über Ressourcen und Rechte (Kindheit als soziale Lage).
2. Kinder besitzen Handlungskompetenzen. Sie werden nicht nur durch ihr soziales Umfeld geformt, sondern gestalten die Lebensbereiche, in denen sie sich bewegen, ebenso wie ihre persönliche Entwicklung auf der Grundlage eigener Deutungs- und Handlungsmuster aktiv mit (Kinder als soziale Akteure).
3. Kindheit als Kategorie bringt eine bestimmte Vorstellung von generationaler Ordnung zum Ausdruck. Sie ist keine natürliche Konstante, sondern ein unter besonderen gesellschaftlichen Bedingungen entstandenes Deutungsmuster, das auf einer sozialen Zuschreibung von Bedürfnissen, Fähigkeiten, Rechten und Pflichten in Relation zur Erwachsenheit beruht und sich im Zuge der gesellschaftlichen Entwicklung auch immer wieder verändert (Kindheit als soziale Konstruktion).

# 7. Kindheit

> Eine soziologische Perspektive auf die Kindheit stellt folgende Aspekte in den Vordergrund:
> - Kindheit als soziale Lage
> - Kinder als soziale Akteure
> - Kindheit als soziale Konstruktion

Aus sozialwissenschaftlicher Sicht erscheint Kindheit damit als eine Interpretation von Handlungsmustern und Lebenslagen, die historisch entstanden sind und eine soziale Beziehung zwischen den Generationen zum Ausdruck bringen (vgl. Alanen 2005).

So führte beispielsweise die Vorstellung von Kindheit als eine Art vorgesellschaftlicher Naturzustand bzw. als Phase, in der die Kinder sich zunächst noch zu vollwertigen Mitgliedern der Gesellschaft entwickeln müssen, dazu, dass ihre besonderen Bedürfnisse und Interessen im, von Erwachsenen dominierten, gesellschaftlichen Leben oft nur unzureichend wahrgenommen wurden. Bei der Erhebung sozialstatistischer Daten erfasste man sie lediglich als Familien- bzw. Haushaltsangehörige, deren Lebenssituation sich durch die Einkommens- und Lebensverhältnisse des sogenannten Haushaltsvorstandes bestimmte (vgl. Qvortrup 2005: 33f.; Nauck 1993: 143f.). Gleichzeitig wird in diesem Zusammenhang bis heute selbstverständlich davon ausgegangen, dass Kinder einen deutlich geringeren Bedarf haben als Erwachsene. So fließt etwa bei der international anerkannten OECD-Skala zur vergleichenden Berechnung der Einkommensverhältnisse von Haushalten unterschiedlicher Größe und Zusammensetzung der erste Erwachsene eines Haushalts mit dem Faktor 1 in die Berechnung ein, weitere Erwachsene und Jugendliche (ab 15 Jahre) mit dem Faktor 0,5, Kinder bis zum Alter von 14 Jahren hingegen mit dem Faktor 0,3 (vgl. Kap. 10.4). Ebenso sind auch die Regelbedarfssätze bei der Bemessung von Sozialleistungen nach dem Zweiten Buch Sozialgesetzbuch (Arbeitslosengeld II und Sozialgeld) nach Alter abgestuft (vgl. Kap. 11.1).

Die Vorstellung von Kindern als noch in die Gesellschaft zu sozialisierende Wesen täuscht zudem darüber hinweg, dass sie nicht nur Empfänger von Zuwendungen Erwachsener sind, sondern auch Leistungen von ihnen erwartet werden, in dem sie sich beispielsweise in der Schule für ihre zukünftige Rolle als Arbeitskräfte qualifizieren (vgl. Wintersberger 2005; Qvortrup 2000).

## 7.1.2 Die Entstehung der Kindheit als eigenständige Lebensphase

Dass die Kindheit keinen Naturzustand darstellt, sondern historisch unter besonderen gesellschaftlichen Umständen entstanden ist, hat bereits Philippe Ariès (1975/zuerst frz. 1960) frühzeitig im Rahmen seiner berühmten Studie zur Geschichte der Kindheit betont und sie als eine Erfindung der Neuzeit bezeichnet. Bis zum 17. Jahrhundert war die für uns heute selbstverständliche Vorstellung von der Kindheit als einer eigenständigen Lebensphase der Entwicklung und des Lernens in Abgrenzung zum Erwachsenenstatus weitgehend unbekannt. Kinder galten vielmehr als kleine Erwachsene, die frühzeitig in die (Arbeits-)Abläufe des Alltags integriert wurden. Erst im Rahmen der Aufklärung entsteht überhaupt die Vorstellung, dass der Mensch sich zunächst zu einem vollwertigen Mitglied der

Gesellschaft entwickeln muss und dass dieser Prozess durch Bildung und Erziehung gezielt beeinflusst werden kann. In der Folge waren es dann vor allem drei Faktoren, die zu einer Abgrenzung der Kindheit gegenüber dem Erwachsenendasein beitrugen (vgl. Kap. 5.1):

1. Durch die Industrialisierung wurden Arbeit und Privatleben räumlich, zeitlich und sozial voneinander getrennt, so dass der Wohn- und Lebensort nicht mehr mit dem Arbeitsort identisch war. Gegenüber der zuvor verbreiteten, bäuerlichen und handwerklichen Produktionsweise entstand nunmehr eine Produktionsform, die auf industrieller Lohnarbeit und Massenproduktion in Fabriken basierte und zu einer Verstädterung der Lebensformen führte (Urbanisierung). Immer mehr Erwachsene verließen regelmäßig ihre Wohnung, um in die Fabriken zur Arbeit zu gehen, und kehrten nach einem langen Arbeitstag nach Hause zurück, um zu essen, zu schlafen, sich zu erholen und der Familie zu widmen. Das Familienleben wurde dadurch privatisiert und die Lebenswelten der Kinder und Erwachsenen trennten sich zunehmend (vgl. Kap. 6.2.1).

2. Während zu Beginn der Industrialisierung zunächst noch viele Kinder in den Fabriken arbeiteten, änderte sich dies allmählich durch die Notwendigkeit, Heranwachsende auf die Tätigkeiten in der Industrie vorzubereiten. Einerseits bedurfte es vermehrt bestimmter Qualifikationen wie Rechnen, Lesen oder Schreiben, andererseits mussten die Menschen auch lernen, pünktlich zur Arbeit zu kommen und das, was von ihnen dort an zumeist extrem anstrengenden und monotonen Verrichtungen verlangt wurde, verlässlich Tag für Tag zu erfüllen. Die Schule sorgte für beides: für den Erwerb von Grundkompetenzen und für eine frühzeitige Disziplinierung. Gesetzliche Verbote der Kinderarbeit und die Einführung der allgemeinen Schulpflicht stellten im Verlauf des neunzehnten Jahrhunderts sicher, dass immer mehr junge Menschen diesen Prozess in gleicher Weise durchliefen. Die Kindheit wurde damit zunehmend vom Arbeits- und Produktionsprozess getrennt und verschult. Für Kinder entwickelte sich eine eigene Lebenswelt unter Gleichaltrigen mit gesonderten Erfahrungen im Rahmen einer Institution, die speziell auf diese Zwecke ausgerichtet ist (Scholarisierung der Kindheit).

3. Die Dynamik der Industrialisierung führte parallel zu einer auf die Rationalisierung des Erwerbslebens gerichteten Institutionalisierung des gesamten Lebenslaufs, der sich aufgrund der Verschulung der Kindheit und der Etablierung von Systemen der Alterssicherung für zunehmend mehr Menschen in eine Vorbereitungsphase (Kindheit), Erwerbsphase (Erwachsene) und Nacherwerbsphase (Alter) gliedert (vgl. Kohli 1985). Aufgrund der alterstypischen Lebensumstände, die damit geschaffen wurden, intensivieren sich die Kontakte innerhalb einer Generation. Generationenübergreifende soziale Beziehungen, z.B. im Rahmen der Familie, als Mitglied eines Vereins oder als Angehöriger einer Berufsgruppe, verschwinden zwar nicht, sie verlieren jedoch relativ an Bedeutung. Kindergeburtstage wandeln sich beispielsweise zunehmend von einem Familienfest zu einer Veranstaltung mit Gleichaltrigen und während es traditionell eine Arbeiter-, Dorf- oder Vereinskneipe gab, gibt es heute Lokalitäten, die sich primär an bestimmte Altersgruppen wenden oder an unterschiedlichen

# 7. Kindheit

Tagen wahlweise „U30"- oder „Ü30"-Parties veranstalten. Die Institutionalisierung des Lebenslaufs entwickelt insofern eine Kultur, die Unterschiede zwischen den Generationen etabliert und verfestigt, so dass sich die Lebensphasen zunehmend ausdifferenzieren. Auf diese Weise führt die funktionale Differenzierung der modernen Gesellschaft nicht nur zu einer Spezialisierung von Aufgaben und Funktionen, sondern auch zu einer „Spezialisierung der Lebensführung" entsprechend des Lebensalters.

*Abbildung 8: Die Ausdifferenzierung von Lebensphasen in der modernen Gesellschaft*

**1910**

| Kindheit | Erwachsenenalter |
|---|---|
| 14 | 65 |

**1960**

| Kindheit | Jugend | Erwachsenenalter | Alter |
|---|---|---|---|
| 14 | 21 | 65 | 70 |

**1990**

| Kindheit | | Jugend | | Erwachsenenalter | | Alter |
|---|---|---|---|---|---|---|
| Frühe | Späte | Adoleszenz | Postadoleszenz | Jüngeres | Fortgeschrittenes | Ruhestand |
| 6 | 12 | 18 | 21 | 50 | 65 | 75 |

**2020**

| Kindheit | | | Jugend | | | Erwachsenenalter | | | Alter | | |
|---|---|---|---|---|---|---|---|---|---|---|---|
| Frühe | Vorschul- | Schul- | Frühe | Späte | Nach- | Junges | Mittleres | Spätes | Ruhestands- | Senioren- | Hochbetagten- |
| 3 | 6 | 12 | 18 | 21 | 30 | 45 | 55 | 65 | 75 | 85 | |

Quelle: Eigene Darstellung in Anlehnung an Hurrelmann/Quenzel 2016: 17.

> Die Entstehung der Kindheit als eigenständige Lebensphase steht mit drei Entwicklungsprozessen in der modernen Gesellschaft in einem engen Zusammenhang:
> - mit der Industrialisierung, durch die sich das Familienleben privatisiert und sich die Lebenswelten von Kindern und Erwachsenen zunehmend trennen,
> - mit der Institutionalisierung von Bildung und Erziehung, durch die eine eigene Lebens- und Erfahrungswelt für Kinder entsteht,
> - mit der Institutionalisierung des gesamten Lebenslaufs, die zu vermehrten Unterschieden der Lebensführung von Generationen beiträgt.

## 7.2 Die Lebenslage von Kindern

Vor dem Hintergrund der Entwicklung der Kindheit zu einem eigenständigen sozialwissenschaftlichen Forschungsfeld ist zwischenzeitlich eine Reihe von Studien zur Lebenslage von Kindern in Deutschland entstanden. Sie beschäftigen sich mit ihren zentralen Lebensbereichen und Lebenswelten: mit ihrer Situation in der Familie, in Krippen, Tagesstätten und in der Schule, ihren sozialen Beziehungen zu Gleichaltrigen und ihrer Freizeitgestaltung, ihren Gedanken und ihrem Wohlbefinden, ihrer Gesundheit und sozialen Lage.

### 7.2.1 Kindheit und Familie

In der Familie fühlen sich Kinder in der Regel trotz der häufiger wechselnden Konstellationen sehr wohl (vgl. Kap. 6.3.2; LBS-Gruppe 2018: 47f.; Alt/Gloger-Tippelt 2008: 12). Der überwiegende Teil der 6- bis 11-Jährigen verfügt über ein eigenes Zimmer (vgl. Pupeter/Schneekloth/Andresen 2018: 190). Im Alter von 9 bis 14 Jahren haben fast alle einen Zugang zu Computern, Internet und Smartphones. Etwa ein Drittel dieser Altersgruppe kann für sich persönlich einen Computer und das Internet nutzen. Mehr als 80% der Kinder verfügen allein über ein Smartphone (vgl. LBS-Gruppe 2018: 136). 6- bis 11-Jährige können in der Regel selbst darüber entscheiden, wie und mit wem sie ihre Freizeit verbringen und was sie anziehen. Ebenso können sie mehrheitlich selbst bestimmen, wofür sie ihr Taschengeld verausgaben und ob sie ohne Erwachsene draußen spielen. Vier von fünf Kindern dieser Altersgruppe haben zudem Einfluss auf die Freizeitgestaltung und Ernährung in ihrer Familie (vgl. Pupeter/Schneekloth 2018a: 149). Gespräche über alltägliche Erlebnisse oder Probleme fallen den 11- bis 15-Jährigen meist mit der Mutter leichter als mit dem Vater, wobei es insbesondere für ältere Mädchen schwierig ist, mit dem Vater zu reden (vgl. Bertram 2008: 75; UNICEF 2013: 43).

Die Zufriedenheit mit der elterlichen Zuwendung ist bei den 6- bis 11-Jährigen insgesamt hoch und hängt nicht vom Umfang der Erwerbstätigkeit der Eltern ab. Vielmehr wird sie gerade dann als defizitär empfunden, wenn die Eltern arbeitslos oder aus sonstigen Gründen nicht erwerbstätig bzw. nur geringfügig beschäftigt sind. Allerdings empfinden Kinder, die bei einem alleinerziehenden Elternteil leben, der erwerbstätig ist, die Zuwendung ebenfalls als unzureichend. Gleiches gilt für von Armut betroffene Kinder (vgl. Pupeter/Schneekloth 2018b: 70ff.; Pupeter/Schneekloth/Andresen 2018: 187f.).

Streit entsteht in den Familien der 8- bis 11-jährigen Kinder am häufigsten über das Aufräumen des Zimmers, gefolgt vom zu Bett gehen, der Schule und dem Fernsehen. Streitereien gibt es öfters in Familien aus unteren sozialen Schichten,[17] in Familien mit drei und mehr Kindern sowie in Ein-Eltern-Familien (vgl. Schneekloth/Leven 2007a: 95ff.). Im Konfliktfall wird allerdings zumeist erst miteinan-

---

[17] Im Rahmen der World Vision Kinderstudien aus den Jahren 2007, 2010, 2013 und 2018, auf die hier und im Folgenden des Öfteren Bezug genommen wird, basiert die Schichtzugehörigkeit auf dem Schulabschluss der Eltern, der Zahl der Bücher im Haushalt, der Wohnform (Eigentum oder Miete) sowie der Bewertung der Einkommenssituation. Daraus wird ein sogenannter Herkunftsschicht-Index mit fünf Ausprägungen gebildet (vgl. exemplarisch Pupeter/Schneekloth 2018b: 64f.; World Vision Deutschland 2018: 352f.).

## 7. Kindheit

der gesprochen bevor Strafen, wie Fernsehverbot, Hausarrest oder Taschengeldkürzung, verhängt werden.

Schätzungen gehen davon aus, dass nur etwa jedes dritte bis vierte Kind vollkommen ohne gewalttätige Handlungen der Eltern aufwächst. Häufiger geschlagen als andere werden Jungen, Kinder mit mehreren Geschwistern und jüngere Kinder. Hinsichtlich der sozialen Schichtzugehörigkeit gibt es widersprüchliche Befunde. Einige Studien zeigen eine höhere familiäre Gewaltbelastung bei Kindern aus unteren sozialen Schichten, andere eine gleichmäßige Verteilung über alle soziale Schichten. Allerdings ist die Anwendung von physischer Gewalt als Mittel der Erziehung langfristig sowohl hinsichtlich der Häufigkeit wie auch der Intensität rückläufig und die Zahl der Kinder, die gewaltfrei aufwachsen, steigt (vgl. Bühler-Niederberger 2020: 45; Melzer/Lenz/Bilz 2010: 962f.; Schneekloth/Leven 2007a: 102ff.).

Die Qualität der Beziehungen zu den Eltern hängt insgesamt nicht von bestimmten Lebensformen ab, ebenso wenig von einzelnen Alltagspraktiken, wie etwa regelmäßigen gemeinsamen Mahlzeiten oder Gesprächen. Kinder aus höheren sozialen Schichten verbringen jedoch mehr Zeit mit ihren Eltern und gehen auch häufiger gemeinsamen Freizeitaktivitäten nach. Von der Mithilfe im Haushalt sind alle weitgehend befreit, wobei dies nicht in gleichem Maße für Kinder aus Migrantenfamilien, insbesondere für Mädchen, gilt (vgl. Bertram 2008: 71ff.; Bühler-Niederberger 2011: 26, 2020: 28ff.; Zeiher 2000).

Der kindliche Alltag ist von einem vermehrten Aufenthalt in Innenräumen, insbesondere in der elterlichen Wohnung, gekennzeichnet. Einerseits gibt es dort aufgrund größerer Wohnungen, weniger Geschwisterkindern und toleranterer Eltern mehr Entfaltungsspielräume, andererseits sind die Möglichkeiten, sich eigenständig außer Haus zu bewegen, zunehmend eingeschränkt. Die modernen Verkehrsverhältnisse und Siedlungsstrukturen führen dazu, dass jüngere Kinder im öffentlichen Raum auf die Begleitung bzw. die Beaufsichtigung durch Erwachsene angewiesen sind. Es entstehen zunehmend besondere Orte und Zeiten für kindliche Aktivitäten, so dass sie vermehrt Termine haben, die von ihren Eltern geplant und koordiniert werden müssen. Aufgrund der reduzierten Möglichkeiten, sich eigenständig außer Haus zu bewegen, und der stattdessen sich etablierenden inhaltlich und zeitlich eingegrenzten Aktivitäten an verschiedenen Orten, die von den Kindern eigenständig nicht erreichbar sind, sprechen manche auch von einer zunehmenden Verhäuslichung und Terminierung der Kindheit, einer wachsenden Abhängigkeit der Kinder von ihren Eltern sowie von einer Verinselung der kindlichen Lebensverhältnisse. Dabei ist allerdings zu berücksichtigen, dass sich ihre Erfahrungswelten im Zuge dieser Entwicklung auch erweitern und eine eigenständige Aneignung öffentlicher Räume ab einem gewissen Alter auch heute noch durchaus möglich ist (vgl. Kap. 6.3.2; Zinnecker 1990; Zeiher/Zeiher 1994: 17ff.; Lange 2000: 227ff.; Hengst 2013: 73ff.; Grunert/Krüger 2006: 169ff.; Blinkert 2016: 66ff.).

> Kinder fühlen sich in ihren Familien in der Regel sehr wohl. Sie sind mit der Zuwendung, die sie von ihren Eltern erhalten, meist zufrieden und wachsen zunehmend gewaltfrei auf. Aufgrund der gestiegenen Mobilität und veränderten Siedlungsstrukturen sind sie in ihrem Leben länger und häufiger auf eine Begleitung durch ihre Eltern angewiesen.

### 7.2.2 Kinder in vorschulischen Einrichtungen

Neben der Familie wird die Kindheit verstärkt von Institutionen geprägt, wobei jedoch in den ersten drei Lebensjahren lange Zeit nur wenige Betreuungsmöglichkeiten existierten. Vor allem in Westdeutschland war die Fremdbetreuungsquote im Vergleich zu Dänemark, Schweden oder Frankreich sehr gering. In den neuen Bundesländern hingegen war sie aufgrund des in der früheren DDR stark ausgebauten Systems öffentlicher Erziehung deutlich höher (vgl. Tietze 2010: 548).

In der früheren Bundesrepublik und im ab 1990 wiedervereinigten Deutschland dominierte die Auffassung, dass eine frühe außerhäusliche Betreuung den Kindern mehr schade als nütze. Entsprechende Studien, etwa zum Bindungsverhalten der Kinder, konnten dies allerdings nicht belegen. Sie zeigten, dass die kindliche Entwicklung weniger von der außerhäuslichen Betreuung als solcher abhängig ist, sondern vielmehr von deren Qualität sowie der Qualität der Eltern-Kind-Beziehung (vgl. Andresen/Hurrelmann 2010: 95ff.). Gerade in Familien, in denen sich das Verhältnis von Eltern und Kindern schwierig gestaltet, kann eine qualitativ hochwertige außerhäusliche Betreuung die Entwicklungschancen der Kinder verbessern. Darüber hinaus können Mütter, die im Gegensatz zu den Vätern zumeist ihre Erwerbstätigkeit für die Betreuung ihrer Kinder unterbrechen oder einschränken, dadurch längere Phasen der Nicht- bzw. reduzierten Erwerbstätigkeit und damit verbundene dauerhafte Benachteiligungen vermeiden, was sich unter anderem auch auf die Geburtenrate auswirkt (vgl. Kap. 6.2.2 und 6.3.1). Schließlich eröffnet sich Alleinerziehenden die Möglichkeit, erwerbstätig zu sein und damit eine Chance, ihrem extrem hohen Armutsrisiko zu entgehen.

Mit der zunehmenden Auflösung des traditionalen Familienmodells und dem wachsenden Bedarf an qualifizierten Arbeitskräften wurde in den letzten Jahren der Ausbau des Betreuungsangebotes für Kinder unter drei Jahren in Deutschland vorangetrieben. 2007 vereinbarten Bund, Länder und Gemeinden, bis 2013 für 35 % aller Kinder unter drei Jahren eine Betreuungsmöglichkeit anbieten zu können. Zugleich wurde ab dem 1.8.2013 ein Rechtsanspruch auf einen Betreuungsplatz für Kinder ab Vollendung des ersten Lebensjahres geschaffen. Zwischen 2007 und 2019 erhöhte sich daraufhin die durchschnittliche Betreuungsquote von ca. 15 % auf 34,3 % (30,3 % in den alten Bundesländern und 52,1 % in den neuen) (vgl. Rübenach 2018: 66; Statistisches Bundesamt 2020c: 100). Gleichwohl ist die Nachfrage nach Betreuungsplätzen in der Regel deutlich höher als das zur Verfügung stehende Angebot.[18]

---

18 So meldeten im Jahr 2014 41,5 % der Eltern mit Kindern im Alter von unter drei Jahren einen Betreuungsbedarf an, während die Betreuungsquote bei 32,3 % lag (vgl. BMFSFJ 2015: 9). 2017 hatten 45 % der Eltern einen Betreuungswunsch, während die Betreuungsquote bei 33,1 % lag (vgl. Rauschenbach et al. 2019: 40).

Im Alter zwischen drei Jahren und dem Schuleintritt ist der Besuch einer Kindertageseinrichtung in Deutschland nahezu selbstverständlich geworden. 2019 lag die Betreuungsquote insgesamt bei 93,0% (vgl. Statistisches Bundesamt 2020c: 100). Allerdings differiert die Ganztagsbetreuungsquote nach wie vor erheblich. Während sie 2017 durchschnittlich 45,5% betrug, lag sie in den neuen Bundesländern bei 73,6% gegenüber nur 38,6% im früheren Bundesgebiet (vgl. Rübenach 2018: 67).

Die hohen Besuchsquoten, insbesondere vor dem Schuleintritt (vgl. Rauschenbach et al. 2019: 45), deuten darauf hin, dass Kindertageseinrichtungen zunehmend weniger als reine Betreuungseinrichtungen und vermehrt als Bildungseinrichtungen wahrgenommen werden, deren Besuch sich positiv auf die Entwicklung von Kompetenzen und den weiteren Erfolg der Kinder im Bildungssystem auswirkt.

Auch wenn sie sich bis zum Schuleintritt nahezu angleichen, sind jedoch die Besuchsquoten von sozioökonomisch benachteiligten Kindern sowie von Kindern aus Migrantenfamilien geringer, obwohl gerade sie von einem Besuch besonders profitieren (vgl. Fuchs/Peucker 2006; Spieß 2008: 208; Nauck/Clauß/Richter 2008: 142f.; Statistisches Bundesamt 2020d).

Im Fall von Kindern mit Migrationshintergrund zeigt sich jedoch, dass weniger der Migrationshintergrund selbst, als vielmehr andere Faktoren, die mit diesem in einem engen Zusammenhang stehen, wie etwa die Zahl der Kinder im Haushalt, die Erwerbstätigkeit der Mütter, die Bildung der Eltern oder die regionale Angebotsstruktur, für diese Befunde verantwortlich sind (Spieß/Walper/Diewald 2016: 162f.; Andresen/Beblo/Hahlweg 2016: 189; Cinar 2013: 154ff.). Der eher geringfügige eigenständige Einfluss des Faktors „Migrationshintergrund" wird zum Teil auf sprachliche Hürden, fehlende Informationen und mangelnde Vertrautheit mit dem System der außerhäuslichen Kindertagesbetreuung zurückgeführt. Zudem wird vermutet, dass die Eltern die Einrichtungen stärker als Betreuungs- und weniger als Bildungseinrichtungen wahrnehmen, zu denen es innerfamiliär bessere und kostengünstigere Alternativen gibt. Des Weiteren bestehen vermutlich Diskrepanzen hinsichtlich der Erziehungsorientierungen und -praktiken zwischen Eltern und Einrichtungen sowie Befürchtungen hinsichtlich einer kulturellen Entfremdung der Kinder (vgl. Cinar 2013: 157f.; Nauck/Clauß/Richter 2008: 144; Berg-Lupper 2006: 97ff.).

> Auch im Vorschulalter verbringen die Kinder den Alltag zunehmend in Institutionen. Während jedoch bis zum Alter von drei Jahren lange Zeit nur wenige Betreuungsmöglichkeiten in Deutschland existierten, ist im Alter von drei bis sechs Jahren der Besuch einer Kindertageseinrichtung zum Regelfall geworden.

Bei den Bemühungen um eine Verbesserung der Entwicklungschancen von Kindern in vorschulischen Einrichtungen stehen mehrere Aspekte auf unterschiedlichen Ebenen im Vordergrund. Hinsichtlich der Angebotsstrukturen sollen die Zahl der Betreuungsplätze für Kinder unter drei Jahren und die Ganztagsbetreuungsangebote weiter ausgebaut sowie die Öffnungszeiten ausgedehnt und die Nutzungsmöglichkeiten flexibilisiert werden. Die pädagogische Qualität soll durch eine Verkleinerung der Gruppen, eine Anhebung des Qualifikationsniveaus der

Beschäftigten sowie durch mehr Zeit für Vor- bzw. Nachbereitung und individuelle Förderungsmaßnahmen erhöht werden. Zudem wird eine Vereinheitlichung und regelmäßige Überprüfung der Qualitätsstandards sowie eine stärkere Integration der Einrichtungen in das Bildungssystem angestrebt. Darüber hinaus sollen die Familien verstärkt in die Arbeit mit einbezogen werden, so dass die Kindertageseinrichtungen sich zu Familienzentren weiterentwickeln (vgl. Tietze 2010: 553ff.; BMFSFJ 2015: 27ff.; Bründel/Hurrelmann 2017: 91ff.).

### 7.2.3 Kindheit und Schule

Die Schule hat sich ab dem sechsten Lebensjahr zum dominanten Merkmal des Alltags von Kindern entwickelt. Sie verbringen einen großen Teil des Tages dort, erledigen zu Hause noch Hausaufgaben und die Gespräche mit Eltern sowie Gleichaltrigen kreisen, ebenso wie ihre eigenen Gedanken, sehr häufig um die schulischen Pflichten und Leistungen. Die Zahl der Kinder, die eine weiterführende Schule besuchen, ist kontinuierlich gestiegen, so dass zwischenzeitlich die Mehrzahl von ihnen auch im Jugendalter noch zur Schule geht.

Die Bildungsexpansion hat jedoch nicht zu mehr Chancengleichheit im Bildungssystem geführt. Nach wie vor ist in Deutschland die soziale Herkunft bestimmend für eine erfolgreiche Schullaufbahn. Das haben vor allem die großen internationalen Vergleichsstudien PISA, TIMSS und PIRLS/IGLU immer wieder verdeutlicht (vgl. Bühler-Niederberger 2020: 45ff.; Andresen/Hurrelmann 2010: 112f.; Pupeter/Hurrelmann 2013: 112).[19]

Während die Familienkonstellationen, in denen die Kinder leben, dabei kaum von Bedeutung sind, spielt vor allem das Bildungsniveau der Eltern eine große Rolle (vgl. Bühler-Niederberger 2011: 33; Helsper/Böhme 2010: 628; Pupeter/Wolfert 2018: 76f., 83ff.). Kinder aus oberen sozialen Schichten durchlaufen aufgrund der günstigeren Voraussetzungen im Elternhaus nicht nur erfolgreicher, sondern auch schneller das Bildungssystem und ihre Leistungen sind bereits in der Grundschulzeit, bevor die Schullaufbahn sich aufgliedert, besser (vgl. Pupeter/Hurrelmann 2013: 113f.; Bühler-Niederberger 2020: 48).

Das Bildungsniveau der Eltern beeinflusst zudem deren Einstellung zum Besuch weiterführender Schulen sowie ihre Möglichkeiten, die Kinder dabei zu unterstützen. Eltern mit niedrigerem Bildungsabschluss (und meist auch geringerem Einkommen) scheuen eher die Risiken einer längeren Bildungslaufbahn und befürworten stattdessen einen Ausbildungsweg, der mit kalkulierbaren Schritten, einem

---

19 Die Schulleistungsstudie PISA (Programme of International Student Assessment) wird seit 2000 im dreijährigen Rhythmus von der Organisation für wirtschaftliche Zusammenarbeit und Entwicklung (OECD) erhoben. Die letzte Studie stammt aus dem Jahr 2015 (vgl. OECD 2016). Die Studie TIMSS (Trends in International Mathematics and Science Study) wird seit 1995 alle vier Jahre von der IEA (International Association for the Evaluation of Educational Achievement) erhoben. Dabei handelt es sich um einen internationalen Verbund von Forschungs- und Wissenschaftseinrichtungen sowie Regierungsstellen. Die letzte Studie stammt aus dem Jahr 2015 (vgl. Wendt et al. 2016). Die Studie PIRLS/IGLU (Progress in International Reading Literacy Study/Internationale Grundschul-Lese-Untersuchung) wird ebenfalls von der IEA seit 2001 in einem fünfjährigen Turnus durchgeführt. Die letzte Studie stammt aus dem Jahr 2016 (vgl. Hußmann et al. 2017).

klaren Berufsbild und einer möglichst frühzeitigen ökonomischen Selbstständigkeit verbunden ist.

Die soziale Herkunft wirkt aber auch im Schulsystem selbst selektiv und verstärkt die Unterschiede zwischen den Kindern. Das dreigliedrige Schulsystem führt dazu, dass frühzeitig nach der vierten Klasse bereits langfristige Bildungswege festgeschrieben werden, die später kaum noch zu revidieren sind. Darüber hinaus ist für Kinder aus oberen sozialen Schichten selbst bei gleichen Fähigkeiten und Kompetenzen die Chance, ein Gymnasium zu besuchen, wesentlich höher als für Kinder aus unteren sozialen Schichten. Lehrer überschätzen vermutlich die Leistungen der einen, während sie die Fähigkeiten der anderen eher unterschätzen, oder aber sie stellen bei der Bewertung der Erfolgsaussichten die unterschiedlichen häuslichen Unterstützungsressourcen in Rechnung (vgl. Stubbe/Bos/Schurig 2017: 244ff.; Leven/Schneekloth 2010b: 162; Bühler-Niederberger 2011: 31f., 2020: 48f.). Gleichzeitig ist anzunehmen, dass die Eltern mit gehobenem Bildungsniveau die Empfehlung für den Besuch einer weiterführenden Schule auch stärker aktiv einfordern bzw. ihr gegebenenfalls auch selbstverständlicher Rechnung tragen. Die schulischen Rahmenbedingungen und die Gestaltung des Unterrichts haben hingegen kaum Einfluss auf den Bildungserfolg von Kindern. Klassengrößen, Lehrformen und das Verhalten der Lehrkräfte wirken sich weit weniger auf die schulischen Leistungen aus als die soziale Herkunft (vgl. Helsper/Böhme 2010: 633).

Die Benachteiligung im Schulsystem trifft in überdurchschnittlich vielen Fällen Kinder mit Migrationshintergrund. Ihre Familien sind häufiger unteren sozialen Schichten zuzurechnen und ihre Eltern besitzen häufiger einen niedrigen Bildungsabschluss. Unklar ist allerdings, inwieweit die geringeren Bildungschancen von Kindern mit Migrationshintergrund lediglich auf die soziale Herkunft oder aber auch auf den Migrationsstatus zurückzuführen sind (vgl. Bühler-Niederberger 2020: 50f.; Bründel/Hurrelmann 2017: 127f.; Stürzer 2013: 181f.).

Hinsichtlich einer Benachteiligung aufgrund der Geschlechtszugehörigkeit hat sich die Situation im deutschen Bildungssystem sehr stark gewandelt. Während traditionell die Mädchen seltener weiterführende Schulen besuchen konnten, sind sie zwischenzeitlich dort sogar überrepräsentiert. Gleichzeitig erzielen sie durchschnittlich auch bessere Leistungen. Da parallel die Jungen in den Haupt- und Förderschulen überrepräsentiert sind und auch häufiger die Schule ohne einen Abschluss verlassen, wird mittlerweile eher die Frage diskutiert, inwieweit es einer gezielten Unterstützung der Jungen bedarf, um ihre Bildungskarrieren zu fördern (vgl. Helsper/Böhme 2010: 625ff.; Statistisches Bundesamt 2018f: 16f., 24, 31ff.; Autorengruppe Bildungsberichterstattung 2018: 306, 338).

> Die soziale Herkunft ist nach wie vor der entscheidende Faktor für eine erfolgreiche Schullaufbahn. Vor allem das Bildungsniveau der Eltern spielt dabei eine große Rolle. Die Benachteiligung im Schulsystem trifft überdurchschnittlich häufig Kinder mit Migrationshintergrund.

Mit der wachsenden Bedeutung der Schule für den weiteren beruflichen Werdegang wächst auch der Erwartungsdruck, den die Kinder hinsichtlich ihrer schulischen Leistungen empfinden. Viele haben Schul- oder Prüfungsangst und machen sich Sorgen, dass sie die schulischen Leistungsanforderungen nicht erfüllen können. Vor allem die Eltern haben hohe Erwartungen an die Bildungskarrieren ihrer Kinder. Häufig gehen sie selbstverständlich davon aus, dass ihr Kind das Abitur macht, aber nicht alle können diesen Anforderungen gerecht werden. Die Mehrheit der Kinder bewältigt den Schulalltag jedoch letztendlich gut. Mit zunehmendem Alter nimmt die Schulangst sogar eher ab, gleichzeitig lassen allerdings die Freude am Lernen und die Lust auf Schule ebenfalls deutlich nach (vgl. Grunert/ Krüger 2006: 116ff., 127ff.; Bründel/Hurrelmann 2017: 126, 132ff.; LBS-Gruppe 2018: 114ff.; Pupeter/Wolfert 2018: 78ff.).

### 7.2.4 Freizeitaktivitäten und Gleichaltrigenbeziehungen

Die beliebtesten Freizeitaktivitäten variieren je nach Zeitpunkt der Untersuchung, der Eingrenzung der Altersgruppe und den Antwortvorgaben leicht. Nach der 4. World Vision Kinderstudie, die auf Erhebungen aus dem Jahr 2017 basiert, treffen sich 6- bis 11-jährige Kinder vor allem gerne mit Freunden. Darüber hinaus sind sportliche Aktivitäten, das Spielen mit Spielzeug sowie Fernsehen bzw. das Anschauen von Videos und Filmen im Internet sehr beliebt (vgl. Wolfert/Pupeter 2018a: 98). Der jüngste UNICEF-Bericht[20] zur Lage der Kinder in Deutschland nennt auf der Grundlage von Daten aus den Jahren 2013 und 2014 ebenfalls das Fernsehen und das Treffen mit Freunden als besonders bevorzugte Freizeitaktivitäten von Kindern zwischen 6 und 14 Jahren. Darüber hinaus stehen nach dieser Untersuchung das Musik hören, das Draußen-Spielen, sowie das Faulenzen bzw. nichts tun hoch im Kurs (vgl. Schillenkamp 2017: 37).

Mit der Verbreitung neuer Medien ist der Fernsehkonsum in den letzten Jahren leicht rückläufig. Computerspiele, Videos und das Surfen im Internet sind ebenso wie die immer vielfältigeren Nutzungsmöglichkeiten von Handys zunehmend beliebte Alternativen. 2017 besaßen über 80% der 10- bis 11-Jährigen und immerhin ein Drittel der 8- bis 9-Jährigen ein eigenes Handy, wobei es sich dabei überwiegend um ein Smartphone handelte. Während Kinder aus unteren sozialen Schichten häufiger ein Fernsehgerät sowie Spielkonsolen in ihrem Zimmer stehen haben und diese Geräte auch häufiger als Kinder aus höheren sozialen Schichten nutzen, verfügen sie seltener über ein Handy bzw. über ein Smartphone (vgl. Wolfert/Pupeter 2018a: 96, 111ff.; Leven/Schneekloth 2010a: 119f., 130f.).

Zwei Drittel aller 10- bis 11-Jährigen sind regelmäßig täglich im Internet. Dabei stehen die Nutzung von YouTube, das Filme-Schauen, die Kommunikation über WhatsApp oder Snapchat, der Zeitvertreib mit Computerspielen sowie das Chatten im Vordergrund. In den letzten Jahren hat bei der Internetnutzung vor allem das Hören oder Herunterladen von Musik zugenommen (vgl. Wolfert/Pupeter 2018a: 114ff.).

Die Aktivität in Vereinen stellt eine weitere zentrale Ebene der Freizeitgestaltung dar. Etwa drei Viertel aller Kinder sind in mindestens einem Verein Mitglied, wobei hier mit Abstand die Sportvereine dominieren (vgl. Wolfert/Pupeter 2018a: 103ff.; Jänsch/Schneekloth 2013: 151f.). Das Interesse an sportlichen Aktivitäten

---

20  UNICEF ist das Kinderhilfswerk der Vereinten Nationen. Ursprünglich: United Nations International Children's Emergency Fund. Heute: United Nations Children's Fund.

steigert sich in der Kindheit mit zunehmendem Alter und nimmt dann im Jugendalter langsam wieder ab (vgl. Zerle 2008: 351; Züchner 2013: 103). Die Mitgliedschaft in (Sport-)Vereinen variiert mit der sozialen Herkunft. Kinder aus höheren sozialen Schichten betreiben häufiger Vereinssport als Kinder aus unteren sozialen Schichten, da die Aufwendungen für Mitgliedschaft und Ausrüstung von finanziell besser gestellten Familien leichter zu tragen sind. Ebenso sind Kinder aus höheren sozialen Schichten auch häufiger Mitglied von Vereinen oder Gruppen im kulturellen und musischen Bereich. Neben den im Elternhaus zur Verfügung stehenden finanziellen Ressourcen spielen dabei auch die Erfahrungen in der Herkunftsfamilie und die damit einhergehende Vertrautheit mit bestimmten Möglichkeiten der Freizeitgestaltung eine große Rolle. Eltern aus höheren sozialen Schichten treiben beispielsweise selbst häufiger aktiv Sport oder spielen selbst ein Musikinstrument. Dadurch werden ihre Kinder zu entsprechenden Aktivitäten angeregt (vgl. Wolfert/Pupeter 2018a: 107f.; Jänsch/Schneekloth 2013: 153ff.; Grgic 2013: 37f., 50; Züchner 2013: 98, 103f.; Zerle 2008: 352).

Insgesamt ist die Freizeitgestaltung der Kinder aus höheren sozialen Schichten vielseitiger, der Stellenwert der Medien geringer und der Umgang mit ihnen klarer geregelt. Neben den sportlichen, kulturellen und musischen Aktivitäten sind auch gemeinsame Familienunternehmungen verbreiteter als in unteren sozialen Schichten (vgl. Wolfert/Pupeter 2018a: 100ff., 107ff., 120f.; Jänsch/Schneekloth 2013: 146f.; Leven/Schneekloth 2010a: 133-135; Zerle 2008: 358).

Darüber hinaus ist die Geschlechtszugehörigkeit ein bedeutsamer Faktor für die Art der Freizeitgestaltung. Während die Jungen im Alter zwischen sechs und elf Jahren stärker sportliche Aktivitäten, das Fernsehen und Filme-Schauen, das Spielen am Computer und das Bauen mit Lego oder das Spielen mit Playmobil bevorzugen, verbringen die Mädchen dieser Altersgruppe ihre Freizeit häufiger mit kulturellen, künstlerischen und musischen Aktivitäten oder beschäftigen sich mit der Natur und Tieren (vgl. Wolfert/Pupeter 2018a: 97f.). Ihre Freizeitaktivitäten sind insgesamt vielseitiger und weniger institutionalisiert (vgl. Wolfert/Pupeter 2018a: 99ff., 104f.; Alt/Gloger-Tippelt 2008: 16).

> In ihrer Freizeit treffen Kinder sich vor allem gerne mit Freunden. Gleichzeitig sind sportliche Aktivitäten, Fernsehen und das Spielen mit Spielzeug sehr beliebt. Kulturelle und musische Aktivitäten, gemeinsame Familienunternehmungen, die Mitgliedschaft in Vereinen sowie Regelungen des Umgangs mit Medien sind in erster Linie von der sozialen Schichtzugehörigkeit bzw. dem Einkommen und Bildungsniveau der Eltern abhängig.

Die überwiegende Zahl der Kinder ist im Rahmen ihrer Freizeitaktivitäten gut sozial integriert und hat mindestens vier bis fünf Freunde (vgl. Wolfert/Pupeter 2018b: 127ff.; Schneekloth/Leven 2007b:144ff.; Alt/Gloger-Tippelt 2008: 14; Alt/Lange/Huber 2008: 183f.).

Soziale Anerkennung und Integration unter Gleichaltrigen hängen von der sozialen Herkunft bzw. der Vielseitigkeit des Freizeitprofils und dem Grad der Beteiligung an institutionellen Aktivitäten ab. Beliebt sind vor allem diejenigen, die zu ihren Freunden halten, anderen helfen, viel lachen und lustig sind. Gute sportliche Leistungen spielen bei Jungen eine stärkere Rolle als bei Mädchen. Die Leistungen

## 7.2 Die Lebenslage von Kindern

in der Schule sind für die Beliebtheit der Kinder weniger bedeutsam. Auch das Aussehen und die Kleidung sind eher nachrangig und allenfalls bei Kindern aus unteren sozialen Schichten von Bedeutung (vgl. Wolfert/Pupeter 2018b: 131ff.; Schneekloth/Leven 2007b: 146ff.).

In der mittleren Kindheit, insbesondere im Alter von zehn bis elf Jahren, dominieren geschlechtshomogene Freundeskreise. In ihnen bietet sich die Gelegenheit, ein typisches Geschlechtsrollenverhalten einzuüben, das dann wiederum in der Pubertät die Basis für Kontakte zum anderen Geschlecht bildet (vgl. Pupeter/Schneekloth 2010: 146f.; LBS-Initiative 2009: 193f.).

Der Kreis von Freunden vergrößert sich mit zunehmendem Alter, da die Bedeutung von Gleichaltrigenkontakten wächst und der Aktionsradius sich vergrößert. Kinder, aus höheren sozialen Schichten und ohne Armutserleben, haben einen größeren Freundeskreis als diejenigen, die sozial benachteiligt sind. Bei ersteren ist auch die Zufriedenheit mit dem Freundeskreis größer. Gleiches gilt für Kinder, die in Gruppen oder Vereinen aktiv sind. Generell haben Kinder, die ihre Freizeit vielseitiger gestalten, einen größeren Freundeskreis als diejenigen, bei denen der Medienkonsum im Vordergrund steht. Weniger zufrieden mit ihrem Freundeskreis sind Kinder, die eine geringe elterliche Zuwendung erfahren, sowie Kinder, die mit nur einem Elternteil zusammenleben (vgl. Wolfert/Pupeter 2018b: 128ff., 145f.).

Kinder mit Migrationshintergrund sind gleichermaßen gut sozial integriert wie Kinder ohne Migrationshintergrund. Ihre Freizeitgewohnheiten unterscheiden sich kaum und fast alle Kinder mit Migrationshintergrund zählen auch einheimische deutsche Kinder zu ihren Freunden. Die kleine Minderheit, bei der dies nicht der Fall ist, zeichnet sich dadurch aus, dass zu Hause vorwiegend die Muttersprache der Eltern gesprochen wird, die Religion für die Kinder eine größere Bedeutung hat, der Medienkonsum bei ihnen in der Freizeit im Vordergrund steht, keine kulturell-musischen Aktivitäten wahrgenommen werden und die Familien häufiger unteren sozialen Schichten zuzuordnen sind (vgl. Pupeter/Schneekloth 2010: 149ff.). Differenziert man allerdings zwischen Kindern ohne Migrationshintergrund, Kindern mit Migrationshintergrund und deutscher Staatsangehörigkeit sowie Kindern ohne deutsche Staatsangehörigkeit zeigt sich, dass der Freundeskreis von Kindern ohne deutsche Staatsangehörigkeit deutlich kleiner ist als bei den beiden erstgenannten Gruppen, die sich hinsichtlich der Größe des Freundeskreises kaum unterscheiden (Wolfert/Pupeter 2018b: 133f.).

Auch das Risiko, im Rahmen von Gleichaltrigenbeziehungen benachteiligt, oder gemobbt zu werden, ist von der sozialen Herkunft abhängig. Kinder aus unteren sozialen Schichten bzw. mit Armutserfahrungen, Kinder, deren Eltern sich getrennt haben, sowie Kinder ohne deutsche Staatsangehörigkeit fühlen sich häufiger als andere benachteiligt. Gleiches gilt für Kinder, die wenig Zuwendung von ihren Eltern erfahren, sowie für Kinder, die in (Groß-)Städten leben. Mobbingerfahrungen machen verstärkt Kinder aus unteren sozialen Schichten bzw. mit Armutserfahrungen und Kinder ohne deutsche Staatsangehörigkeit (vgl. Pupeter/Schneekloth 2018a: 170ff.).

## 7.2.5 Wohlbefinden und Gesundheit

Die Mehrheit der Kinder blickt zuversichtlich in die Zukunft und hat Vertrauen in die eigenen Fähigkeiten (Selbstwirksamkeitserwartung) (vgl. Schneekloth/Pupeter 2010: 189ff.). Sorgen und Ängste bestehen vor allem hinsichtlich möglicher Terroranschläge und des möglichen Ausbruches eines Krieges. Kinder aus unteren sozialen Schichten äußern insgesamt deutlich häufiger Ängste, insbesondere davor, bedroht oder geschlagen und von anderen Kindern ausgegrenzt zu werden. Sie machen sich auch mehr Sorgen um ihre schulischen Leistungen sowie den Arbeitsplatz ihrer Eltern. Kinder aus höheren sozialen Schichten haben hingegen eher Angst vor einer wachsenden Umweltverschmutzung (vgl. Pupeter/Schneekloth 2018a: 167f.).

Insgesamt fühlen sich die Kinder in Deutschland sehr wohl. Für die Zufriedenheit mit dem eigenen Leben sind die Selbst- und Mitbestimmungsmöglichkeiten im familiären Alltag von besonderer Bedeutung (vgl. Pupeter/Schneekloth 2018a: 148f., 178f.; Schneekloth/Andresen 2013: 50ff.; LBS-Gruppe 2018: 45ff.). Diese sind vor allem bei denjenigen Kindern geringer, die aus unteren sozialen Schichten stammen, mit Armut in ihren Familien konfrontiert sind, keine deutsche Staatsangehörigkeit besitzen oder aber wenig Zuwendung von ihren Eltern erfahren (vgl. Pupeter/Schneekloth 2018a: 155ff.). Kinder, die ein geringes Maß an Selbst- und Mitbestimmungsmöglichkeiten in ihrem Alltag erleben, fühlen sich häufiger als andere ausgegrenzt und benachteiligt. Sie haben einen kleineren Freundeskreis, ihre Freizeit gestaltet sich weniger vielseitig und sie nehmen ihre schulischen Leistungen als weniger gut wahr (vgl. ebd.: 175ff.).

Die Selbst- und Mitbestimmungsmöglichkeiten im familiären Alltag stehen in einem engen Zusammenhang mit der Wertschätzung der eigenen Meinung, insbesondere durch die Eltern. Zugleich haben beide Faktoren einen großen Einfluss auf das Vertrauen in die eigenen Fähigkeiten. Kinder, die zu Hause wenig Selbst- und Mitbestimmungsmöglichkeiten erleben und deren Meinung im Alltag wenig wertgeschätzt wird, haben auch eine geringere Selbstwirksamkeitserwartung. Dies führt wiederum dazu, dass sie insgesamt unzufriedener mit ihrem Leben sind (vgl. Pupeter/Schneekloth 2018a: 161f.; Schneekloth/Pupeter 2010: 210, 214).

Das gesundheitliche Wohlbefinden der Kinder ist im internationalen Vergleich in Deutschland eher durchschnittlich (vgl. Bertram 2008: 51ff.; UNICEF 2013: 11ff.). Gleichwohl wächst die überwiegende Mehrheit gesund auf. Allerdings haben Kinder mit einem niedrigem sozioökonomischen Status doppelt so häufig mit gesundheitlichen Problemen zu kämpfen wie Kinder mit einem hohen sozioökonomischen Status (vgl. Poethklo-Müller et al. 2018; Kuntz/Rattay et al. 2018: 19, 24).[21]

---

21 Im Rahmen der Studien des Robert Koch-Instituts (RKI) zur Gesundheit von Kindern und Jugendlichen in Deutschland (KIGGS), auf die hier Bezug genommen wird, bestimmt sich der sozioökonomische Status durch einen Index, „der auf Angaben der Eltern zu ihrem Bildungsstand, ihrer beruflichen Stellung und ihrer Einkommenssituation (Netto-Äquivalenzeinkommen) basiert" (Kuntz/Rattay et al. 2018: 23). Dabei wird „eine Einteilung in eine niedrige, mittlere und hohe Statusgruppe vorgenommen, wobei die niedrige und hohe Statusgruppe jeweils rund 20% und die mittlere Statusgruppe 60% der Studienpopulation umfasst" (ebd.). Zu den näheren Details der Bestimmung des sozioökonomischen Status im Rahmen der KIGGS-Studien vgl. Lampert et al. 2018: 114ff.

Je nach Studie und Altersgruppe sind etwa ein Viertel bis zu einem Drittel der Kinder mit ihrem Körper nicht ganz zufrieden. Sie finden sich entweder zu dünn oder zu dick (vgl. Schneekloth/Pupeter 2010: 212; LBS-Initiative 2011: 128; HBSC-Studienverbund Deutschland 2015).

Im Vergleich zu früheren Jahrzehnten hat insbesondere die Übergewichtigkeit deutlich zugenommen, wobei Deutschland hier im internationalen Vergleich noch relativ gut dasteht (vgl. Bertram 2008: 58; UNICEF 2013: 24). Etwa 15 % der Kinder im Alter von 3–17 Jahren gelten nach dem in Deutschland gebräuchlichen Referenzsystem als „zu dick".[22] Dabei ist das Risiko für Kinder mit niedrigem sozioökonomischen Status sowie für Kinder aus Familien mit Migrationshintergrund erhöht (vgl. Schienkiewitz et al. 2018: 18; Kurth/Schaffrath Rosario 2010: 648f.).[23]

Übergewichtige Kinder haben nicht nur ein erhöhtes Gesundheitsrisiko. Sie machen auch häufiger als andere soziale Abwertungs- und Diskriminierungserfahrungen. Wer beim Sport immer der Letzte ist und kaum mithalten kann, sich ungeschickt oder schwerfällig bewegt, wird öfter gehänselt und nicht unbedingt mit sozialer Anerkennung durch Gleichaltrige überhäuft. Die Beliebtheit des Sports und die soziale Anerkennung durch sportliche Leistungen hat insofern auch eine Kehrseite. Für übergewichtige Kinder besteht die Gefahr, dass Sport und Bewegung zunehmend mit negativen Erfahrungen und Erlebnissen verbunden werden, so dass sie sich von solchen Aktivitäten zurückziehen und der Bewegungsmangel größer wird.

Langfristig hat sich der Gesundheitszustand von Kindern insgesamt jedoch deutlich verbessert. Mit zunehmendem Wohlstand verändern sich allerdings auch die Erkrankungen. Chronische Beschwerden gewinnen gegenüber akuten und psychische Probleme gegenüber körperlichen an Bedeutung (vgl. Kuntz/Rattay et al. 2018: 19f.; Kurth/Hölling/Schlack 2008: 106f., 122). Die Kindersterblichkeit, insbesondere im ersten Lebensjahr (Säuglingssterblichkeit), konnte durch eine bessere Hygiene, Schutzimpfungen, Früherkennungsuntersuchungen und die Weiterentwicklung von Behandlungsmöglichkeiten erheblich reduziert werden, während allergische Erkrankungen, wie Neurodermitis, Heuschnupfen oder Asthma sowie psychische Gesundheitsprobleme und Verhaltensauffälligkeiten, wie ADHS (Aufmerksamkeitsdefizit-/Hyperaktivitätsstörung), Lese-Rechtschreibschwäche, verzögerte Sprachentwicklung, motorische Beeinträchtigungen und Essstörungen stärker in den Vordergrund gerückt sind.

Hinsichtlich der von Essstörungen betroffenen Kinder und Jugendlichen überwiegt der Anteil der Mädchen (vgl. Kap. 8.2.5), Aufmerksamkeits- und Konzentrationsstörungen werden häufiger bei Jungen diagnostiziert. Insgesamt besteht jedoch ein enger Zusammenhang zwischen der prekären Gesundheitslage von Kindern und den sozialen Benachteiligungslagen ihrer Familien (vgl. Kuntz/Rattay et

---

22 „In Deutschland wird Übergewicht und Adipositas anhand der Perzentilkurven nach Kromeyer-Hauschild definiert. Demnach werden Kinder und Jugendliche als übergewichtig eingestuft, wenn ihr BMI-Wert unter Berücksichtigung von Alter und Geschlecht oberhalb des 90. Perzentils liegt. Ein BMI-Wert oberhalb des 97. Perzentils wird als Adipositas definiert" (Schienkiewitz et al. 2018: 17).
23 Kinder mit Migrationshintergrund leben allerdings auch sehr viel häufiger in Familien mit niedrigem sozioökonomischen Status (vgl. Frank et al. 2018: 143).

al. 2018; Kurth/Hölling/Schlack 2008: 107, 124; Andresen/Hurrelmann 2010: 156ff.). Geringe Bildung und Armut sind wesentliche Variablen, die den Gesundheitszustand und das Gesundheitsverhalten negativ beeinflussen.

Dies beginnt bereits vor der Geburt, etwa in Form des Alkohol- oder Zigarettenkonsums der Mütter während der Schwangerschaft, und zeigt sich darüber hinaus beispielsweise bei der Wahrnehmung von Vorsorgeuntersuchungen, dem Impfschutz, dem Ernährungsverhalten, der Zahnpflege, der körperlichen Aktivität, den Lärm- und Luftbelastungen im Wohnumfeld, dem Risikoverhalten im Haushalt und im Straßenverkehr, den allergischen Erkrankungen, den psychischen Auffälligkeiten und Entwicklungsverzögerungen, den Gewalterfahrungen in der Familie sowie dem Versicherungsschutz bei Krankheit (vgl. Kuntz/Zeiher et al. 2018: 49; Mensink et al. 2018: 35; Finger et al. 2018: 28; Kuntz/Rattay et al. 2018: 25f.; Klipker et al. 2018: 39f.; Göbel et al. 2018: 49; Trabert 2007).

> Die Mehrheit der Kinder blickt optimistisch und zuversichtlich in die Zukunft und hat Vertrauen in die eigenen Fähigkeiten. Ihr Gesundheitszustand hat sich langfristig deutlich verbessert. Geringe Bildung und Armut sind wesentliche Variablen, die den Gesundheitszustand und das Gesundheitsverhalten negativ beeinflussen.

### 7.2.6 Soziale Lage und Armut

Über die soziale Lage von Kindern wurde in den letzten Jahren vielfach und zumeist sehr emotional diskutiert. Allerdings ist es schwierig, verlässliche Aussagen zum Ausmaß und zur Entwicklung der Armut von Kindern zu machen, da die Angaben hierzu je nach Datenquelle erheblich differieren (vgl. z.B. BMAS 2017: 250f., Hübenthal 2018: 109ff.).

So können sich aufgrund unterschiedlicher Definitionen des Grenzwerts und unterschiedlicher Verfahren zur Ermittlung der Haushaltseinkommen die Angaben zum Ausmaß der Armut bei Kindern nicht nur annähernd verdoppeln bzw. halbieren; vielmehr ist noch nicht einmal klar, ob eine Kinderarmut im Sinne einer überdurchschnittlichen Betroffenheit von Kindern gegenüber anderen Altersgruppen überhaupt existiert. Nach den Daten des Mikrozensus, der größten Haushaltsbefragung der statistischen Ämter in Deutschland, lag beispielsweise die Armutsgefährdungs- bzw. Armutsrisikoquote[24] von Kindern (unter 18 Jahren) in Deutschland im Jahr 2018 mit 20,1% oberhalb der Quote für die deutsche Gesamtbevölkerung (15,5%). Nach der Europäischen Gemeinschaftsstatistik über Einkommen

---

24 Die Begriffe Armut, Armutsrisiko und Armutsgefährdung werden oft synonym verwandt und beziehen sich in der Regel auf den von der Europäischen Union (EU) definierten Schwellenwert von 60% des mittleren Nettoäquivalenzeinkommens. Unter dieser Voraussetzung bringen sie den gleichen Sachverhalt zum Ausdruck (vgl. BMAS 2017: 549, 605; Kott 2018: 232; Statistisches Bundesamt 2020e). International wird zum Teil allerdings auch ein Schwellenwert von 50% des mittleren Nettoäquivalenzeinkommens für ein Armutsrisiko zugrunde gelegt. So beispielsweise bei Daten und Studien der OECD und von UNICEF (vgl. DIW 2011; Bertram 2017: 98; OECD 2019a). Bei der Betrachtung der Einkommensverhältnisse wird in der Regel nicht von Armut, sondern von einem Armutsrisiko bzw. einer Armutsgefährdung gesprochen, „da das Einkommen nur einen indirekten Indikator für Armut darstellt" (Goebel/Krause 2018: 243). Vgl. auch entsprechend Anmerkung 63 (Kap. 10.4) und Anmerkung 70 (Kap. 11.1.1).

und Lebensbedingungen (EU-SILC)[25] des Statistischen Amts der Europäischen Union (Eurostat) hingegen lag die Quote der Armutsgefährdung für Kinder in Deutschland im Jahr 2018 mit 14,5% unterhalb der Quote für die deutsche Gesamtbevölkerung (16,0%). Demnach sind Kinder in Deutschland nach den Daten des Mikrozensus überdurchschnittlich und nach den Daten von EU-SILC unterdurchschnittlich von Armut betroffen (vgl. Statistisches Bundesamt 2019h, 2019i, 2019j; vgl. ergänzend BMAS 2017: 549ff.; zu den Grundlagen und Details der unterschiedlichen Berechnungsarten vgl. Kap. 10.4).

Ebenso uneinheitlich sind die Befunde zum längerfristigen Trend der Armutsgefährdungsquote von Kindern. Während sie beispielsweise nach den Daten von EU-SILC zwischen 2008 und 2018 um 0,7% zurückgegangen ist (2008: 15,2%, 2018: 14,5%), weisen die Daten des Mikrozensus für den gleichen Zeitraum einen Anstieg von 1,7% aus (2008: 18,4%, 2018: 20,1%). Nach den Daten des Sozioökonomischen Panels (SOEP)[26] ist sie zwischen 2008 und 2017 sogar um 4,4% gestiegen (2008: 16,3%, 2017: 20,7%) (vgl. Statistisches Bundesamt 2019i, 2019j; BMAS 2020a).

Gegenüber der Frage, ob die Armut von Kindern in den letzten Jahren zugenommen hat bzw. ob Kinder überproportional von Armut betroffen sind, ist es jedoch relativ unstrittig, dass bestimmte Familienformen und damit auch die Kinder, die in diesen Familien leben, ein erhöhtes Armutsrisiko aufweisen. Das Armutsrisiko von Familien wird primär von der Zahl der Erwachsenen und in zweiter Hinsicht von der Zahl der Kinder, die in einem Haushalt leben, bestimmt. Alleinerziehende haben das mit Abstand höchste Armutsrisiko. Bei Alleinerziehenden mit einem Kind ist es mehr als viermal so hoch wie bei Paaren mit einem Kind und bei Alleinerziehenden mit zwei Kindern sogar mehr als fünfmal so hoch wie bei Paaren mit zwei Kindern. Paare mit drei und mehr Kindern haben zudem ein mehr als doppelt so hohes Armutsrisiko wie Paare mit einem Kind oder zwei Kindern (vgl. BMFSFJ 2017: 48ff.; BMAS 2017: 255f.).

Neben der Familienkonstellation sind in diesem Zusammenhang das Bildungsniveau der Eltern sowie der Umfang ihrer Erwerbsbeteiligung die wichtigsten Faktoren (vgl. Schneekloth/Pupeter 2013: 99ff.; Pupeter/Schneekloth/Andresen 2018: 185f.; BMAS 2017: 253ff.; BMFSFJ 2017: 50f.). Auch das Armutsrisiko von Kindern mit Migrationshintergrund[27] ist nach den Daten des Mikrozensus aus dem Jahr 2017

---

25 EU-SILC steht für European Union Statistics on Income and Living Conditions. Es handelt sich um eine Haushaltsbefragung, die in Deutschland vom Statistischen Bundesamt auf der Grundlage von in der Europäischen Union einheitlichen Standards durchgeführt wird.
26 Das Sozio-oekonomische Panel (SOEP) „ist eine repräsentative Längsschnittstudie privater Haushalte in Deutschland. Die laufende jährliche Wiederholungsbefragung von Deutschen, Ausländern und Zuwanderern wird seit 1984 vom Deutschen Institut für Wirtschaftsforschung (DIW) durchgeführt" (BMAS 2017: 615).
27 „Das Statistische Bundesamt bezeichnet eine Person als „Person mit Migrationshintergrund", wenn
1. diese nicht auf dem Gebiet der heutigen Bundesrepublik Deutschland geboren wurde und 1950 oder später zugewandert ist und
2. diese keine deutsche Staatsangehörigkeit besitzt oder eingebürgert wurde.
3. Darüber hinaus haben Deutsche einen Migrationshintergrund, wenn ein Elternteil der Person mindestens eine der unter (1.) oder (2.) genannten Bedingungen erfüllt."
Dabei werden „auch jene Kinder mitgezählt, die in den Haushalten mit Personen mit Migrationshintergrund leben. Damit sind auch Angehörige der dritten Generation in die Definition einbezogen, die weder selbst noch deren Eltern zugewandert sind." (BMAS 2017: 614).

## 7. Kindheit

annähernd dreimal so hoch wie das von Kindern ohne Migrationshintergrund. Bei Kindern mit Migrationshintergrund, die nicht die deutsche Staatsangehörigkeit besitzen, ist es sogar um mehr als das Vierfache gegenüber Kindern ohne Migrationshintergrund erhöht. Das erhöhte Armutsrisiko von Kindern mit Migrationshintergrund ist allerdings wiederum vor allem auf das Bildungsniveau der Eltern und deren hiermit verbundenen Chancen auf dem Arbeitsmarkt zurückzuführen (vgl. Göttsche 2018: 37ff.; Bühler-Niederberger 2011: 40; Schneekloth/Pupeter 2013: 104; BMFSFJ 2010: 56; Fertig/Tamm 2008: 160).

> Ob Kinder stärker als andere Bevölkerungsgruppen von Armut betroffen sind und ob die Armut von Kindern in den letzten Jahren zugenommen hat, lässt sich aufgrund der Datenlage nicht eindeutig beurteilen. Zweifelsfrei belegt ist hingegen, dass Kinder, die gemeinsam mit nur einem Erwachsenen in einem Haushalt leben, ein erhöhtes Armutsrisiko aufweisen.

Geht man nicht allein von den finanziellen Ressourcen der Haushalte aus, in denen Kinder leben, sondern von mehrdimensionalen sozialen Lagen und Benachteiligungskonstellationen, die beispielsweise auch Aspekte wie die Bildungschancen, die gesundheitliche Situation und die Wohnverhältnisse der Kinder berücksichtigen (Lebenslagenansatz, vgl. Kap. 11.1), ergibt sich nach den Untersuchungen des Kinderhilfswerks der Vereinten Nationen (UNICEF) auf der Grundlage eines in Anlehnung an die UN-Kinderrechtskonvention entwickelten fünfdimensionalen Modells kindlichen Wohlbefindens (vgl. Abb. 10),[28] dass Deutschland im internationalen Vergleich von 29 weltweit am höchsten entwickelten Ländern den sechsten Rang belegt.

Während die Niederlande, Norwegen, Island, Finnland und Schweden vor Deutschland an der Spitze stehen, rangieren Großbritannien, Kanada und Österreich auf den Plätzen 16 bis 18. Die USA belegen hinter Griechenland und vor den letztplatzierten Ländern Litauen, Lettland und Rumänien Rang 26. Allerdings steht die relativ gute objektive Lage der Kinder in Deutschland in einem deutlichen Kontrast zu ihrem subjektiven Wohlbefinden (Rang 22). In keinem anderen Land ist die Diskrepanz zwischen objektiv messbaren Faktoren und subjektiver Selbsteinschätzung so groß wie in Deutschland. Insgesamt konnte Deutschland seine Position im internationalen Vergleich des kindlichen Wohlbefindens innerhalb von zehn Jahren leicht verbessern. Schlusslicht von dem in den Zeitvergleich eingeflossenen 21 Ländern bleiben die Vereinigten Staaten (vgl. Adamson 2013: 28, 45f.; UNICEF 2013: 2, 38ff., 44; Bertram 2013: 14f.).

---

28 In der ersten UNICEF-Studie zum kindlichen Wohlbefinden aus dem Jahr 2007 wurde ein sechsdimensionales Modell verwendet (vgl. UNICEF 2007: 2, 40ff.; Fertig/Tamm 2007: 33). Die darin zusätzlich enthaltene Dimension des subjektiven Wohlbefindens wurde 2013 separat ergänzend zu dem fünfdimensionalen Modell erhoben, da sie „sich mit allen anderen Dimensionen des Wohlbefindens von Kindern überschneidet und diese beeinflusst" (Adamson 2013: 45).
In einer neueren Untersuchung von UNICEF zum kindlichen Wohlergehen mit einer etwas anderen Fragestellung und entsprechend abgewandelten Indikatoren belegt Deutschland Platz zwei hinter Norwegen und vor Dänemark, Schweden und Finnland. Am Ende der Rangliste von insgesamt 41 weltweit am höchsten entwickelten Ländern rangieren die Vereinigten Staaten, Mexiko, Rumänien, Bulgarien und Chile. Aufgrund der zum Teil unterschiedlichen Indikatoren sind die Ergebnisse allerdings nur bedingt mit den Ergebnissen vorangegangener Studien vergleichbar (vgl. UNICEF 2017, insbes. S. 3-9).

## 7.2 Die Lebenslage von Kindern

*Abbildung 9: Mehrdimensionales Modell kindlichen Wohlbefindens (UNICEF 2013)*

| DIMENSION | UNTERDIMENSION | EINZELINDIKATOR |
|---|---|---|
| Materielles Wohlbefinden | Finanzielle Deprivation | Relative Kinderarmutsrate (weniger als 50% des Medianeinkommens) Relative Kinderarmutslücke (Abstand zwischen der Armutsgrenze und dem mittleren Einkommen aller von Armut betroffener Kinder) |
| | Materielle Deprivation | Kinder-Deprivationsindex[29] Quote geringen Familienwohlstands[30] |
| Gesundheit und Sicherheit | Gesundheit bei der Geburt | Säuglingssterblichkeitsrate (im ersten Jahr nach der Geburt) Kinder mit niedrigem Geburtsgewicht (unter 2.500 Gramm) |
| | Gesundheitsvorsorge | Impfrate von Kindern im Alter zwischen 12 und 23 Monaten (Kinder mit Impfung gegen Masern, Kinder mit Impfung gegen Diphtherie, Tetanus, Keuchhusten, Kinder mit Impfung gegen Polio) |
| | Kindersterblichkeit | Sterblichkeitsrate von Kindern im Alter von 1 Jahr bis 19 Jahren |
| Bildung | Teilhabe | Teilhabequote: frühkindliche Bildung (im Alter ab 4 Jahren bis zur Einschulung) Teilhabequote: weiterführende Bildung (im Alter von 15 bis 19 Jahren) NEET-Rate[31] (15- bis 19-Jährige, die sich weder in schulischer Ausbildung, beruflicher Ausbildung oder Beschäftigung befinden |
| | Leistung | Durchschnittliche PISA-Ergebnisse in Lesen, Mathematik und Naturwissenschaften (im Alter von 15 Jahren) |
| Verhalten und Risiken | Ernährung und Bewegung | Übergewichtig sein (auf der Grundlage des Body-Mass-Index im Alter von 11, 13 und 15 Jahren) Täglich Frühstücken (im Alter von 11, 13 und 15 Jahren) Täglich Obst essen (im Alter von 11, 13 und 15 Jahren) körperliche Bewegung (mindestens eine Stunde am Tag im Alter von 11, 13 und 15 Jahren) |
| | Risikoverhalten | Geburtenrate bei Mädchen (im Alter von 15 bis 19 Jahren) Rauchen (mindestens einmal pro Woche im Alter von 11, 13 und 15 Jahren) Alkoholkonsum (mindestens zweimal betrunken im Alter von 11, 13 und 15 Jahren) Cannabiskonsum (mindestens einmal im letzten Jahr im Alter von 11, 13 und 15 Jahren) |
| | Gewalterfahrungen | in körperliche Auseinandersetzungen verwickelt (mindestens einmal im letzten Jahr im Alter von 11, 13 und 15 Jahren) Mobbingerfahrungen in der Schule (während der letzten Monate im Alter von 11, 13 und 15 Jahren) |
| Wohnverhältnisse und Wohnumfeld | Wohnverhältnisse | Personen pro Zimmer Mehrere Wohnprobleme[32] |
| | Sicherheit des Wohnumfelds | Tötungsdelikte (pro Jahr) Luftverschmutzung (Feinstaubkonzentration im Jahresdurchschnitt) |

Quellen: Adamson 2013: 27; UNICEF 2013: 5; eigene Ergänzungen und Erläuterungen.[33]

---

[29] „Der Kinder-Deprivationsindex von UNICEF zeigt den Anteil der Kinder in jeder Nation an, denen zwei oder mehr der folgenden 14 Güter und Angebote fehlen: 1. Drei Mahlzeiten am Tag. 2. Eine warme Mahlzeit täglich (mit Fleisch, Fisch oder einem vegetarischen Äquivalent). 3. Täglich frisches Obst und Gemüse. 4. Altersgerechte Bücher (nicht ausschließlich Schulbücher). 5. Spielzeug für Aktivitäten im Freien (Fahrrad, Rollschuhe etc.). 6. Regelmäßige Freizeitaktivitäten z.B. in Sportvereinen und Jugendorganisationen oder das Erlernen eines Musikinstruments. 7. Mindestens ein altersgerechtes Spielzeug pro Kind – z.B. Bauklötze, Brett- oder Computerspiele. 8. Geld, um an Schulausflügen oder Veranstaltungen teilzunehmen. 9. Ein ruhiger Platz für Hausaufgaben. 10. Ein Internetanschluss. 11. Einige neue Kleiderstücke (nicht ausschließlich bereits getragene Sachen). 12. Zwei Paar Schuhe, wenigstens eins davon wetterfest. 13. Die Möglichkeit, ab und zu Freunde zum Spielen und Essen nach Hause einzuladen. 14. Die Möglichkeit, Geburts- oder Namenstage sowie religiöse Feste zu feiern" (Adamson 2013: 30).

## 7. Kindheit

Nach einem vom Statistischen Amt der Europäischen Union (Eurostat) im Jahr 2010 auf der Grundlage von EU-SILC-Daten eingeführten Indikator zu Armut und sozialer Ausgrenzung, der neben der Armutsgefährdung aufgrund geringer Einkommen noch die Kriterien „erhebliche materielle Entbehrung" und „Haushalt mit sehr geringer Erwerbsbeteiligung" berücksichtigt (vgl. Kap. 11.1.1), lag im Jahr 2018 der Anteil der von Armut oder sozialer Ausgrenzung betroffenen Kinder in Deutschland bei 17,3%. Er bewegte sich damit deutlich unterhalb der Quote für die gesamte Europäische Union (21,9%). Gleichzeitig lag er unterhalb des Wertes für die deutsche Gesamtbevölkerung (18,7%), so dass Kinder nicht überdurchschnittlich häufig betroffen waren (vgl. Statistisches Bundesamt 2019k; Eurostat 2020a).

Zur Analyse der spezifischen Folgen der Armut für Kinder haben die Forschungsarbeiten des Instituts für Sozialarbeit und Sozialpädagogik (ISS) im Auftrag des Bundesvorstandes der Arbeiterwohlfahrt (AWO) einen wichtigen Beitrag geleistet (vgl. Laubstein et al. 2012; Holz et al. 2006; Holz/Skoluda 2003; Hock et al. 2000, zusammenfassend Holz/Laubstein/Sthamer 2012). Im Rahmen eines kindorientierten Armutskonzeptes wurde ein vierdimensionales Lebenslagenmodell entwickelt, das die materielle Grundversorgung, die kulturelle Lage, die soziale Lage sowie die gesundheitliche Lage umfasst. Auf der Grundlage dieser vier Dimensionen wurde ein Index konstruiert, aus dem sich wiederum drei Lebenslagetypen (Wohlergehen, Benachteiligung und multiple Deprivation) ableiten (vgl. Holz/Laubstein/Sthamer 2012: 6ff.; Laubstein/Holz/Sthamer 2013: 5ff.). Von Wohlergehen wird gesprochen, wenn in Bezug auf die vier Lebenslagedimensionen keinerlei Beeinträchtigungen festzustellen sind, von Benachteiligung, wenn sich in ein oder zwei der vier Lebenslagedimensionen Beeinträchtigungen zeigen, von multipler Deprivation, wenn in drei oder vier Lebenslagedimensionen Beeinträchtigungen erkennbar sind (vgl. Holz/Laubstein/Sthamer 2012: 6f.).

Es zeigte sich, dass die Kinder aus einkommensarmen Familien bereits im Vorschulalter in allen vier Dimensionen in höherem Maße Beeinträchtigungen aufweisen, die sich mit zunehmendem Alter in der Grundschule weiter verfestigen. Ihre Lebensumstände sind im Vergleich zu besser gestellten Kindern daher sehr viel seltener als ein Leben im Wohlergehen zu charakterisieren und sehr viel häufiger als ein Leben unter Bedingungen multipler Deprivation. Insofern wird deutlich, dass die Armut von Kindern sich nicht allein auf materielle Benachteiligungen beschränkt, sondern sich beispielsweise auch auf das Spiel-, Sprach- und Arbeitsverhalten, die Kontaktfähigkeit und die soziale Integration auswirkt.

Gleichzeitig zeigte sich im Rahmen der Studien jedoch ebenso, dass Kinder trotz der Armut ihrer Familien im Wohlergehen aufwachsen können. Entscheidend hier-

---

30 Repräsentativ ausgewählten Kindern im Alter von 11, 13 und 15 Jahren wurden folgende Fragen gestellt: Besitzt deine Familie ein eigenes Auto? Wie häufig warst du mit deiner Familie in den letzten 12 Monaten im Urlaub? Wie viele Computer besitzt deine Familie? Hast du ein eigenes Schlafzimmer für dich? (vgl. UNICEF 2013: 10).
31 NEET steht für „Not in Education, Employment or Training".
32 Anteil der Kinder, die von mindestens zwei der folgenden vier Wohnumstände berichten: 1. Undichtes Dach/feuchte Wände, Böden und Grundmauern/verrottete Fenster. 2. Wohnung zu dunkel. 3. Kein Bad, keine Dusche. 4. Keine Toilette mit Wasserspülung in der Wohnung (vgl. UNICEF 2013: 31).
33 In Anlehnung an UNICEF 2013.

für sind vor allem ein gutes Familienklima, ein kindzentrierter Alltag sowie regelmäßige gemeinsame Aktivitäten in der Familie (vgl. Giering 2007: 76, 81; Holz/Laubstein/Sthamer 2012: 12, 15f., 20).

Schließlich wurde im Kontext der AWO-ISS-Studien deutlich, dass die überwiegende Mehrheit aller Kinder, insbesondere auch der von Armut betroffenen, nicht sozial auffällig ist und ihre Lebenslage sich zudem häufig verändert. Trotz ungleicher Chancen und Risiken gilt insofern nicht die Devise „einmal arm – immer arm" bzw. „einmal multipel depriviert – immer multipel depriviert" (vgl. Giering 2007: 76f.; Holz/Laubstein/Sthamer 2012: 15, 19).

### Zusammenfassung

Eine originär soziologische Perspektive auf die Kindheit hat sich erst in den letzten Jahrzehnten entwickelt. Gegenüber den Aspekten der Entwicklung und Sozialisation betont sie den eigenständigen sozialen Status der Kinder in der Gesellschaft sowie die Kindheit als eine Lebensphase, die sich in der modernen Gesellschaft aufgrund der Privatisierung des Familienlebens, der Scholarisierung der Kindheit sowie der Institutionalisierung des Lebenslaufs herausgebildet hat.

Die heutigen Lebensbedingungen der Kinder zeichnen sich durch eine sogenannte Verinselung ihrer Lebensverhältnisse aus, die sie zunehmend von geplanten Terminen sowie der Koordination und Begleitung ihrer Eltern abhängig macht. Allerdings erweitern sich in diesem Kontext auch ihre Erfahrungsräume. Den Alltag verbringen Kinder zunehmend in Institutionen, wobei in (West-)Deutschland in den ersten drei Lebensjahren im Vergleich zu anderen Ländern lange Zeit nur wenige Betreuungsmöglichkeiten existierten. Im Alter zwischen drei Jahren und dem Schuleintritt ist der Besuch einer Kindertageseinrichtung nahezu selbstverständlich geworden. Die Schule hat sich ab dem sechsten Lebensjahr zum dominanten Merkmal des kindlichen Alltags entwickelt. Die Zahl der Kinder, die eine weiterführende Schule besuchen, hat kontinuierlich zugenommen. Nach wie vor ist jedoch die soziale Herkunft bestimmend für eine erfolgreiche Schullaufbahn. Ihre Freizeit verbringen Kinder vor allem mit Freunden, Sport und Spielen sowie mit Fernsehen bzw. dem Anschauen von Videos und Filmen im Internet. Mädchen bevorzugen darüber hinaus kulturelle und musische Aktivitäten. Die überwiegende Mehrheit der Kinder ist im Rahmen ihrer Freizeit gut sozial integriert und mit der Einbindung in den Freundeskreis zufrieden. Sie fühlt sich insgesamt wohl, blickt zuversichtlich in die Zukunft und hat Vertrauen in die eigenen Fähigkeiten.

Der Gesundheitszustand von Kindern hat sich langfristig deutlich verbessert. Gleichzeitig besteht ein enger Zusammenhang zwischen ihrer Gesundheit und den sozialen Lagen ihrer Familien. Die Befunde zur Armutsgefährdung von Kindern sind hinsichtlich des Ausmaßes und dessen Entwicklung uneinheitlich. Das Armutsrisiko wird vor allem von der Familienkonstellation, dem Bildungsniveau der Eltern sowie dem Umfang ihrer Erwerbsbeteiligung beeinflusst. Die Folgen der Armut von Kindern zeigen sich nicht allein in materiellen Einschränkungen, sondern auch hinsichtlich ihrer kulturellen und sozialen Verwirklichungschancen sowie ihrer gesundheitlichen Lage. Gleichwohl können Kinder trotz der Armut ihrer Familien auch im Wohlergehen aufwachsen.

## 7. Kindheit

> **Fragen zur Wiederholung**
>
> 1. Was kennzeichnet eine über rein entwicklungs- und sozialisationstheoretische Aspekte hinausgehende soziologische Perspektive auf Kindheit?
>    Stichworte: Kindheit als soziale Lage, Kinder als Akteure, Kindheit als soziale Konstruktion.
> 2. Was hat zur Herausbildung der Kindheit als eigenständige Lebensphase geführt?
>    Stichworte: Privatisierung des Familienlebens, Scholarisierung der Kindheit, Institutionalisierung des Lebenslaufs.
> 3. Wie hat sich die Kindheit in der modernen Gesellschaft entwickelt?
>    Stichworte: Verhäuslichung, Verinselung, Institutionalisierung der Kindheit.
> 4. Welche Faktoren bedingen die soziale Lage von Kindern?
>    Stichworte: Bildungsniveau und Erwerbsbeteiligung der Eltern, Familienkonstellation und Familienklima.

Literatur zur Vertiefung:

Bründel, Heidrun/Hurrelmann, Klaus, 2017: Kindheit heute. Lebenswelten der jungen Generation. Weinheim/Basel: Beltz, S. 88-117.
Bühler-Niederberger, Doris, 2020: Lebensphase Kindheit. Theoretische Ansätze, Akteure und Handlungsräume. 2. Auflage. Weinheim/Basel: Juventa, S. 16-63.
Laubstein, Claudia/Holz, Gerda/Seddig, Nadine, 2016: Armutsfolgen für Kinder und Jugendliche Erkenntnisse aus empirischen Studien in Deutschland. Gütersloh: Bertelsmann Stiftung. https://www.bertelsmann-stiftung.de/fileadmin/files/BSt/Publikationen/GrauePublikationen/Studie_WB_Armutsfolgen_fuer_Kinder_und_Jugendliche_2016.pdf (Zugriff am: 26.6.2020).
Mierendorff, Johanna, 2010: Kindheit und Wohlfahrtsstaat. Entstehung, Wandel und Kontinuität des Musters moderner Kindheit. Weinheim/München: Beltz Juventa, S. 15-32.
Pupeter, Monika/Schneekloth, Ulrich, 2018a: Selbstbestimmung: Selbständigkeit und Wertschätzung. In: World Vision Deutschland e.V. (Hg.), Kinder in Deutschland 2018. 4. World Vision Kinderstudie. Weinheim/Basel: Beltz, S. 148-179.
Pupeter, Monika/Schneekloth, Ulrich, 2018b: Familie: Vielfältige Hintergründe und unterschiedliche Lebenslagen. In: World Vision Deutschland e.V. (Hg.), Kinder in Deutschland 2018. 4. World Vision Kinderstudie. Weinheim/Basel: Beltz, S. 54-75.
Pupeter, Monika/Schneekloth, Ulrich/Andresen, Sabine, 2018: Kinder und Armut: Spürbare Benachteiligungen im Alltag. In: World Vision Deutschland e.V. (Hg.), Kinder in Deutschland 2018. 4. World Vision Kinderstudie. Weinheim/Basel: Beltz, S. 180-195.
Pupeter, Monika/Wolfert, Sabine, 2018: Schule: Frühe Weichenstellungen. In: World Vision Deutschland e.V. (Hg.), Kinder in Deutschland 2018. 4. World Vision Kinderstudie. Weinheim/Basel: Beltz, S. 76-94.
Rauschenbach, Thomas/Mühlmann, Thomas/Schilling, Matthias/Pothmann, Jens/Meiner-Teubner, Christiane/Fendrich, Sandra/Tabel, Agathe/Feller, Nadine/Kopp, Katharina/Müller, Sylvia/Böwing-Schmalenbrock, Melanie, 2019: Kinder- und Jugendhilfereport 2018. Eine kennzahlenbasierte Analyse. Opladen/Berlin/Toronto: Barbara Budrich, S. 9-22, 39-62.
UNICEF, 2017: 'Building the Future: Children and the Sustainable Development Goals in Rich Countries'. Innocenti Report Card 14. Florence: UNICEF Office of Research. https://www.unicef-irc.org/publications/890-building-the-future-children-and-the-sustainable-development-goals-in-rich-countries.html (Zugriff am: 29.6.2020).

Wolfert, Sabine/Pupeter, Monika, 2018a: Freizeit: Hobbys und Mediennutzung. In: World Vision Deutschland e.V. (Hg.), Kinder in Deutschland 2018. 4. World Vision Kinderstudie. Weinheim/Basel: Beltz, S. 95-125.
Wolfert, Sabine/Pupeter, Monika, 2018b: Freundschaften: Soziales Erprobungsfeld für Kinder. In: World Vision Deutschland e.V. (Hg.), Kinder in Deutschland 2018. 4. World Vision Kinderstudie. Weinheim/Basel: Beltz, S. 126-147.
Zeiher, Hartmut J./Zeiher, Helga, 1994: Orte und Zeiten der Kinder. Soziales Leben im Alltag von Großstadtkindern. Weinheim/München: Juventa, S. 17-41.

# 8. Jugend

Sehr viel stärker noch als die Kindheit wird die Jugend als eine Phase der Veränderung und Entwicklung wahrgenommen. Als Folge der Ausdifferenzierung der Kindheit zu einer eigenständigen Lebensphase hat sie sich in der modernen Gesellschaft als ein Zwischenglied im Rahmen der Entwicklung vom Kind zum Erwachsenen herausgebildet. Körperliche Veränderungen, die Entdeckung der eigenen Sexualität, neue Anforderungen und Herausforderungen im sozialen, kulturellen und politischen Leben sowie die Notwendigkeit des Aufbaus eines eigenen Musters der Welt- und Selbstdeutung bilden ein komplexes, biopsychosoziales Konglomerat. Dieses ist mit Krisen und Chancen, dem Ausprobieren von Möglichkeiten und dem Überschreiten von Grenzen, der Suche nach Sinn und der Neudefinition persönlicher Beziehungen verbunden und zeichnet sich durch Momente der Ungleichzeitigkeit von Entwicklungsprozessen sowie der Inkonsistenz des sozialen Status aus. Einerseits ist man noch Kind, andererseits bereits erwachsen. Die Entstehung der Jugend als eigenständiger Lebensabschnitt macht deutlich, dass man in der modernen Gesellschaft nicht von heute auf morgen erwachsen wird und der Prozess des Übergangs zunehmend mehr Zeit in Anspruch nimmt. Dadurch ist er stärker als je zuvor mit besonderen Lebensumständen und sozialen Beziehungen verknüpft, die sich von denen der Kinder wie der Erwachsenen unterscheiden.

## 8.1 Jugend als Lebensphase

### 8.1.1 Individuation und Integration

Zweifellos zeichnet sich die Jugend durch tief greifende, für das weitere Leben bedeutsame körperliche und geistige Entwicklungsprozesse aus. So ist die Pubertät durch die einsetzende Sexualreife, die Ausbildung sekundärer Geschlechtsmerkmale, einen Wachstumsschub sowie eine Steigerung der kognitiven Leistungsfähigkeit geprägt. Aus soziologischer Perspektive steht dabei vor allem die Frage im Vordergrund, wie diese natürlichen Entwicklungsschritte, die seit jeher mit dem Heranwachsen des Menschen einhergehen, mit der Veränderung von Rollen und Verhaltenserwartungen in der Gesellschaft verknüpft sind. Die Entwicklungsaufgaben, die sich aus dieser Perspektive im Jugendalter stellen, umfassen die Entfaltung intellektueller und sozialer Kompetenzen (Qualifikation), die Ausbildung einer Geschlechtsidentität verbunden mit der Ablösung von den Eltern und dem Aufbau einer nach eigenen Vorstellungen gestalteten Paarbeziehung (Bindung), die Fähigkeit zum Umgang mit Geld und zur Nutzung von Waren- und Dienstleistungsmärkten (Konsum) sowie die Fähigkeit zu einer verantwortungsvollen sozialen und politischen Teilhabe auf der Grundlage eigener Einstellungen und Wertorientierungen (Partizipation) (vgl. Hurrelmann/Quenzel 2016: 24ff.).

Diese Anforderungen werden auf zwei Ebenen an Jugendliche herangetragen: einerseits in Form von Erwartungen an die Person hinsichtlich ihrer Fähigkeiten, in sozialen Kontexten zu agieren (Individuation), andererseits in Form von sozialen Positionen, die in der Gesellschaft eingenommen werden sollen (Integration):

# 8. Jugend

*Abbildung 10: Gesellschaftliche Prägung von Individuation und Integration*

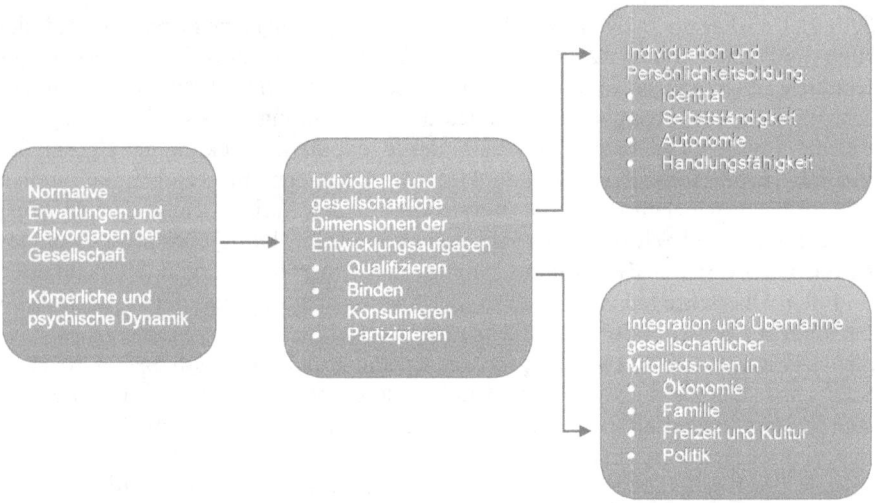

Quelle: Hurrelmann/Quenzel 2016: 29.

Die Prozesse der Persönlichkeitsbildung sind in der Entwicklungspsychologie ausführlich dargestellt worden und mit bekannten Namen wie Piaget, Erikson oder Kohlberg verbunden. Während Erikson (1966) sich vor allem mit dem Prozess des Aufbaus eines kontinuierlichen Selbsterlebens im Jugendalter im Rahmen seiner psychodynamischen Theorie der Entwicklungskrisen beschäftigte, hat Kohlberg (1984) im Anschluss an Piaget die Stadien der Entwicklung des moralischen Bewusstseins als Grundlage sozialen Handelns beschrieben und nachgezeichnet, wie sich in der Kindheit die Deutungsmuster von einer zunächst ausschließlich an der eigenen Bedürfnisbefriedigung orientierten, egozentrischen Perspektive, über die Orientierung an dem Verhalten konkreter anderer Personen hin zu einem an sozialen Rollen und allgemeinen Normen ausgerichteten Verhaltensmaßstab entwickeln (vgl. Nunner-Winkler/Paulus 2018: 544ff.). Im Jugendalter steht nach diesem Modell schließlich die unbedingte Gültigkeit der Normen infrage. Es wird deutlich, dass soziale Regeln nicht einfach für alle Zeiten quasi natürlich und unwiderruflich gegeben sind, sondern im Zusammenleben der Menschen unter spezifischen gesellschaftlichen Bedingungen und unter Bezug auf bestimmte Vorstellungen von sozialer Ordnung entstehen. Damit stellt sich die Frage, auf welcher Grundlage und unter welchen Voraussetzungen sie sinnvoll und gerechtfertigt erscheinen.

Jugendliche stehen daher vor der Aufgabe, ein System moralischer Urteilsfähigkeit zu entwickeln, das sie in die Lage versetzt, die Anerkennung bzw. Ablehnung von Normen mit Argumenten zu begründen und damit eine eigene Haltung zu den Regeln des Zusammenlebens und den Zielen, die sie persönlich in diesem Rahmen verfolgen, zum Ausdruck zu bringen. Wenn sie eine Meinung oder einen Wunsch äußern, können sie auf Nachfrage nicht mehr einfach antworten, „weil man das so macht" oder „weil meine Eltern das so gesagt haben". Entscheiden sie sich beispielweise für eine bestimmte Berufsausbildung oder Studienrichtung, können sie kaum mehr auf den Wunsch der Eltern oder alte Traditionen verweisen. Erwartet wird vielmehr, dass sie eine eigene Vorstellung von ihrer Zukunft haben und ihre Entscheidung auf sachlichen Informationen und wohlüberlegten persönlichen Erwägungen beruht.

> Das Jugendalter ist gekennzeichnet durch die Aufgabe, sich von der unhinterfragten Befolgung vorgegebener Normen zu lösen und das eigene Denken und Handeln an Maßstäben zu orientieren, die begründet und gerechtfertigt werden können.

Die Notwendigkeit, sich in dieser Form eine Autonomie im Denken und Handeln zu erarbeiten, erwächst zudem aus der Tatsache, dass jede junge Generation eigene Lebensbedingungen hat, die sich in vielerlei Hinsicht von denen der Elterngeneration unterscheiden. Jugendliche können sich daher nie allein auf die Ratschläge von Erwachsenen verlassen. Ihre Lebensumstände werden vielmehr von zahlreichen neuen technologischen Entwicklungen, sozialen Strukturen und persönlichen Einstellungen geprägt, mit denen Ältere so nicht vertraut sind. Allein aus diesen Gründen können Jugendliche das Leben der Erwachsenen nicht einfach nachahmen, sondern müssen auf eigenständige Art und Weise, unterstützt von Gleichaltrigen, die sich in der gleichen Lage befinden, erwachsen werden (vgl. Coleman 1961).

Der Versuch, ein eigenes System von Verhaltensmaßstäben zu entwickeln, ist für Erwachsene, insbesondere die Eltern, oft sehr anstrengend und nervenaufreibend, da zunächst gerade all das, was bislang selbstverständlich erschien, infrage gestellt werden muss. Daher zeigen Jugendliche häufig ein sehr grundsätzliches und prinzipielles, vorgegebene Regeln und Autoritäten nicht ohne Weiteres akzeptierendes, zuweilen auch provokatives und grenzüberschreitendes Verhalten.

Ihre Suche nach Orientierung erklärt zugleich auch, warum sie oft sehr intensiv, langwierig und engagiert mit Gleichaltrigen über grundlegende Fragen des Lebens diskutieren. Ein eigener Maßstab der Bewertung von persönlichen Zielen und sozialen Verhältnissen kann nur im Austausch mit anderen entwickelt werden; am besten mit denjenigen, die ebenfalls damit beschäftigt sind und diesen Prozess für sich nicht bereits weitgehend abgeschlossen haben.

Die Individuation im Jugendalter geht einher mit der Übernahme neuer sozialer Positionen im Rahmen des Generationengefüges und der Sozialstruktur. Dies sind die Berufsrolle, die Partnerschafts- und Familienrolle, die Kultur- und Konsumentenrolle sowie die Rolle des Bürgers in einem Gemeinwesen (vgl. Hurrelmann/ Quenzel 2016: 38). Dabei sind folgende Entwicklungsschritte kennzeichnend:

# 8. Jugend

*Abbildung 11: Entwicklungsprozesse im Jugendalter in gesellschaftlichen Teilbereichen*

| | |
|---|---|
| ■ **Ablösung von der Herkunftsfamilie:** Intensivierung von Gleichaltrigenkontakten, Gründung eines eigenen Hausstandes.<br>■ **Aufbau intimer Beziehungen:** erste sexuelle Erfahrungen, Partnerschaft, Elternschaft. | Private Lebensformen |
| ■ **Vorbereitung auf die Berufsrolle:** Beendigung der Schulausbildung, Eintritt in eine erste berufsqualifizierende Phase (Ausbildung, Studium), Eintritt ins Erwerbsleben, Erreichen materieller Selbständigkeit. | Ökonomie |
| ■ **Erwerb der Staatsbürgerrolle:** aktives und passives Wahlrecht, volle Geschäftsfähigkeit und Strafmündigkeit.<br>■ **Soziale Teilhabe:** bürgerschaftliches Engagement in Vereinen, Verbänden und Initiativen. | Politik/ Recht/ Zivilgesellschaft |
| ■ **Ausbildung eines eigenen Lebensstils:** Entwicklung eines individuellen Geschmacks und individueller Konsumgewohnheiten. | Kultur/ Freizeit |

Die Bewältigung von Entwicklungsaufgaben ist eingebettet in institutionelle Kontexte, die als Sozialisationsinstanzen den Prozess der Individuation und Integration begleiten. In Kindheit und Jugend sind dies vor allem die Familie, die Schule und die Gleichaltrigengruppen (Peergroups).

Während in der ersten Lebensphase die Familienbeziehungen im Vordergrund stehen, kommt in der zweiten Phase die Schule als Ort der Vermittlung gesellschaftlicher Erwartungen hinzu und bestimmt zunehmend den Alltag von Kindern und Jugendlichen. Beim Übergang ins Jugendalter gewinnen dann parallel auch die Beziehungen zu Gleichaltrigen an Bedeutung.

Die Familie prägt in erster Linie die Entwicklung der Persönlichkeit, die Schule beeinflusst vor allem den späteren sozial-ökonomischen Status und die Beziehungen zu Gleichaltrigen den kulturellen Lebensstil. Zugleich ist die familiale Herkunft wiederum primär für den Bildungserfolg entscheidend und die Bildung ihrerseits für den Lebensstil.

> Im Jugendalter vollzieht sich der Übergang in den Erwachsenenstatus. Die Schulausbildung wird beendet, der rechtliche Status der Volljährigkeit wird erreicht, intime Paarbeziehungen werden aufgebaut und es entwickelt sich ein eigener Lebensstil. Begleitet wird dieser Prozess in erster Linie von der Familie, den Gleichaltrigen und den Bildungsinstitutionen.

Die Funktionen und die Bedeutung der Sozialisationsinstanzen unterliegen im Lebenslauf einem kontinuierlichen Wandel. Im Jugendalter verändern vor allem die Beziehungen zur Familie und zu den Gleichaltrigen ihren Charakter.

Obwohl das Verhältnis zu den Eltern nach wie vor einen besonderen Stellenwert hat und sich durch ein hohes Maß an wechselseitiger Verbundenheit auszeichnet, reduziert sich im Jugendalter allein schon die Zeit, die Eltern und Kinder gemeinsam miteinander verbringen, während zugleich das Bedürfnis nach körperlicher Nähe und emotionaler Zuwendung deutlich nachlässt und der Wunsch nach Abgrenzung wächst.

Die Kinder wollen nicht mehr zu Bett gebracht werden und entziehen sich den gewohnten Formen der körperlichen Nähe und Liebkosung. Sie beginnen eine eigene Privatsphäre aufzubauen, erzählen nicht mehr alles selbstverständlich, schließen ihr Zimmer ab und arrangieren eigenständig Termine und Verabredungen mit Gleichaltrigen. Mit ihnen verbringen sie zunehmend mehr Zeit, da der persönliche Austausch in der Gleichaltrigengruppe an Bedeutung gewinnt. Das Streben nach Autonomie und Selbstständigkeit im eigenen Handeln sowie der Wunsch nach gleichberechtigten Beziehungen sind hierfür die treibenden Kräfte.

Gleichaltrigengruppen fördern die Entwicklung einer eigenen Identität und vermitteln den Übergang von der Herkunftsfamilie zu eigenen partnerschaftlichen Lebensformen, indem sie den Ablösungsprozess vom Elternhaus unterstützen und die Anbahnung von ersten eigenen Intimbeziehungen ermöglichen. Dabei handelt es sich in aller Regel um relativ unverbindliche Kontakte in Cliquen ohne feste Mitgliedschaften. Getragen werden sie von einem gemeinsamen Lebensstil, der sich im schulischen Umfeld entwickelt und sich meist in einem alterstypischen Musikgeschmack sowie Kleidungs- und Sprachstil äußert.

Im Rahmen der Gleichaltrigengruppen dominiert gegenüber den Beziehungen zu Erwachsenen in der Schule und im Elternhaus das Moment der Gleichheit, das die wechselseitige Toleranz und Akzeptanz bei der Suche nach Orientierung fördert und Möglichkeiten der Selbstdarstellung bietet. Die Gruppe stiftet emotionale Geborgenheit, eröffnet Freiräume zur Erprobung neuer, unkonventioneller Lebensstile, die andernorts allenfalls belächelt oder gar abgewertet werden, und hilft, Vorbehalte der Eltern gegenüber den eigenen Wünschen und Interessen zu überwinden (vgl. Oerter/Dreher 2008: 321).

Gleichwohl bleiben die Eltern während der gesamten Jugendzeit wichtige Gesprächspartner und Berater für Jugendliche. In grundlegenden Fragen unterstützen sich Freunde und Eltern meist wechselseitig, so dass insgesamt eher von einer komplementären Ergänzung der Beziehungen und weniger von konkurrierenden Alternativen gesprochen werden kann (vgl. Weichhold/Silbereisen 2018: 252; Hurrelmann 2016: 179f.; Oerter/Dreher 2008: 328f.).

Aus gesellschaftlicher Perspektive erfüllen die Gleichaltrigengruppen im Jugendalter zwei Funktionen. Einerseits bieten sie Freiräume, um neue Entwicklungen aufzugreifen und Verhaltensweisen jenseits der etablierten Erwachsenenkultur zu erproben. Sie geben auf diesem Weg Impulse für die Weiterentwicklung von Lebensstilen und die Anpassung der Gesellschaft an eine sich kontinuierlich verändernde soziale Wirklichkeit. Anderseits erfüllen sie eine integrative Funktion, indem sie die Einübung von Verhaltensmustern fördern, die für das Erwachsenenleben grundlegend sind. Jugendliche entwickeln im Umgang mit Gleichaltrigen die Fähigkeit, Beziehungen „auf Augenhöhe" einzugehen und auf der Grundlage allgemeiner Verhaltensnormen zu gestalten. Sie lernen, wie man sich gegenüber anderen, zu denen keine engen persönlichen und emotionalen Bindungen bestehen, angemessen und respektvoll verhält (vgl. Eisenstadt 1966).

### 8.1.2 Ausdifferenzierung und Strukturwandel der Lebensphase Jugend

Ebenso wie die Kindheit ist die Jugend als Lebensphase ein Produkt der modernen Gesellschaft und ihre Herausbildung auf die gleichen sozialen Entwicklungsprozesse zurückzuführen (vgl. Kap. 7.1.2):

1. auf die Industrialisierung, die Arbeit und Privatleben räumlich, zeitlich und sozial voneinander trennt,
2. auf die Durchsetzung und Ausweitung des Schulbesuchs und einer sich daran anschließenden Phase der beruflichen Ausbildung und
3. auf die Institutionalisierung des gesamten Lebenslaufs, wodurch verstärkt alterstypische Lebensumstände entstehen und generationenübergreifende soziale Beziehungen in den Hintergrund gedrängt werden.

Alle drei Momente führen zu einer Intensivierung von Gleichaltrigenkontakten im Jugendalter, insbesondere in der Schule, der Ausbildung oder im Studium und in der Freizeit, was wiederum die Herausbildung gemeinsamer Einstellungen, Haltungen und Lebensstile fördert.

Historisch hat sich die Jugend als Lebensphase zwischen Kindheit und Erwachsenheit erst im zwanzigsten Jahrhundert in den Industrieländern allmählich etabliert. Zunächst war sie nur ein Privileg für (männliche) Heranwachsende aus der sozialen Oberschicht, die es sich leisten konnte, ihre Nachkommen nicht frühzeitig in den gesellschaftlichen Produktionsprozess zu integrieren und ihnen eine Phase der individuellen Orientierung zuzugestehen, bevor der „Ernst des Lebens" beginnt. Spätestens seit den 1950er-Jahren lässt sich von einer für alle sozialen Schichten sowie junge Frauen und Männer gleichermaßen gegebenen Lebensphase unter vergleichbaren sozialen Bedingungen und mit einer erkennbar selbstständigen Lebenspraxis und Kultur sprechen (vgl. Scherr 2009: 19ff., 2018: 19ff.; Hoffmann/Mansel 2010: 168).

Hintergrund dieser Entwicklung ist das immer stärkere Auseinandertreten von natürlichen Entwicklungsprozessen und sozialen Rollen. Obwohl junge Erwachsene dazu in der Lage sind, körperliche und geistige Höchstleistungen zu vollbringen, befinden sie sich heute meist noch in einem beruflichen Qualifizierungsprozess, der keine ökonomische Selbständigkeit zulässt. Gleichzeitig wird der Abstand zwischen Geschlechtsreife und Familiengründung immer größer.

Zunehmend längere Vorbereitungszeiten und Übergangsphasen, insbesondere von der Schule in den Beruf, aber auch von ersten sexuellen Erfahrungen bis zu einer auf Dauer angelegten Partnerschaft, führen dazu, dass sich diese Lebensumstände gesellschaftlich verfestigen und sich eine eigenständige Kultur etabliert, die gekennzeichnet ist von eher unverbindlichen Kontakten zu Gleichaltrigen in einschlägigen Szenen und Treffs, einem relativ hohen Maß an Freizeit, flexiblen

Wohn- und Jobmöglichkeiten sowie damit verbundenen Spielräumen für kulturelle Aktivitäten und lebenspraktische Experimente.

Gesellschaftlich ist dies verankert in einem besonderen sozialen Status, der jungen Menschen Möglichkeiten zugesteht, ohne in gleichem Maße die Verantwortlichkeit eines Erwachsenen zu erwarten. Jugendliche dürfen sich eher einmal „daneben benehmen", sich irren und Fehler machen oder einfach etwas Neues unverbindlich ausprobieren. Erikson (1966: 137) spricht in diesem Zusammenhang auch von der Jugend als einem „psychosozialen Moratorium". Der Besuch von Bildungseinrichtungen als sozialstruktureller Hintergrund dieses Lebensstils bietet mehr Freiräume und hat eine höhere Versagenstoleranz als das Erwerbsleben und auch die Jugendhilfe und das Jugendstrafrecht sind ein institutioneller Ausdruck für den gesellschaftlichen Sonderstatus, den die Jugend im Generationengefüge der Gesellschaft einnimmt. Der Preis für diese Zugeständnisse ist die anhaltende materielle Abhängigkeit vom Elternhaus und ein besonderer Rechtsstatus, der Jugendlichen in vielerlei Hinsicht, etwa beim Ausgehen, Tabak- und Alkoholkonsum, dem Führen von Kraftfahrzeugen oder im Bereich der politischen Partizipation, keine bzw. nur eingeschränkte Rechte zugesteht.

Diese Konstellation der weitreichenden Autonomie in den Bereichen Kultur und Freizeit sowie der weitgehenden Abwesenheit familiärer Verpflichtungen bei einer fortdauernden materiellen Abhängigkeit und einer – zumindest bis zum 18. Lebensjahr währenden – Einschränkung der rechtlichen Selbstständigkeit kennzeichnet die Inkonsistenz des sozialen Status Jugendlicher und junger Erwachsener. Einerseits bereits erwachsen, andererseits nach wie vor unselbstständig und abhängig, zugleich aber auch in vielerlei Hinsicht noch befreit von sozialer Verantwortung.

> Die Jugend als Lebensphase ist gekennzeichnet durch ein „psychosoziales Moratorium" (Erikson), das gesellschaftliche Freiräume zum Ausprobieren eigener Fähigkeiten und Möglichkeiten bietet, während zugleich soziale und politische Rechte nur eingeschränkt gewährt werden und materielle Abhängigkeiten fortbestehen.

Seit dem Entstehen der Jugend als Lebensphase im Verlauf des zwanzigsten Jahrhunderts hat sich allerdings einiges an ihr verändert. Der Strukturwandel ist vor allem auf eine Verlängerung der Jugendphase aufgrund der Entkopplung von Teilrollen, die beim Übergang in den Erwachsenenstatus eingenommen werden, zurückzuführen.

Während einerseits die Ausbildung eines eigenen Geschmacks und Lebensstils immer früher erfolgt und auch das Volljährigkeitsalter in der früheren Bundesrepublik 1974 um drei Jahre von 21 auf 18 herabgesetzt wurde,[34] hat sich die Phase der Vorbereitung auf das Erwerbsleben deutlich verlängert, so dass die ökonomische Selbstständigkeit immer später erlangt wird.

Mittlerweile erwirbt mehr als die Hälfte aller jungen Erwachsenen in Deutschland eine Studienberechtigung und die meisten von ihnen nehmen ein Studium auf (vgl.

---

34  In der DDR war dies bereits 1950 geschehen.

Statistisches Bundesamt 2019l: 113, 177). Damit hat sich die Quote derjenigen, die einen Ausbildungsgang durchlaufen, den sie frühestens im Alter von 22 bis 25 Jahren abgeschlossen haben, seit 1980 mehr als verdoppelt und seit den 1960er-Jahren ungefähr verneunfacht. Zugleich ist der Übergang in die ökonomische Selbstständigkeit zunehmend von einer Phase wechselnder, unsicherer und befristeter Beschäftigungsverhältnisse gekennzeichnet, so dass sich das Leben auf der Grundlage eines halbwegs sicheren Einkommens noch einmal um einige Jahre nach hinten verschiebt (vgl. Dietrich 2018: 222f.).

Diese Entwicklung schlägt sich wiederum im Bereich von Partnerschaft und Familiengründung nieder, wobei hier auch noch die Momente der Emotionalisierung und Individualisierung von Beziehungen den Trend verstärken (vgl. Kap. 6.2.1). Das Durchschnittsalter bei der Ersteheschließung hat sich in Deutschland seit 1970 bei den Frauen von knapp 23 auf über 32 Jahre und von bei den Männern von etwa 25 auf fast 35 Jahre erhöht und das durchschnittliche Alter der Frauen bei Geburt des ersten Kindes von 24 auf 30 Jahre (vgl. Kap. 6.2.2). Damit liegt die Schwelle des Übergangs in den Erwachsenenstatus in familiärer Hinsicht heute bei ungefähr Anfang bis Mitte 30, während die ersten Schritte in das Erwachsensein im soziokulturellen Bereich bereits im Alter von 12 bis 14 Jahren erfolgen.

Traditionell war der Übergang in den Erwachsenenstatus aufgrund einer engen Verknüpfung der einzelnen Teilrollen innerhalb weniger Jahre vollzogen und in der Regel mit Anfang 20 abgeschlossen. Heute hingegen treten die Komponenten des Erwachsenwerdens zunehmend auseinander. Zugleich ist ihre Ausgestaltung immer stärker von individuellen Lebensläufen und biografischen Entscheidungen abhängig. In diesem Zusammenhang wird in der sozialwissenschaftlichen Jugendforschung auch von einer Destandardisierung bzw. Entstrukturierung sowie einer Individualisierung des Verlaufs der Jugendphase gesprochen (vgl. Olk 1985; Heitmeyer/Olk 1990; Schröder 1995: 22ff.; Mierendorff/Olk 2010: 134ff.).

Vor dem Hintergrund der Institutionalisierung des Lebenslaufs (vgl. Kap. 7.1.2) zeigen sich gleichwohl nach wie vor zeitliche Muster des Übergangs von der Jugend zum Erwachsenenstatus.

Während sich in der frühen Jugend zwischen 12 und 16 Jahren erste eigene kulturelle Orientierungen und Konsumpräferenzen ausbilden, schließen Jugendliche im Alter zwischen 16 und 20 Jahren zumeist den Schulbesuch ab und beginnen eine berufsqualifizierende Ausbildung bzw. ein Studium. Gleichzeitig sammeln sie erste sexuelle Erfahrungen. Mit Anfang 20 ziehen sie dann in der Regel aus dem Elternhaus aus und es entwickeln sich festere Partnerschaften. Der Übergang von der berufsqualifizierenden Phase ins berufliche Erwerbsleben und die ökonomische Selbstständigkeit wird zunehmend im Alter zwischen 24 und 27 Jahren vollzogen. Zwischen 28 und 34 Jahren schließlich bilden sich auf Dauer angelegte Partnerschaften und die meisten gründen eine Familie.

*Abbildung 12: Zeitliche Muster des Übergangs vom Jugend- zum Erwachsenenalter*

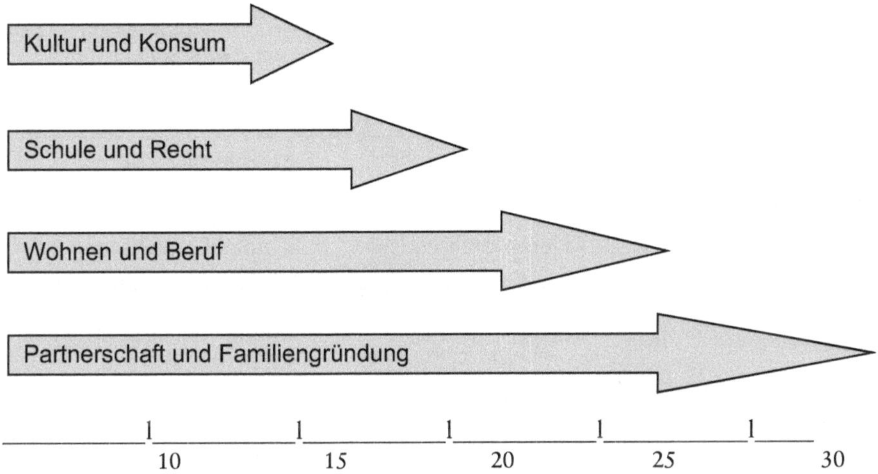

```
Kultur und Konsum ───▶

Schule und Recht ──────────▶

Wohnen und Beruf ──────────────────▶

Partnerschaft und Familiengründung ──────────────────▶

        |         |         |         |         |
        10        15        20        25        30
```

Quelle: eigene Darstellung in Anlehnung an Hurrelmann/Quenzel 2016: 43.

Die Verlängerung der Jugendphase aufgrund der Entkopplung von Teilrollen hat dazu geführt, dass sie sich auch intern stärker in einzelne Teilabschnitte gliedert (Binnendifferenzierung der Jugendphase). Insbesondere hat sich neben dem klassischen Jugendalter ein weiteres Zwischenglied beim Übergang in den Erwachsenenstatus, die sogenannte Nachjugendphase bzw. Postadoleszenz, herausgebildet. Sie zeichnet sich durch die bereits erlangte soziokulturelle Autonomie bei einer nach wie vor bestehenden sozioökonomischen Abhängigkeit aus:

„Zwischen Jugend und Erwachsensein tritt eine neue und gesellschaftlich regulierte Altersstufe. Das heißt zunehmend mehr Jüngere treten nach der Jugendzeit als Schüler nicht ins Erwachsensein, sondern in eine Nachphase des Jungseins über. Sie verselbständigen sich in sozialer, moralischer, intellektueller, politischer, erotisch-sexueller, kurz gesprochen in soziokultureller Hinsicht, tun dies aber, ohne wirtschaftlich auf eigene Beine gestellt zu sein, wie das historische Jugendmodell es vorsieht. Das Leben als Nach-Jugendlicher bestimmt das dritte Lebensjahrzehnt" (Zinnecker 1981: 101).

> Im Verlauf des zwanzigsten Jahrhunderts hat sich ein Strukturwandel der Jugend als Lebensphase vollzogen. Er ist gekennzeichnet durch die Verlängerung der Jugendphase, die Entkopplung von Teilrollen beim Übergang in den Erwachsenenstatus, eine Individualisierung des Verlaufs der Jugendphase sowie die Entstehung der Postadoleszenz als einer neuen Übergangsphase nach dem klassischen Jugendalter und vor dem Erreichen des Erwachsenenstatus.

# 8. Jugend

Auf der Grundlage von körperlichen, psychischen und sozialen Entwicklungsprozessen lässt sich die Jugend als Lebensphase insgesamt in folgende Etappen gliedern:[35]

*Abbildung 13: Jugend als Übergang von der Kindheit zum Erwachsenenstatus*

| Jugend | | |
|---|---|---|
| Frühe Adoleszenz | Späte Adoleszenz | Postadoleszenz |
| Frühe Jugendphase | Mittlere Jugendphase | Späte Jugendphase |
| Jugendliche | Heranwachsende | Junge Erwachsene |
| Pubertäre Phase | Nachpubertäre Phase | Emerging Adulthood |
|  |  | (aufkommendes Erwachsenenalter) |
| 12–17 | 18–20 | 21–30 |

## 8.2 Die Lebenslage von Jugendlichen und jungen Erwachsenen

Die Lebenslage von Jugendlichen und jungen Erwachsenen ist von Übergängen und Entwicklungsprozessen, zugleich aber auch von typischen Einstellungen, Verhaltensweisen und Beziehungsmustern geprägt. Sie sollen im Folgenden in den wichtigsten sozialen Feldern dargestellt werden:

- Familie, Sexualität und Partnerschaft
- Schule, Ausbildung und Beruf
- Kultur und Freizeit
- Wertorientierungen und politische Orientierungen
- Abweichendes Verhalten.

### 8.2.1 Familie, Sexualität und Partnerschaft

Während traditionell im Jugendalter der Konflikt mit der elterlichen Autorität im Vordergrund stand, fungieren die Eltern mittlerweile sehr viel mehr als Berater und Vertrauenspersonen in zentralen Fragen der Lebensgestaltung. Aufgrund der verbesserten Atmosphäre im Elternhaus sehen sich junge Erwachsene auch immer weniger genötigt, dies zu verlassen, um ihre Freiheiten ausleben zu können. Die Möglichkeiten, eigene Interessen und Wünsche zu artikulieren, sich im Elternhaus zu entfalten und Freunde mitzubringen, sind gewachsen. Statt auf Befehl und Ge-

---

[35] Die Altersangaben sind selbstverständlich nur ungefähre Hinweise und differieren je nach Quelle geringfügig. Auch die für die Teilphasen verwendeten Bezeichnungen sind in der Literatur nicht einheitlich. Vgl. exemplarisch dazu Hurrelmann/Quenzel 2016: 44ff.; Scherr 2009: 28; Oerter/Dreher 1995: 312; Weichhold/Silbereisen 2018: 240, 248, 250; Freund/Nikitin 2018: 269f.

horsam setzen Eltern stärker auf Toleranz, Dialog und Verständigung (vgl. Kap. 6.3.2).³⁶

Der überwiegende Teil der Jugendlichen und jungen Erwachsenen kommt entweder bestens mit den Eltern aus oder bis auf gelegentliche Meinungsverschiedenheiten mit ihnen klar. Lediglich 1% der 12- bis 25-Jährigen bezeichnet das Verhältnis zu den Eltern als schlecht (vgl. Wolfert/Quenzel 2019: 137). Die Qualität der Beziehungen ist seit Jahren stabil, langfristig hat sie sich seit den 1970er-Jahren sogar deutlich verbessert (vgl. ebd.; Leven/Quenzel/Hurrelmann 2015: 52; Schröder 1995: 52f.). Obwohl das Konfliktpotential durch die Vervielfältigung von Lebensstilen und Wertorientierungen sowie die Erziehung zu Autonomie und Selbstständigkeit eher zugenommen hat, bestehen aufgrund der stärkeren emotionalen Bindungen und des größeren wechselseitigen Vertrauens heute offenbar mehr Möglichkeiten, konstruktiv mit unterschiedlichen Meinungen und Einstellungen in Familien umzugehen.

Jahrelang gab es die Tendenz, dass junge Menschen Intimbeziehungen immer früher und in unverbindlicherer Form aufnahmen. Die früher einsetzende Geschlechtsreife (säkulare Akzeleration), die Verbreitung von verlässlichen Verhütungsmitteln sowie eine Liberalisierung der Sexualmoral brachten diesen Trend hervor. Neuere Studien zeigen jedoch, dass sich diese Entwicklung in den letzten Jahren nicht fortgesetzt hat. Während sich zwischen 1980 und 1994 die Quote der 17-Jährigen mit Geschlechtsverkehr-Erfahrung nach Angaben der Bundeszentrale für gesundheitliche Aufklärung (BZgA) noch deutlich erhöht hatte, lag sie demgegenüber 2014 in etwa auf dem Niveau von 1994 (vgl. Heßling/Bode 2015: 113).

> Die Beziehungen zwischen Jugendlichen und ihren Eltern haben sich verbessert. Die Eltern sind wichtige Berater und Vertrauenspersonen von Jugendlichen und der traditionelle Autoritätskonflikt ist stärker in den Hintergrund getreten. Beim Aufbau eigener Intimbeziehungen gibt es keinen Trend mehr zu immer früheren sexuellen Aktivitäten.

Die Partnerschafts- und Familienorientierung ist bei Jugendlichen und jungen Erwachsenen sehr ausgeprägt. Einen Partner zu haben, dem man vertrauen kann, und ein gutes Familienleben zu führen, war nach der Shell Jugendstudie von 2019 94% bzw. 90% der 12- bis 25-Jährigen wichtig (vgl. Schneekloth 2019: 106). Kinder wünschten sich 2019 jedoch lediglich 68% der selbst noch kinderlosen Jugendlichen. 2002 waren es 67%, 2010 69%. Damit ist der Kinderwunsch trotz kleiner Schwankungen im Verlauf des einundzwanzigsten Jahrhunderts bislang relativ stabil geblieben (vgl. Wolfert/Quenzel 2019: 140; Leven/Quenzel/Hurrelmann 2015: 64).

---

36 Allerdings trifft es nicht zu, dass junge Erwachsene vor diesem Hintergrund immer länger im Elternhaus verweilen, wie häufig bei Diskussionen um vermeintliche „Nesthocker" oder das angebliche „Hotel Mama" unterstellt wird. Vielmehr ist das Auszugsverhalten langfristig bemerkenswert konstant. Trotz weitreichender soziostruktureller Veränderungen scheint in Deutschland über Generationen hinweg die kulturelle Norm einer frühzeitigen Unabhängigkeit von den Eltern bei der Frage des Auszugs aus dem Elternhaus im Vordergrund zu stehen (vgl. Konietzka/Tatjes 2018; ergänzend auch Wolfert/Quenzel 2019: 136 sowie Kap. 6.3.2).

## 8. Jugend

Insgesamt lässt sich festhalten, dass die Spanne zwischen den ersten sexuellen Beziehungen und der Familiengründung aufgrund der verlängerten Ausbildungszeiten und der Unsicherheiten beim Übergang in die Erwerbstätigkeit immer größer wird. Während zwei Drittel aller 17-Jährigen bereits Geschlechtsverkehr-Erfahrung haben, werden sie trotz einer ausgeprägten Familienorientierung oft erst mit über dreißig Jahren Eltern (vgl. Kap. 8.1.2).

### 8.2.2 Schule, Ausbildung und Beruf

Die zentrale Veränderung in der Jugendphase ist die Erhöhung des Qualifikationsniveaus und die damit einhergehende Verlängerung der Ausbildungszeiten. Über die Hälfte eines Jahrgangs erwirbt mittlerweile eine Hochschulzugangsberechtigung. Damit geht die Mehrheit der 19-Jährigen noch zur Schule und der überwiegende Teil von ihnen nimmt im Anschluss daran ein mehrjähriges Studium auf (vgl. Kap. 8.1.2). In den 1960er-Jahren waren dies lediglich 6 bis 7%, während die meisten die Schule bereits im Alter von ca. 15 Jahren mit einem Hauptschulabschluss verließen, um eine Ausbildung zu absolvieren, die sie in der Regel nach drei Jahren abgeschlossen hatten. Dabei haben insbesondere die weiblichen Jugendlichen aufgeholt. Sie erlangen zwischenzeitlich häufiger eine Hochschulzugangsberechtigung als ihre männlichen Altersgenossen (vgl. Kap. 7.2.3).

Der Schulbesuch hat sich nicht nur zeitlich ausgedehnt, sondern auch hinsichtlich des weiteren beruflichen Werdegangs an Bedeutung gewonnen. Entsprechend sind die Ansprüche und Erwartungen an die schulischen Leistungen seitens der Schule, der zukünftigen Arbeitgeber und der Eltern gestiegen. Insbesondere setzen sich jedoch die Jugendlichen selbst in wachsendem Maße unter Druck. Fast allen Schülern ist es wichtig, gute Leistungen zu zeigen, um eine gute Ausgangsbasis für die berufliche Zukunft zu haben und die Eltern nicht zu enttäuschen. Sie erkennen die Bedeutung der Bildungsabschlüsse für die zukünftige Verteilung von Chancen und die Platzierung in der Sozialstruktur. Zugleich sehen sich die Jugendlichen selbst dafür verantwortlich, ob sie ihre immer höher gesteckten Ziele auch erreichen, so dass der Stress und die gesundheitlichen Belastungen tendenziell zunehmen. Schwierig ist die Situation vor allem für diejenigen, die ihre selbst oder von den Eltern gesetzten Bildungsziele nicht erreichen (vgl. Hurrelmann/Quenzel 2016: 118ff.; Leven/Quenzel/Hurrelmann 2019: 163ff., 172ff). Letztendlich ist der Bildungserfolg allerdings nach wie vor primär von der sozialen Herkunft abhängig (vgl. Kap. 7.2.3; Leven/Quenzel/Hurrelmann 2019: 168ff.).

Generell sind all jene, die keine weiterführenden Schulen besuchen, frühzeitig in die betrieblichen Strukturen und Anforderungen der Arbeitswelt eingebunden, so dass die Phase der Orientierung und Selbstfindung für sie früher endet. Sie haben weniger Freizeit und weniger Gelegenheiten zur Entwicklung eines eigenen Lebensstils (vgl. Hurrelmann/Quenzel 2016: 132; Kap. 8.1.2).

Der frühe Einstieg ins Erwerbsleben bedeutet jedoch vor allem, dass sie weniger Zeit zur Entwicklung klarer Berufsvorstellungen haben und zugleich die Möglichkeiten, eine Berufsausbildung nach eigenen Wünschen und Interessen zu absolvieren, eingeschränkt sind. Je früher der Schulabschluss erfolgt, desto frühzeitiger müssen verbindliche Entscheidungen zur beruflichen Zukunft gefällt werden. Dadurch sehen sich viele der Betroffenen im Vergleich zu anderen Gleichaltrigen im Nachteil, zumal der Berufsalltag oft mit einer Ernüchterung hinsichtlich der Möglichkeiten zur persönlichen Selbstverwirklichung einhergeht. Die Diskrepanz zwischen Berufswunsch und Berufswirklichkeit ist daher bei den Hauptschulabsolventen am größten, so dass sie häufig mit ihrer beruflichen Situation unzufrieden sind und nach Alternativen Ausschau halten. Etwa ein Viertel aller Ausbildungsverträge wird vorzeitig gelöst. In der Gruppe derjenigen mit Hauptschulabschluss liegt der Anteil sogar bei knapp 40% (vgl. Statistisches Bundesamt 2019m: 74).[37]

Je niedriger der Bildungsabschluss, desto höher ist das Risiko, überhaupt keine berufliche Ausbildung absolvieren zu können und von Arbeitslosigkeit betroffen zu sein. Ohne Hauptschulabschluss verließen in Deutschland 2016 6,1% der gleichaltrigen Bevölkerung die Schule. 2006 waren es noch 8,0%. Die Quote der Schulabgänger mit Hauptschulabschluss lag 2016 bei 20,8% gegenüber 26,5% im Jahr 2006 (vgl. Autorengruppe Bildungsberichterstattung 2018: 120). Nur etwas mehr als die Hälfte der Schulabgänger mit Hauptschulabschluss finden einen Ausbildungsplatz, der einen qualifizierenden beruflichen Abschluss im Rahmen des dualen Systems (betriebliche Ausbildung und Berufsschule) oder des vollzeitschulischen Systems (Schulberufssystem) der beruflichen Bildung vermittelt, bei den Schulabgängern ohne Hauptschulabschluss noch nicht einmal jeder Fünfte. Mehr als 70% aller Ausbildungsplätze im dualen System und über 80% der Plätze im Schulberufssystem besetzen Jugendliche und junge Erwachsene mit mittlerem Schulabschluss oder Hochschulreife (vgl. ebd.: 130f.).

Allgemein wird die Situation sogenannter früher Schulabgänger auf dem Arbeitsmarkt als besonders ungünstig angesehen. Als solche gelten in der gesamten Europäischen Union (EU) „18- bis 24-Jährige, die höchstens die Haupt- bzw. Realschule (Sekundarstufe I) erfolgreich beendet haben, anschließend aber keinen weiteren Abschluss erlangten und sich gegenwärtig nicht im Bildungsprozess befinden" (Statistisches Bundesamt 2013b: 32). In Deutschland hat sich ihre Quote von 13,5% im Jahr 2005 auf 10,3% im Jahr 2018 reduziert. Innerhalb der EU lag Deutschland damit knapp unterhalb des durchschnittlichen Werts von 10,6%. Hohe Quoten verzeichnen vor allem Italien, Spanien, Malta und Rumänien mit Werten zwischen 14 und 18%. Geringe Quoten haben hingegen Kroatien, Slowenien, Litauen, Griechenland und Polen mit Werten unterhalb von 5% (vgl. Eurostat 2019b).

Die Jugendarbeitslosigkeit (Erwerbslose zwischen 15 und 24 Jahren) hat sich in Deutschland deutlich reduziert. Sie liegt auf dem niedrigsten Stand seit 1992 und hat sich allein zwischen 2005 und 2019 mehr als halbiert. Auch in Europa steht Deutschland damit neben Tschechien an der Spitze. Während im September 2019

---

37 Die Auflösungsquote ist keine Abbruchquote, da etwa die Hälfte derjenigen, die einen Ausbildungsvertrag lösen, einen neuen Ausbildungsvertrag im Rahmen des dualen Ausbildungssystems abschließt. Daher können die Auflösungsquoten auch nicht direkt mit Studienabbruchquoten verglichen werden, da bei Studienabbruchquoten nur diejenigen erfasst werden, die das Studium ganz aufgeben, nicht aber diejenigen, die den Studiengang oder die Hochschule wechseln. Daten zum Ausbildungsverlauf werden im Rahmen der Statistik zur beruflichen Bildung nicht erfasst (vgl. BIBB 2019: 155, 157).

im EU-Durchschnitt 14,4% der unter 25-Jährigen erwerbslos waren, einige Länder wie Griechenland, Spanien und Italien Werte zwischen 28 und 35% aufwiesen und sich selbst in Frankreich und Schweden die Quoten knapp unterhalb der 20%-Marke bewegten, lag die Quote in Deutschland lediglich bei 5,9%. Gleichwohl war sie annähernd doppelt so hoch wie in der Gesamtbevölkerung (vgl. Eurostat 2019c; ergänzend Brenke 2017: 989f.).

Die erhöhten Arbeitsmarktrisiken junger Menschen sind vor allem auf längere, durch den Übergang vom Bildungs- ins Beschäftigungssystem bedingte Suchphasen sowie die häufigere Befristung und prekäre Ausgestaltung der Beschäftigungsverhältnisse zurückzuführen (vgl. Dietrich 2018: 235). Langfristig ist das Risiko der Arbeitslosigkeit in erster Linie vom Bildungsweg abhängig. Insbesondere in Fällen einer fehlenden beruflichen Ausbildung ist es deutlich erhöht. Während 2018 die Arbeitslosenquote bei der Gruppe mit beruflicher Ausbildung bei 3,4% lag und bei der Gruppe mit Hochschul- bzw. Fachhochschulabschluss lediglich 2,0% erreichte, waren in der Gruppe ohne Berufsausbildung 17,4% betroffen (vgl. Röttger/Weber/Weber 2019: 6).

> Die Ausbildungszeiten von Jugendlichen und jungen Erwachsenen haben sich verlängert und das Ausbildungsniveau hat sich erhöht. Bei Jugendlichen mit niedrigem Bildungsabschluss ist das Risiko besonders hoch, keine berufliche Ausbildung absolvieren zu können und von Arbeitslosigkeit betroffen zu sein.

Etwa die Hälfte der Jugendlichen und jungen Erwachsenen befindet sich noch nicht auf dem Arbeitsmarkt, sondern in Schulen und Hochschulen. 2018 haben 50,6% der entsprechenden Altersgruppe eine Studienberechtigung erworben. Die Studienanfängerquote lag bei 52,0% (vgl. Statistisches Bundesamt 2019l: 113, 134 sowie Kap. 8.1.2).[38]

Ebenso wie bei der Schullaufbahn spielt auch bei der Aufnahme eines Studiums die soziale Herkunft eine entscheidende Rolle. In Fällen, in denen mindestens ein Elternteil einen Universitätsabschluss besaß, lag die Studierwahrscheinlichkeit der Studienberechtigten 2015 bei über 80%. Hatten die Eltern eine Lehre absolviert oder keinen beruflichen Abschluss, lag sie hingegen bei nur 62%. Studienanfänger hatten aufgrund dessen sowie aufgrund der Bedeutung der sozialen Herkunft für den Erwerb einer Studienberechtigung 2016 mehrheitlich mindestens einen Elternteil mit akademischem Abschluss, obwohl der Anteil dieser Gruppe an allen 15- bis unter 25-Jährigen lediglich 28% betrug (vgl. Autorengruppe Bildungsberichterstattung 2018: 156).

Die Quote der Studienabsolventen (nur Erststudium) lag 2018 bei 36,4% (vgl. Statistisches Bundesamt 2019l: 139). Die meisten von ihnen finden nach dem erfolgreichen Abschluss ihres Studiums auch einen Arbeitsplatz entsprechend ihrer

---

38 Die Studienanfängerquote eines Jahres kann höher liegen als die Studienberechtigtenquote des gleichen Jahres, da den jeweiligen Berechnungen nicht die gleiche Grundgesamtheit zugrunde liegt. Während die Studienberechtigtenquote auf den Daten der Schulstatistik zu den Schulabgängern mit Hochschulzugangsberechtigung basiert, beruht die Studienanfängerquote auf den Daten der Hochschulstatistik zu den Studienanfängern. Darüber hinaus fließen in die Studienanfängerquote der Hochschulstatistik auch diejenigen mit ein, die eine Hochschulzugangsberechtigung im Ausland oder aufgrund beruflicher Qualifikationen erworben haben.

akademischen Qualifikation. Die Arbeitslosigkeit bei Hochschulabsolventen war 2018 mit etwa 2% deutlich niedriger als bei den Absolventen anderer Bildungs- und Ausbildungsgänge (vgl. oben). Zudem erzielen Hochschulabsolventen die höchsten Einkommen und besitzen das geringste Armutsrisiko (vgl. Autorengruppe Bildungsberichterstattung 2018: 206ff.; Statistisches Bundesamt 2019n).

Insgesamt sind junge Erwachsene (18 bis unter 25 Jahre) mit Abstand am häufigsten von Armut bedroht. Nach den Daten des Statistischen Bundesamts (Mikrozensus) für das Jahr 2018 lag ihre Armutsgefährdungsquote bei 25,6% gegenüber 15,5% in der Gesamtbevölkerung (vgl. Statistisches Bundesamt 2019i, 2019h sowie Kap. 11.2). Sofern sie ein Studium oder eine Ausbildung absolvieren, werden sie oft noch von ihren Eltern materiell unterstützt. Ein großer Teil der von Armut bedrohten jungen Erwachsenen kann jedoch entweder für die Zeit des Studiums bzw. der Ausbildung allenfalls bedingt auf die finanzielle Unterstützung der Eltern zurückgreifen oder ist gering qualifiziert, in prekären Verhältnissen beschäftigt bzw. arbeitslos. Während mit dem Abschluss eines Studiums gute Aussichten auf eine deutliche Verbesserung der Einkommenssituation bestehen, ist es insbesondere für die letztgenannte Gruppe zunehmend schwieriger geworden, eine Beschäftigung zu finden, die ein Leben ohne Armutsrisiken verlässlich gewährleistet (vgl. Groh-Samberg 2018: 128f.).

### 8.2.3 Kultur und Freizeit

Über die gesamte Nachkriegszeit betrachtet verbringen die Jugendlichen ihre Freizeit zunehmend häufiger in Gleichaltrigengruppen und Vereinen, obgleich die Bedeutung der Kontakte zu Gleichaltrigen in den letzten Jahren leicht rückläufig ist (vgl. Wolfert/Leven 2019: 213ff.). Grundsätzlich sind die Freizeitaktivitäten von großer Kontinuität gekennzeichnet. Seit Jahren stehen Musik hören, Fernsehen und sich mit Leuten treffen im Vordergrund, wobei in den letzten Jahren die Nutzungsmöglichkeiten des Internets hinzugekommen und gewachsen sind. Dadurch haben die traditionell beliebtesten Aktivitäten, wie etwa das Fernsehen, an Bedeutung verloren, während das Anschauen von Videos, Filmen und Serien, die Nutzung sozialer Medien sowie das Surfen im Internet mehr Raum einnehmen (vgl. ebd.). Auch sportliche Aktivitäten haben ebenso wie in der Kindheit (vgl. Kap. 7.2.4) einen hohen Stellenwert. Allerdings reduzieren sie sich mit zunehmendem Alter deutlich. Kreative und künstlerische Praktiken sind ebenso wie das Lesen von Büchern stark von der sozialen Herkunft und der Geschlechtszugehörigkeit abhängig. Während die Bedeutung des Bücherlesens, zumindest im Vergleich zu anderen Freizeitaktivitäten, leicht abgenommen hat, ist die Bedeutung kreativer und künstlerischer Aktivitäten demgegenüber gestiegen. Auch die gemeinsamen Aktivitäten mit der Familie sind, insbesondere für weibliche Jugendliche und junge Erwachsene, bedeutsamer geworden. Gleiches gilt unabhängig von der Geschlechtszugehörigkeit für das Nichtstun (Chillen). Deutlich nachgelassen hat hingegen das Interesse an dem Besuch von Clubs und Partys sowie das Interesse am Shoppen und am Lesen von Zeitschriften oder Magazinen (vgl. Wolfert/Leven 2019: 213ff.).

## 8. Jugend

Die Shell Jugendstudie von 2019 beschreibt insgesamt vier verschiedene Freizeittypen, die in unterschiedlichem Umfang unter Jugendlichen verbreitet sind: Kreativ-engagierte Aktive mit 15%, Gesellige mit 17%, Familienorientierte mit 31% und Medienfokussierte mit 37% (vgl. Wolfert/Leven 2019: 220ff.). Während die erste Gruppe vor allem kreativ-künstlerisch aktiv ist, sich sozial engagiert und viel liest, dominiert bei der zweiten Gruppe das Zusammensein mit Gleichaltrigen und damit zusammenhängend der Besuch von Clubs, Partys, Bars oder Kneipen. Bei den familienorientierten Jugendlichen stehen nicht ganz überraschend gemeinsame Aktivitäten mit der Familie sowie hiermit wiederum häufig verknüpfte Aktivitäten wie Fernsehen, Shoppen oder sportliche Freizeitunternehmungen im Vordergrund. Schließlich zeichnen sich die medienfokussierten Jugendlichen vor allem durch das häufige Anschauen von Filmen, Videos und Serien im Internet sowie das Spielen an der Spielkonsole oder am Computer aus. Kreativ-engagierte Aktive sind, ebenso wie Familienorientierte häufiger weiblich, Medienfokussierte und Gesellige eher männlich. Gleichzeitig ist der Anteil der Jugendlichen aus höheren sozialen Schichten bei den kreativ-engagierten Aktiven und Geselligen höher als in den beiden anderen Gruppen, während hingegen der Anteil von Jugendlichen aus unteren sozialen Schichten in der Gruppe der Familienorientierten und Medienfokussierten vergleichsweise hoch ist (vgl. ebd.).

Die Jugendkulturen haben sich in der Nachkriegszeit im Lauf der Jahrzehnte zunehmend ausdifferenziert. Während sich zunächst eine eigenständige Kultur in Abgrenzung zur Erwachsenenkultur etablierte und in den 1950er-Jahren von einer skeptischen Generation (Schelsky 1957), in den 1960er-Jahren von einer politischen Generation oder in den 1970er-Jahren von der Lebenswelt- bzw. Alternativ-Generation die Rede war (vgl. Fend 1988: 202ff.; Ferchhoff 2011: 133ff.), haben sich spätestens seit den 1980er-Jahren die jugendkulturellen Ausdrucksformen zunehmend pluralisiert, so dass die Etikettierungen vager werden und die tatsächliche Vielfalt jugendlicher Lebensstile kaum noch abbilden.

Grundsätzlich handelte es sich dabei natürlich immer nur um vereinfachende Zuschreibungen, die in ihrer idealtypischen Form lediglich Trends von kleinen Minderheiten charakterisierten, während die Mehrzahl der jeweiligen Jugendgenerationen relativ unauffällig erwachsen wurde. Gleichwohl gibt es offenkundig immer weniger „die Jugend" als eine homogene Gruppe mit weitgehend ähnlichen Einstellungen und Verhaltensweisen. Spätestens seit den 1990er-Jahren werden im Rahmen der Jugendforschung mehr als zwanzig verschiedene Stilrichtungen innerhalb einer Generation beschrieben (vgl. Ferchhoff 1995; 2011: 206ff.). Diese Pluralisierung bringt auch ein verändertes Verhältnis der Jugendlichen zu Jugendkulturen zum Ausdruck. Sie sehen sich immer weniger als festen Bestandteil einer bestimmten Strömung, an der sie ihr gesamtes Leben ausrichten. Vielmehr ist eine eher distanzierte, ausprobierende und spielerische Haltung entstanden, die es erlaubt, mit verschiedenen Lebensstilen zu experimentieren, sie zu kombinieren oder je nach Lebensbereich und Umfeld zu variieren (vgl. Ferchhoff 2011: 202f.).

> Die Freizeitinteressen von Jugendlichen sind von einem hohen Maß an Kontinuität gekennzeichnet. Musik hören, Fernsehen und sich mit Leuten treffen stehen im Vordergrund, wobei in den letzten Jahren die Nutzung des Internets hinzugekommen ist, so dass sich Aktivitäten dorthin verlagern. Die jugendkulturellen Lebensstile haben sich vervielfältigt.

Die Trends einzelner Szenen verkörpern jedoch nicht nur relativ beliebige Identitätsbausteine einer jungen Generation. Vielmehr prägen sie langfristig durchaus auch die Gesellschaft als Ganzes. Was zunächst als Lebensstil einer kleinen Minderheit von Jugendlichen zutage tritt, wird nicht selten in der Folge von den Erwachsenen aufgegriffen und sickert so in die Alltagskultur einer ganzen Gesellschaft ein. Waren beispielsweise in den 1960er-Jahren das Tragen von Blue Jeans und das Hören von Rockmusik zunächst lediglich der Ausdruck eines oppositionellen jugendlichen Lebensstils bildungsbürgerlicher Minderheiten, so sind sie heute ein selbstverständliches Moment einer über alle Generationen hinweg etablierten Alltagskultur.

### 8.2.4 Wertorientierungen und politische Orientierungen

Wertorientierungen lassen sich nach gesellschaftsbezogenen und persönlichen Werten unterscheiden; diese Werte können wiederum in materialistische und postmaterialistische bzw. Pflicht- und Selbstentfaltungswerte untergliedert werden.

*Abbildung 14: Wertorientierungen*

| Gesellschaftsbezogene Werte | | Persönliche Werte | |
|---|---|---|---|
| Materialistisch | Postmaterialistisch | Pflicht | Selbstentfaltung |
| innere/äußere Sicherheit | Meinungsfreiheit | Fleiß | Autonomie |
| stabile politische Ordnung | Demokratie/Mitbestimmung | Disziplin | Individualität |
| ökonomisches Wachstum | Partizipation/Teilhabe | Ordnung | Kreativität |
| materieller Wohlstand | Umweltschutz/Lebensqualität | Pflichtbewusstsein | Selbstverwirklichung |
| | | Gehorsam | Genuss |
| | | Leistung | |

Während langfristig in modernen Gesellschaften hinsichtlich der gesellschaftsbezogenen Werte eine Verschiebung von materialistischen zu postmaterialistischen Wertorientierungen erkennbar ist, kommt es im Bereich der persönlichen Werte zu einer Verlagerung von Pflichtwerten hin zu Selbstentfaltungswerten (vgl. Inglehart 1977, 1989 sowie Hurrelmann/Quenzel 2016: 201ff.).

Der allgemeine Wertewandel kann als Resultat der veränderten Lebensbedingungen nach dem Zweiten Weltkrieg interpretiert werden. Die Entwicklung des Wohlstands führte dazu, dass Kindheit und Jugend zunehmend durch relativ gesicherte ökonomische, soziale und politische Bedingungen gekennzeichnet waren. Daher gewannen postmaterialistische Werte gepaart mit Selbstentfaltungswerten gegenüber den materialistischen Werten und Pflichtwerten an Bedeutung.

Im letzten Viertel des zwanzigsten Jahrhunderts lösen sich diese klaren Entwicklungstrends und Verbindungen von Wertsphären immer mehr auf. Es kommt zunehmend zu einer Vermischung von Wertorientierungen, so dass postmaterialistische Haltungen durchaus auch mit einer Orientierung an Wohlstand, Fortschritt und ökonomischem Wachstum oder Selbstverwirklichungsambitionen und ein genussbetonter Lebensstil mit Leistungsbereitschaft, Fleiß und Disziplin einhergehen können. So sind die jungen Menschen im einundzwanzigsten Jahrhundert sehr berufsorientiert, zeigen eine hohe Motivation und Leistungsbereitschaft, während sie zugleich hohe Ansprüche an die Selbstverwirklichungschancen in ihrem Berufsleben stellen. Auch das Bedürfnis nach einem sicheren Arbeitsplatz, das deutlich gewachsen ist, steht nicht unbedingt in Widerspruch zur Betonung von Genuss und Lebensqualität. Parallel hat in den letzten Jahren jedoch eine leichte Verschiebung zurück zu einer stärkeren Betonung von materialistischen Werten gegenüber postmaterialistischen stattgefunden. Ebenso sind die klaren Differenzen zwischen den jüngeren und älteren Generationen immer mehr verschwunden (vgl. Hurrelmann/Quenzel 2016: 203ff.). Jugendliche und junge Erwachsene orientieren sich heute stärker als frühere Jugendgenerationen an ihren konkreten Lebensumständen und individuellen Entfaltungsmöglichkeiten, was ihnen auch das Etikett einer „pragmatischen Generation" eingetragen hat (vgl. Shell Deutschland Holding 2015, 2010, 2006). Die jüngste Shell Jugendstudie aus dem Jahr 2019 sieht allerdings in der gegenwärtigen jungen Generation Anzeichen einer zunehmenden Thematisierung nicht nur persönlicher, sondern auch gesellschaftlicher Zukunftsfragen, etwa des Klimawandels, und einer wachsenden Relevanz des politischen Engagements unter Beibehaltung pragmatischer Grundorientierungen hinsichtlich der persönlichen Lebensführung (vgl. Shell Deutschland Holding 2019, insbes. Quenzel et al. 313ff.).

Im Detail zeigt sich auch bei den Wertorientierungen über die Jahre hinweg ein hohes Maß an Kontinuität. 2019 dominierte ebenso wie bereits im Jahr 2002 die Bedeutung von Freundschaft, Partnerschaft und Familie. Gegenüber 2002 ist ihr Stellenwert sogar noch weiter angewachsen. Konformität, Tradition und Geschichtsstolz sind hingegen eher nachrangig und bewegen sich auf einem weitgehend gleichbleibenden Niveau. Nennenswerte Veränderungen zeigen sich bei den sozialen Kontakten und der Durchsetzung eigener Interessen, deren Relevanz deutlich abgenommen hat, während das Umweltbewusstsein und politische Engagement vergleichsweise am stärksten an Bedeutung gewonnen haben (vgl. Gensicke 2010: 197, 203; Schneekloth 2019: 106, 109).

Das politische Interesse von Jugendlichen und jungen Erwachsenen hat im Verlauf des einundzwanzigsten Jahrhunderts wieder zugenommen. Zuvor war es in den 1990er-Jahren deutlich rückläufig. 2019 bezeichneten sich 45% der 15- bis 24-Jährigen als politisch interessiert (vgl. Schneekloth/Albert 2019: 49).

> Während langfristig in modernen Gesellschaften hinsichtlich der gesellschaftsbezogenen Werte eine Verschiebung von materialistischen zu postmaterialistischen Wertorientierungen erkennbar ist, kommt es im Bereich der persönlichen Werte zu einer Verlagerung von Pflichtwerten hin zu Selbstentfaltungswerten. In den letzten Jahren hat jedoch eine leichte Verschiebung in die gegenläufige Richtung stattgefunden. Freundschaft, Partnerschaft und Familie haben eine hohe Bedeutung. Das politische Interesse von Jugendlichen und jungen Erwachsenen hat nach einem Rückgang in den 1990er-Jahren in den letzten beiden Jahrzehnten wieder zugenommen.

Das gestiegene politische Interesse spiegelt sich jedoch nur zum Teil in der Beteiligung an Wahlen wider. So ist bei der Bundestagswahl 2017 zwar die Wahlbeteiligung bei den Altersgruppen unter dreißig Jahren ebenso wie bei allen anderen Altersgruppen im Vergleich zu den Bundestagswahlen 2013 und 2009 angestiegen, gleichwohl sind die Altersgruppen unter dreißig Jahren nach wie vor diejenigen mit der geringsten Wahlbeteiligung. Annähernd ein Drittel dieser Altersgruppen ging auch bei der Bundestagswahl 2017 nicht zur Wahl (vgl. Bundeswahlleiter 2018: 11).

Das Interesse an Politik ist bei jungen Menschen vor allem von der sozialen Herkunft, der Bildung sowie, wenn auch in geringerem Maß, von der Geschlechtszugehörigkeit abhängig. Jugendliche aus höheren sozialen Schichten und Jugendliche mit (angestrebter oder vorhandener) Hochschulreife interessieren sich mehr für Politik als Jugendliche aus unteren sozialen Schichten und Jugendliche mit (angestrebtem oder vorhandenem) Haupt- bzw. Realschulabschluss. Nach wie vor interessieren sich auch junge Männer häufiger für Politik als junge Frauen. Am häufigsten interessieren sich Studierende für Politik (vgl. Schneekloth/Albert 2019: 51; Schneekloth 2015: 160).

Junge Menschen orientieren sich mehr als ältere an den Möglichkeiten des Fortschritts, der Zukunftsgestaltung und des sozialen Wandels. Entsprechend ordnen sie sich im politischen Spektrum stärker links ein als die Gesamtbevölkerung, da linke politische Strömungen eher als progressiv gelten und rechte eher als konservativ. Daran hat sich in den letzten Jahren wenig geändert. Allerdings hat sich diese Tendenz 2019 im Vergleich zu früheren Jahren nochmals geringfügig verstärkt:

*Tabelle 1: ‚Links-rechts'-Positionierung.*

Jugendliche im Alter von 15 bis 25 Jahren (in %)

|      | links | eher links | Mitte | eher rechts | rechts | ohne Pos. |
|------|-------|------------|-------|-------------|--------|-----------|
| 2002 | 9     | 24         | 28    | 14          | 4      | 22        |
| 2006 | 9     | 29         | 29    | 15          | 4      | 15        |
| 2010 | 9     | 29         | 29    | 15          | 3      | 14        |
| 2015 | 12    | 25         | 26    | 14          | 3      | 20        |
| 2019 | 14    | 27         | 27    | 9           | 4      | 19        |

Quelle: Schneekloth/Albert 2019: 61.

Diese politische Selbstverortung dokumentiert sich auch im Wahlverhalten. So hatten bei der Bundestagswahl 2017 CDU und CSU sowie die AfD bei den 18- bis 24-Jährigen im Vergleich zu allen anderen Altersgruppen den geringsten, die GRÜNEN den höchsten und die LINKE den zweithöchsten Stimmenanteil. Auch neue, eher unkonventionelle oder weniger etablierte Parteien sind bei jüngeren Wählern beliebter als bei älteren (vgl. Bundeswahlleiter 2018: 18).

Die relativ niedrige Wahlbeteiligung der jungen Generation geht mit einem eher geringen Vertrauen in die politischen Parteien einher. Trotz eines breiten und vielfältigen sozialen und politischen Engagements besteht daher auch wenig Neigung, in politischen Parteien oder Gruppen mitzuarbeiten. Die Zufriedenheit mit dem politischen System ist allerdings angestiegen. Knapp 80% sind mit der Demokratie, wie sie in Deutschland existiert, zufrieden und ein noch größerer Anteil der Jugendlichen befürwortet grundsätzlich die Demokratie als Staatsform (vgl. Schneekloth/Albert 2019: 90f., 97ff.).

### 8.2.5 Abweichendes Verhalten

Alle Gesellschaften bestehen aus einer komplexen Struktur von Normen und institutionellen Regeln, an der sich das Erleben und Handeln der Gesellschaftsmitglieder ausrichtet (vgl. Kap. 2.3.1). Soziale Beziehungen entwickeln jedoch grundsätzlich eine Eigendynamik, die nie vollständig kontrolliert werden kann (vgl. Kap. 3.1). Es kommt daher immer zu überraschenden Entwicklungen, mitunter auch zu unerwünschten Effekten und Regelverletzungen. Aus gesellschaftsstruktureller Perspektive handelt es sich dabei um soziale Probleme (vgl. Kap. 11), mit Bezug auf die handelnden Akteure um abweichendes Verhalten (Devianz).

Aus soziologischer Perspektive ist abweichendes Verhalten immer ein gesellschaftlich produziertes Phänomen, da es sich durch die sozialen Regeln, gegen die es verstößt, bestimmt und aus den sozialen Beziehungen, in denen die Menschen stehen, hervorgeht. Es tritt im Jugendalter gehäuft auf und ist in dieser Lebensphase aufgrund der zu bewältigenden Entwicklungsaufgaben mehr oder weniger normal. Die Ausbildung einer autonomen Identität und die Übernahme verantwortungsvoller gesellschaftlicher Mitgliedsrollen können nur gelingen, wenn vorgegebene Regeln und Normen zunächst grundsätzlich infrage gestellt werden. Daher zeigen Jugendliche häufig ein provokatives und grenzüberschreitendes Verhalten (vgl. Kap. 8.1.1). Die überwiegende Mehrheit der Jugendlichen hat irgendwann einmal gegen geltende Gesetze verstoßen, aber kaum einer behält diese Verhaltensmuster länger bei (vgl. Greve/Montada 2008: 847; Scherr 2009: 201; Albrecht 2010: 843; Dollinger/Schabdach 2013: 10; Eifler/Schepers 2018: 220f.; Schumann 2018: 273f.). Dauerhafte Verhaltensauffälligkeiten sind in aller Regel auf ein Bündel von prekären Entwicklungsbedingungen seit der frühen Kindheit zurückzuführen, deren Folgen zumeist bereits in dieser Lebensphase deutlich werden (vgl. Meier/Liebscher/Fischer 2018: 351f.; Thomas 2015: 49; Holthusen 2015: 336; Palentin/Harring 2010: 1012; Montada 1995: 1028).

Im Jugendalter zeigen sich soziale Auffälligkeiten vor allem auf drei Ebenen: im Bereich der Kriminalität, beim Drogenkonsum sowie in Form von Essstörungen.

### Kriminalität

Jugendkriminalität ist ein Massenphänomen. Nach Schätzungen auf der Grundlage sogenannter Dunkelfeldanalysen, bei denen zumeist in Form anonymer Befragungen Informationen zu strafrechtlich relevanten Handlungen, die nicht zur Anzeige gelangen, gesammelt werden, haben ca. 80 bis 90% aller Jugendlichen zumindest einmal gegen geltende Gesetze verstoßen (vgl. Dollinger/Schabdach 2013: 114ff.).

Offiziell registriert werden lediglich die Taten, bei denen es zu einem Kontakt mit der Polizei oder der Justiz kommt. Nach diesen Daten ist die Kriminalität allgemein in Deutschland langfristig rückläufig. Die Verurteiltenziffern (Verurteilte je 100.000 Einwohner der gleichen Personengruppe) von Jugendlichen (14 bis unter 18 Jahre) und Heranwachsenden (18 bis unter 21 Jahre) gingen zwischen 1980 und 1990 im früheren Bundesgebiet zunächst ebenfalls um etwa 30 bis 40% zurück und stiegen ab Mitte der 1990er-Jahre (bei den Heranwachsenden) bzw. zu Beginn des einundzwanzigsten Jahrhunderts (bei den Jugendlichen) jedoch nochmals an. Seither sind sie wieder deutlich rückläufig. 2018 haben sie sich in Deutschland gegenüber dem Jahr 2008 ungefähr halbiert. Die Werte für 2018 liegen auch deutlich unterhalb des Niveaus der 1980er- und 1990er-Jahre im früheren Bundesgebiet (vgl. Statistisches Bundesamt 2011: 17, 2019o: 17).

Jugendliche, Heranwachsende und junge Erwachsene haben gegenüber der Gesamtbevölkerung deutlich höhere Verurteiltenziffern. Während die Rate im Jahr 2018 bei Erwachsenen (ab 21 Jahre) bei ca. 0,7% lag, erreichte sie bei Jugendlichen (14 bis unter 18 Jahre) einen Wert von etwa 0,8% und bei Heranwachsenden (18 bis unter 21 Jahre) einen Wert von 1,5%. Die höchste Rate wiesen mit knapp über 2% die jungen Erwachsenen (21 bis unter 25 Jahre) auf. Ihre Verurteiltenziffer war damit annähernd dreimal so hoch wie in der Gesamtbevölkerung (0,7%) (vgl. Statistisches Bundesamt 2019o: 17, 19).

Diese Zahlen können allerdings nur bedingt Auskunft über die Entwicklung des tatsächlichen Kriminalitätsgeschehens geben, da sie vom Anzeigeverhalten der Bevölkerung, der Ermittlungspraxis der Strafverfolgungsbehörden sowie der Entwicklung des Strafrechts und der Rechtsprechung abhängig sind. Zudem werden einige Deliktbereiche, wie etwa die Wirtschaftskriminalität, nicht registriert.[39]

Gleichzeitig muss einschränkend darauf hingewiesen werden, dass das Risiko jüngerer Menschen, ermittelt und verurteilt zu werden, höher ist als bei Älteren. Sie handeln oft unüberlegter und ihre Taten werden häufiger zur Anzeige gebracht. Zugleich gelingt es ihnen auch nicht im gleichen Maße, einer Verurteilung zu entgehen, so dass Jugendliche und junge Erwachsene im Vergleich zum tatsächlichen Umfang ihrer Taten in den Statistiken der Strafverfolgungsbehörden eher überrepräsentiert sind (vgl. Dollinger/Schabdach 2013: 112; Heinz 2015: 5).

Nach der polizeilichen Kriminalstatistik (PKS) zu den ermittelten Tatverdächtigen stehen bei Jugendlichen und Heranwachsenden (14 bis unter 21 Jahre) vor allem Delikte wie Körperverletzung, Ladendiebstahl, Sachbeschädigung sowie Rauschgiftdelikte im Vordergrund (vgl. Bundeskriminalamt 2019/3: 33, 35).

---

39 Die vom Bundeskriminalamt herausgegebene polizeiliche Kriminalstatistik (PKS) ist ein weiteres häufig zugrunde gelegtes Zahlenwerk. Sie dokumentiert Daten zu den jährlich ermittelten Tatverdächtigen, deren Zahl naturgemäß deutlich höher als die der Verurteilten ist. Die PKS ist im Wesentlichen mit den gleichen Einschränkungen hinsichtlich ihrer Aussagekraft behaftet wie die Verurteiltenstatistik und zeigt in der Tendenz die gleichen Befunde (vgl. Dollinger/Schabdach 2013: 105ff.).

# 8. Jugend

Die Mehrheit der Jugendlichen hat es nur einmalig mit den Strafverfolgungsbehörden zu tun. Die Zahl derjenigen, die mehr als fünfmal pro Kalenderjahr polizeilich als tatverdächtig registriert werden (sogenannte Mehrfach- bzw. Intensivtäter),[40] wird auf ca. 5 bis 10% einer Altersgruppe geschätzt. Diese Gruppe ist zugleich für etwa 50% der registrierten Straftaten im Bereich der Jugendkriminalität verantwortlich (vgl. Heinz 2015: 13; Holthusen 2015: 336; Thomas 2015: 47f.; Eifler/Schepers 2018: 221f.; Meier/Liebscher/Fischer 2018: 350).

Kriminalität ist überwiegend männlich. Ebenso wie in der Gesamtbevölkerung waren bei den 14- bis unter 25-Jährigen 2018 über 80% der Verurteilten Männer (vgl. Statistisches Bundesamt 2019o: 16, 18). Sowohl die polizeiliche Kriminalstatistik als auch Dunkelfeldstudien zeigen, dass bei einzelnen jugendtypischen Delikten wie Ladendiebstahl oder Schwarzfahren kaum geschlechtsspezifische Unterschiede bestehen, während sie in anderen Bereichen, insbesondere bei schwereren Delikten, deutlich zutage treten. Hierzu zählen beispielsweise Sachbeschädigungen, Körperverletzungen und Drogendelikte sowie der Bereich der Gewaltkriminalität (vgl. Ecarius et al. 2011: 187f.; Heinz 2015: 4; Silkenbeumer 2018: 376).

Opfer krimineller Handlungen von Jugendlichen sind vor allem andere Jugendliche (vgl. Baier/Pfeiffer 2011: 66; Möller 2015: 63). In Relation zur Gesamtbevölkerung zählen sie sowie junge Erwachsene – zumindest im Bereich der Gewalttaten – nicht nur häufiger zu den Tätern, sondern auch häufiger zu den Opfern (vgl. Schlack et al. 2013: 758; Ecarius et al. 2011: 186; Heinz 2015: 5f.).

Bei dem überwiegenden Teil der Straftaten im Jugendalter handelt es sich um Delikte mit geringer Schadensintensität (vgl. Eifler/Schepers 2018: 221; Scherr 2018: 281; Dollinger/Schabdach 2013: 10). Während es bei diesen sogenannten Bagatelldelikten kaum soziale Unterschiede gibt, zeigen sich im Bereich der Schwerkriminalität durchaus Differenzen hinsichtlich des sozialen Status und der sozialen Herkunft (vgl. Dollinger/Schabdach 2013: 117; Eifler/Marquart 2015: 59; Meier/Liebscher/Fischer 2018: 351f.).

> Die Mehrheit der Jugendlichen hat irgendwann einmal gegen geltende Gesetze verstoßen, aber kaum ein Jugendlicher behält diese Verhaltensweisen dauerhaft bei. In der Altersgruppe zwischen 14 und 20 Jahren dominieren Delikte wie Körperverletzung, Ladendiebstahl, Sachbeschädigung sowie Rauschgiftdelikte. Der überwiegende Teil der Straftaten wird von männlichen Jugendlichen begangen, wobei es sich meist um Delikte mit geringer Schadensintensität handelt. Opfer sind vor allem andere Jugendliche.

Der auf den ersten Blick überproportional hohe Anteil der nichtdeutschen Jugendlichen an der Gesamtheit jugendlicher Straftäter verschwindet weitgehend, wenn deutsche und nichtdeutsche Jugendliche mit vergleichbarem sozialem Status betrachtet werden. Die Befunde bringen daher in erster Linie zum Ausdruck, dass nichtdeutsche Jugendliche häufiger unteren sozialen Schichten angehören als Deutsche. Zudem wird vermutet, dass sie öfter kontrolliert und die von ihnen begangenen Delikte häufiger zur Anzeige gebracht werden (vgl. Scherr 2009: 211; Baier et al. 2009: 11, 85f.; Dollinger/Schabdach 2013: 123f.; Heinz 2015: 12f.).

---

40 Die hier zugrunde gelegte Definition für Mehrfach- bzw. Intensivtäter ist nur eine von mehreren in der polizeilichen Praxis gebräuchlichen (vgl. Naplava 2018a: 338, Holthusen 2015: 335, Heinz 2015: 13).

Demgegenüber weisen die Befunde anderer Studien darauf hin, dass auch bei der Berücksichtigung des sozialen Status der Einfluss der ethnischen Herkunft auf die Delinquenz von Jugendlichen signifikant bleibt, so dass insbesondere die mit Migrationsprozessen einhergehenden besonderen Umstände, Belastungen und Diskriminierungserfahrungen, ergänzend Berücksichtigung finden müssten (vgl. Naplava 2018b: insbes. S. 325, 330f.).

Soziale Benachteiligungen führen zwar keineswegs zwangsläufig zu straffälligem Verhalten, gleichwohl ist die Wahrscheinlichkeit einer kriminellen Karriere, insbesondere bei geringer Bildung (kein Hauptschulabschluss oder abgebrochene Ausbildung) und Vorstrafen der Eltern, signifikant erhöht (vgl. Entorf/Sieger 2010: 9).

Die Theorie der Verfestigung eines delinquenten Verhaltens aufgrund ungünstiger Entwicklungsbedingungen seit der frühen Kindheit (Lebenslauftheorie) bedarf jedoch einer Ergänzung durch den sogenannten Etikettierungsansatz (Labeling Approach). Danach ist Kriminalität nicht einfach ein bestimmtes Verhalten von Personen, sondern Ausdruck gesellschaftlicher Reaktionen auf bestimmte Verhaltensweisen. Menschen sind nicht kriminell, sondern werden auf der Grundlage von sozialen Normen und im Rahmen gesellschaftlicher Deutungsprozesse kriminalisiert. Ist diese Zuschreibung einmal erfolgt, indem sie z.B. polizeilich als tatverdächtig registriert bzw. von der Justiz strafrechtlich belangt worden sind oder ihnen, etwa aufgrund ihrer sozialen Herkunft, eine besondere Neigung zu kriminellen Handlungen unterstellt wird, setzt ein Prozess sich verfestigender Stigmatisierung ein. Dieser wird befördert durch erhöhten Tatverdacht, stärkere Kontrollen und verschärfte Sanktionen, die auch zu Marginalisierungen in anderen Lebensbereichen führen und kriminelle Karrieren, wenn nicht hervorbringen, so doch zumindest begünstigen (vgl. Dollinger/Schabdach 2013: 70ff., 139ff.; Meier/Liebscher/Fischer 2018: 356ff.; Schumann 2018: 263f.; Albrecht 2010: 861ff., 874f.; Scherr 2009: 204ff.; Sack 2007).

Der amerikanische Soziologe Howard S. Becker (1973: 1, 8) beschreibt abweichendes Verhalten als soziale Zuschreibung:

„Gesellschaftliche Regeln definieren Situationen und die ihnen angemessenen Verhaltensweisen, indem sie einige Handlungen als ‚richtig' bezeichnen, andere als ‚falsch' verbieten [...] Von diesem Standpunkt aus ist abweichendes Verhalten keine Qualität der Handlung, die eine Person begeht, sondern vielmehr eine Konsequenz der Anwendung von Regeln durch andere und der Sanktionen gegenüber dem ‚Missetäter'."

## Drogenkonsum

Der Begriff Droge bezeichnet alle Substanzen, deren Konsum über das zentrale Nervensystem Wahrnehmungs- und Bewusstseinszustände von Menschen verändert und bei entsprechender Dosierung Rauschzustände herbeiführt. Sie werden daher auch als psychoaktive Substanzen bezeichnet. Hierzu zählen gesellschaftlich etablierte und verbreitete Genussmittel wie Nikotin und Alkohol, illegale Drogen wie Cannabisprodukte (Haschisch und Marihuana), synthetische Drogen (Amphetamine/Speed, LSD; Ecstasy), Opiate (Heroin) und Kokain sowie Medikamente wie Schlaf-, Beruhigungs- und Schmerzmittel.

# 8. Jugend

Das Jugendalter ist die Lebensphase, in der die Menschen in aller Regel erstmalig mit Drogen in Kontakt kommen und eine eigene Haltung zu deren Konsum entwickeln müssen. Jugendtypisch ist insoweit die Suche nach Erfahrungen mit verschiedenen Drogen und das Austesten von Grenzen und Folgen berauschender Wirkungen, um einen eigen- und sozialverantwortlichen Umgang mit ihnen zu erlernen. Grundsätzlich ist der Gebrauch von Drogen in allen Gesellschaften üblich und auch in der modernen Gesellschaft selbstverständlich. Vor allem der Konsum von Alkohol und Nikotin ist weitverbreitet. Eine völlig abstinente Haltung wird nur von einer kleinen Minderheit dauerhaft praktiziert. Zu einem sozialen Problem wird der Drogengebrauch aufgrund der Gefahr der Ausbildung von Abhängigkeiten und der daraus resultierenden sozialen Konsequenzen. Als abweichend wird ein drogenkonsumierendes Verhalten daher immer dann angesehen, wenn Personen den Gebrauch der Droge nicht mehr verantwortlich steuern können, so dass sie ihren sozialen Anforderungen aufgrund körperlicher oder psychischer Beeinträchtigungen nicht mehr gerecht werden. Ein solches Konsummuster geht zumeist auf Entwicklungsprozesse seit der frühen Kindheit zurück und zeigt sich bei schätzungsweise 10% einer Alterskohorte (vgl. Weichhold/Silbereisen 2018: 260; Orth/Merkel 2019a: 48, 2019b: 19f.; Palentien/Harring 2010: 1005; Moffitt 1993). Aufgrund der selbstverständlichen Verbreitung ist das Risikopotential vor allem beim Konsum von Alkohol und Nikotin besonders hoch.

Gesellschaftlich erfüllt der Konsum von Drogen mehrere Funktionen (vgl. Haushahn 1996: 116; ergänzend Palentin/Harring 2010: 1008f.; Hurrelmann/Quenzel 2016: 237f.; Niekrenz 2018: 728ff.): Er dient der Stressbewältigung, dem Abbau von Hemmungen oder der Förderung der Leistungsfähigkeit (Kompensationshandlung), symbolisiert Gemeinschaft und wird als Bedingung der Zugehörigkeit im Rahmen von Gruppen und Milieus erwartet (Konformitätshandlung) oder ist ein Zeichen für die Identifikation mit bestimmten Leitbildern und Haltungen (Statushandlung).

In Deutschland ist der Drogenkonsum in der Gesamtbevölkerung wie auch bei den Jugendlichen und jungen Erwachsenen langfristig rückläufig. Beim Alkohol ging der jährliche Verbrauch je Einwohner (ab 15 Jahre) seit 1980 um etwa 30% zurück (vgl. John et al. 2019: 38). Ebenso ist das Einstiegsalter in den Konsum seit dem Beginn des einundzwanzigsten Jahrhunderts kontinuierlich gestiegen (vgl. Orth/Merkel 2019a: 29, 41). Bei Jugendlichen (12 bis 17 Jahre) hat sich der Anteil der regelmäßigen Konsumenten[41] von 25,4% im Jahr 1979 auf 12,6% im Jahr 2018 reduziert, bei den 18- bis 25-Jährigen im gleichen Zeitraum von 65,9% auf 33,4% (vgl. ebd.: 44). Auch die Quote der riskanten Konsumenten[42] ist in beiden Altersgruppen deutlich rückläufig. Gleiches gilt für den häufigen Konsum größe-

---

41 Regelmäßige Konsumenten definiert als „Anteil derjenigen, die in den letzten zwölf Monaten vor der Befragung mindestens einmal in der Woche Alkohol konsumiert haben" (Orth/Merkel 2019a: 14).
42 Riskant definiert als Konsum von mindestens 12g Alkohol täglich bei Frauen und 24g Alkohol bei Männern, was bei Männern etwa 0,5 bis 0,6l Bier bzw. 0,25 bis 0,3l Wein bzw. bei Frauen in etwa der Hälfte dieser Mengen entspricht (vgl. Orth/Merkel 2019a: 14; BZgA 2011: 20).

rer Alkoholmengen (häufiges Rauschtrinken),[43] wobei hier jedoch in den letzten Jahren wieder ein leichter Anstieg zu verzeichnen ist. Der Anteil der männlichen Jugendlichen und jungen Erwachsenen ist sowohl bei den regelmäßigen wie auch bei riskanten Konsumenten sowie denjenigen, die häufig größere Alkoholmengen konsumieren, deutlich höher als der Anteil der weiblichen (vgl. ebd.: 44f., 48).

Gelegentlich wird in der Öffentlichkeit von einer Polarisierung des Alkoholkonsums ausgegangen, nach der zwar immer weniger Jugendliche Alkohol trinken, diejenigen, die dies tun, jedoch immer früher und exzessiver konsumieren. Studien, die diesen Annahmen nachgingen, konnten jedoch keine Belege dafür finden. Ebenso wenig liefern die Daten der Bundeszentrale für gesundheitliche Aufklärung (BZgA) hierfür Anhaltspunkte (vgl. Werse 2011; Orth/Merkel 2019a).

Auch der Nikotinkonsum ist in der Gesamtbevölkerung ebenso wie bei Jugendlichen und jungen Erwachsenen deutlich rückläufig. 2018 rauchten 6,6% der 12- bis 17-Jährigen und 24,8% der 18- bis 25-Jährigen. 1979 waren es noch 30,2 bzw. 59,2% (vgl. Orth/Merkel 2019c: 43).

Ebenso ist auch der Konsum illegaler Drogen zurückgegangen. Knapp 35% aller 18-bis 25-Jährigen hatten 2015 mindestens einmal in ihrem Leben illegale Drogen konsumiert (Lebenszeitprävalenz), wobei dies bei den männlichen jungen Erwachsenen deutlich häufiger der Fall war als bei den weiblichen. Als regelmäßige Konsumenten[44] galten im gleichen Jahr 2% aller weiblichen und 6,2% aller männlichen jungen Erwachsenen (vgl. Ort 2016: 56). Mit Abstand am meisten verbreitet ist der Konsum von Cannabisprodukten. 2018 hatten knapp 10% der Jugendlichen und über 40% der jungen Erwachsenen mindestens einmal in ihrem Leben Cannabis konsumiert. Zunehmende einmalige oder gelegentliche Erfahrungen führen jedoch nur selten zu einem regelmäßigen Gebrauch (vgl. Orth/Merkel 2019b: 25ff.).

Der Gebrauch von Drogen ist in allen Gesellschaften üblich und auch in der modernen Gesellschaft selbstverständlich. Vor allem der Konsum von Alkohol und Nikotin ist weitverbreitet. In Deutschland ist bei den Jugendlichen und jungen Erwachsenen der Konsum dieser Substanzen ebenso wie in der Gesamtbevölkerung langfristig rückläufig. Auch der Konsum illegaler Drogen ist zurückgegangen.

### Essstörungen

Eine weitere Form der Abweichung von normierten Verhaltenserwartungen sind psychische Verhaltensauffälligkeiten bzw. psychosomatische Beeinträchtigungen.

---

43 Definiert als Anteil von Personen der jeweiligen Altersgruppe, die mindestens viermal innerhalb des letzten Monats fünf oder mehr Gläser Alkohol bei einer Gelegenheit getrunken haben (vgl. Orth/Merkel 2019a: 48).
44 „Definiert als Anteil derjenigen, die in den letzten zwölf Monaten einen der Stoffe (illegale Drogen, K.B.) öfter als zehnmal genommen haben" (Orth 2016: 54). „Es werden Angaben zu den illegalen Substanzen Cannabis, Ecstasy, LSD, Amphetamin, Methamphetamin (Crystal Meth), Kokain, Crack und Heroin erhoben. Dieses Spektrum wird um Neue Psychoaktive Substanzen (sogenannte „Legal Highs"), Schnüffelstoffe und psychoaktive Pflanzen („Drogenpilze") erweitert. Diese sind – abgesehen von einigen der Neuen Psychoaktiven Substanzen – zwar nicht illegal, weisen aber wegen ihrer psychoaktiven Wirkung Missbrauchspotential auf. Crystal Meth und Neue Psychoaktive Substanzen wurden im Jahr 2015 in die Drogenaffinitätsstudie neu aufgenommen" (ebd.).

# 8. Jugend

Im Jugendalter stehen vor allem Essstörungen im Vordergrund. Dabei handelt es sich um Formen wie Anorexie (Magersucht), Bulimie (Ess-Brech-Sucht) oder auch Adipositas (starkes Übergewicht). Störungen des Essverhaltens gehen zumeist auf Schwierigkeiten bei der Bewältigung von Entwicklungsaufgaben im Jugendalter zurück und werden in der Regel früher oder später beim Übergang ins Erwachsenenalter überwunden. Die Ursachen hierfür sind vielfältig: Schwierigkeiten mit einem sich verändernden Körper, der Ablösung vom Elternhaus, dem Aufbau intimer Beziehungen, Stresssituationen in der Schule, am Arbeitsplatz oder aufgrund gesellschaftlich vorgegebener Schönheitsideale und Körpernormen (vgl. Ecarius et al. 2011: 239f.; Wunderer 2015: 83ff.).

Geschlechtsspezifische Rollenzuschreibungen führen dazu, dass vor allem Mädchen und junge Frauen Essstörungen entwickeln. Bei Anorexie und Bulimie liegt ihr Anteil bei etwa 90% (vgl. Ecarius et al. 2011: 240f.; Wunderer/Borse/Schnebel 2013: 138; DHS 2019: 27). Starkes Übergewicht ist hingegen bei beiden Geschlechtern gleichermaßen zu finden. Insgesamt sind etwa 6% aller 3- bis 17-Jährigen adipös, wobei Kinder und Jugendliche aus unteren sozialen Schichten deutlich stärker betroffen sind. Die höchste Quote weisen 14- bis 17-Jährige Jugendliche mit ca. 8,5% auf. Während sich der Anteil in dieser Altersgruppe Anfang des einundzwanzigsten Jahrhunderts gegenüber den 1980er- und 1990er-Jahren verdreifacht hatte, ist er seither nicht mehr weiter angestiegen (vgl. Schienkiewitz et al. 2018: 19; Kurth/Schaffrath Rosario 2007: 737 sowie Kap. 7.2.5).[45] Bei Anorexie wird die Verbreitung in der Gesamtbevölkerung (Lebenszeitprävalenz) auf unter 1% geschätzt, bei Bulimie auf ca. 1,5%, wobei in beiden Fällen vor allem Frauen im Alter zwischen 15 und 35 Jahren betroffen sind (vgl. DHS 2019: 27).

Insgesamt wird davon ausgegangen, dass mehr als 20% aller Kinder und Jugendlichen im Alter zwischen 11 und 17 Jahren Symptome von Essstörungen zeigen und etwa ein Viertel aller Jugendlichen Beeinträchtigungen ihrer psychischen Gesundheit aufweisen (vgl. Hölling/Schlack 2007: 795f.; Hurrelmann/Quenzel 2016: 244).

---

45 Als adipös gelten im Allgemeinen Erwachsene mit einem Body-Mass-Index (BMI) von über 30 (Körpergewicht in kg/Quadrat der Körpergröße in m²). Im Kindes- und Jugendalter können „wegen der alters-, entwicklungs- und geschlechtsabhängigen Veränderungen der Körpermasse keine starren Grenzwerte wie im Erwachsenenalter festgelegt werden. Hier ist es üblich, alters- und geschlechtsabhängige Perzentile in einer Referenzpopulation zur Grundlage der Definition zu machen" (Kurth/Schaffrath Rosario 2007: 737, vgl. auch Schienkiewitz et al. 2018: 17). Im Rahmen des bundesweiten Kinder- und Jugendgesundheitssurveys (KIGGS) des Robert Koch-Instituts, auf den hier Bezug genommen wird, wurden Kinder und Jugendliche als adipös eingestuft, wenn ihr BMI-Wert oberhalb des 97. alters- und geschlechtsspezifischen Perzentils der Referenzpopulation lag (vgl. ebd.).

## Zusammenfassung

Im Zuge der zunehmenden Ausdifferenzierung von Lebensphasen in der modernen Gesellschaft hat sich im Rahmen des Übergangs vom Kind zum Erwachsenen die Jugend als eigenständiger Lebensabschnitt herausgebildet. Auf der Persönlichkeitsebene zeichnet sie sich durch die Aufgabe aus, eigene Verhaltensmaßstäbe zu entwickeln, die zu autonomen Handlungsentscheidungen befähigen. Dieser Prozess der Individuation geht mit der Übernahme neuer sozialer Positionen im Rahmen des Generationengefüges und der Sozialstruktur einher. In dieser Hinsicht ist die Jugend gekennzeichnet durch die Ablösung vom Elternhaus, den Aufbau eigener intimer Beziehungen, den Abschluss der Ausbildung und den Eintritt ins Erwerbsleben, die Ausbildung eines eigenen Lebensstils sowie die Entwicklung einer verantwortlichen gesellschaftlichen und politischen Teilhabe. Im Verlauf der zweiten Hälfte des zwanzigsten Jahrhunderts hat sich die Jugendphase deutlich verlängert und die Teilrollen haben sich beim Übergang in den Erwachsenenstatus zunehmend entkoppelt. Dadurch ist neben dem klassischen Jugendalter ein weiteres Zwischenglied beim Übergang in den Erwachsenenstatus, die sogenannte Postadoleszenz, entstanden.

Die soziale Lage Jugendlicher und junger Erwachsener ist im privaten Bereich von einem hohen Stellenwert der Familie und einer ausgeprägten Partnerschaftsorientierung gekennzeichnet. Schule und Ausbildung stehen jedoch immer mehr im Mittelpunkt. Der Schulbesuch hat sich ausgedehnt und an Bedeutung für den weiteren beruflichen Werdegang gewonnen. Die Anforderungen und Erwartungen sind damit ebenfalls gestiegen. Auf dem Arbeitsmarkt bestehen vor allem für sogenannte frühe Schulabgänger ungünstige Bedingungen. Die Jugendkulturen haben sich im Lauf der letzten Jahrzehnte zunehmend ausdifferenziert, während sich die Freizeitaktivitäten und Wertorientierungen durch ein hohes Maß an Kontinuität auszeichnen. Das politische Interesse von Jugendlichen und jungen Erwachsenen hat nach einem Rückgang in den 1990er-Jahren in den letzten beiden Jahrzehnten wieder zugenommen. Abweichendes Verhalten tritt im Jugendalter gehäuft, jedoch meist nur kurzzeitig auf. Verstöße gegen die Rechtsordnung bewegen sich überwiegend im Bereich von Bagatelldelikten. Der Konsum von psychoaktiven Substanzen ist langfristig rückläufig.

# 8. Jugend

> **Fragen zur Wiederholung**
> 1. Was sind die zentralen sozialen Entwicklungsprozesse im Jugendalter?
>    Stichworte: Ablösung von der Herkunftsfamilie, Aufbau intimer Beziehungen, Schulabschluss und Vorbereitung auf die Berufsrolle, Erwerb der Staatsbürgerrolle und zivilgesellschaftliche Teilhabe, Ausbildung eines eigenen Lebensstils.
> 2. Was zeichnet den Strukturwandel der Jugendphase aus?
>    Stichworte: Verlängerung der Jugendphase, Entkopplung von Teilrollen, Destandardisierung des Verlaufs der Jugendphase.
> 3. Was kennzeichnet die soziale Lage von Jugendlichen?
>    Stichworte: ausgeprägte Familienorientierung, hoher Stellenwert von Schule und Beruf, Verlängerung von Ausbildungszeiten und materiellen Abhängigkeiten, Aufschub der Familiengründung, Stabilität von Freizeitinteressen und Wertorientierungen, gestiegenes Interesse an Politik.
> 4. Was charakterisiert Devianz im Jugendalter und was versteht man unter dem Etikettierungsansatz (Labeling Approach)?
>    Stichworte: abweichendes Verhalten als Episode, Abweichung als soziale Zuschreibung.

Literatur zur Vertiefung:

Dollinger, Bernd/Schabdach, Michael, 2013: Jugendkriminalität. Wiesbaden: Springer VS, S. 55-148.
Dietrich, Hans, 2018: Erwerbsarbeit und Arbeitslosigkeit Jugendlicher. In: Lange, Andreas/Reiter, Herwig/Schutter, Sabina/Steiner, Christine (Hg.), Handbuch der Kindheits- und Jugendsoziologie. Wiesbaden: Springer VS, S. 205-239.
Ecarius, Jutta/Eulenbach, Marcel/Fuchs, Thorsten/Walgenbach, Katharina, 2011: Jugend und Sozialisation. Wiesbaden: VS, S. 239-254.
Heinz, Wolfgang, 2015: Jugendkriminalität – Zahlen und Fakten. Bonn: Bundeszentrale für politische Bildung. https://www.bpb.de/politik/innenpolitik/gangsterlaeufer/203562/zahlen-und-fakten (Zugriff am: 29.6.2020).
Hoffmann, Dagmar/Mansel, Jürgen, 2010: Jugendsoziologie. In: Kneer, Georg/Schroer, Markus (Hg.), Handbuch spezielle Soziologien. Wiesbaden: VS, S. 163-178.
Hurrelmann, Klaus/Quenzel, Gudrun, 2016: Lebensphase Jugend. Eine sozialwissenschaftliche Einführung. 13. Auflage. Weinheim: Beltz Juventa, S. 9-52.
Leven, Ingo/Quenzel, Gudrun/Hurrelmann, Klaus, 2019: Bildung: Immer noch entscheidet die soziale Herkunft. In: Shell Deutschland Holding (Hg.), Jugend 2019. Eine Generation meldet sich zu Wort. Weinheim/Basel: Beltz, S. 163-185.
Niekrenz, Ivonne, 2018: Rausch als Grenzerfahrung bei Jugendlichen. In: Lange, Andreas/Reiter, Herwig/Schutter, Sabina/Steiner, Christine (Hg.), Handbuch der Kindheits- und Jugendsoziologie. Wiesbaden: Springer VS, S. 723-735.
Scherr, Albert, 2018: Jugend als gesellschaftliche Institution und Lebensphase. In: Dollinger, Bernd/Schmidt-Semisch, Henning (Hg.), Handbuch Jugendkriminalität. Interdisziplinäre Perspektiven. 3. Auflage. Wiesbaden: Springer VS, S. 17-33.
Schneekloth, Ulrich, 2019: Entwicklungen bei den Wertorientierungen der Jugendlichen. In: Shell Deutschland Holding (Hg.), Jugend 2019. Eine Generation meldet sich zu Wort. Weinheim/Basel: Beltz, S. 103-131.
Schneekloth, Ulrich/Albert, Mathias, 2019: Jugend und Politik: Demokratieverständnis und politisches Interesse im Spannungsfeld von Vielfalt, Toleranz und Populismus. In: Shell

Deutschland Holding (Hg.), Jugend 2019. Eine Generation meldet sich zu Wort. Weinheim/Basel: Beltz, S. 47-101.

Wolfert, Sabine/Leven, Ingo, 2019: Freizeitgestaltung und Internetnutzung: Wie Online und Offline ineinandergreifen. In: Shell Deutschland Holding (Hg.), Jugend 2019. Eine Generation meldet sich zu Wort. Weinheim/Basel: Beltz, S. 213-246.

Wolfert, Sabine/Quenzel, Gudrun, 2019: Vielfalt jugendlicher Lebenswelten: Familie, Partnerschaft, Religion und Freundschaft. In: Shell Deutschland Holding (Hg.), Jugend 2019. Eine Generation meldet sich zu Wort. Weinheim/Basel: Beltz, S. 133-161.

## 9. Alter

Auch das Alter wird als ein Lebensabschnitt der Veränderung und Entwicklung wahrgenommen. Während Kindheit und Jugend jedoch primär als Phasen des Lernens, Wachsens sowie der zunehmenden Verselbstständigung und Emanzipation gedeutet werden, erscheint das Alter als ein Prozess des Rückzugs von zentralen Rollen des Erwachsenenstatus und früher oder später bedarf es im Alltag einer verstärkten Begleitung durch andere. Kinder und Jugendliche streifen die Strukturen fürsorglicher Unterstützung langsam ab, ältere Menschen wachsen allmählich in sie hinein. Gemeinsam ist den Lebensphasen zu Beginn und am Ende des Lebens trotz der unterschiedlichen Entwicklungsdynamik der besondere Bedarf an sozialen Hilfen, wodurch sie u.a. zu einem Aufgabenfeld Sozialer Arbeit werden.

Ebenso wie Kindheit und Jugend kann auch das Alter als ein komplexer biopsychosozialer Prozess gedeutet werden, bei dem körperliche und psychische Entwicklungsmomente, die Veränderung von sozialen Positionen und Rollenzuschreibungen sowie die individuelle Wahrnehmung und Gestaltung dieser Lebensumstände ineinandergreifen. Aus soziologischer Sicht steht dabei im Vordergrund, dass die Lebensphasen nicht allein von unabweisbaren biologischen Entwicklungsprozessen geprägt sind, sondern gleichermaßen auch ein soziales Konstrukt von Aufgaben und Verhaltenserwartungen darstellen, das auf historisch gewachsenen sozialen Strukturen beruht. Obwohl die Menschen schon immer alt wurden, hat es die Lebensphase Alter nicht immer gegeben. Wie die Kindheit und die Jugend ist sie vielmehr ein Deutungsmuster, das sich in der modernen Gesellschaft unter bestimmten Bedingungen herausgebildet hat.

Zugleich verbindet sich mit ihr nicht allein ein Prozess der Entwicklung, sondern ein besonderer sozialer Status im Kontext der Sozialstruktur einer Gesellschaft. Ebenso wenig wie Kinder Schritt für Schritt in die Gesellschaft hineinwachsen, wird sie von älteren Menschen langsam verlassen. Alte und junge Menschen sind in jeder Phase ihres Lebens ein selbstverständlicher Teil der Gesellschaft, denen Rechte und Ressourcen zugestanden oder vorenthalten bzw. Aufgaben und Pflichten zugewiesen oder entzogen werden. Sie agieren aktiv in sozialen Beziehungen und es wird ein bestimmtes Verhalten von ihnen erwartet.

### 9.1 Alter als Lebensphase und sozialwissenschaftliches Forschungsfeld

#### 9.1.1 Soziologische Theorien zum Alter

So wie es verschiedene Theorien der Gesellschaft und des Sozialen gibt (vgl. Kap. 3.2 und 5.3), existieren auch unterschiedliche soziologische Theorien des Alters. Eine traditionelle Kontroverse, auf die immer wieder Bezug genommen wird, entstand zu Beginn der 1960er-Jahre zwischen der sogenannten Aktivitätstheorie (Tartler 1961) und der sogenannten Disengagementtheorie (Cumming/Henry 1961).

Der Aktivitätstheorie zufolge haben Menschen im Alter gleichermaßen das Bedürfnis nach Aktivität und gesellschaftlicher Teilhabe wie in anderen Lebensphasen. Ihre Ausgliederung aus dem Erwerbsleben und der schleichende Verlust von Aufgaben in anderen gesellschaftlichen Bereichen bewegen älter werdende Menschen zu einem eher unfreiwilligen sozialen Rückzug. Die Erfahrung zunehmender Funktionslosigkeit befördert wiederum körperliche und psychische Abbauprozesse. Aus Sicht der Aktivitätstheorie ist es daher sinnvoll, der zwangsweisen Ausgliederung älterer Menschen aus gesellschaftlichen Rollen entgegenzuwirken oder – sofern dies unausweichlich erscheint – sie zumindest durch Alternativen der sozialen Teilhabe zu kompensieren.

Demgegenüber verweist die Disengagementtheorie darauf, dass ältere Menschen keineswegs nur gegen ihren Willen aus sozialen Funktionen gedrängt werden, sondern vielmehr bei ihnen selbst auch ein Bedürfnis nach Rückzug und reduzierten gesellschaftlichen Anforderungen besteht, da sie die physischen und psychischen Prozesse des Alterns spüren und sich nach mehr Ruhe und weniger Stress sehnen. Parallel handelt es sich aus Sicht der Disengagementtheorie aber auch um einen für die Gesellschaft funktional notwendigen Übergang, da Jüngere langsam in verantwortliche Positionen hineinwachsen müssen und ein geordneter planbarer Prozess des Übergangs zwischen den Generationen gerade in modernen Gesellschaften zunehmend erforderlich ist (vgl. Kap. 7.1.2, 8.1.2, 9.1.2). Der Verlust gesellschaftlicher Rollen und das individuelle Bedürfnis nach Rückzug erscheinen daher als zwei, für das Individuum wie für die Gesellschaft funktional notwendige Momente, die sich wechselseitig ergänzen (vgl. Backes/Clemens 2013: 127ff.; Voges 2008: 86ff.; Kelle 2008: 26; Kohli 1994: 235).

> Nach der Aktivitätstheorie haben Menschen im Alter gleichermaßen das Bedürfnis nach gesellschaftlicher Teilhabe wie in anderen Lebensphasen, so dass sie ihre selbstverständliche soziale Ausgliederung als Diskriminierung empfinden. Demgegenüber geht die Disengagementtheorie davon aus, dass bei älteren Menschen selbst auch ein Bedürfnis nach Rückzug besteht, da sie die physischen und psychischen Prozesse des Alterns spüren, und ein geordneter Prozess der Übergabe von Verantwortung zwischen den Generationen in modernen Gesellschaften zunehmend erforderlich ist.

Aus heutiger Sicht stellt sich diese Kontroverse weniger als ein fundamentaler Konflikt zwischen grundlegenden theoretischen Alternativen dar, sondern als eine Akzentuierung unterschiedlicher Gesichtspunkte, die sich keineswegs zwangsläufig ausschließen. Während die Aktivitätstheorie primär den Aufbau und die Gestaltung von sozialen Rollen und Funktionen im Alter hervorhebt und damit die Kontinuität gesellschaftlicher Teilhabe betont, richtet die Disengagenttheorie ihren Blick in erster Linie auf die Loslösung von bisherigen Teilrollen des Erwachsenenstatus, den Übergang zwischen den Generationen und das Bedürfnis nach einer Veränderung sozialer Beziehungsmuster im Alter. Die eine Perspektive betont, welche Möglichkeiten und Potentiale das Alter bietet; die andere, welche Veränderungen und Beschränkungen sich mit dem Alter gegenüber früheren Lebensphasen ergeben.

Ergänzt und erweitert werden solche grundsätzlichen Überlegungen zum gesellschaftlichen Status alter Menschen durch Annahmen zur Entwicklung ihrer sozialen Lage im Lebenslauf. Hier gibt es wiederum drei Varianten: eine Nivellierungs-, eine Kumulations- sowie eine Kontinuitätsthese (vgl. Voges 2008: 84).

Nach der Nivellierungsthese gleichen sich die sozialen Lagen im Alter aufgrund der zunehmenden Dominanz gesundheitlicher Lebensumstände immer mehr an. Andere Faktoren, die den sozialen Status bestimmen, wie etwa Bildung, Berufsprestige und Einkommen, verlieren demgegenüber an Bedeutung. Die Kumulationsthese geht hingegen davon aus, dass sich die Faktoren, die zu ungleichen Lebensverhältnissen beitragen, im Laufe des Lebens wechselseitig verstärken und verfestigen, so dass im Alter die Ungleichheiten eher noch zunehmen. Der Kontinuitätsthese wiederum liegt die Annahme zugrunde, dass sich der Prozess des Alterns individuell umso erfolgreicher gestaltet, je mehr es gelingt, die Lebensbedingungen, Einstellungen und Verhaltensweisen des mittleren Alters aufrechtzuerhalten. Insofern richtet sie ihren Blick in erster Linie nicht auf die sozialen Ungleichheiten, sondern auf eine mehr oder weniger erfolgreiche Bewältigung von Entwicklungsaufgaben im Alter (vgl. Backes/Clemens 2013: 137f.).

Die Aufrechterhaltung von Kontinuität ist jedoch immer nur bedingt möglich und von einer Vielzahl von Faktoren abhängig (vgl. ebd.). Einkommensunterschiede und die damit verknüpfte Ungleichheit von Lebensmöglichkeiten bleiben im Alter allerdings bestehen, da die Renten und Versorgungsbezüge im Regelfall auf den zuvor erzielten Erwerbseinkommen basieren. Darüber hinaus werden aber auch Kumulationseffekte eintreten, da beispielsweise Einkommensdifferenzen zumeist auf unterschiedlichen Bildungsgraden beruhen, die wiederum das Gesundheitsverhalten entscheidend beeinflussen. Ein hohes Bildungsniveau führt daher nicht nur zu einem höheren Einkommen, sondern auch zu weniger gesundheitlichen Beeinträchtigungen und zu einer erhöhten Lebenserwartung. Zudem bestehen mehr Möglichkeiten, umfangreiche Unterstützungsleistungen und eine gute pflegerische Versorgung im Alter zu finanzieren. Gleichwohl wird man trotz dieser Kontinuität bzw. Kumulation von Ungleichheiten davon ausgehen müssen, dass sich die materiellen und sozialen Unterschiede mit zunehmendem Lebensalter relativieren, da die für alle Menschen gleichermaßen gegebenen biologischen Alterungsprozesse, zumindest in der Phase der Hochaltrigkeit eine wachsende Bedeutung gewinnen. Die Nivellierungs-, Kumulations- und Kontinuitätsthese greifen insofern jeweils relevante Gesichtspunkte der Entwicklung von Lebensbedingungen im Alter auf, die sich wiederum nicht ausschließen, sondern eher ergänzen.

Im Rahmen der Unterscheidung von soziologischen System- und Handlungstheorien (vgl. Kap. 3.2) kann Alter schließlich einerseits als ein Bündel von Rollenzuschreibungen und Verhaltenserwartungen interpretiert werden, an dem sich älter werdende Menschen ebenso wie ihr Umfeld orientieren (Alter als soziale Konstruktion, vgl. Saake 2006). Aus dieser Perspektive lässt sich beispielsweise verdeutlichen, inwieweit von alten Menschen erwartet wird, Ämter und Funktionen irgendwann aufzugeben, sich zurückzuziehen oder sich „altersgemäß" zu verhalten. Andererseits kann das Alter aber auch als ein Bezugspunkt des Handelns rationaler Akteure gedeutet werden, deren Entscheidungen sich an den Nutzenerwartungen im Rahmen des Austauschs von Gütern und Ressourcen in einer Gesellschaft orientieren. Die soziale Position alter Menschen bemisst sich unter diesen Voraussetzungen daran, inwieweit sie über materielle wie immaterielle Güter und Ressourcen verfügen, die von anderen begehrt werden. Die Verfügung über

## 9. Alter

attraktive Güter und Ressourcen nimmt mit zunehmendem Alter in der Regel jedoch ab, während parallel der Bedarf wächst. So benötigen Menschen im fortgeschrittenen Alter beispielsweise ein zunehmendes Maß an Zuwendung, während sie immer weniger in der Lage sind, etwas dafür zurückzugeben. Daher drohen ihnen soziale Isolation und Vereinsamung („Alter als Mangel an Tauschgütern", Voges 2008: 92). Die Austauschbeziehung kann aber auch als eine langfristige Beziehung zwischen den Generationen interpretiert werden, in deren Rahmen die Jüngeren für die Älteren eine Gegenleistung für Leistungen erbringen, die sie als Kinder von ihnen erhalten haben (vgl. ebd.: 92f.; Backes/Clemens 2013: 141ff.; Dowd 1975).

### 9.1.2 Die Entstehung des Alters als eigenständige Lebensphase

Wie die Kindheit und die Jugend ist auch das Alter als Lebensphase ein Produkt der modernen Gesellschaft. Entscheidend für ihre Entstehung war das Aufkommen der modernen Lohnarbeit im Zuge der Industrialisierung im neunzehnten Jahrhundert. In dem Maße, wie sich traditionelle bäuerliche und handwerkliche Produktionsformen auflösten und die Menschen in den Fabriken der Industrie erwerbstätig waren, verflüchtigten sich parallel die traditionellen Grundlagen der Alterssicherung. Die Trennung der Arbeitenden von einem dazugehörigen Grund und Boden bzw. entsprechenden Werkzeugen und Produktionsmitteln führte dazu, dass älter werdende Menschen über keinerlei Ressourcen zur Alterssicherung mehr verfügten. Zuvor hatte der Bauer seinen Acker, sein Vieh und seinen Hof, der städtische Handwerker seine Werkstatt, seine Werkzeuge und seinen 'Kundenkreis', was die Grundlage ihrer Altersversorgung darstellte. Die land- und besitzlose Bevölkerung war in einer schwierigeren Lage, konnte jedoch darauf hoffen, im Alter aufgrund langjähriger Treue in bescheidenem Rahmen mit versorgt zu werden. Lebenslange Arbeit war allerdings bis auf wenige Ausnahmen für alle Menschen selbstverständlich. Es wurden allenfalls irgendwann einfachere und weniger anstrengende Arbeiten übernommen. Eine Beeinträchtigung der Arbeitsfähigkeit aufgrund des fortgeschrittenen Lebensalters war daher in der vormodernen Gesellschaft für die Mehrheit der Bevölkerung vor allem mit großen Verarmungs- und Verelendungsrisiken behaftet, so dass von einer Alterssicherung nach unserem heutigen Verständnis kaum die Rede sein konnte (vgl. Borscheid 1994).

Mit der Auflösung der Einheit von Arbeit und Wohnen im Zuge der Industrialisierung gingen jedoch die Gelegenheiten, sich weiterhin im Rahmen der traditionellen Haus- und Wirtschaftsgemeinschaft nützlich zu machen, verloren (vgl. Thieme 2008: 46). Die auf technologischen Neuerungen, privatem Unternehmertum, Wettbewerb und Märkten basierende industriekapitalistische Wirtschaftsweise führte dazu, dass sich die Produktionsbedingungen immer schneller veränderten und traditionelles Erfahrungswissen, welches ältere Menschen mitbrachten, entwertet wurde. Altern erschien in der Gesellschaft zunehmend als ein degenerativer Prozess des Rückgangs der körperlichen und geistigen Leistungsfähigkeit, mit dem sich die Vorstellung von Funktions- und Nutzungslosigkeit verband (vgl. ebd.: 39; Borscheid 1994: 47f.).

Die ersten Schritte zur Etablierung einer gesicherten Altersversorgung auf der Grundlage des Systems moderner Lohnarbeit waren daher sowohl von dem sozialen Druck, eine Absicherung für die Lohnarbeiter im Alter zu gewährleisten, wie auch von dem ökonomischen Interesse, eine kleine Minderheit unproduktiver älterer Menschen aus dem Produktionsprozess zu drängen, geprägt. 1889 wurde in Deutschland erstmalig eine staatliche Rentenversicherung eingeführt, die zunächst jedoch noch von einem Fortbestand der Erwerbstätigkeit ausging und lediglich altersbedingte Leistungs- und Einkommensminderungen (ab dem 70. Lebensjahr) kompensieren sollte. Im Verlauf des zwanzigsten Jahrhunderts entwickelte sie sich dann zunehmend zu einem Instrument, das ab einem bestimmten Lebensalter eine gänzlich arbeitsfreie Existenz auf der Basis zuvor eingezahlter Beiträge sicherstellte und die Grundlage der Verselbstständigung des Alters zu einer eigenständigen Lebensphase bildete. Insbesondere im Zuge der Rentenreform von 1957 wurden die Renten deutlich angehoben, dauerhaft an die Entwicklung der Erwerbseinkommen gekoppelt und die Mehrzahl der Erwerbstätigen in das System der Alterssicherung einbezogen. Wesentlich für die Ausdifferenzierung der Lebensphase Alter war allerdings auch der zunehmend bessere Gesundheitszustand der Bevölkerung, so dass immer mehr Menschen älter wurden und ein Leben im Ruhestand verbringen konnten. Während Ende des neunzehnten Jahrhunderts nur etwa jeder fünfte Mann das Rentenalter erreichte, waren es Ende des zwanzigsten Jahrhunderts drei Viertel aller Männer (vgl. Borscheid 1994: 54ff.). Insgesamt hat sich die Lebenserwartung in den letzten 130 Jahren von durchschnittlich weniger als 40 Jahre auf etwa 80 Jahre mehr als verdoppelt (vgl. Tabelle 2 im folgenden Abschnitt).

> Das Alter als Lebensphase ist mit dem Aufkommen der modernen Lohnarbeit verbunden und hat sich erst im Verlauf des zwanzigsten Jahrhunderts durch den Ausbau der sozialen Sicherungssysteme sowie aufgrund der erhöhten Lebenserwartung zu einem materiell abgesicherten, arbeitsfreien Lebensabschnitt für die Mehrheit der Bevölkerung entwickelt.

### 9.1.3 Strukturmerkmale der Lebensphase Alter

Im Zuge der gesellschaftlichen Entwicklung hat sich das Alter nicht allein als eigenständige Lebensphase etabliert, sondern auch seine Struktur verändert. Hans Peter Tews hat bereits 1993 unter dem Stichwort „Strukturwandel des Alters" die wesentlichen Momente dieser Entwicklung beschrieben. Er spricht in diesem Zusammenhang von einer Verjüngung, Entberuflichung, Feminisierung und Singularisierung des Alters sowie zunehmender Hochaltrigkeit (vgl. Tews 1993).

Als Verjüngung interpretiert er Tendenzen, älter werdende Menschen immer frühzeitiger als alt zu bezeichnen, während sie demgegenüber in anderen Kontexten häufiger noch als jung dargestellt werden bzw. sich selbst trotz zunehmenden Alters noch als jung wahrnehmen. So werden beispielsweise Arbeitnehmer über 45 Jahre bereits als ältere Arbeitnehmer angesehen. Zugleich schätzen sich viele Menschen über 70 Jahre selbst noch als jung ein. Ebenso wird in der Werbung Alter zunehmend mit Aufgeschlossenheit und Jugendlichkeit verknüpft (vgl. Tews 1993: 23ff.). Die verlängerte Lebenszeit nach Abschluss der Phase der Versorgung minderjähriger Kinder wird von Tews ebenfalls als ein Phänomen der Verjüngung gedeutet, wobei diese Entwicklung jedoch nicht auf eine frühere Beendigung der klassischen Familienphase zurückgeführt werden kann, sondern Ausdruck der gestiegenen Lebenserwartung ist (vgl. Tews 1993: 24f.).[46]

Das Stichwort der Entberuflichung verweist auf den Sachverhalt, dass sich in der modernen Gesellschaft das Alter für immer mehr Menschen als eine arbeitsfreie Lebensphase etabliert hat. Die Quote der Menschen, die im Alter von über 65 Jahren noch erwerbstätig waren, sank von knapp 60% Ende des neunzehnten Jahrhunderts auf 2,5% zu Beginn des einundzwanzigsten Jahrhunderts. 2018 lag sie bei 7,4% (vgl. Borscheid 1994: 59; Statistisches Bundesamt 2013c: 347, 2019f: 366).[47] Das durchschnittliche Renteneintrittsalter unterlag allerdings in den letzten 50 Jahren nur geringfügigen Schwankungen und wird zukünftig voraussichtlich eher ansteigen, so dass das von Tews geschilderte Phänomen der Entberuflichung des Alters nicht als Tendenz zu einem immer früheren Eintritt in den Ruhestand interpretiert werden kann, sondern – ebenso wie die Verlängerung der nachfamilialen Phase – primär in Relation zu der gestiegenen Lebenserwartung gesehen werden muss. So hat sich in der früheren Bundesrepublik zwischen 1960 und 2018 das durchschnittliche Renteneintrittsalter mit 64,7 Jahren (1960) bzw. 64,2 Jahren (2018) zwar kaum verändert, während sich zugleich die durchschnittliche Rentenbezugsdauer von 9,9 auf 19,7 Jahre annähernd verdoppelt hat (vgl. DRV 2019a: 131, 147). Ältere Menschen gehen demnach nicht immer früher in den Ruhestand, aber die Zeit, die sie im Ruhestand verbringen, hat sich deutlich verlängert.

Das Stichwort der Feminisierung verweist auf den überproportionalen Anteil der Frauen im Alter aufgrund ihrer höheren Lebenserwartung. Mit zunehmendem Alter wächst ihr Anteil an der jeweiligen Altersgruppe kontinuierlich. So lag er 2014 bei den 70- bis 79-Jährigen bei 55%, bei den 80- bis 89-Jährigen bei 63% und bei den 90- bis 99-Jährigen bei 78%. 2017 waren knapp zwei Drittel der Bevölkerung über 80 weiblich (vgl. Statistisches Bundesamt 2016: 10, 2019p: 17). Die Daten zur durchschnittlichen Lebenserwartung von Männern (M) und Frauen (F) bei Geburt ($e_0$) bzw. im Alter von 60 Jahren ($e_{60}$) veranschaulichen diesen Sachverhalt ebenfalls:

---

[46] Die Geburtenrate ist seit den 1970er-Jahren nur noch geringfügig zurückgegangen, während zugleich das Alter der Frauen bei Geburt des ersten Kindes deutlich gestiegen ist (vgl. Kap. 6.2.2). Daher wird die Familienphase heute keineswegs früher abgeschlossen als in der damaligen Zeit. Aufgrund der steigenden Lebenserwartung hat sich jedoch gleichwohl die nachfamiliale Phase immer weiter ausdehnt.
[47] Im Verlauf des einundzwanzigsten Jahrhunderts ist die Erwerbstätigenquote in der Altersgruppe der über 64-Jährigen u.a. aufgrund der schrittweisen Erhöhung der Altersgrenze wieder angestiegen (vgl. ebd.).

Tabelle 2: *Durchschnittliche Lebenserwartung von Männern und Frauen in Deutschland bei Geburt und im Alter von 60 Jahren*[48]

|         | $e_0$ F | $e_0$ M | $e_0$ F-M | $e_{60}$ F | $e_{60}$ M | $e_{60}$ F-M |
|---------|---------|---------|-----------|------------|------------|--------------|
| 1871/80 | 38,5    | 35,6    | 2,9       | 12,7       | 12,1       | 0,6          |
| 1901/10 | 48,3    | 44,8    | 3,5       | 14,2       | 13,1       | 1,1          |
| 1932/34 | 62,8    | 59,9    | 2,9       | 16,1       | 15,1       | 1,0          |
| 1949/51 | 68,5    | 64,6    | 3,9       | 17,5       | 16,2       | 1,3          |
| 1960/62 | 72,4    | 66,9    | 5,5       | 15,5       | 18,5       | 3,0          |
| 1970/72 | 73,8    | 67,4    | 6,4       | 15,3       | 19,1       | 3,8          |
| 1980/82 | 76,9    | 70,2    | 6,7       | 20,8       | 16,5       | 4,3          |
| 1990/92 | 79,3    | 72,9    | 6,4       | 22,4       | 18,0       | 4,4          |
| 2000/02 | 81,2    | 75,4    | 5,8       | 23,8       | 19,7       | 4,1          |
| 2010/12 | 82,8    | 77,7    | 5,1       | 25,0       | 21,3       | 3,7          |
| 2016/18 | 83,3    | 78,5    | 4,8       | 25,3       | 21,7       | 3,6          |

1871/80 bis 1932/34 Deutsches Reich, 1949/51 bis 1990/92 früheres Bundesgebiet, ab 2000/02 Deutschland
Quellen: Statistisches Bundesamt 2012, 2020f; Dinkel 1994: 71.

Die Übersicht zeigt, dass sich in der zweiten Hälfte des zwanzigsten Jahrhunderts die Differenz zwischen der Lebenserwartung von Männern und Frauen sowohl bei Geburt ($e_0$ F-M) als auch im Alter von 60 Jahren ($e_{60}$ F-M) zunächst vergrößert hat. Im Verlauf des einundzwanzigsten Jahrhunderts verringerte sie sich dann jedoch wieder.

Die höhere Lebenserwartung der Frauen ist in allen modernen Gesellschaften zu beobachten und vermutlich auf mehrere Ursachen zurückzuführen (vgl. Dinkel 1994: 74ff.; Wimmer-Puchinger 2015: 134ff.). Da sie von Geburt an besteht, spielen offenbar natürliche biologische Unterschiede zwischen den Geschlechtern eine Rolle. Zugleich sind aber auch Risikofaktoren von Bedeutung, die mit geschlechtsspezifischen Lebensumständen bzw. einer geschlechtstypischen Lebensführung in Zusammenhang stehen. Traditionell waren Männer als Soldaten im Krieg sowie im Beruf und öffentlichen Leben sehr viel häufiger Gefährdungslagen und gesundheitlichen Belastungen ausgesetzt. Darüber hinaus begünstigten die mit ihren sozialen Rollen einhergehenden Vorstellungen von Männlichkeit ein ungesundes und unfallträchtiges Verhalten. So rauchten sie häufiger, tranken mehr Alkohol, ernährten sich schlechter, verhielten sich riskanter im Straßenverkehr und neigten deutlich stärker zu gewalttätigen Auseinandersetzungen. Tendenziell sind viele dieser Faktoren jedoch immer weniger geschlechtsspezifisch ausgeprägt, so dass vermutet wird, dass sich der seit den 1990er-Jahren zu beobachtende Trend

---

[48] Zur Erläuterung vgl. Dinkel 1994: 69f.

einer zunehmenden Annäherung der Lebenserwartungen der Geschlechter auch zukünftig fortsetzen wird.

Die mit der gegenwärtig unterschiedlichen Lebenserwartung verbundenen Konsequenzen werden jedoch vorerst weiterhin bestehen bleiben, zumal die Männer in der Regel mit etwa drei bis vier Jahre jüngeren Frauen zusammenleben (vgl. Kap. 6.2.2). Daher werden sie im Alter meistens durch ihre Lebenspartnerinnen unterstützt, während die Frauen im Alter häufiger alleinstehend und auf soziale Netzwerke sowie professionelle Dienstleistungen angewiesen sind (vgl. Backes/Clemens 2013: 93f.; Statistisches Bundesamt 2018e: 9). Aufgrund des wachsenden Anteils kinderloser Frauen, denen die eigenen Nachkommen als nach wie vor wichtigste soziale Unterstützungsressource fehlen, wird dabei insbesondere die Bedeutung nichtfamilialer sozialer Netzwerke und professioneller Dienstleistungen weiter zunehmen (vgl. Kap. 6.2.2 und 6.3.2).

Das Stichwort der Singularisierung bedeutet, dass ältere Menschen einerseits immer häufiger nicht mit jüngeren Generationen in einem Haushalt zusammenleben und andererseits auch zunehmend alleinstehend sind.

In vormodernen Gesellschaften und im Zeitalter der Industrialisierung war das Zusammenleben mehrerer Generationen in einem Haushalt selbstverständlicher als heute. Dabei handelte es sich jedoch eher um eine aufgrund der geringen Lebenserwartung selten vorkommende und durch fehlende materielle Ressourcen erzwungene Lebensgemeinschaft, die dem bereits damals erkennbaren Wunsch älterer Menschen nach Unabhängigkeit und Autonomie zuwiderlief und wenn möglich vermieden wurde (vgl. Borscheid 1994: 50ff.). Mit der wachsenden materiellen Unabhängigkeit in der zweiten Hälfte des zwanzigsten Jahrhunderts hat sich dann immer mehr das Modell der sogenannten multilokalen Mehrgenerationenfamilie durchgesetzt, bei dem die Kinder nicht im gleichen Haushalt, jedoch in relativer Nähe zu den Eltern leben (vgl. Kap. 6.3.2).

Die hohe Quote alleinlebender alter Menschen resultiert daher vor allem aus der Tatsache, dass heute die Kinder im Erwachsenenalter in der Regel das Elternhaus verlassen haben, so dass nach dem Tod des Lebenspartners eine Person allein in einem Haushalt zurückbleibt. Dies ist aufgrund der unterschiedlichen Lebenserwartung und des Altersunterschieds bei Paaren in den meisten Fällen die Frau. 2018 lebten 40% der Frauen und knapp 20% der Männer im Alter von 65 bis 84 Jahren allein. Bei den über 85-Jährigen waren es 72% der Frauen und 33% der Männer (vgl. Statistisches Bundesamt 2020g sowie Kap. 6.2.2). Mittelfristig könnte sich die Quote der Alleinlebenden aufgrund der rückläufigen Eheschließungen und der Zunahme von Trennungen und Scheidungen noch weiter erhöhen.

In den vergangenen zwanzig Jahren zeichnete sich jedoch ein gegenläufiger Trend ab, da sich die Differenz zwischen der Lebenserwartung von Männern und Frauen leicht verringert hat und die Nachwirkungen des Zweiten Weltkriegs, der zu einer hohen Quote alleinstehender Frauen führte, allmählich an Bedeutung verlieren.

Das Stichwort der Hochaltrigkeit steht mit der gestiegenen Lebenserwartung in einem engen Zusammenhang, bringt aber zugleich zum Ausdruck, dass nicht nur weniger Menschen frühzeitig im Kindheits-, Jugend- und Erwachsenenalter versterben, sondern auch immer mehr Menschen im Alter länger leben. Während 1950 in Deutschland der Anteil der über 80-Jährigen an der Gesamtbevölkerung bei 1% lag, hat er sich bis 1970 auf 2% verdoppelt und bis 2000 auf 3,8% erhöht. 2017 lag er bei 6,2% (vgl. Statistisches Bundesamt 2019p: 10). Die Bevölkerungsvorausberechnung des Statistischen Bundesamtes geht davon aus, dass die Zahl der Menschen über 80 Jahre bis 2050 weiter steigen und danach wieder zurückgehen wird. Für 2060 wird ihr Anteil an der Gesamtbevölkerung auf 9 bis 13% geschätzt (vgl. Statistisches Bundesamt 2019q: 25f.).[49]

Unklar bleibt jedoch, ob zukünftig die natürlichen Grenzen des Lebens noch immer weiter nach hinten verschoben werden können. Offen ist auch, welche Folgen aus einer Verlängerung der Lebenserwartung im fortgeschrittenen Alter resultieren. Da die Menschen mit zunehmendem Lebensalter häufiger und schwerer erkranken, könnte die steigende Lebenserwartung gleichbedeutend mit zusätzlichen Lebensjahren im Zustand der Krankheit und Pflegebedürftigkeit sein. Demgegenüber könnte sie jedoch auch einen verbesserten Gesundheitszustand der Bevölkerung zum Ausdruck bringen, so dass die gewonnenen Lebensjahre nicht zwangsläufig mit einem Anstieg der Krankheitshäufigkeit (Morbidität) im Alter einhergehen (vgl. Gerok/Brandtstädter 1994: 361ff., 368f.; Dinkel 1994: 84ff.; Rothgang 2005: 122ff.; Rothgang/Müller/Unger 2013: 172ff.; Wolff/Nowossadeck/Spuling 2017: 127ff.).

> Immer mehr Menschen erreichen ein hohes Lebensalter. Unter dem Stichwort „Strukturwandel des Alters" hat Tews fünf Momente dieser Entwicklung beschrieben: Verjüngung, Entberuflichung, Feminisierung, Singularisierung und Hochaltrigkeit.

Die Verlängerung der Lebensphase Alter hat zur Folge, dass sich ihre Struktur stärker differenziert. Lebenslagen und Lebensumstände von 60- bis 64-Jährigen, die sich häufig bereits im Ruhestand befinden, und über 90-Jährigen, die zur Elterngeneration der 60- bis 64-Jährigen gehören, unterscheiden sich beträchtlich. Ihr Gesundheitszustand und ihre Hilfsbedürftigkeit, ihre gesellschaftliche Teilhabe und ihr soziales Engagement, ihre kulturellen Interessen und Freizeitaktivitäten, ihr Wohnumfeld und ihre sozialen Netzwerke, ihre Lebensgeschichte, Einstellungen und Wertorientierungen differieren ebenso wie bei 30- und 60-Jährigen. Daher haben sich in Fachkreisen vielfältige Unterteilungen der Lebensphase Alter etabliert. Ein Modell ist die folgende Einteilung, wobei die Altersangaben nur grobe ungefähre Orientierungspunkte darstellen, die beträchtlich variieren können. Letzteres gilt auch für die Phasenbezeichnungen (vgl. Thieme 2008: 36f., sowie bereits Kap. 7.1.2):

---

49 Der Anteil ist von den Annahmen zur Entwicklung der Geburtenhäufigkeit, der Lebenserwartung sowie des Wanderungssaldos abhängig. Das Statistische Bundesamt berechnet insgesamt neun Hauptvarianten (vgl. Statistische Bundesamt 2019q: 13ff. sowie Kap. 9.3.1).

*Abbildung 15: Die Ausdifferenzierung des Alters als Lebensphase*

| Lebensphase Alter |||| 
|---|---|---|---|
| „Junge Alte" | „Alte" | „Hochaltrige" | „Langlebige" |
| 60 | 70 | 85 | 100 |

## 9.2 Die Lebenslage alter Menschen

### 9.2.1 Materielle Lage

Die Einkommensverhältnisse älterer Menschen haben sich in den Nachkriegsjahrzehnten deutlich verbessert. Mit der Kopplung der Renten an die Entwicklung der Löhne durch die Rentenreform von 1957 und der Einbeziehung immer mehr Erwerbstätiger in die gesetzliche Rentenversicherung entwickelte sich in den Haushalten älterer Menschen dauerhaft ein Einkommensniveau, das ihnen ein relativ gesichertes, von anderweitigen Unterstützungsleistungen weitgehend unabhängiges Leben im Ruhestand ermöglicht (vgl. Thieme 2008: 239; Voges 2008: 96f., 106; Engels 2010: 290, 294f.).

Die gesetzliche Rentenversicherung ist mit einem Anteil von 63% an allen Einkommensquellen die wichtigste finanzielle Basis im Alter (ab 65 Jahre). Hinzu kommen andere Formen der Alterssicherung wie Betriebsrenten, private Renten sowie Pensionen und sonstige Zusatzversorgungen mit einem Anteil von 22%, so dass die Leistungen des gesamten Alterssicherungssystems in Deutschland ca. 85% der Einnahmen älterer Menschen darstellen (vgl. DRV 2019b: 70). Obwohl sie aufgrund lebenslanger Sparleistungen auch häufig über Vermögen verfügen, spielen Einkünfte aus Vermögen nur für die oberen Einkommensgruppen eine nennenswerte Rolle. Demgegenüber ist für die unteren Einkommensgruppen die Bildung von Wohneigentum und die daraus resultierende Mietersparnis von größerer Bedeutung (vgl. Voges 2008: 104f.; Engels 2010: 298f.). Auf soziale Sicherungsleistungen, wie die Grundsicherung im Alter nach dem Zwölften Buch Sozialgesetzbuch (SGB XII) und das Wohngeld, sind nur relativ wenige angewiesen. 2015 hatten 3,2% der Bevölkerung ab der Regelaltersgrenze[50] Anspruch auf Leistungen der Grundsicherung gegenüber einer Mindestsicherungsquote von 9,7% in der Gesamtbevölkerung. 2,1% bezogen Wohngeld (vgl. BMAS 2017: 435ff., 566). Der Anteil dieser Leistungen an allen Einkommensquellen der älteren Bevölkerung lag bei lediglich 1% (vgl. DRV 2019b: 70).

Das mittlere Nettoäquivalenzeinkommen (Median) älterer Menschen, in dessen Berechnung sowohl die Haushaltsgröße wie das Alter der Haushaltsmitglieder einfließt (vgl. Kap. 10.4), lag 2017 bei 87,9% des Werts für die Gesamtbevölkerung (vgl. Statistisches Bundesamt 2019f: 189). Die Höhe des Einkommens im Alter

---

50 Die Regelaltersgrenze wird ab 2012 bis 2029 schrittweise angehoben. Das bedeutet, dass die Regelaltersgrenze für diejenigen, die vor 1947 geboren wurden, bei 65 Jahren lag. Für diejenigen, die von 1947 bis 1963 geboren wurden, liegt sie bei einem Wert zwischen 65 und 67 Jahren, der sich mit jedem Geburtsjahrgang um einen Monat bzw. ab dem Geburtsjahrgang 1959 um zwei Monate steigert. Ab dem Geburtsjahrgang 1964 liegt sie dauerhaft bei 67 Jahren.

hängt primär von der Höhe des zuvor erzielten Erwerbseinkommens ab. Von großer Bedeutung hierfür ist wiederum das Bildungsniveau (vgl. Engels 2010: 291f.; Voges 2008: 112f.; Lejeune/Romeu Gordo/Simonson 2017: 103f.). Weiterhin ist entscheidend, wie lange und in welchem Umfang ältere Menschen vor dem Erreichen der Altersgrenze erwerbstätig waren. Diesbezüglich bestehen vor allem in Westdeutschland große geschlechtsspezifische Unterschiede. So kamen beispielsweise 2018 die Frauen in der gesetzlichen Rentenversicherung auf durchschnittlich 28,1 Versicherungsjahre, die Männer hingegen auf 40,6 (vgl. DRV 2019b: 42, 44).[51] Darüber hinaus reduziert sich die Rentenhöhe bei den Frauen aufgrund der niedrigeren Einkommen und der damit verbundenen niedrigeren Beitragsleistungen.

Insgesamt entspricht die Verteilung des Einkommens in der Altersgruppe ab 65 Jahre ungefähr der Verteilung in der Gesamtbevölkerung. Insofern verringert sich die Einkommensungleichheit im Alter keineswegs (vgl. Statistisches Bundesamt 2018g: 36; Noll/Weick 2013: 125f.; Strauß/Ebert 2013: 266). Nachdem jedoch in den 1950er- und 1960er-Jahren die ältere Bevölkerung überproportional von Armut betroffen war (Stichwort: Altersarmut), ist ihr Armutsrisiko zwischenzeitlich je nach Datensatz unterdurchschnittlich oder aber leicht erhöht. Die Daten des Statistischen Bundesamts (Mikrozensus) weisen 2018 für die über 64-Jährigen eine Armutsgefährdungsquote[52] von 14,7% aus, womit sie niedriger als in der Gesamtbevölkerung (15,5%) ausfiel (vgl. Statistisches Bundesamt 2019i, 2019h). Hingegen war sie nach den Daten von EU-SILC im gleichen Jahr mit 18,2% höher als in der Gesamtbevölkerung (16,0%) (vgl. Statistisches Bundesamt 2019j).[53] Nach dem vom Statistischen Amt der Europäischen Union (Eurostat) entwickelten Indikator zu Armut und sozialer Ausgrenzung, der auf den Daten der Europäischen Gemeinschaftsstatistik über Einkommen und Lebensbedingungen (EU-SILC) basiert und neben der Armutsgefährdung aufgrund geringer Einkommen noch das Kriterium „erhebliche materielle Entbehrung" berücksichtigt (vgl. Kap. 11.1.1),[54] lag im Jahr 2018 der Anteil der von Armut oder sozialer Ausgrenzung betroffenen alten Menschen (65 Jahre und älter) in Deutschland mit 19,0% etwas höher als in der deutschen Gesamtbevölkerung (18,7%). Auch im europäischen Vergleich hat Deutschland eine leicht über dem Durchschnitt liegende Quote. EU-weit (EU-28) lag der betroffene Bevölkerungsanteil in der Gruppe der über 64-Jährigen mit 18,6% etwas niedriger als in der Bundesrepublik (vgl. Eurostat 2020a).

---

51  In den neuen Bundesländern ist der Abstand zwischen Männern und Frauen hingegen deutlich geringer. Die Männer kamen hier auf durchschnittlich 44,5 Versicherungsjahre Jahre, die Frauen auf durchschnittlich 41,2 Versicherungsjahre (vgl. DRV 2019b: 44, 46).
52  Definiert als weniger als 60% des mittleren Nettoäquivalenzeinkommens der Gesamtbevölkerung (Median) (vgl. BMAS 2017: 549, 605; Kott 2018: 232; Statistisches Bundesamt 2020e sowie Kap. 10.4 und 11.1.2).
53  Auch bei der Berücksichtigung weiterer Datensätze aus den zurückliegenden Jahren bleibt das Bild widersprüchlich. So liegt die Quote der über 64-Jährigen nach den Daten des SOEP von 2017 mit 13,8% unterhalb der Quote für die Gesamtbevölkerung (16,1%), während nach den Daten der EVS von 2013 die Armutsrisikoquote der über 64-Jährigen mit 18,4% höher ist als in der Gesamtbevölkerung (16,7%) (vgl. BMAS 2017: 554, 2020a). Vgl. grundsätzlich zu den unterschiedlichen Datensätzen Kap. 10.4.
54  Das Kriterium „Haushalt mit sehr geringer Erwerbsbeteiligung", das ansonsten noch hinzukommt, entfällt für die Altersgruppe der über 64-Jährigen (vgl. Statistisches Bundesamt 2019r; Kott 2018: 37).

## 9. Alter

Obwohl sich die materielle Lage alter Menschen vergleichsweise positiv darstellt, ist jedoch eine einmal gegebene Armutslage im Unterschied zu anderen Lebensphasen in der Regel von Dauer, da sie nicht durch eine Verbesserung der Einkommensverhältnisse überwunden werden kann. Ebenso sind kostenverursachende gesundheitliche Beeinträchtigungen und soziale Unterstützungsbedarfe oft nicht revidierbar (vgl. Voges 2008: 103, 118f.; Engels 2010: 294; Backes/Clemens 2013: 213f.; Vogel/Künemund 2018: 147).

In ihrer finanziellen Situation besonders benachteiligt sind ältere Frauen (vgl. bereits oben sowie hierzu und im Folgenden Thieme 2008: 245ff.; Voges 2008: 110ff.; Engels 2010: 293f.; Backes/Clemens 2013: 91ff.). Sie erzielen in der Regel ein deutlich niedrigeres Einkommen als ältere Männer. Die Differenz zwischen dem mittleren Nettoäquivalenzeinkommen (Median) von Frauen und Männern im Alter (ab 65 Jahre) ist um mehr als 70% größer als in der Gesamtbevölkerung (vgl. Statistisches Bundesamt 2018g: 37). Zudem haben Frauen im Alter ein höheres Armutsrisiko und sind häufiger auf Leistungen der Grundsicherung angewiesen (vgl. Statistisches Bundesamt 2019i; BMAS 2017: 437). Traditionelle Geschlechtsrollen führen zu einer Kumulation von Faktoren, die zu materiellen Benachteiligungslagen im Alter beitragen. Vor allem die Orientierung am klassischen bürgerlichen Familienbild, nach dem die Frau sich primär um den Haushalt und die Kinder zu kümmern hat, während der Mann durch seine Erwerbstätigkeit den Lebensunterhalt der Familie sichert, ist in diesem Zusammenhang mit weitreichenden langfristigen Folgen verbunden.

So hatten die aktuell im fortgeschrittenen Alter lebenden Frauen aufgrund der Dominanz dieses Leitbildes nur geringe Bildungschancen. Noch in den 1950er- und 1960er-Jahren war die Auffassung weit verbreitet, dass sich Investitionen in die Ausbildung einer Tochter aufgrund der geschlechtsspezifischen Aufgabenteilungen in Ehe und Familie sehr viel weniger rentieren als Investitionen in die Ausbildung eines Sohnes. Im Vergleich zu den Männern besuchten die Frauen dieser und der vorangegangenen Generationen daher kaum eine weiterführende Schule, absolvierten sehr viel seltener eine Ausbildung oder ein Studium und konnten dadurch auch nur relativ gering bezahlte Beschäftigungen mit wenig Aufstiegsmöglichkeiten und großen Arbeitsmarktrisiken ausüben. Sofern sie dennoch höhere Qualifikationen erworben hatten, waren sie überwiegend in traditionellen „Frauenberufen" im Bildungs-, Gesundheits- und Sozialwesen tätig, die in der Regel schlechter entlohnt wurden als Tätigkeiten in den gewerblich-technischen, klassisch männlichen Segmenten des Arbeitsmarkts. Vor allem jedoch reduzierten oder unterbrachen sie zumeist die Erwerbstätigkeit nach der Eheschließung bzw. spätestens bei der Geburt von Kindern oder gaben sie, wenn die finanziellen Verhältnisse dies zuließen, ganz auf. Die Unterstützung und Pflege älterer Familienangehöriger gehörte ebenfalls vorrangig zu ihren Aufgaben, so dass sie auch, nachdem die Kinder bereits erwachsen waren und das Elternhaus verlassen hatten, oft nur einer geringfügigen Beschäftigung nachgingen, zumal auch weiterhin noch der eheliche Haushalt zu führen war.

Die höhere Wahrscheinlichkeit des Alleinlebens und der Inanspruchnahme sozialer Dienste (vgl. Kap. 9.1.3) steigern im fortgeschrittenen Alter zusätzlich das Armutsrisiko von Frauen. Alleinlebende haben aufgrund ihrer kostenintensiveren Lebensform ohnehin ein höheres Armutsrisiko als Mehrpersonenhaushalte (mit Ausnahme der Alleinerziehenden, die am schlechtesten gestellt sind, und der Haushalte, in denen zwei Erwachsene mit drei oder mehr Kindern leben) (vgl. Statistische Ämter des Bundes und der Länder 2020a sowie Kap. 11.2), und die Kosten für eine zeitintensive ambulante oder vollstationäre Pflege lassen sich selbst bei Unterstützungsleistungen durch die Pflegeversicherung nur selten aus dem laufenden Einkommen bestreiten (vgl. Rothgang/Müller 2019: 87).

> Die Einkommensverhältnisse älterer Menschen haben sich in den Nachkriegsjahrzehnten deutlich verbessert. Auf soziale Sicherungsleistungen sind sie seltener als die Gesamtbevölkerung angewiesen. Finanziell benachteiligt sind ältere Frauen, da sie oft nur eingeschränkt über eine eigenständige Alterssicherung verfügen und aufgrund ihrer höheren Lebenserwartung bei einem Eintritt von Pflegebedürftigkeit häufiger alleinstehend sind.

### 9.2.2 Soziale Netzwerke, soziale Beziehungen, soziale Teilhabe

Mit dem Ausscheiden aus dem Erwerbsleben rücken die Beziehungen innerhalb der Familie stärker in den Vordergrund. Zumindest ein Kind wohnt meistens in relativer Nähe zu den Eltern und es besteht ein regelmäßiger Kontakt. Auch die wechselseitige Unterstützung ist nach wie vor selbstverständlich (vgl. Kap. 6.3.2 sowie Mahne/Motel-Klingebiel 2010; Mahne/Huxhold 2017; Klaus/Mahne 2017; Mahne et al. 2017: 44ff.). Die erhöhte Lebenserwartung hat zudem dazu geführt, dass ein drei Generationen umfassendes Familienleben zur Regel geworden ist und Großmütter mittlerweile durchschnittlich 33 Jahre mit ihren Enkeln verbringen können (vgl. ebd. sowie Peuckert 2012: 598ff.). Der bessere Gesundheitszustand und die verbesserten Einkommensverhältnisse ermöglichen alten Menschen darüber hinaus eine längere und vielfältigere Unterstützung ihrer Nachkommen. Die meisten Großeltern sind in der Kernphase des Familienlebens ihrer Kinder noch in der Lage, diese im Alltag etwa bei der Kinderbetreuung, der Haushaltsführung, Fahrdiensten, Renovierungsarbeiten oder durch finanzielle Zuwendungen aktiv zu unterstützen (vgl. Thieme 2008: 236f.; Mahne/Klaus 2017: 240ff.; Klaus/Mahne 2017).

Mit zunehmendem Alter intensivieren sich auch häufiger die Geschwisterbeziehungen, insbesondere in der Phase des Alleinlebens nach dem Verlust des Partners (vgl. Backes/Clemens 2013: 241). 2008 hatten etwa drei Viertel aller 70- bis 85-Jährigen noch lebende Geschwister (vgl. Tesch-Römer 2010: 179). Da nach wie vor die Mehrzahl der Menschen in Deutschland mit Geschwistern aufwächst, wird die Bedeutung dieser Beziehungen auch zukünftig erhalten bleiben (vgl. Kap. 6.2.2). Gegenüber den familiären Kontakten verlieren Freundschaften im Alter hingegen an Relevanz. Dies dürfte darin begründet sein, dass viele freundschaftliche Kontakte durch Schul- und Ausbildungszeiten, das Erwerbsleben oder Zeiten gemeinsamer Kindererziehung entstanden sind, so dass sie mit wachsendem Abstand und veränderten Lebensverhältnissen langsam verblassen. Zudem ist die Mobilität der Menschen mit fortschreitendem Alter eingeschränkt, so dass sie sich aus einigen Beziehungen zurückziehen und die Kontakthäufigkeit insgesamt abnimmt. Dies gilt gleichermaßen für das zivilgesellschaftliche Engagement in Vereinen, Initiativen, Verbänden, Parteien oder Kirchen, das mit dem Eintritt in den Ruhestand zunächst an Bedeutung gewinnt, sich mit zunehmendem Alter jedoch wieder reduziert (vgl. BMAS 2017: 457f.; Böger/Huxhold/Wolff 2017; Wetzel/Simonson 2017: 86; Vogel/Romeu Gordo 2019: 120f.).

Trotz der Dominanz familiärer Beziehungen gewinnen die nichtverwandtschaftlichen sozialen Netzwerke im Alter allerdings an Bedeutung. Die Ausbreitung der Erwerbstätigkeit und die Zunahme der Kinderlosigkeit führen dazu, dass ihr Stellenwert wächst. Neben informellen Kontakten und Unterstützungsleistungen zwischen Bekannten, Nachbarn oder Freunden rücken mit zunehmendem Alter und entsprechenden Einschränkungen auch Beziehungen zu professionellen Helfern sowie institutionell arrangierte Treffen und Veranstaltungen stärker in den Vordergrund. Von sozialer Isolation und Einsamkeit sind in erster Linie hochaltrige, alleinstehende Menschen betroffen, die – zumeist aufgrund ihrer Pflegebedürftigkeit – in stationären Einrichtungen leben. Ihnen mangelt es vor allem an informellen Begegnungsmöglichkeiten und emotionaler Zuwendung (vgl. Backes/Clemens 2013: 243ff., 264ff.; Voges 2008: 272).

Generell ist jedoch das Einsamkeitsempfinden im fortgeschrittenen Lebensalter (77-83-Jährige) seit den 1990er-Jahren rückläufig. 2014 war es in der Altersgruppe der 70-85-Jährigen auch geringer ausgeprägt als in jüngeren Altersgruppen (40-54 und 55-69 Jahre), obwohl die Zahl der sozialen Kontakte mit zunehmendem Alter abnimmt. Vermutlich ist weniger die Anzahl als die Qualität der sozialen Kontakte für das Erleben von Einsamkeit von Bedeutung. Insbesondere Menschen mit einer geringen Anzahl von Beziehungen, in denen sie Rat oder Trost erhalten können, fühlen sich häufiger einsam. Zudem berichten Personen, die sich als sozial ausgeschlossen wahrnehmen, häufiger von Einsamkeit. Den Eindruck, aus der Gesellschaft ausgeschlossen zu sein, äußern wiederum relativ oft Menschen mit niedriger Bildung und sowie Menschen, die von Armut betroffen sind (vgl. Böger/Wetzel/Huxhold 2017).

Das Leben in einer Partnerschaft stellt jedoch nach wie vor die häufigste Lebensform im Alter dar und der Lebenspartner ist auch die wichtigste Unterstützungsressource. 2014 waren 63,5% der 70- bis 85-Jährigen verheiratet, wobei die Quote der verheirateten Männer mit zunehmendem Alter immer deutlicher über der Quote der verheirateten Frauen liegt. Zudem lebten knapp 6% in einer nichtehelichen Partnerschaft (vgl. Engstler/Klaus 2017: 205f.; Statistisches Bundesamt 2016: 63).

Grundsätzlich wird die Dynamik und Entwicklung langjähriger Paarbeziehungen im Regelfall von drei zentralen Übergängen geprägt: dem Auszug der Kinder aus dem Elternhaus, dem Ausscheiden aus dem Erwerbsleben sowie dem Auftreten gravierender gesundheitlicher Beeinträchtigungen, die zu einer Pflegebedürftigkeit führen (vgl. Baas/Schmitt 2010: 380f.). Die beiden ersten Übergänge führen jeweils zu einem mehr an gemeinsamer freier Zeit und rücken die Gestaltung der Beziehung stärker in den Mittelpunkt, woraus sowohl eine erhöhte Zufriedenheit wie auch vermehrte Konflikte resultieren können. Der Eintritt einer Pflegebedürftigkeit führt vor allem zu besonderen physischen und psychischen Belastungen des pflegenden Partners, der in den meisten Fällen die Hauptpflegeperson ist. Mit Blick auf die Partnerschaft ist auch hier offen, inwieweit die Pflegesituation aufgrund von Stress und Überforderung von beiden als belastend empfunden wird oder aber zu besonderer Vertrautheit und Intimität beiträgt, die beide als bereichernd und befriedigend erleben (vgl. ebd.). Insgesamt ist die Zufriedenheit mit der Paarbeziehung entscheidend für das subjektive Wohlbefinden im Alltag.

Ob die sexuelle Aktivität im Alter nachlässt, ist bislang nicht eindeutig geklärt. Zwar wird dies häufig aufgrund der Zunahme gesundheitlicher Beeinträchtigungen sowie der vermeintlich nachlassenden körperlichen Attraktivität und entsprechender Rollenklischees vermutet. Empirische Belege dafür gibt es jedoch nicht. Gesichert ist vielmehr, dass sexuelle Bedürfnisse und Interessen lebenslang bestehen und neben dem Geschlechtsverkehr in vielfältiger Form, etwa durch Berührungen und Zärtlichkeiten, Selbstbefriedigung und Flirts, Phantasien und Träume, bis hin zur Pflege der eigenen Attraktivität, ausgelebt werden können. Durch gesundheitliche Einschränkungen bzw. den daraus resultierenden Lebensumständen kann die Befriedigung sexueller Interessen allerdings nennenswert beeinträchtigt werden (vgl. ebd.: 381f.).

Trennungen oder Scheidungen sind im fortgeschrittenen Lebensalter eher selten. Die Beziehungen enden in der Regel mit dem Tod des Partners (vgl. Statistisches Bundesamt 2018h: 10, 24f.). Tritt dieser Fall ein, erhöht sich das Erkrankungs- und Sterberisiko der Verwitweten (vgl. Voges 2008: 255). Das Ende einer langjährigen Partnerschaft, auf die sich der Alltag zunehmend konzentriert hat, und der damit einhergehende Verlust an vertrauter Gewohnheit und Sicherheit erfordert erhebliche Anpassungsleistungen und Neuorientierungen, die im fortgeschrittenen Lebensalter schwieriger zu bewältigen sind. Das Eingehen einer neuen Partnerschaft ist dabei eine Ausnahme, da einerseits der „Markt der Möglichkeiten" mit fortschreitendem Alter kleiner und unausgewogener (mehr Frauen als Männer) wird, andererseits aber auch nach dem Tod des meist langjährigen Partners keine neuen Verbindungen mehr angestrebt werden (vgl. Nowossadeck/Engstler 2013: 7; Statistisches Bundesamt 2017b: 120f.).

Mit dem Wegfall beruflicher und familialer Verpflichtungen rückt im Alter die Gestaltung des alltäglichen Tagesablaufs stärker in den Vordergrund. Es entsteht die Notwendigkeit eine neue Sinn- und Tagesstruktur zu entwickeln. Dies führt in der Regel zu einer gewissen Ritualisierung des Alltags, in deren Rahmen die Erfordernisse des alltäglichen Lebens wie die Zubereitung und Einnahme von Mahlzeiten, Besorgungen und Erledigungen, Arzttermine oder die Körperpflege an Bedeutung gewinnen (Prahl/Schroeter 1996: 147). Zugleich verändern sich auch die Muster der partnerschaftlichen Arbeitsteilung. Sofern sie sich zuvor traditionell gestalteten, rückt der Mann nunmehr näher an die alltägliche Haushaltsführung heran, was einerseits die über Jahre gewachsene Autonomie der Frau in diesem Bereich einschränkt, andererseits aber auch ihre Position im Rahmen des partnerschaftlichen Machtgefüges stärkt, da sie hinsichtlich der Haushaltsführung in der Regel kompetenter ist und die Gestaltung der Abläufe und Zuständigkeiten vorgibt (vgl. Kohli 1994: 252).

## 9. Alter

> Im Alter gewinnt das Familienleben an Bedeutung. Langjährige Beziehungen zwischen drei Generationen sind zunehmend zur Regel geworden. Das Leben in einer Partnerschaft ist auch im Alter die häufigste Lebensform und der Lebenspartner die wichtigste Unterstützungsressource. Der Alltag ist von einer Ritualisierung des Tagesablaufs geprägt und die Muster der partnerschaftlichen Arbeitsteilung verändern sich.

Neben der Erledigung alltäglicher Pflichten gewinnen Ruhezeiten, Fernsehen, Lesen, Spazierengehen, Reisen, Vereinsmitgliedschaften, Treffen in informellen Gruppen sowie familiäre Aktivitäten an Bedeutung. Dabei spielen in der Familie vor allem der Besuch und die Betreuung der Enkelkinder sowie Pflegetätigkeiten eine Rolle. Allerdings gehen Pflege- und Betreuungstätigkeiten, ebenso wie das soziale und ehrenamtliche Engagement, in höherem Alter zurück (vgl. oben sowie Backes/Clemens 2013: 224; Thieme 2008: 276ff.; Voges 2008: 202ff.; Künemund 2006: 300ff.). Gleiches gilt auch für die Wahrnehmung von Bildungsangeboten, die sich ohnehin auf einem vergleichsweise niedrigen Niveau bewegt (vgl. Künemund 2006: 311ff.; Thieme 2008: 287f.; Backes/Clemens 2013: 228f.). Das Ausmaß kultureller Aktivitäten ist primär vom Bildungsniveau abhängig (vgl. Kolland 2010: 357).

### 9.2.3 Gesundheit, Pflegebedürftigkeit und soziale Unterstützung

Die normalen, unabwendbaren Prozesse des Alterns führen dazu, dass der Gesundheitszustand älterer Menschen in vielerlei Hinsicht beeinträchtigt sein kann. Typische altersbedingte gesundheitliche Einschränkungen sind Gelenk-, Gefäß- und Stoffwechselerkrankungen, wie Arthritis, Arthrose, Arteriosklerose, Schlaganfall oder Diabetes. Hinzu treten Einschränkungen der Funktionsfähigkeit der inneren Organe, der Sinnesorgane sowie hirnorganische Erkrankungen (Demenzen) (vgl. Thieme 2008: 175ff., 183ff.; Voges 2008: 134ff.; Backes/Clemens 2013: 113ff., 214ff.). Allgemein nimmt im Alter die Zahl der Erkrankungen zu (Multimorbidität), schwerere Erkrankungen treten häufiger auf und das Unfallrisiko steigt ebenfalls (vgl. Wurm/Tesch-Römer 2006: 341; Wolff/Nowossadeck/Spuling 2017: 129f.). Dadurch kommt es zu Mobilitätseinbußen sowie zu einer höheren Wahrscheinlichkeit der Hilfs- und Pflegebedürftigkeit. Allerdings ist etwa nur jede achte Person (13%) zwischen 70 und 85 Jahren auf Unterstützung angewiesen (vgl. Wurm/Tesch-Römer 2006: 350).

Zwischen gesundheitlicher und sozialer Lage bestehen enge Wechselwirkungen. Lebensstil und Lebensbedingungen beeinflussen in allen Lebensphasen kontinuierlich das gesundheitliche Befinden und zeigen langfristig zunehmend Konsequenzen. Auch wenn im fortgeschrittenen Alter die biologischen Prozesse des Alterns immer stärker in den Vordergrund rücken, bleibt der soziale Status, insbesondere hinsichtlich Bildung und Einkommen, von erheblicher Bedeutung (vgl. Lampert et al. 2017: 81ff.; BMAS 2017: 445f., 513ff; Wolff/Nowossadeck/Spuling 2017: 130f.).

Das Risiko, pflegebedürftig zu werden, steigt mit zunehmendem Alter an. 2017 waren 10,5% der 75- bis 79-Jährigen, 19,3% der 80- bis 84-Jährigen, 35,6% der 85- bis 89-Jährigen und 57,8% der über 89-Jährigen pflegebedürftig. Die meisten von ihnen werden zu Hause durch Familienangehörige betreut, die mehrheitlich selbst bereits 55 Jahre und älter sind. In der Regel sind dies die Kinder bzw. Schwiegerkinder oder die (Ehe-)Partner und zu ca. 65% Frauen. Ergänzende professionelle Hilfe nimmt nur etwa ein Drittel von ihnen in Anspruch (vgl. Statistisches Bundesamt 2018e: 16, 20, 2018i: 18; Wetzstein/Rommel/Lange 2015: 3f. sowie Kap. 6.3.2).

Der überwiegende Teil älterer Menschen möchte dauerhaft – auch im Fall des Pflege- und Unterstützungsbedarfs – in der meist seit langer Zeit vertrauten Wohnung sowie dem dazugehörigen sozialen Umfeld leben (vgl. Thieme 2008: 254; Voges 2008: 219; BMAS 2013: 307). Tatsächlich leben 93% der über 64-Jährigen und selbst zwei Drittel der Pflegebedürftigen dieser Altersgruppe in einer normalen Wohnung (vgl. BMAS 2017: 468). Mit zunehmendem Alter steigt jedoch aufgrund wachsender gesundheitlicher Beeinträchtigungen der Unterstützungsbedarf, während die informellen sozialen Unterstützungsnetzwerke tendenziell kleiner werden. Auf dezentrale, professionelle Unterstützungsstrukturen kann bislang nach wie vor nur bedingt unter engen zeitlichen Restriktionen zurückgegriffen werden und die meisten Wohnungen sind nicht auf die Bedürfnisse alter Menschen ausgerichtet. Nur ca. 2% aller Wohnungen in Deutschland entsprechen den Standards einer altersgerechten Barrierefreiheit (vgl. ebd.: 469). Dadurch ist die Wahrscheinlichkeit hoch, im fortgeschrittenen Alter entgegen der eigenen Wunschvorstellung die vertraute Umgebung verlassen und in eine andere Wohnform übersiedeln zu müssen. Obwohl höchstens 5% der über 64-Jährigen in einer stationären Altenhilfeeinrichtung leben, lag bereits in den 1990er-Jahren die Wahrscheinlichkeit, irgendwann dorthin überzusiedeln, in dieser Altersgruppe bei 40% für Männer und 70% für Frauen (vgl. Klein/Salaske 1994; Voges 2008: 212f.; Voges/Zinke 2010: 302). Neuere Schätzungen gehen davon aus, dass mindestens ein Drittel der Menschen über 80 Jahre die letzte Lebensphase in einem Pflegeheim verbringt (vgl. Nowossadeck/Engstler 2013: 14; Statistisches Bundesamt 2016: 59).

Im Fall der Pflegebedürftigkeit entstehen sowohl in häuslichen wie auch in institutionellen Kontexten einseitige Abhängigkeiten und damit ein erhöhtes Risiko, Opfer von Gewalt zu werden. Während etwa 3% der über 65-Jährigen von Gewalt betroffen sind, ist die Quote bei den hilfe- und pflegebedürftigen Personen mindestens dreimal so hoch (vgl. Gröning/Lietzau 2010: 361). Als Auslöser gelten besondere Belastungs-, Stress- und Überforderungssituationen, die aus der Pflegebeziehung, familiären Abhängigkeiten und Konflikten oder den institutionellen Rahmenbedingungen von Einrichtungen resultieren (vgl. Gröning/Lietzau 2010: 362ff.; Tesch-Römer 2010: 239ff.; Backes/Clemens 2013: 274ff.).

Im Alter nimmt die Zahl der Erkrankungen zu, schwerere Erkrankungen treten häufiger auf und das Unfallrisiko steigt. Der Gesundheitszustand ist aber auch vom Lebensstil und der sozialen Lage älterer Menschen abhängig. Das Risiko, pflegebedürftig zu werden, wächst mit zunehmendem Alter. Vor allem für Frauen ist die Wahrscheinlichkeit hoch, aufgrund fehlender Unterstützungsstrukturen und einer nicht bedarfsgerechten Wohnung die vertraute Umgebung verlassen und die letzte Lebensphase entgegen der eigenen Wunschvorstellung in einer stationären Altenhilfeeinrichtung verbringen zu müssen.

## 9.3 Alter und demografischer Wandel

### 9.3.1 Demografische Entwicklungstrends

Sehr viel breiter und öffentlichkeitswirksamer als die Aspekte des Alterns wird in Deutschland die Tatsache diskutiert, dass es immer mehr alte Menschen gibt. Die Lebenserwartung hat sich innerhalb der letzten hundert Jahre annähernd verdoppelt und die Geburtenrate im gleichen Zeitraum mehr als halbiert (vgl. Kap. 9.1.3 bzw. 6.2.2). Dadurch verändert sich die Zusammensetzung der Bevölkerung. Die demografischen Trends führen parallel aber auch dazu, dass die Zahl der Menschen, die in Deutschland leben, nur noch in den nächsten Jahren leicht ansteigen wird und im Jahr 2060 in etwa das Niveau von 2018 haben oder sogar leicht rückläufig sein wird. Damit zeichnet sich in Deutschland eine Bevölkerungsentwicklung entgegen dem Trend bei der Weltbevölkerung ab, die nach Prognosen der Vereinten Nationen von 7,6 Milliarden im Jahr 2018 voraussichtlich auf ca. 9 bis 11,5 Milliarden im Jahr 2060 anwachsen wird (vgl. UN 2019). Nach den Bevölkerungsvorausberechnungen des Statistischen Bundesamts werden im Jahr 2060 etwa 74 bis 83 Millionen Menschen in Deutschland leben. Im Jahr 2018 waren es 83 Millionen (vgl. Statistisches Bundesamt 2019q: 17ff. sowie Tabelle 3). Die stagnierenden oder gar rückläufigen Einwohnerzahlen und die sich verändernde Zusammensetzung der Bevölkerung werden in der Regel unter dem Stichwort „demografischer Wandel" thematisiert.

Grundsätzlich ist die Bevölkerungsentwicklung von drei Faktoren abhängig: der Entwicklung der Geburtenrate (Fertilität), der Entwicklung der Lebenserwartung (Mortalität) sowie der Entwicklung der Wanderungsbewegungen (Migration). Den Prognosen für Deutschland liegen jeweils unterschiedliche Annahmen zur Entwicklung dieser drei Variablen zugrunde, aus deren Kombinationen dann jeweils entsprechende Szenarien entwickelt werden (vgl. Statistisches Bundesamt 2019q: 13ff., 47).[55]

Da die Geburtenrate in den zurückliegenden Jahrzehnten nur geringfügig schwankte (vgl. Kap. 6.2.2), wird bei den Bevölkerungsvorausberechnungen in den sogenannten Hauptvarianten 1 bis 3 von einer auch zukünftig konstanten Geburtenrate (1,55 Kinder pro Frau) ausgegangen, während bezüglich der Lebenserwartung Neugeborener bis 2060 eine moderate Erhöhung von gegenwärtig 83,2 auf 88,1 Jahre bei Frauen bzw. 78,4 auf 84,4 Jahre bei Männern unterstellt wird. Hinsichtlich der Wanderungssalden legen die Prognosen ein jährliches Plus an Zuwanderungen gegenüber den Abwanderungen (Nettozuwanderung) in Höhe von 147.000 Personen pro Jahr in der Variante 1, 211.000 Personen pro Jahr in der Variante 2 sowie 311.000 Personen pro Jahr in der Variante 3 zugrunde (vgl. Statistisches Bundesamt 2019q: 13ff., 47).

---

[55] Die 14. koordinierte Bevölkerungsvorausberechnung des Statistischen Bundesamts, auf die hier Bezug genommen wird, umfasst neun Hauptvarianten, zwölf weitere Varianten sowie neun Modellrechnungen. Die Darstellung beschränkt sich im Folgenden auf die Hauptvarianten 1 bis 3.

*Tabelle 3: Voraussichtliche Entwicklung der Bevölkerung in Deutschland (in Millionen)*

|      | Variante 1 | Variante 2 | Variante 3 |
|------|------------|------------|------------|
| 2018 | 82,90      | 82,90      | 82,90      |
| 2020 | 83,36      | 83,36      | 83,40      |
| 2030 | 83,08      | 83,34      | 84,34      |
| 2040 | 80,72      | 82,09      | 84,23      |
| 2050 | 77,57      | 80,20      | 83,64      |
| 2060 | 74,39      | 78,21      | 83,01      |

Quelle: Statistisches Bundesamt 2019q: 53-55.

Die Ursachen für den bis 2060 zu erwartenden Bevölkerungsrückgang nach den Varianten 1 und 2 liegen zunächst einfach darin, dass mehr Menschen sterben als geboren werden und das vermutliche Plus an Zuwanderungen gegenüber den Abwanderungen diese Lücke nicht schließen kann. Nach der Variante 3 wäre dies aufgrund der Annahme einer stärkeren Zuwanderung möglich.

Da die geburtenstarken Jahrgänge aus den 1950er- und 1960er-Jahren, die gegenwärtig überwiegend noch im Erwerbsleben stehen, langsam ins fortgeschrittene Alter vorrücken, wird in den nächsten Jahrzehnten bis zur Mitte des einundzwanzigsten Jahrhunderts der Anteil der Menschen im fortgeschrittenen Lebensalter an der Gesamtbevölkerung weiter steigen und der Anteil der Menschen im mittleren Lebensalter weiter zurückgehen (vgl. ebd.: 19ff.). Aufgrund des langfristigen Rückgangs der Geburtenrate sowie einer zunehmend höheren Lebenserwartung (vgl. Kap. 6.2.2) hat sich der Altersaufbau der Bevölkerung seit der Industrialisierung kontinuierlich in die Richtung eines höheren Anteils älterer Menschen an der Gesamtbevölkerung verschoben:

## 9. Alter

*Abbildung 16: Altersaufbau der Bevölkerung in Deutschland.*

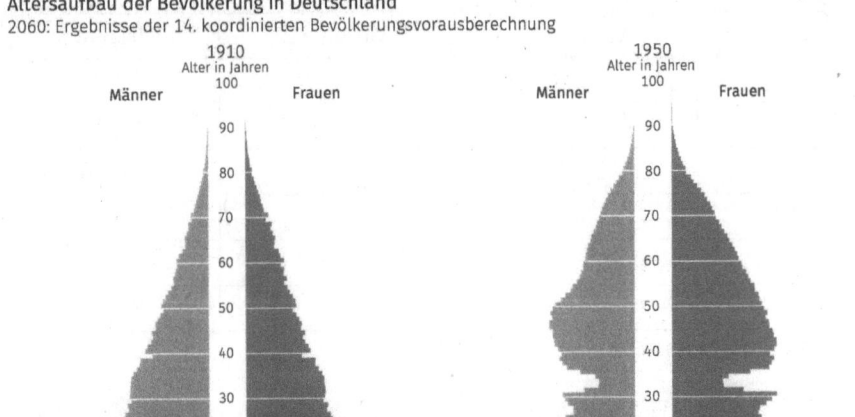

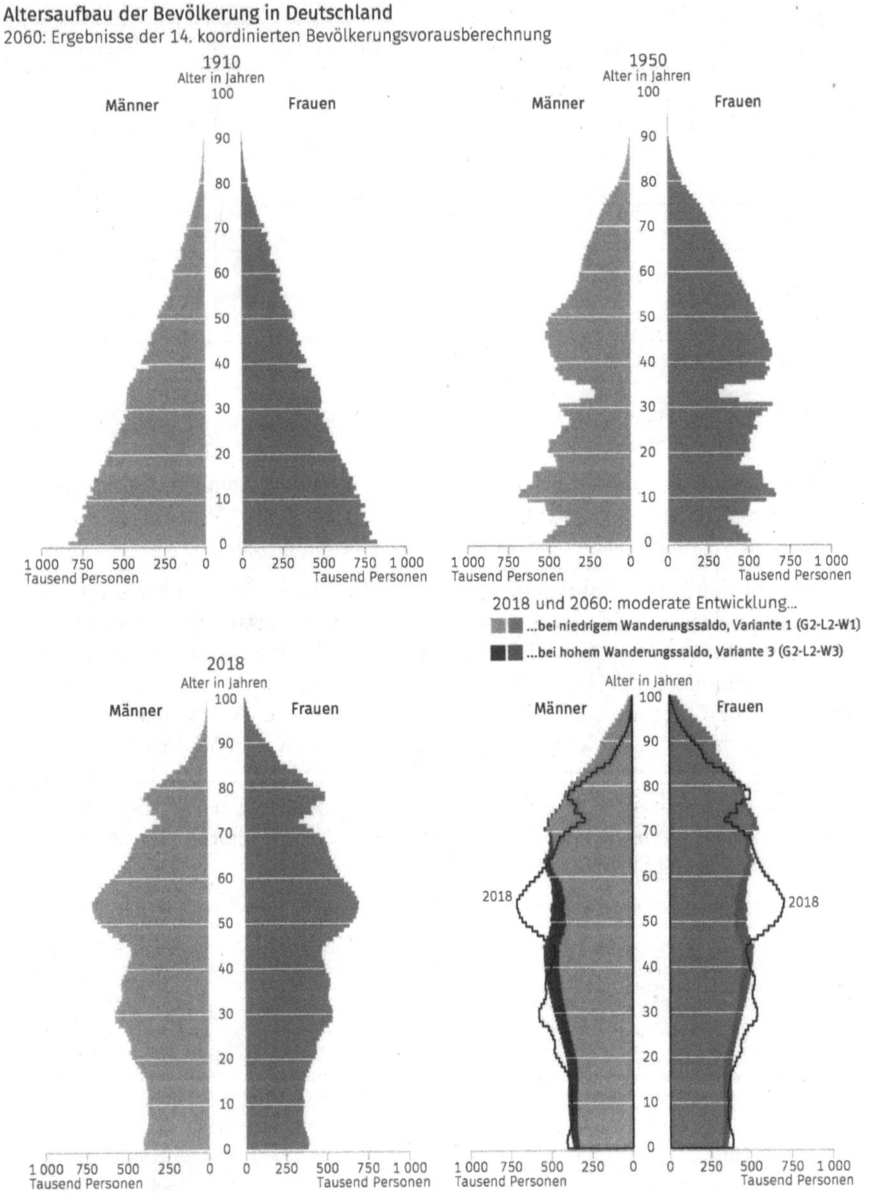

Quelle: Statistisches Bundesamt 2019q: 20.

Hinsichtlich der gesellschaftlichen und sozialen Konsequenzen demografischer Entwicklungstrends ist insbesondere die Relation der Bevölkerung im mittleren Lebensalter (20 bis 64 Jahre) zur jüngeren (unter 20-jährige) und älteren Bevölkerung (65 Jahre und älter) von Bedeutung, da die mittlere Gruppe durch ihre Erwerbstätigkeit jeweils für die noch nicht bzw. nicht mehr im Erwerbsleben stehenden sorgen muss. Das Verhältnis der Zahl der Menschen im Erwerbsalter zur Zahl der Menschen im jungen Lebensalter wird als Jugendquotient und das Verhältnis zur Zahl der Menschen im fortgeschrittenen Lebensalter als Altenquotient bezeichnet. Die Summe beider Quotienten ergibt den Gesamtquotienten, der angibt, in welchem Ausmaß die Erwerbsbevölkerung für die anderen Bevölkerungsgruppen aufkommen muss (vgl. Statistisches Bundesamt 2019q: 27). Dieser Gesamtquotient wird in den kommenden Jahrzehnten aufgrund des wachsenden Anteils älterer Menschen deutlich ansteigen:

*Tabelle 4: Jugend-, Alten- und Gesamtquotient mit den Altersgrenzen 20 und 65 Jahre (auf 100 20- bis unter 65-Jährige kommen)*

|  | 2018 | 2020 | 2030 | 2040 | 2050 | 2060 |
|---|---|---|---|---|---|---|
| Variante 1 | | | | | | |
| Jugendquotient | 30,6 | 30,7 | 34,2 | 33,9 | 32,7 | 35,0 |
| Altenquotient | 35,7 | 36,7 | 47,2 | 53,9 | 55,1 | 60,3 |
| Gesamtquotient | 66,3 | 67,5 | 81,4 | 87,8 | 88,5 | 95,3 |
| Variante 2 | | | | | | |
| Jugendquotient | 30,6 | 30,7 | 34,1 | 33,9 | 32,8 | 34,7 |
| Altenquotient | 35,7 | 36,7 | 47,0 | 52,6 | 53,8 | 57,5 |
| Gesamtquotient | 66,3 | 67,5 | 81,2 | 86,5 | 86,6 | 92,2 |
| Variante 3 | | | | | | |
| Jugendquotient | 30,6 | 31,0 | 34,7 | 34,3 | 33,3 | 34,9 |
| Altenquotient | 35,7 | 36,8 | 46,4 | 50,9 | 51,1 | 53,7 |
| Gesamtquotient | 66,3 | 67,8 | 81,1 | 85,2 | 84,4 | 88,6 |

Quelle: Statistisches Bundesamt 2019q: 53-55.

Der Gesamtquotient wird bei einer moderaten Entwicklung der Fertilität, Lebenserwartung und Wanderung nach der Variante 2 im Jahr 2060 bei etwa 92 liegen, das heißt auf 100 Personen im Alter zwischen 20 und 64 Jahren werden dann ungefähr 92 Personen kommen, die entweder unter 20 Jahre alt sind (ca. 35) oder 65 Jahre und älter sind (ca. 57). Im Jahr 2018 lag der Wert für den Gesamtquotienten noch bei ca. 66. Wie die Abbildung 17 verdeutlicht, erreichte er allerdings um 1970 schon einmal mit knapp 80 ein Niveau, das voraussichtlich erst um das Jahr 2030 wiedererlangt werden wird. Ebenso bewegte er sich Ende des neunzehnten Jahrhunderts aufgrund der hohen Kinderzahlen bereits über dem Niveau, das für 2060 prognostiziert wird. Die zukünftig zu erwartenden Konstellationen sind in-

# 9. Alter

sofern hinsichtlich des Altenquotienten neuartig, hinsichtlich des Gesamtquotienten jedoch historisch keineswegs einmalig.

*Abbildung 17: Jugend-, Alten- und Gesamtquotient (1871-2060)*

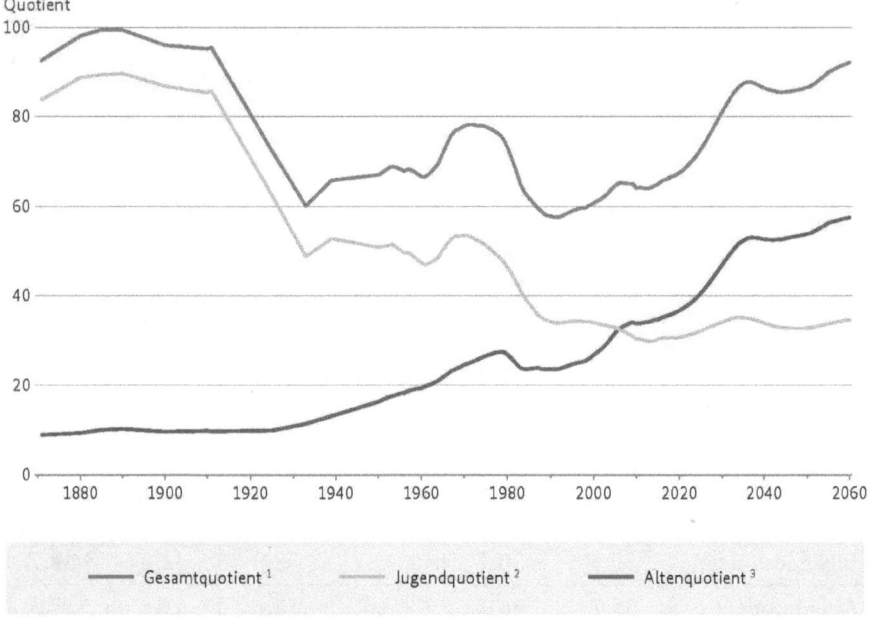

[1] Anzahl Personen unter 20 Jahre und über 65 Jahre je 100 Personen im Alter 20-64 Jahre
[2] Anzahl Personen unter 20 Jahre je 100 Personen im Alter 20-64 Jahre
[3] Anzahl Personen über 65 Jahre je 100 Personen im Alter 20-64 Jahre

Ab 2019 Ergebnisse der 14. Koordinierten Bevölkerungsvorausberechnung des Bundes und der Länder (Variante 2).
Quelle: BiB (Bundesinstitut für Bevölkerungsforschung) 2020.

> Der demografische Wandel führt dazu, dass in den kommenden Jahrzehnten der Anteil älterer Menschen an der Gesamtbevölkerung zunehmen wird. Die Relation der Erwerbsbevölkerung im mittleren Lebensalter zur jüngeren und älteren Bevölkerung ist jedoch historisch keineswegs einmalig.

## 9.3.2 Konsequenzen des demografischen Wandels

Zukunftsprognosen schreiben bestehende Trends fort. Überraschende Ereignisse und Prozesse können sie naturgemäß nicht voraussehen. An den Modellrechnungen zur Bevölkerungsentwicklung der nächsten 50 Jahre haftet daher immer die Unsicherheit, inwieweit sich das Verhalten der Menschen ebenso wie die gesellschaftlichen Rahmenbedingungen weiterhin so gestalten wie bisher. Soziale Umbrüche, gesellschaftliche Krisen, kriegerische Konflikte oder Katastrophen, die es in der Vergangenheit immer wieder gegeben hat, können die Lebenserwartung,

Geburtenraten und Wanderungsbewegungen auch zukünftig nennenswert beeinflussen (vgl. Ebert/Kistler 2007: 42ff.). Gleichwohl ist die demografische Entwicklung in ihrer Grundtendenz relativ eindeutig und auch nicht kurzfristig revidierbar, da wesentliche Elemente der zukünftigen Entwicklung bereits in den heutigen Lebensverhältnissen angelegt sind. Daher werden in den kommenden Jahrzehnten mit großer Wahrscheinlichkeit von einer rückläufigen Zahl Erwachsener im mittleren Lebensalter mehr Mittel für die Versorgung einer zunehmenden Zahl älterer Menschen aufzubringen sein.

Während sich beispielsweise nach der Variante 2 der 14. koordinierten Bevölkerungsvorausberechnung des Statistischen Bundesamts der Altenquotient bis 2060 gegenüber heute um mehr als 60% erhöht, steigt jedoch der Gesamtquotient, der die „Belastungen" der Bevölkerung im Erwerbsalter durch alle anderen Altersgruppen zum Ausdruck bringt, nicht in gleichem Maße. Er wird sich lediglich um knapp 40% von 66,3 auf 92,2 erhöhen. Gegenüber dem bisherigen Nachkriegshöchststand im Jahr 1970 steigt er sogar nur um etwa 18% (von 78,0 auf 92,2). Legt man für 2060 die Gruppe der 20- bis 64-Jährigen und – wie in zurückliegenden Bevölkerungsvorausberechnungen üblich – für 1970 die Gruppe der 20- bis 60-Jährigen als mittlere Altersgruppe zugrunde, was aufgrund des verbesserten Gesundheitszustandes, des steigenden Bedarfs an älteren Arbeitskräften und der hiermit voraussichtlich verbundenen längeren Erwerbszeiten durchaus nicht unrealistisch erscheint (vgl. Bosbach 2004: 101), wäre der Gesamtquotient im Jahr 2060 sogar geringer als 1970. Die steigende „Belastung" der mittleren Altersgruppe aufgrund des demografischen Wandels hätte sich unter diesen Voraussetzungen somit zu einer „Entlastung" entwickelt.

Grundsätzlich stellt sich aber auch die Frage, wie eine relativ hohe Quote von mit zu versorgenden jungen und alten Menschen in den zurückliegenden Jahren ohne große Diskussionen um vermeintliche demografische Belastungen bewältigt werden konnte, als die Gesellschaft bei Weitem noch nicht über die Mittel wie aktuell und voraussichtlich zukünftig verfügte. Der Schlüssel zur Beantwortung dieser Frage liegt in der Entwicklung der Arbeitsproduktivität. Sie ermöglichte es, die Bedürfnisse von immer mehr Menschen zu befriedigen und das Wohlstandsniveau aller Bevölkerungsgruppen trotz des wachsenden Anteils nichterwerbstätiger Personen zu steigern. Daher wird auch zukünftig nicht die biologische Zusammensetzung der Bevölkerung, sondern die Produktivität der Erwerbstätigen dafür entscheidend sein, welche Folgen der demografische Wandel für eine Gesellschaft mit sich bringt.

Prognosen gehen davon aus, dass sich die Arbeitsproduktivität in den kommenden Jahrzehnten jährlich um etwa 1,25% erhöhen wird. Unter diesen Voraussetzungen wäre die Erwerbsbevölkerung auch zukünftig nicht schlechter gestellt als heute. Aufgrund des steigenden Anteils alter Menschen würde sie lediglich weniger als bislang am Zuwachs partizipieren (vgl. Bosbach 2004: 101f.).

Obwohl sich der demografische Wandel demnach unter der Perspektive ökonomischer Belastungen weit weniger dramatisch darstellt, als vielfach befürchtet wird, verbinden sich mit der zunehmenden Zahl älterer Menschen in Deutschland jedoch durchaus erhebliche gesellschaftliche Veränderungen. So wird die Nachfrage nach sozialen Unterstützungs- und Pflegeleistungen für alte Menschen deutlich steigen und das Angebot an Gütern und Dienstleistungen sich generell sehr viel stärker an den Bedürfnissen älterer Menschen orientieren. Der Bedarf an altengerechten Wohnungen, Mobilitätsmöglichkeiten und Freizeitangeboten wird deutlich wachsen. Politisch werden ältere Menschen ebenso an Gewicht gewinnen und auch die Wissenschaft wird in Forschung und Lehre stärker auf die Lebenslage und Bedürfnisse alter Menschen Bezug nehmen.

Sofern bis zum Jahr 2060 entsprechend der Berechnungsvarianten 1 und 2 des Statistischen Bundesamts die Zahl junger Menschen in Deutschland rückläufig sein sollte (vgl. Statistisches Bundesamt 2019q: 53f.), wird sich das Verhältnis von Angebot und Nachfrage auf dem Arbeitsmarkt verschieben, was unter anderem der jüngeren Generation bei der Suche nach geeigneten Beschäftigungsmöglichkeiten zugutekommen und die Erwerbstätigkeit im fortgeschrittenen Lebensalter erhöhen dürfte. Ein Bevölkerungsrückgang würde zu sinkenden Einwohnerzahlen in den Städten und Gemeinden führen, wobei sich allerdings bereits jetzt deutliche regionale Unterschiede zeigen. Insgesamt könnte dies jedoch die Chancen für viele Menschen erhöhen, eine angemessene und bezahlbare Wohnung zu finden. Legt man die bisherigen alterstypischen Verhaltensweisen zugrunde, werden aufgrund des demografischen Wandels vermutlich auch die Kriminalität und die Gefahren im Straßenverkehr zurückgehen. Darüber hinaus werden die jüngeren Menschen nicht nur anteilig einen größeren Teil vom (insgesamt wachsenden) gesellschaftlichen Reichtum an Ältere abtreten müssen, sondern parallel auch mehr von ihnen erhalten. Langlebige Güter und Ressourcen, wie etwa Wohnungen, Häuser und Ersparnisse, werden von immer mehr älteren Menschen an immer weniger Jüngere weitergegeben.

Schließlich sollte bei der Diskussion um den demografischen Wandel in Deutschland bedacht werden, dass es hinsichtlich der Ressourcenverteilung zwischen den Generationen nicht um eine drohende Verarmung der Erwerbsbevölkerung geht, sondern um die Frage menschenwürdiger Lebensbedingungen und Verwirklichungschancen für alle Bevölkerungsgruppen in einem der reichsten Länder der Erde. Die (wachsenden) Konsummöglichkeiten jüngerer und mittlerer Generationen müssen insofern in einem angemessenen Verhältnis zum Anspruch alter Menschen auf eine soziale und pflegerische Unterstützung stehen, die für diesen Personenkreis eine unabdingbare Voraussetzung für elementare Formen der Lebensführung und gesellschaftlichen Teilhabe darstellt.

> Aus ökonomischer Sicht sind die Folgen des demografischen Wandels weniger von der biologischen Zusammensetzung der Bevölkerung, sondern primär von der Entwicklung der Arbeitsproduktivität der Erwerbstätigen abhängig. Aus dieser Perspektive stellen sie sich weit weniger dramatisch dar, als vielfach befürchtet wird. Mit der zunehmenden Zahl älterer Menschen in Deutschland sind jedoch weitreichende Veränderungen des sozialen Lebens verbunden. Insbesondere wird sich das Angebot an Gütern und Dienstleistungen sehr viel stärker an den Bedürfnissen älterer Menschen orientieren.

> **Zusammenfassung**
>
> Die Lebensphase Alter ist aus soziologischer Sicht nicht allein von unabweisbaren biologischen Entwicklungsprozessen geprägt, sondern ein soziales Konstrukt von Verhaltenserwartungen, das auf historisch gewachsenen Strukturen des Zusammenlebens beruht. Während in vormodernen Gesellschaften die lebenslange Arbeit selbstverständlich war, hat sich in der modernen Gesellschaft ein arbeitsfreier Lebensabschnitt herausgebildet, in dem ab einem bestimmten Alter eine materielle Versorgung aufgrund von langjähriger Lohnarbeit gewährleistet ist. Vor allem aufgrund der steigenden Lebenserwartung verlängerte und differenzierte sich diese Lebensphase zunehmend. Dabei ist eine Gruppe der sogenannten „Jungen Alten" entstanden, die selbstständig und noch sehr aktiv ist, während zugleich auch immer mehr Menschen die Phase der Hochaltrigkeit erreichen, in der sie häufiger von gesundheitlichen Beeinträchtigungen betroffen und auf Hilfe und Unterstützung angewiesen sind.
>
> Die Einkommensverhältnisse älterer Menschen haben sich in den Nachkriegsjahrzehnten kontinuierlich verbessert, so dass ihr Armutsrisiko mittlerweile unterdurchschnittlich ist. Ältere Frauen sind allerdings nach wie vor schlechter gestellt als ältere Männer. Mit zunehmendem Alter verändern sich die sozialen Netzwerke. Familiäre Beziehungen rücken gegenüber dem Kontakt zu Freunden und dem Engagement in Vereinen und Verbänden immer mehr in den Mittelpunkt. Angesichts der Ausbreitung der Erwerbstätigkeit und zunehmender Kinderlosigkeit wächst langfristig gleichwohl der Stellenwert nichtverwandtschaftlicher sozialer Netzwerke, insbesondere der Beziehungen zu professionellen Helfern und Institutionen. Langjährige Partnerschaften werden im Regelfall von drei zentralen Übergängen geprägt: dem Auszug der Kinder aus dem Elternhaus, dem Ausscheiden aus dem Erwerbsleben sowie dem Eintritt einer Pflegebedürftigkeit. Dadurch muss die Beziehung jeweils unter veränderten Bedingungen auf eine neue Grundlage gestellt werden. Mit zunehmendem Alter steigen Zahl und Schwere von Erkrankungen, wobei enge Wechselwirkungen zwischen gesundheitlicher und sozialer Lage bestehen. Auch das Risiko, pflegebedürftig zu werden, wächst. Zwar erhalten die meisten pflegebedürftigen Menschen zu Hause in der vertrauten Umgebung Unterstützung. Die Wahrscheinlichkeit ist jedoch hoch, im fortgeschrittenen Alter entgegen der eigenen Wunschvorstellung in eine andere Wohnform übersiedeln zu müssen.
>
> In den kommenden Jahrzehnten wird sich der Anteil älterer Menschen an der Gesamtbevölkerung erhöhen. Allerdings sind die sozialen Folgen dieses demografischen Wandels in vielfacher Hinsicht weit weniger dramatisch, als häufig befürchtet wird und keineswegs nur negativ.

## 9. Alter

> **Fragen zur Wiederholung**
> 1. Was hat zur Herausbildung des Alters als Lebensphase in der modernen Gesellschaft geführt?
>    Stichworte: Industrialisierung, Lohnarbeit, Alterssicherungssysteme.
> 2. Was sind die wesentlichen Strukturelemente des Alters in der modernen Gesellschaft?
>    Stichworte: Verlängerung des Alters als Lebensphase, Verjüngung, Entberuflichung, Feminisierung, Singularisierung, Hochaltrigkeit.
> 3. Was kennzeichnet die soziale Lage alter Menschen?
>    Stichworte: Materielle Sicherheit, zunehmende gesundheitliche Beeinträchtigung und Unterstützungsbedürftigkeit, Intensivierung von Familienbeziehungen, Neuarrangement der Partnerschaft, Rückzug aus Ämtern und Funktionen.
> 4. Welche Konsequenzen verbinden sich mit dem demografischen Wandel?
>    Stichworte: Zunehmende Zahl älterer Menschen, Entwicklung des Jugend-, Alten- und Gesamtquotienten, Entwicklung der Arbeitsproduktivität, soziale Veränderungen aufgrund einer veränderten Bevölkerungsstruktur.

Literatur zur Vertiefung:

Baas, Stephan/Schmitt, Marina, 2010: Partnerschaft und Sexualität im Alter. In: Aner, Kirsten/Karl, Ute (Hg.), Handbuch Soziale Arbeit und Alter. Wiesbaden: VS, S. 377-383.

Backes, Gertrud M./Clemens, Wolfgang, 2013: Lebensphase Alter. Eine Einführung in die sozialwissenschaftliche Alternsforschung. 4. Auflage. Weinheim/Basel: Beltz Juventa, S. 31-56, 95-119, 127-157, 203-214, 236-245, 359-368.

Barlösius, Eva, 2007: Die Demographisierung des Gesellschaftlichen. Zur Bedeutung der Repräsentationspraxis. In: Barlösius, Eva/Schiek, Daniela (Hg.), Demographisierung des Gesellschaftlichen. Analysen und Debatten zur demographischen Zukunft Deutschlands. Wiesbaden: VS, S. 9-34.

Borscheid, Peter, 1994: Der alte Mensch in der Vergangenheit. In: Baltes, Paul B./Mittelstrass, Jürgen/Staudinger, Ulrike M. (Hg.), Alter und Altern: Ein interdisziplinärer Studientext zur Gerontologie. Berlin/New York: de Gruyter, S. 35-61.

Kelle, Udo, 2008: Alter & Altern. In: Baur, Nina/Korte, Hermann/Löw, Martina/Schroer, Markus (Hg.), 2008: Handbuch Soziologie. Wiesbaden: VS, S. 11-31.

Klaus, Daniela/Mahne, Katharina, 2017: Zeit gegen Geld? Der Austausch von Unterstützung zwischen den Generationen. In: Mahne, Katharina/Wolff, Julia/Simonson, Katharina Julia/Tesch-Römer, Clemens (Hg.), Altern im Wandel. Zwei Jahrzehnte Deutscher Alterssurvey (DEAS). Wiesbaden: Springer VS, S. 247-256.

Kohli, Martin, 2013: Alter und Altern der Gesellschaft. In: Mau, Steffen/Schöneck, Nadine M. (Hg.), Handwörterbuch zur Gesellschaft Deutschlands. Band 1. 3. Auflage. Wiesbaden: Springer VS, S. 11-24.

Künemund, Harald/Kohli, Martin, 2010: Soziale Netzwerke. In: Aner, Kirsten/Karl, Ute (Hg.), Handbuch Soziale Arbeit und Alter. Wiesbaden: VS, S. 309-313.

Lejeune, Constanze/Romeu Gordo, Laura/Simonson, Julia, 2017: Einkommen und Armut in Deutschland: Objektive Einkommenssituation und deren subjektive Bewertung. In: Mahne, Katharina/Wolff, Julia/Simonson, Katharina Julia/Tesch-Römer, Clemens (Hg.), Altern im Wandel. Zwei Jahrzehnte Deutscher Alterssurvey (DEAS). Wiesbaden: Springer VS, S. 97-110.

Mahne, Katharina/Huxold, Oliver, 2017: Nähe auf Distanz: Bleiben die Beziehungen zwischen älteren Eltern und ihren erwachsenen Kindern trotz wachsender Wohnentfernungen gut? In: Mahne, Katharina/Wolff, Julia/Simonson, Katharina Julia/Tesch-Römer, Clemens (Hg.), Altern im Wandel. Zwei Jahrzehnte Deutscher Alterssurvey (DEAS). Wiesbaden: Springer VS, S. 215-230.

Schroeter, Klaus/Künemund, Harald, 2010: „Alter" als soziale Konstruktion – eine soziologische Einführung. In: Aner, Kirsten/Karl, Ute (Hg.), Handbuch Soziale Arbeit und Alter. Wiesbaden: VS, S. 393-401.

Thieme, Frank, 2008: Alter(n) in der alternden Gesellschaft. Eine soziologische Einführung in die Wissenschaft vom Altern. Wiesbaden: VS, S. 28-47, 183-206, 237-254, 260-271.

Vogel, Claudia/Künemund, Harald, 2018: Armut im Alter. In: Böhnke, Petra/Dittmann, Jörg/Goebel, Jan (Hg.), Handbuch Armut: Ursachen, Trends, Maßnahmen. Opladen/Toronto: Barbara Budrich, S. 144-153.

Voges, Wolfgang, 2008: Soziologie des höheren Lebensalters. Ein Studienbuch zur Gerontologie. Augsburg: Maro, S. 79-94, 245-286.

Wolff, Julia K./Nowossadeck, Sonja/Spuling, Svenja M., 2017: Altern nachfolgende Kohorten gesünder? Selbstberichtete Erkrankungen und funktionale Gesundheit im Kohortenvergleich. In: Mahne, Katharina/Wolff, Julia Katharina/Simonson, Julia/Tesch-Römer, Clemens (Hg.), Altern im Wandel. Zwei Jahrzehnte Deutscher Alterssurvey (DEAS). Wiesbaden: Springer VS, S. 125-137.

## Soziale Ungleichheiten und soziale Probleme

Nachdem in den ersten beiden Teilen Grundelemente und Formen sozialer Beziehungen erläutert wurden (Kap. 2-5) und im dritten Teil soziale Lagen aufgrund der Lebensformen und des Lebensalters im Mittelpunkt standen (Kap. 6-9), sollen nunmehr im vierten Teil die Strukturen und Entwicklungstendenzen sozialer Ungleichheiten und sozialer Probleme dargestellt werden (Kap. 10-11).

Gesellschaften bringen nicht nur eine bunte Vielfalt von Einstellungen, Lebensgewohnheiten und Geschmackspräferenzen hervor. Sie schaffen und stabilisieren auch soziale Positionen, die mit besseren oder schlechteren Lebensbedingungen bzw. mehr oder weniger Handlungsspielräumen und Verwirklichungschancen verbunden sind, und platzieren die Menschen im Rahmen dieser Sozialstruktur. Dieser Aspekt wird in der Soziologie als soziale Ungleichheit bezeichnet.

Jede Gesellschaft weist aufgrund ihrer Strukturen typische Muster sozialer Ungleichheit auf, die zum Beispiel mit den Begriffen der Klasse, der Schicht, der sozialen Lage oder des Milieus umschrieben werden. Zugleich können viele unterschiedliche Faktoren zu einer Besser- oder Schlechterstellung beitragen, etwa die soziale Herkunft, Geschlechter- und Produktionsverhältnisse, ein Migrationshintergrund, Bildungschancen und -karrieren, Familienkonstellationen und Lebensformen oder der Gesundheitszustand und das Lebensalter.

Die Ungleichheit von Lebenslagen kann im Extremfall Formen annehmen, die eine besondere Benachteiligung darstellen und die Möglichkeiten der Lebensführung grundlegend infrage stellen, so dass ihnen nach allgemeiner Auffassung entgegengewirkt werden sollte. In diesen Fällen, in denen soziale Ungleichheiten mit einer Aufforderung zum Handeln im Sinne der Vermeidung bzw. Abhilfe verbunden sind, spricht man in der Soziologie von sozialen Problemen.

Auch soziale Probleme können ganz unterschiedliche Formen annehmen und reichen beispielsweise von Armut, Arbeits- und Wohnungslosigkeit, Gewalt und Kriminalität, Benachteiligungen aufgrund der Herkunft, des Geschlechts, des Lebensalters oder der sexuellen Orientierung, Ausgrenzungen aufgrund von Wertorientierungen und Einstellungen, körperlichen oder kognitiven Beeinträchtigungen bis hin zu ethnischen Diskriminierungen und Rassismus.

Soziale Probleme entstehen aus den sozialen Ungleichheiten in einer Gesellschaft und sind der zentrale Ausgangs- und Bezugspunkt Sozialer Arbeit. (vgl. Kap. 1). Im Folgenden sollen daher zunächst Grundfragen sozialer Ungleichheit, theoretische Modelle ihrer Analyse und Beschreibung sowie zentrale Entwicklungstendenzen am Beispiel der Einkommensverhältnisse in Deutschland dargestellt werden (Kap. 10). Das elfte Kapitel schließt hieran an und widmet sich exemplarisch der Armut als einem sozialen Problem. Dabei stehen wiederum zwei Gesichtspunkte im Vordergrund. Einerseits das Verständnis von Armut bzw. Modelle ihrer Analyse und Beschreibung anderereits die empirische Entwicklung der Armut in Deutschland.

## 10. Soziale Ungleichheit

Soziale Ungleichheiten werden in modernen Gesellschaften mehr als je zuvor problematisiert. Dabei ist es bei näherer Betrachtung keineswegs so einfach zu bestimmen, was sie in Abgrenzung zur Vielfalt menschlicher Existenz und Entwicklung auszeichnet und worin ihre Brisanz besteht. Was sind soziale Ungleichheiten und warum werden sie von vielen kritisiert und bekämpft? Wie entstehen sie und mit welchen Mitteln können sie analysiert werden? Welche Entwicklungstendenzen zeigen sich und wer ist in welcher Form von sozialen Ungleichheiten betroffen?

### 10.1 Grundfragen sozialer Ungleichheit und sozialer Gerechtigkeit

Menschen sind von Natur aus verschieden und auch im sozialen Leben gibt es eine unüberschaubare Vielfalt von Existenzweisen, Lebensstilen, Konsumpräferenzen und Geschmacksvariationen. Gegenüber dieser Pluralität von Lebensbedingungen und Lebensformen setzen soziale Ungleichheiten voraus, dass Güter und Ressourcen, die zur Befriedigung von Bedürfnissen begehrt werden, knapp sind und daher nicht unbegrenzt allen gleichermaßen zur Verfügung stehen. Existieren – wie etwa bei der Atemluft – keinerlei Einschränkungen, bleibt eine ungleiche Verfügung sozial folgenlos. Hingegen steht unter der Bedingung der Knappheit der Vorteil der einen immer in einem direkten Verhältnis zum Nachteil der anderen. Wenn beispielsweise acht Stücke Kuchen von vier Personen begehrt werden, beeinflusst der Anteil, den Einzelne für sich beanspruchen, immer auch die Menge, die für alle anderen verbleibt und Einzelne können nur mehr erhalten, wenn andere weniger erhalten.

Soziale Ungleichheit ist daher kein Zustand, in dem sich Personen oder Gruppen unabhängig von anderen befinden. Vielmehr ist sie immer Ausdruck einer sozialen Beziehung. Aufgrund dieser Relativität kann sie auch nur verändert oder beseitigt werden, wenn irgendwer zugunsten anderer auf etwas verzichtet. Die Veränderung der Verteilungsverhältnisse knapper Güter und Ressourcen zum Vor- oder Nachteil einer Person oder Gruppe betrifft nie diese allein, sondern immer auch andere Mitglieder der Gemeinschaft derjenigen, die diese knappen Güter und Ressourcen begehren.

> In Anlehnung an Stefan Hradil (2005: 30) lässt sich soziale Ungleichheit als ein Zustand definieren, bei dem Menschen von den knappen Gütern und Ressourcen einer Gesellschaft regelmäßig mehr bzw. weniger als andere erhalten.

Wenn Güter und Ressourcen knapp sind, muss ihre Verteilung – egal ob gleich oder ungleich – gerechtfertigt werden können, um bei den Beteiligten Akzeptanz zu finden. In der modernen Gesellschaft ist die natürliche Gleichheit aller Menschen dabei die selbstverständliche Ausgangsannahme. Während in vormodernen Gesellschaftsordnungen die natürliche Ungleichheit der Menschen und damit auch die ungleiche Verteilung von Gütern und Ressourcen selbstverständlich erscheinen, bedarf es in der modernen Gesellschaft hierfür einer besonderen Begründung. So geht der Sozialphilosoph John Rawls in seiner Theorie der Gerechtigkeit davon aus, dass eine ungleiche Verteilung nur dann gerechtfertigt sein kann, wenn diejenigen, die dabei schlechter bzw. am schlechtesten gestellt werden, letztlich einen Vorteil gegenüber dem Zustand der Gleichverteilung erzielen (Differenzprinzip) (vgl. Rawls 1975: 95ff., 2003: 77ff.). Soziale Ungleichheiten wären danach nur in einem sehr eng begrenzten Rahmen und nur im Interesse der dabei Benachteiligten zulässig.

Allerdings entstehen im Kontext von Theorien sozialer Gerechtigkeit weitere Komplikationen dadurch, dass sich die Gleichheit der Menschen nicht allein anhand des absolut gleichen Umfangs von Gütern und Ressourcen, über die sie verfügen, bemisst, sondern auch daran, was sie jeweils zur Verfügungsmöglichkeit über diese Güter und Ressourcen beigetragen haben (Leistung), bzw. daran, was sie an Gütern und Ressourcen zu einer Lebensführung benötigen, die mit der von anderen Mitgliedern einer Gesellschaft vergleichbar ist (Bedarf). Allein aufgrund des Lebensalters und Gesundheitszustandes können beispielsweise die Leistungsfähigkeit und die Bedürftigkeit von Menschen erheblich variieren. Gleichwohl haben alle gleichermaßen einen Anspruch darauf, zumindest hinsichtlich ihrer Grundbedürfnisse und Grundrechte, ein Leben wie andere führen zu können.

Eine Orientierung an der Idee der natürlichen Gleichheit der Menschen muss demnach auch ihrer Verschiedenheit Rechnung tragen, so dass theoretisch wie praktisch die eigentliche Schwierigkeit darin besteht, die Kriterien der absoluten Gleichheit, der Gleichheit nach Leistung sowie der Gewährleistung von gleichen Lebensmöglichkeiten und Verwirklichungschancen bei unterschiedlichen Bedarfen in ein angemessenes Verhältnis zu bringen.

## 10.2 Grundbegriffe zur Analyse und Beschreibung sozialer Ungleichheiten

Zentrale Grundkategorien der Beschreibung und Analyse sozialer Ungleichheiten sind Dimensionen, Indikatoren und Determinanten sowie die Begriffe sozialer Status und Sozialstruktur.

Mit dem Begriff der Dimensionen wird zunächst versucht, die Vielfalt konkreter Erscheinungsformen sozialer Ungleichheit zu bündeln. Die vier wichtigsten sogenannten Basisdimensionen sind: materieller Wohlstand, Macht, soziales Ansehen (Prestige) und Wissen. Sie stehen bei der Analyse sozialer Ungleichheiten meist im Vordergrund, werden jedoch häufig durch weitere Dimensionen, wie etwa Arbeits-, Wohn- und Freizeitbedingungen ergänzt (vgl. Hradil 2005: 31f.; Huinink/Schröder 2019: 110f.).

Gemessen werden Lebenslagen anhand von Indikatoren. Sie sind konkrete Anhaltspunkte in der sozialen Wirklichkeit, mit deren Hilfe auf den Status von Menschen in einzelnen Dimensionen geschlossen werden kann. In einigen Fällen, beispielsweise für materiellen Wohlstand oder Wissen, existieren relativ eindeutige Indikatoren wie Einkommen und Vermögen oder formale Bildungsabschlüsse. In anderen Dimensionen ist es dagegen nicht so leicht möglich, Indikatoren zu bestimmen. Zum Teil verweisen sie nur relativ vage auf den Status in einer Dimension oder aber es müssen mehrere Indikatoren kombiniert werden, um zu verlässlichen Aussagen zu gelangen (vgl. Hradil 2005: 32). Im Fall der Macht können zum Beispiel Ämter und Positionen, besondere Fachkenntnisse und Erfahrungen, langjährige Mitgliedschaften oder das Lebensalter Indikatoren sein, die auf Entscheidungsbefugnisse und Einflussmöglichkeiten in Gruppen oder Organisationen verweisen. Das soziale Ansehen wiederum ist häufig mit dem Berufsprestige verbunden, auf das sich beispielsweise aufgrund von Umfragen, Berufswünschen oder Kontaktanzeigen schließen lässt. Auch die Häufigkeit von Einladungen, Gratulationen, Auszeichnungen oder Erwähnungen kann Rückschlüsse auf das soziale Ansehen erlauben.

Als Determinanten sozialer Ungleichheit bezeichnet man Faktoren, die erfahrungsgemäß einen großen Einfluss auf die soziale Position in unterschiedlichen Dimensionen sozialer Ungleichheit ausüben, etwa das Geschlecht, das Alter, der Beruf, Behinderungen und gesundheitliche Beeinträchtigungen, die soziale und regionale Herkunft oder die ethnische Zugehörigkeit (vgl. ebd.: 34ff.; Huinink/Schröder 2019: 150ff.). Determinanten beschreiben statistisch auffällige Zusammenhänge, erklären jedoch nicht, warum bestimmte soziale Merkmale mit einer hohen Wahrscheinlichkeit zu Vor- oder Nachteilen führen. So erzielen Frauen in der Regel ein geringeres Einkommen als Männer, so dass die Geschlechtszugehörigkeit als eine Determinante der Einkommensungleichheit angesehen werden kann. Um diesen Zusammenhang zu erklären, reicht jedoch der Verweis auf die Geschlechtszugehörigkeit nicht aus, da sie an sich keine Besser- bzw. Schlechterstellung begründet. Vielmehr müssen die sozialen Mechanismen benannt werden, die für die unterschiedlichen Einkommensverhältnisse von Männern und Frauen ursächlich sind, etwa geschlechtsspezifische Machtverhältnisse, Rollenbilder, Aufgabenteilungen und Zuständigkeiten in der Familie bzw. im Erwerbsleben sowie damit in Zusammenhang stehende Berufsorientierungen, Arbeitsmarktstrukturen und Erwerbsbiografien.

Sofern keinerlei Rechtfertigung für soziale Ungleichheiten in verschiedenen Dimensionen aufgrund bestimmter sozialer Merkmale erkennbar ist, beruhen entsprechende Vor- oder Nachteile auf Prozessen sozialer Privilegierung bzw. sozialer Diskriminierung. Die Konstruktion vermeintlich typischer Eigenheiten von Gruppen oder Personen hat dabei das Ziel, Unterschiede und Rangordnungen z.B. hinsichtlich des Einkommens, der Macht, der Bildung oder der Anerkennung jenseits der vom Grundsatz der Gleichheit aller Menschen abgeleiteten Ansprüche auf Chancengleichheit und Leistungsgerechtigkeit zu legitimieren (vgl. Scherr 2017: 40ff.).

Diskriminierende Zuschreibungen beziehen sich beispielsweise häufig auf die soziale Herkunft und soziale Lage, geschlechtliche Identitäten und sexuelle Orientierungen, kulturelle Identitäten (Ethnien) und Weltanschauungen, raumzeitlich konstruierte Differenzen (z.B. Einheimische und Fremde bzw. Alteingesessene und Zugewanderte) sowie auf die körperliche Verfasstheit von Menschen (z.B. hinsichtlich des biologischen Geschlechts, des Lebensalters, des physischen und psychischen Vermögens oder der äußeren Erscheinung).

Als Folge ergeben sich hieraus erschwerte Zugänge zu ökonomischen, kulturellen und sozialen Ressourcen, das heißt zu den Möglichkeiten, Einkommen zu erzielen und Vermögen zu bilden, Bildungschancen zu erhalten und wahrzunehmen sowie soziale Beziehungen aufzubauen und am gesellschaftlichen Leben teilzuhaben. Da Diskriminierungen zugleich immer auch Privilegien begründen, werden parallel die Zugänge zu Ressourcen und Lebensmöglichkeiten für andere erleichtert bzw. gesichert.

Insofern stellt die unterschiedliche Entlohnung von Männern und Frauen bei gleicher Qualifikation und Tätigkeit beispielsweise eine Diskriminierung der Frauen und eine Privilegierung der Männer dar. Gleiches gilt, wenn Menschen mit Migrationshintergrund bei gleichen Voraussetzungen seltener eine Anstellung finden als Menschen ohne Migrationshintergrund, Kindern aus von Armut betroffenen Familien trotz vergleichbarer Fähigkeiten und Leistungen nicht die gleichen Bildungsmöglichkeiten offenstehen, wie Kindern aus einem wohlhabenden Elternhaus und Menschen mit körperlichen oder kognitiven Beeinträchtigungen nicht gleichermaßen am sozialen und gesellschaftlichen Leben teilhaben können wie Menschen ohne derartige Beeinträchtigungen.

Die Prozesse sozialer Diskriminierung vollziehen sich auf unterschiedlichen Ebenen und in unterschiedlicher Art und Weise: Diskriminierung durch Personen und Gruppen aufgrund unhinterfragter Haltungen und Einstellungen (Vorurteile und Stereotype), Diskriminierung in Organisationen durch entsprechende Regelwerke oder informelle Praktiken sowie Diskriminierung durch die institutionellen Strukturen in einer Gesellschaft.[56]

Die Stellung von Menschen im Gefüge sozialer Ungleichheit bezeichnet man als ihren sozialen Status. Sofern sie einen vergleichbaren Status haben, spricht man von einer Statusgruppe (vgl. Hradil 2005: 33f.). Die Positionen in den einzelnen Dimensionen stehen häufig in einem engen Zusammenhang. Eine hohe Bildung (Wissen) geht beispielsweise im Regelfall mit guten Einkommensaussichten (materieller Wohlstand), verantwortlichen Positionen mit weitreichenden Entscheidungsbefugnissen (Macht) und einem hohen sozialen Ansehen einher. Diese Verbindungen sind jedoch nur wahrscheinlich und keineswegs zwangsläufig. Wohlstand und Macht können auch mit geringem Ansehen verbunden sein und eine gute schulische Ausbildung ist keineswegs eine Garantie für beruflichen Erfolg. Umgekehrt ist es durchaus auch möglich, ohne weitreichende Bildung zu Wohlstand oder Ansehen zu gelangen. Sofern sich der soziale Status einer Person oder Grup-

---

56 In der sozialwissenschaftlichen Forschung finden sich unterschiedliche Diskriminierungstypologien. Eine Variante ist die auf Feagin/Feagin (1986) zurückgehende Unterscheidung von vier Typen: Diskriminierung als Einzelhandlung, Diskriminierung durch Gruppen, direkte institutionelle Diskriminierung sowie indirekte institutionelle Diskriminierung (vgl. Gomolla/Radtke 2009: 48ff.; ergänzend Gomolla 2017: 145ff.) Zum Teil wird auch zwischen individueller, institutioneller und struktureller Diskriminierung differenziert (vgl. Gomolla 2017: 148). Die Unterscheidung zwischen direkter institutioneller und indirekter institutioneller Diskriminierung bzw. institutioneller und struktureller Diskriminierung entspricht im Wesentlichen der hier vorgeschlagenen Unterscheidung von organisationaler und gesellschaftsstruktureller Diskriminierung. Demgegenüber bewegen sich andere Formen der Diskriminierung auf der Ebene direkt interagierender Personen und Gruppen. Im Rahmen der sozialpsychologischen Forschung finden sich wiederum etwas abweichende Klassifikationen (z.B. direkte individuelle, indirekte individuelle, direkte institutionelle und indirekte institutionelle Diskriminierung, vgl. Zick 2017: 65ff.).

pe in verschiedenen Dimensionen sozialer Ungleichheit ähnlich darstellt, spricht man von Statuskonsistenz, im umgekehrten Fall von Statusinkonsistenz (vgl. ebd.; Huinink/Schröder 2019: 112f.).

Veränderungen des sozialen Status bezeichnet man als soziale Mobilität. Ihr Ausmaß ist ein Hinweis auf die Durchlässigkeit sozialer Schranken und die Chancengleichheit in einer Gesellschaft. Im Fall eines sozialen Aufstiegs spricht man von Aufstiegsmobilität, im Fall des sozialen Abstiegs von Abstiegsmobilität. Dabei wird entweder der soziale Status mit der Elterngeneration verglichen (intergenerationale Mobilität bzw. Generationenmobilität) oder aber auf Veränderungen im Rahmen des jeweiligen Lebenslaufs Bezug genommen (intragenerationale Mobilität bzw. Karrieremobilität) (vgl. Hradil 2005: 377f.; Hunink/Schröder 2019: 205f.).

Das Gesamtgefüge sozialer Positionen, in dessen Rahmen soziale Ungleichheiten zum Ausdruck kommen, stellt die Sozialstruktur einer Gesellschaft dar. Sie hat sich – etwas vereinfachend in wenigen Worten zusammengefasst – ausgehend von einer ständischen Ordnung in der vormodernen Gesellschaft über Klassenverhältnisse im frühindustriellen Zeitalter und soziale Schichtungen in der wohlfahrtsstaatlichen Industriegesellschaft hin zu komplexen sozialen Lagen einschließlich vielfältiger Milieus und Lebensstile in der heutigen postindustriellen Dienstleistungsgesellschaft entwickelt (vgl. Hradil 2005: 36ff.).

> Dimensionen bündeln die Vielfalt konkreter Erscheinungsformen sozialer Ungleichheit. Die Ausprägung der Lebenslage in einzelnen Dimensionen wird anhand von Indikatoren gemessen. Determinanten sind statistisch signifikante Einflussfaktoren auf soziale Positionen in unterschiedlichen Dimensionen. Diskriminierungen haben das Ziel, soziale Ungleichheiten durch die Konstruktion vermeintlicher Eigenarten von Personen oder Gruppen zu legitimieren und verstoßen gegen den Grundsatz der Gleichheit aller Menschen. Die Stellung von Menschen im Gefüge sozialer Ungleichheiten bezeichnet man als ihren sozialen Status. Das Gesamtgefüge sozialer Positionen, in dessen Rahmen soziale Ungleichheiten zum Ausdruck kommen, stellt die Sozialstruktur einer Gesellschaft dar.

In der ständischen Ordnung vormoderner Gesellschaften ist die Zugehörigkeit zu einem bestimmten Stand in der Regel von Geburt an dauerhaft aufgrund der familialen Herkunft festgelegt, so dass soziale Mobilität fast vollkommen ausgeschlossen bleibt. Die Standeszugehörigkeit bestimmt die Lebensbedingungen in allen Bereichen der Gesellschaft. Ökonomische Aktivitäten, politische Rechte und Machtpositionen, persönliche Beziehungen und Lebensstile werden durch sie weitgehend geregelt.

Mit dem Entstehen der Industriegesellschaft im Verlauf des neunzehnten Jahrhunderts treten ökonomische Aspekte stärker in den Vordergrund, während die bisherigen ständischen Regulierungen des persönlichen, politischen und sozialen Lebens an Bedeutung verlieren. Die Stellung im Wirtschaftsleben aufgrund des Besitzes oder Nichtbesitzes von Produktionsmitteln und des damit verbundenen Erwerbsstatus als selbstständiger Unternehmer oder lohnabhängig Beschäftigter bestimmt zunehmend die Lebensumstände der Menschen. Der Begriff der sozialen Klasse nimmt hierauf Bezug und beschreibt Lebenslagen, die aus der Stellung im ökonomischen Produktionsprozess und der damit einhergehenden Art und Höhe des Einkommens resultieren. Entsprechend werden Gesellschaften, die hierdurch geprägt sind, als Klassengesellschaften bezeichnet.

Mit der Entfaltung der Industriegesellschaft im Verlauf des zwanzigsten Jahrhunderts werden immer mehr Menschen zu lohnabhängig Beschäftigten, während sich ihre Lebensbedingungen und Interessen parallel vervielfältigen. Dadurch gewinnen die Unterschiede innerhalb dieser Gruppe zunehmend an Bedeutung und der Beruf bzw. die mit der Ausübung eines Berufs verbundenen Ungleichheiten hinsichtlich der Qualifikation, des Einkommens und Ansehens entwickeln sich mehr und mehr zum bestimmenden Moment von Lebenslagen. Gruppierungen, die einen vergleichbaren Status innerhalb dieser berufsbezogenen Ungleichheitsdimensionen aufweisen, werden als Schichten bezeichnet und Gesellschaften, deren Sozialstruktur primär auf berufsbezogenen Ungleichheiten beruht, als Schichtungsgesellschaften (vgl. ebd.: 40).

Individualisierungs- und Globalisierungsprozesse im Zuge des Übergangs zur postindustriellen Dienstleistungsgesellschaft führten im letzten Viertel des zwanzigsten Jahrhunderts dazu, dass rechtlich, wohlfahrtsstaatlich und soziokulturell bedingte Formen sozialer Ungleichheit stärker in den Vordergrund rücken. So gewinnen beispielsweise soziale Ungleichheiten aufgrund des Alters, des Geschlechts, der Lebensform oder der ethnischen Zugehörigkeit an Bedeutung. Diese Aspekte fanden in die primär auf die Erwerbstätigkeit bezogenen Modelle sozialer Schichtung (und Klassen) keinen Eingang. Alte Menschen wurden beispielsweise entsprechend ihrer früheren Erwerbstätigkeit eingestuft, junge Menschen nach dem Beruf des Vaters und Ehefrauen anhand des Berufs des Ehemannes. Andere Bevölkerungsgruppen, wie etwa die Insassen von Anstalten, kamen überhaupt nicht vor. Schließlich fanden auch unterschiedliche Einstellungen und Lebensstile keine Berücksichtigung (vgl. ebd.: 363f.). Modelle sozialer Schichtung schienen daher immer weniger die tatsächlichen Strukturen sozialer Ungleichheit abzubilden und es wurden darüber hinausgehende Konzepte sozialer Lagen entwickelt, deren Anspruch es war, die Gesamtheit ungleicher Lebensbedingungen und Lebensweisen zu erfassen. Insbesondere sollten dabei auch nicht berufsbezogene Dimensionen sozialer Ungleichheit sowie die Eigenständigkeit von Lebensweisen Berücksichtigung finden (vgl. ebd.: 43ff.).

Letzterem wurde vor allem in Form von Milieu- und Lebensstilkonzepten Rechnung getragen. Soziale Milieus gründen auf gemeinsamen Einstellungen und Mentalitäten aufgrund soziokulturell geprägter Lebenszusammenhänge unabhängig von sonstigen sozialen Lagen. Lebensstile beschreiben typische Muster der alltäglichen Lebensgestaltung. Soziale Lagen, Einstellungen und Lebensstile sind zwar häufig, keineswegs jedoch zwangsläufig miteinander verknüpft. Eine Religion oder Weltanschauung kann beispielsweise eine gemeinsame Werthaltung von Menschen zum Ausdruck bringen, obgleich sich ihre soziale Lage ebenso wie ihr Lebensstil sehr unterschiedlich darstellen (vgl. ebd.: 44ff.).

> Im Rahmen einer von Standeszugehörigkeiten bestimmten Gesellschaftsordnung ist der soziale Status von Menschen von Geburt an dauerhaft durch die familiale Herkunft festgelegt und bestimmt ihre gesamten Lebensbedingungen. Klassen beschreiben eine Gemeinsamkeit von Lebenslagen, die aus der Stellung im ökonomischen Produktionsprozess und der daraus resultierenden Art und Höhe des Einkommens resultiert. Der Begriff der sozialen Schicht nimmt auf die berufsnahen Ungleichheitsdimensionen Qualifikation, Einkommen und (Berufs-)Prestige Bezug. Konzepte sozialer Lagen versuchen die Gesamtheit ungleicher Lebensbedingungen und Lebensweisen zu erfassen. Der Milieubegriff bringt dabei die Eigenständigkeit von Einstellungen und Mentalitäten aufgrund gemeinsamer soziokulturell geprägter Lebenszusammenhänge zum Ausdruck, während Lebensstile typische Muster der alltäglichen Lebensgestaltung beschreiben.

## 10.3 Theorien und Modelle sozialer Ungleichheit

Mit dem Entstehen der modernen Gesellschaft und dem Aufkommen des Ideals der Freiheit und Gleichheit entsprachen Theorien und Weltbilder, die soziale Ungleichheiten auf die natürliche Ungleichheit der Menschen zurückführten, nicht mehr der Grundorientierung des Denkens und der Gestaltung des sozialen Lebens. Natürliche Unterschiede, etwa hinsichtlich des Geschlechts, Lebensalters oder der körperlichen und kognitiven Fähigkeiten, sind dadurch selbstverständlich nicht verschwunden. In der modernen Gesellschaft stellen sie jedoch keine Rechtfertigung mehr für einen unterschiedlichen sozialen Status dar. Es ist nicht mehr legitim, Menschen zum Beispiel aufgrund ihres Geschlechts oder ihrer Hautfarbe privilegierte oder untergeordnete soziale Positionen zuzuweisen. Soziale Ungleichheiten entstehen nach dem Selbstverständnis der modernen Gesellschaft aus dem sozialen Leben selbst und können nicht auf Naturgesetze oder eine von höheren Mächten gewollte Ordnung des Zusammenlebens zurückgeführt werden.

Eine der frühen und bekanntesten Theorien, die soziale Ungleichheiten konsequent aus den Strukturen der modernen Gesellschaft ableiteten, war die Klassentheorie von Karl Marx. Nach seiner Vorstellung, die er im neunzehnten Jahrhundert entwickelte, ist die soziale Lage der Menschen primär durch ihre materiellen Lebensbedingungen bedingt. Sie bestimmen ihr Denken und Handeln, was häufig mit der berühmten Formel „Das Sein bestimmt das Bewusstsein" zusammenfassend zum Ausdruck gebracht wird (vgl. Marx 1961: 8f.).[57]

Die materiellen Lebensbedingungen werden nach Marx im Kern durch die ökonomischen Verhältnisse, die er als Produktionsverhältnisse bezeichnet, bestimmt. Diese zeichnen sich mit dem Entstehen der Industriegesellschaft durch das Aufkommen von Konkurrenzmärkten und dem Privateigentum an Produktionsmitteln aus, was zur Herausbildung von zwei sozialen Klassen führt. Einerseits die Klasse der Produktionsmittelbesitzer, die durch den Einsatz ihres Besitzes versuchen, einen möglichst hohen Gewinn zu erzielen und ihr Kapital zu vermehren (Kapitalisten). Andererseits eine Klasse, die keine Produktionsmittel besitzt und aus die-

---

[57] Dabei handelt es sich um eine gebräuchliche Verkürzung einer Textpassage aus dem Vorwort zu seiner Schrift „Zur Kritik der Politischen Ökonomie" aus dem Jahr 1859. Das vollständige Zitat lautet: „Es ist nicht das Bewußtsein der Menschen, das ihr Sein, sondern umgekehrt ihr gesellschaftliches Sein, das ihr Bewußtsein bestimmt." (Marx 1961: 9).

sem Grund gezwungen ist, ihre Arbeitskraft als Ware auf dem (Arbeits-)Markt gegen eine entsprechende Bezahlung zu verkaufen (Lohnarbeiter).

Da nach Marx nur die Arbeit Werte schafft, eignen sich die Kapitalisten aufgrund des Besitzes der Produktionsmittel und der hiermit verbundenen Machtstellung unrechtmäßig einen Teil der Arbeitsleistung der Lohnarbeiter in Form des Gewinns an. Insofern handelt es sich um eine soziale Ungleichheit, die auf der Ausbeutung der einen Klasse durch die andere beruht. Dabei stehen sich die Interessen beider Seiten unversöhnlich gegenüber. Während die Kapitalisten ihren Profit durch die Aneignung der unbezahlten Mehrarbeit der Arbeiterklasse auf der Grundlage des Privateigentums an Produktionsmitteln maximieren wollen, streben die Lohnarbeiter nach einer Vergesellschaftung der Produktionsmittel, um über den von ihnen produzierten Mehrwert verfügen zu können. Die einen betreiben die Intensivierung der Ausbeutung, die anderen möchten sie abschaffen. Diese aus dem Besitz bzw. Nichtbesitz von Produktionsmitteln resultierende gegensätzliche Interessenlage bestimmt nach Marx letztendlich das Denken und Handeln der Menschen sowie das gesamte ökonomische, politische, kulturelle und soziale Leben. Die Stellung zu den Produktionsmitteln prägt insofern insgesamt die Sozialstruktur der Gesellschaft.

Gegen diese Version der Klassentheorie von Marx wurde in der Folge vor allem eingewandt, dass die Grundlagen sozialer Ungleichheiten in der modernen Gesellschaft vielfältiger sind und sich nicht ausschließlich auf die ökonomischen Produktionsverhältnisse und den damit verknüpften Gegensatz zwischen zwei Klassen reduzieren lassen. In Deutschland hatte insbesondere der Soziologe Theodor Geiger im Rahmen seiner Kritik der marxistischen Klassentheorie darauf hingewiesen, dass im Zuge der Entwicklung moderner Industriegesellschaften immer mehr Menschen lohnabhängig beschäftigt sind und die Unterschiede zwischen ihnen an Bedeutung gewinnen, während zugleich auch soziale Lagen und Interessen existieren, die nicht unmittelbar mit der Stellung im Produktionsprozess verknüpft sind. Zudem schaffe der wachsende Wohlstand Kompromissspielräume, so dass die Klassen sich nicht zwangsläufig dauerhaft unversöhnlich gegenüberstehen (vgl. Geiger 1949).

Ebenso hatte Max Weber schon zu Beginn des zwanzigsten Jahrhunderts die These vertreten, dass soziale Ungleichheiten nicht allein auf der Stellung zu den Produktionsmitteln, sondern auf drei Säulen – Klassen, Ständen und Parteien – beruhen (vgl. Weber 1972: 177ff., 531ff.). Unter Klassen versteht er Gruppierungen, deren materielle Lebensbedingungen aufgrund ihres Besitzes (Besitzklassen) oder ihrer Erwerbschancen am Güter- bzw. Arbeitsmarkt (Erwerbsklassen) vergleichbar sind. Gegenüber Marx ist der Klassenbegriff bei Weber damit um die Komponente der Verwertbarkeit von Gütern und Leistungen auf dem Markt erweitert. Als „soziale Klassen" bezeichnet er in diesem Zusammenhang ein Bündel von Klassenlagen, in deren Rahmen soziale Mobilität leicht möglich ist, während sie darüber hinaus weitgehend ausgeschlossen bleibt (vgl. ebd.: 177). Für die damalige Zeit – zu Beginn des zwanzigsten Jahrhunderts – sind diese Klassen nach Weber die Arbeiterschaft, das Kleinbürgertum, nichtbesitzende, gebildete und qualifizierte Angestellte und Beamte sowie die Besitzenden und durch Bildung Privilegierten (vgl.

ebd.: 179). Zugleich geht er davon aus, dass soziale Ungleichheiten auch auf einer bestimmten Art der Lebensführung und das dadurch begründete soziale Ansehen (Stände) sowie auf der institutionalisierten Durchsetzung von Interessen (Parteien) beruhen. Ständische Gemeinsamkeiten der Lebensführung basieren auf der sozialen Herkunft, der Erziehung, sozialen Kontaktkreisen, dem Beruf oder politischen Machtpositionen (vgl. ebd.: 180). Parteien gründen auf dem Bestreben, aufgrund gemeinsamer Interessen das Handeln in einer Gemeinschaft gezielt zu beeinflussen (vgl. ebd.: 539). Neben der ökonomischen Dimension erhalten soziale Ungleichheiten dadurch bei Weber ergänzend eine kulturelle und politische Dimension.

> Nach Karl Marx resultiert aus dem Besitz bzw. Nichtbesitz von Produktionsmitteln eine gegensätzliche Interessenlage zwischen der Klasse der Kapitalisten und der Klasse der Lohnarbeiter, die das gesamte ökonomische, politische, kulturelle und soziale Leben sowie die Sozialstruktur der Gesellschaft bestimmt. Demgegenüber hat Max Weber die These vertreten, dass soziale Ungleichheiten nicht allein auf der Stellung zu den Produktionsmitteln, sondern auf drei Säulen – Klassen, Ständen und Parteien – beruhen. Unter Klassen versteht er Gruppierungen mit vergleichbaren materiellen Lebensbedingungen. Stände bringen eine bestimmte Art der Lebensführung und ein entsprechendes soziales Ansehen zum Ausdruck. Parteien gründen auf gemeinsamen Interessen und dem Bestreben, sie gegenüber anderen zur Geltung zu bringen.

Gegenüber Klassentheorien liegt Modellen sozialer Schichtung weniger ein theoretisch-erklärendes als vielmehr ein empirisch-beschreibendes Verständnis sozialer Ungleichheiten zugrunde. Die Unterschiede zwischen den gesellschaftlichen Gruppen sind quantitativ-gradueller und nicht qualitativ-relationaler Natur (vgl. Hradil 2005: 42). Auf der Grundlage der berufsnahen Ungleichheitsdimensionen (Einkommen, Qualifikation, Berufsprestige) und empirischer Erfahrungswerte werden Gruppen gebildet, die sich durch ein hohes, mittleres oder niedriges Einkommen, eine hohe, mittlere oder niedrige Bildung sowie ein hohes, mittleres oder niedriges soziales Ansehen auszeichnen und entsprechend zu einer Ober-, Mittel- bzw. Unterschicht zusammengefasst werden können. Gegebenenfalls wird diese Einteilung auch noch weitergehend differenziert, so dass beispielsweise eine untere und obere Mittelschicht entsteht. Schließlich kann auch direkt auf den Beruf bzw. die Form der Erwerbstätigkeit Bezug genommen werden, indem zum Beispiel zwischen Arbeitern, Angestellten und Selbständigen, ungelernten Arbeitern und Facharbeitern, oberen und unteren Dienstleistungsschichten oder selbstständigem und nichtselbstständigem Mittelstand unterschieden wird.

Unter der Vielzahl von Modellen sozialer Schichtung ist das in der Form eines Hauses konstruierte Modell von Ralf Dahrendorf aus den 1960er-Jahren ein Konzept, das bis heute aktuell geblieben ist und nachwirkt. Es beruht auf einem ursprünglich von Theodor Geiger 1932 entwickelten Modell und basiert auf der berufsbedingten ökonomischen und sozialen Stellung sowie hiermit verbundenen typischen Mentalitäten (vgl. Geiger 1967):

*Abbildung 18: Modell sozialer Schichtung für die westdeutsche Bevölkerung der 1960er-Jahre nach Ralf Dahrendorf*

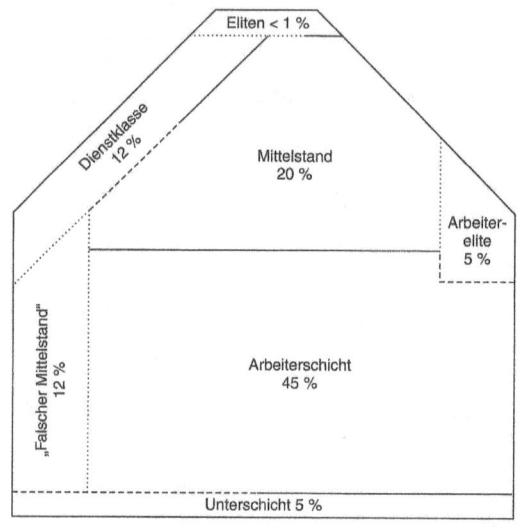

Quelle: Dahrendorf 1965: 105.

Das „Haus" von Dahrendorf besteht aus sieben sozialen Schichten:

- den Eliten, die sich aus den Entscheidungsträgern in Wirtschaft und Politik zusammensetzen,
- der Dienstklasse, die höhere nichttechnische Beamte und Verwaltungsangestellte umfasst,
- dem Mittelstand der Selbstständigen,
- der Arbeiterelite, die aus Meistern und Vorarbeitern mit besonderen fachlichen Qualifikationen besteht,
- der breiten einfachen Arbeiterschicht,
- dem falschen Mittelstand, der einfache Dienstleistungs- und Verwaltungsberufe umfasst und materiell mit den Arbeitern gleichgestellt ist, sich selbst aber als dem Mittelstand zugehörig fühlt sowie
- der Unterschicht, die sich aus dauerhaft erwerbslosen, wenig gebildeten und gering qualifizierten sowie sozial ausgegrenzten Personen mit prekärer Existenzgrundlage und niedrigem sozialen Ansehen zusammensetzt (vgl. Dahrendorf 1965: 105ff.).

Das Modell von Dahrendorf wurde von Rainer Geißler kontinuierlich fortgeschrieben und weiterentwickelt. Insbesondere die Dienstleistungsschichten haben sich dabei im Lauf der Zeit vergrößert und hinsichtlich ihrer Qualifikation zunehmend ausdifferenziert. Die Gruppe der Arbeiter ist ebenfalls heterogener geworden, zugleich aber als Ganze deutlich geschrumpft. Gleiches gilt für den Mittelstand, mit dem darüber hinaus nicht mehr selbstverständlich eine höhere Stellung innerhalb der Sozialstruktur verbunden ist.

Insgesamt nimmt die Anzahl der Schichten zu, die Grenzen zwischen den Schichten werden durchlässiger und die Übergänge fließender. Zudem wurde das Haus durch einen „Anbau" ergänzt, der verdeutlichen soll, dass der nichtdeutschen Bevölkerung ein Sonderstatus zukommt, da sie nicht in gleichem Maße wie die einheimische Bevölkerung in die deutsche Gesellschaft integriert ist (vgl. Geißler 2014: 102ff.).

*Abbildung 19: Soziale Schichtung der deutschen Bevölkerung 2009 nach Rainer Geißler*

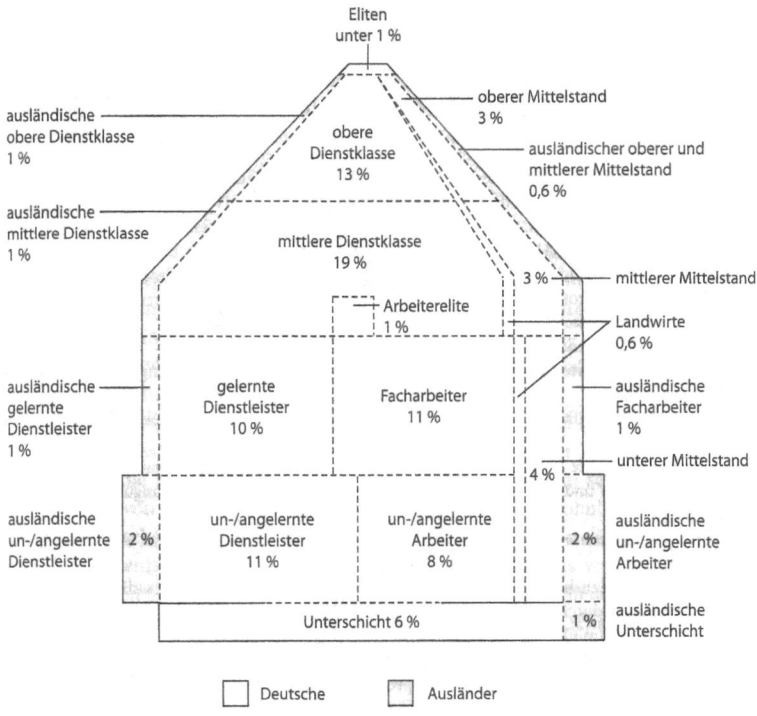

Quelle: Geißler 2014: 101 (Datenbasis: Mikrozensus 2009; berechnet von Sonja Weber-Menges).

Dieses Modell von Geißler besteht aus insgesamt neun Schichten:

- den Eliten, die Führungspositionen in Wirtschaft, Politik und anderen Funktionsbereichen besetzen,
- der oberen Dienstklasse, der höhere Beamte, leitende Angestellte und Manager in Großunternehmen mit akademischer Ausbildung zugerechnet werden,
- dem oberen Mittelstand, der Ärzte, Anwälte, Architekten und andere freie akademische Berufe sowie Unternehmer mit mindestens zehn Beschäftigten umfasst,

- der mittleren Dienstklasse, zu der Berufe mit höherer Fachausbildung wie etwa Computertechniker, Buchhalter, Erzieher, Therapeut und Sozialarbeiter gehören,
- dem mittleren Mittelstand, dem Selbstständige mit höherer Fachausbildung bzw. mit bis zu zehn Beschäftigten zugeordnet sind,
- der Arbeiterelite, die aus Meistern besteht,
- dem unteren Mittelstand, dem Selbstständige ohne Beschäftigte angehören,
- den gelernten Dienstleistern, die als Gruppe Fachkräfte in Bereichen wie Verwaltung, Verkauf, Gastronomie oder Pflege und Betreuung zusammenfassen,
- den Facharbeitern, die sich aus qualifizierten manuellen Fachkräften im Handwerk und der Industrie, wie z.B. Mechaniker und Elektriker, zusammensetzen,
- den an- und ungelernten Dienstleistern, bei denen es sich um gering qualifiziertes Personal für einfache Tätigkeiten, etwa im Bereich von Fahr- und Botendiensten, Verkauf, Kassieren und Reinigen, handelt,
- den an- und ungelernten Arbeitern, die mit geringen Qualifikationen in der Produktion oder dem Bau- und Transportgewerbe tätig sind,
- der Unterschicht, der Personen zugeordnet sind, die aufgrund von Erwerbsunfähigkeit oder Langzeitarbeitslosigkeit dauerhaft auf soziale Unterstützungsleistungen angewiesen sind (vgl. Geißler 2014: 102).

Modelle sozialer Lagen versuchen die Gesamtheit ungleicher Lebensbedingungen zu erfassen und auch die Lebensumstände, die nicht unmittelbar aus dem Erwerbsleben resultieren, zu berücksichtigen. Sie stellen in dieser Hinsicht eine Erweiterung von Klassen- und Schichtmodellen dar, sind aufgrund ihrer Mehrdimensionalität jedoch häufig sehr komplex. Gleichzeitig existiert auch eine Vielzahl von Konzepten zur Erfassung sozialer Lagen. Zumeist werden neben dem Erwerbsstatus das Lebensalter sowie die Geschlechtszugehörigkeit berücksichtigt.

So gliedert das Statistische Bundesamt die sozialen Lagen in Deutschland nach Erwerbsstatus, Alter und Region und analysiert sie hinsichtlich der Geschlechterverteilung, der objektiven Lebensbedingungen sowie der subjektiven Bewertung der Lebenssituation (vgl. Bünning 2018: 256-260).

Demgegenüber hat Stefan Hradil bereits in den 1980er-Jahren ein Modell sozialer Lagen entwickelt, das Bedürfnisse nach Wohlstand, Erfolg und Macht („ökonomische" Lebensziele), nach Sicherheit, Entlastung, Gesundheit und Partizipation („wohlfahrtsstaatliche" Lebensziele) sowie nach Integration, Selbstverwirklichung und Emanzipation („soziale" Lebensziele) zugrunde legt und den Grad der Zielverwirklichung im Rahmen von insgesamt dreizehn Dimensionen erfasst:

*Abbildung 20: Dimensionen sozialer Ungleichheit nach Stefan Hradil*

| Bedürfnisse | | Dimensionen ungleicher Lebensbedingungen |
|---|---|---|
| Wohlstand<br>Erfolg<br>Macht | „ökonomische" | Geld<br>Formale Bildung<br>Berufsprestige<br>Formale Machtstellung |
| Sicherheit<br>Entlastung<br>Gesundheit<br>Partizipation | „wohlfahrtsstaatliche" | Arbeitslosigkeits- und Armutsrisiken<br>Soziale Absicherung<br>Arbeitsbedingungen<br>Freizeitbedingungen<br>Wohn(umwelt)bedingungen<br>Demokratische Institutionen |
| Integration<br>Selbstverwirklichung<br>Emanzipation | „soziale" | Soziale Beziehungen<br>Soziale Rollen<br>Diskriminierungen/Privilegien |

Quelle: Hradil 1987: 147.

Aus der Kombination dieser Dimensionen konstruiert Hradil wiederum dreizehn verschiedene soziale Lagen, wobei die Erwerbsstellung im Vordergrund steht und es bei der Bestimmung der sozialen Lagen jeweils dominierende (primäre), wichtige (sekundäre) sowie unwichtige Dimensionen gibt (vgl. ebd.: 153). Die Lebenslagen in den primären und sekundären Dimensionen werden auf einer Skala von „sehr gut" (=1) bis „sehr schlecht (=6) bewertet, während die jeweils unwichtigen Dimensionen unberücksichtigt bleiben:

## 10. Soziale Ungleichheit

*Abbildung 21: Soziale Lagen nach Stefan Hradil*

| Name der Lage | Ungleiche Lebensbedingungen und ihre Auswirkungen | |
|---|---|---|
| | Primäre Dimensionen | Sekundäre Dimensionen |
| Macht-Elite | Formale Macht 1 | Geld 1-2, Formale Bildung 1-2, Prestige 1-2 |
| Reiche | Geld 1 | Formale Bildung 1-3, Prestige 1-2, Formale Macht 1-3 |
| Bildungselite | Formale Bildung 1 | Geld 2-3, Prestige 1-2, Formale Macht 2-3 |
| Manager | Formale Macht 2 | Geld 1-2, Formale Bildung 1-2, Prestige 2, Arbeitsbedingungen 2-4, Freizeitbedingungen 3-4 |
| Experten | Formale Bildung 2 | Geld 1-3, Prestige 2-3, Formale Macht 2-4, Arbeitsbedingungen 2-4, Freizeitbedingungen 2-4 |
| Studenten | Formale Bildung 3 | Geld 3-5, Arbeitsbedingungen 1-3, Freizeitbedingungen 1-3 |
| „Normalverdiener" mit geringen Risiken | Geld 3-4 Risiken[1] 1-2 | Formale Bildung 3-4, Prestige 3-4, Formale Macht 3-4, Arbeitsbedingungen 1-3, Freizeitbedingungen 1-2, Wohnbedingungen 2-3 |
| „Normalverdiener" mit mittleren Risiken | Geld 3-4 Risiken[1] 3-4 | Formale Bildung 3-4, Prestige 3-4, Formale Macht 3-4, Arbeitsbedingungen 2-4, Freizeitbedingungen 2-4, Wohnbedingungen 2-4, Soziale Absicherung 2-4 |
| „Normalverdiener" mit hohen Risiken | Geld 3-4 Risiken[1] 5-6 | Formale Bildung 4-5, Prestige 4-5, Formale Macht 4-5, Arbeitsbedingungen 3-5, Freizeitbedingungen 2-4, Wohnbedingungen 3-4, Soziale Absicherung 3-5 |
| Rentner | Geld 4-5 Soziale Rollen 5-6 | Prestige 4, Soziale Absicherung 3-5, Freizeitbedingungen 3-4, Wohnbedingungen 2-5, Demokratische Institutionen 4-5, Soziale Beziehungen 3-5 |
| Arbeitslose (langfristig) | Geld 4-5 Risiken[1] 5-6 | Formale Bildung 4-5, Prestige 4-5, Soziale Absicherung 4, Wohnbedingungen 2-5, Demokratische Institutionen 4-5, Soziale Beziehungen 3-5, Soziale Rollen 4-5 |
| Arme (keine Erwerbspersonen) | Geld 6 | Prestige 5, Soziale Absicherung 4-5, Freizeitbedingungen 3-5, Wohnbedingungen 4-5, Demokratische Institutionen 4-5, Soziale Beziehungen 3-5 |
| Randgruppen | Diskriminierung 5-6 | Geld 3-5, Formale Bildung 4-5, Soziale Absicherung 3-5, Wohnbedingungen 3-6, Demokratische Institutionen 4-6, Soziale Rollen 4-6 |

[1] Arbeitslosigkeits- und Armutsrisiken
Quelle: Hradil 1987: 154-156.

Für die Vielzahl von Milieu- und Lebensstilkonzepten ist das Modell des Sinus-Instituts ein exemplarisches Beispiel. Es orientiert sich an sozialen Milieus, die sich hinsichtlich ihrer Wertorientierungen und Mentalitäten zwischen den beiden Polen traditionell-bewahrend und explorativ-erlebnisorientiert bewegen. Parallel werden diese dann auch im Rahmen eines klassischen Schichtmodells, das sich an Bildung, Einkommen und Berufsprestige orientiert, verortet. Dabei zeigt sich, dass einige soziale Milieus über Schichtgrenzen hinausgehen, während andere relativ eng mit der Schichtzugehörigkeit verbunden sind. Insgesamt werden zehn verschiedene soziale Milieus beschrieben:

*Abbildung 22: Soziale Milieus in Deutschland*

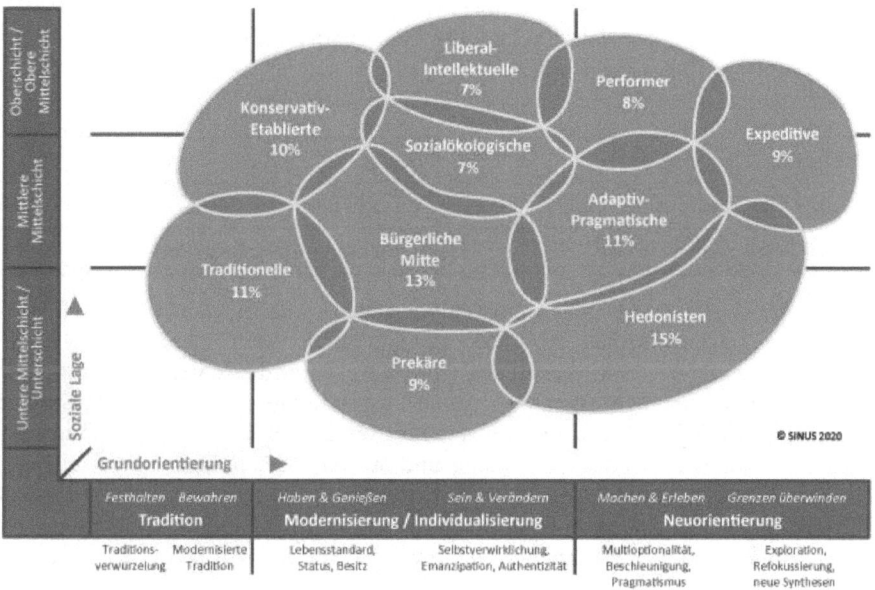

Quelle: Sinus-Institut für Markt- und Sozialforschung o.J..

Das traditionelle Milieu wird beispielsweise skizziert als die „Sicherheit und Ordnung liebende ältere Generation", die sich – „verhaftet in der alten kleinbürgerlichen Welt bzw. in der traditionellen Arbeiterkultur" – durch „Sparsamkeit und Anpassung an die Notwendigkeiten", „zunehmende Resignation" und ein „Gefühl des Abgehängtseins" auszeichnet. Das hedonistische Milieu wird charakterisiert als „spaß- und erlebnisorientierte moderne Unterschicht/untere Mittelschicht", die ein „Leben im Hier und jetzt" führt, „unbekümmert und spontan" sowie „häufig angepasst im Beruf" ist und ein „Ausbrechen aus den Zwängen des Alltags in der Freizeit" anstrebt. Das liberal-intellektuelle Milieu wird demgegenüber als „aufgeklärte Bildungselite" bezeichnet, für die eine „kritische Weltsicht", eine „liberale Grundhaltung und postmaterielle Wurzeln" sowie der „Wunsch nach Selbstbestimmung und Selbstentfaltung" typisch sind (Sinus-Institut für Markt- und Sozialforschung, o.J.).[58]

Ein mehrdimensionaler Ansatz, der die Klassentheorie mit nichtökonomischen sozialen Lagen sowie Formen der Lebensführung kombiniert, ist die Theorie sozialer Ungleichheit von Pierre Bourdieu, die er vor allem in seinem Hauptwerk „Die feinen Unterschiede" entwickelt hat (vgl. Bourdieu 1982).

---

58  Zur detaillierten Beschreibung aller Milieus vgl. ebd.

## 10. Soziale Ungleichheit

Ausgehend von der marxistischen Klassentheorie modifiziert Bourdieu deren Grundlagen in zwei Schritten. Zunächst gründen soziale Ungleichheiten und Klassenbildungen aus seiner Sicht – ähnlich wie bei Max Weber – nicht allein auf ökonomischen, sondern auch auf sozialen und kulturellen Ressourcen, über die Menschen in unterschiedlichem Maße in Form von Wissen und Bildung sowie sozialen Beziehungen und Netzwerken verfügen. Analog zum ökonomischen Kapital (Besitz und Einkommen) spricht er von kulturellem und sozialem Kapital:

*Abbildung 23: Formen des Kapitals nach Pierre Bourdieu*

| Ökonomisches Kapital | Besitz/Einkommen |
| --- | --- |
| Kulturelles Kapital | Wissen/Bildung |
| Soziales Kapital | Beziehungen/Netzwerke |

Gegenüber traditionellen marxistischen Ansätzen ist dabei zunächst von Bedeutung, dass nach Bourdieu der ökonomische Status nicht mehr oder weniger zwangsläufig zu Vor- bzw. Nachteilen im kulturellen und sozialen Feld führt. Privilegien müssen vielmehr auch hier durch eigenständige Aktivitäten im Kontext von eigengesetzlichen Mechanismen gesichert werden. Besitz und Einkommen erleichtern zwar den Zugang zu Bildung und Wissen oder höherrangigen sozialen Kreisen. Schul- oder Hochschulabschlüsse etwa werden jedoch nicht aufgrund von Besitz und Einkommen vergeben, sondern nur aufgrund von Prüfungen, in denen ein bestimmtes Wissen nachgewiesen werden muss. Ebenso eröffnet sich der Zugang zu bestimmten Kreisen auch nur, wenn man entsprechende Gewohnheiten und Interessen sowie ein entsprechendes Benehmen hat.

Neben der Erweiterung der Lebensbedingungen um die Sphären des Kulturellen und Sozialen lockert Bourdieu gegenüber der marxistischen Klassentheorie in einem zweiten Schritt auch die enge Beziehung zwischen der Gesamtheit der objektiven Lebensverhältnisse („Sein") und dem subjektiven Denken und Handeln der Menschen („Bewusstsein"), in dem er zwischen sozialen Strukturen und der Handlungspraxis von Akteuren mit dem sogenannten Habitus eine Vermittlungsebene einführt.

Unter einem Habitus versteht er typische Eigenarten im Denken und Auftreten von Menschen, über die sie sich weitgehend unbewusst soziale Strukturen einverleiben. Es handelt sich um gewohnheitsmäßige Einstellungen und Verhaltensweisen, die sich, vermittelt über das soziale Umfeld, im Prozess der Sozialisation ohne gezieltes, absichtsvolles Zutun der Beteiligten entwickeln und zu einem unverkennbaren Element der Persönlichkeit werden. Hierzu gehören beispielsweise Sprachgewohnheiten und Ausdrucksweisen wie etwa ein Dialekt, Ernährungsgewohnheiten und die damit verbundene Vorliebe oder Abneigung für bestimmte Speisen, typische Körperhaltungen und Bewegungsformen, geschlechtliche Identitäten, Lebenseinstellungen, Berufsvorstellungen oder Freizeitinteressen.

Die Summe dieser vielfältigen Momente führt letztendlich zu einem aus den gegebenen Lebensbedingungen hervorgehenden Lebensstil, durch den sich die sozialen

Klassen ergänzend zu ihrer jeweils typischen sozialen Lage auszeichnen und der zugleich zu ihrer vorherrschenden bzw. untergeordneten Stellung im sozialen Beziehungsgefüge entscheidend beiträgt.

*Abbildung 24: Habitus nach Bourdieu*

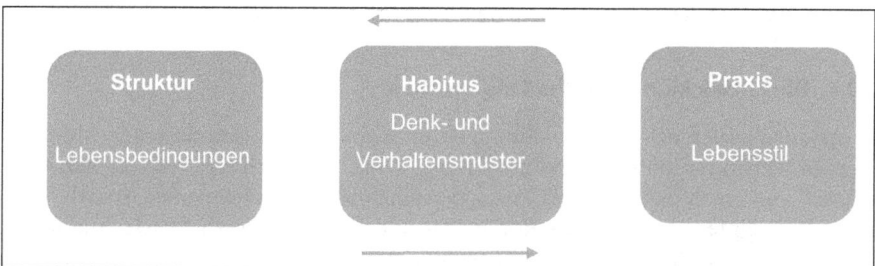

Auf der Grundlage umfangreicher empirischer Studien beschreibt Bourdieu drei soziale Klassen, die nicht nur über ein vergleichbares Maß an ökonomischem, kulturellem und sozialem Kapital verfügen, sondern auch auf der Grundlage eines charakteristischen Habitus einen für sie typischen Lebensstil pflegen: das Großbürgertum (höhere Klassen), das Kleinbürgertum (Mittelklassen) sowie die Arbeiter- und Bauernschaft (untere Klassen).

Während bei den unteren Klassen aufgrund finanziell begrenzter Ressourcen ein funktionsorientiertes, pragmatisches Denken und Verhalten dominiert, das einen an Nützlichkeit und Quantität orientierten Lebensstil hervorbringt, versuchen sich die Mittelklassen vor dem Hintergrund einer vergleichbaren materiellen Lage mithilfe ihres breiteren kulturellen Wissens von den unteren Klassen abzugrenzen und betonen die besondere Art und Weise ihres Lebensstils, jenseits von Funktion und Nützlichkeit. Sie sind sehr darum bemüht, Kultur demonstrativ zu konsumieren und zu thematisieren, um ihre Kompetenz auf diesem Gebiet zu zeigen. Die höheren Klassen schließlich schaffen sich aufgrund ihrer privilegierten materiellen Ausstattung einen exklusiven Raum, der es ihnen ermöglicht, frei von ökonomischen Zwängen kulturellen Interessen nachzugehen und sich mit Blick auf die anderen Klassen als überlegen und unerreichbar zu inszenieren. Sie gliedern sich in zwei Fraktionen: einerseits eine kleine Gruppe von wohlhabenden Künstlern und Intellektuellen, die sich auf einem materiellen Hintergrund, der ihnen ein ökonomisch sorgenfreies Leben ermöglicht, nicht als Kulturkonsumenten, sondern als Kulturschaffende sehen und aufgrund ihrer Möglichkeiten dort auch die Spielregeln bestimmen, andererseits die Mehrheit der großbürgerlichen Elite in wirtschaftlichen und politischen Führungspositionen, deren üppiges ökonomisches Kapital mit einem vergleichsweise beschränkten kulturellen Wissen einhergeht, so dass sie einen, auf luxuriöse Exklusivität bedachten Lebensstil auf der Grundlage ihrer ökonomischen Ressourcen pflegen. Eine Zwischenstellung nehmen gut situierte freiberuflich Tätige wie Ärzte, Rechtsanwälte und Architekten ein.

## 10. Soziale Ungleichheit

> Nach Pierre Bourdieu gründen soziale Ungleichheiten und Klassenbildungen auf ökonomischem Kapital, in Form von Besitz und Einkommen, kulturellem Kapital, in Form von Bildung und Wissen, sowie sozialem Kapital, in Form von sozialen Beziehungen und Netzwerken. Das Bindeglied zwischen sozialen Lagen und Lebensweisen ist der Habitus. Hierunter versteht er typische Denk- und Verhaltensmuster, über die sich die Menschen weitgehend unbewusst soziale Strukturen einverleiben und in Form von Lebensstilen zum Ausdruck bringen. Soziale Klassen repräsentieren daher die Verfügung über ein vergleichbares Maß an ökonomischem, kulturellem und sozialem Kapital sowie einen jeweils charakteristischen Habitus und Lebensstil.

### 10.4 Die Entwicklung sozialer Ungleichheit

Trotz aller Differenzierungsbemühungen im Rahmen von theoretischen Modellen der Sozialstrukturanalyse ist der materielle Wohlstand nach wie vor eine der wichtigsten und auch am verlässlichsten dokumentierten Dimensionen sozialer Ungleichheit. Unterschiedliche Einkommens- und Vermögensverhältnisse bestimmen zwar nicht ausschließlich, wohl aber sehr weitgehend die Lebensbedingungen und Verwirklichungschancen der Menschen. Bei Diskussionen hierzu stehen sie daher meist im Vordergrund.[59]

In Deutschland hat sich in der Nachkriegszeit der Wohlstand in einem rasanten Ausmaß entwickelt. Während sich das Pro-Kopf-Einkommen von 1950 bis 1990 mehr als vervierfachte, stieg es in den 150 Jahren zuvor (von 1800 bis 1950) lediglich um das Dreifache an. Zwischen 1991 und 2010 haben sich die Einkommen nochmals um etwa 6% in Westdeutschland und 18% in Ostdeutschland erhöht (vgl. Geißler 2014: 61f.). Soziale Ungleichheiten sind damit zwar keineswegs verschwunden. Die Lebensverhältnisse haben sich jedoch insgesamt in allen Bevölkerungsgruppen deutlich verbessert, was sich vor allem an den Wohnverhältnissen sowie der Ausstattung der Haushalte mit langlebigen Konsumgütern ablesen lässt (vgl. ebd.: 65f.).

Auch im Weltmaßstab zählt Deutschland zu den wohlhabendsten Ländern. Pro Jahr und Einwohner wird im Vergleich zu den ärmsten Ländern der Erde ungefähr das Hundertfache erwirtschaftet (vgl. Weltbank 2019). Insgesamt ist die Ungleichheit zwischen den Nationen weltweit um ein Vielfaches höher als die Ungleichheit innerhalb eines Landes. Insofern ist für die Menschen und ihren sozialen Status die Frage, in welchem Land sie leben, von sehr viel größerer Bedeutung, als die Frage, wie sie innerhalb eines Landes im sozialen Beziehungsgefüge platziert sind (vgl. Kreckel 2004: 321; Schwinn 2008: 16f.). Die Ungleichheiten zwischen einzelnen Regionen der Erde sind daher auch ein sehr viel größeres und drängenderes soziales Problem als die ungleichen Lebensverhältnisse in Deutschland oder anderen Nationalstaaten.

Einer der wichtigsten Aspekte, mit dem sich die Sozialwissenschaften beschäftigen, ist zunächst jedoch die Frage, wie man Einkommensungleichheiten in einer Gesellschaft angemessen erfassen und darstellen kann. International hat sich hierzu ein Verfahren etabliert, nach dem Einkommensverhältnisse in eine vergleichba-

---

[59] Da zudem eine Darstellung der Entwicklungstendenzen sozialer Ungleichheiten in allen Dimensionen den Rahmen eines einführenden Überblicks sprengen würde, beschränken sich die folgenden Ausführungen auf diesen Bereich.

## 10.4 Die Entwicklung sozialer Ungleichheit

re Form gebracht werden: das sogenannte Nettoäquivalenzeinkommen (NÄE). Es berücksichtigt neben der Höhe der Einkommen auch die Haushaltskonstellationen.

Die Grundlage bilden dabei die Einkommen, die Personen durch ihre Erwerbstätigkeit bzw. aufgrund von Ansprüchen auf Transferleistungen (z.B. Renten oder Sozialleistungen) erzielen. Die Summe dieser Individualeinkommen wird dann für jeden Haushalt abzüglich der zu zahlenden Steuern ermittelt (Haushaltsnettoeinkommen). Schließlich werden dann noch die Zahl und das Alter der im Haushalt lebenden Personen berücksichtigt. Das Haushaltsnettoeinkommen wird also nicht einfach auf die Zahl der im Haushalt lebenden Personen umgelegt (Pro-Kopf-Einkommen), sondern nach Haushaltsgröße und Alter der Haushaltsmitglieder gewichtet. So erhält man schließlich das Nettoäquivalenzeinkommen, das die Grundlage des Vergleichs von Einkommensverhältnissen in einer Gesellschaft darstellt.

*Abbildung 25: Die Ermittlung des Nettoäquivalenzeinkommens*

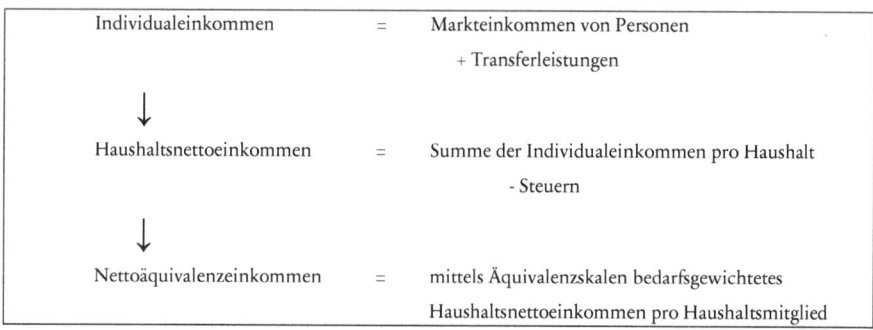

Für die Bedarfsgewichtung der Haushaltsnettoeinkommen gibt es zwei Gründe. Einerseits geht man davon aus, dass je nach Lebensalter unterschiedliche Bedarfe bestehen. Andererseits wird auch angenommen, dass ein größerer Haushalt günstiger wirtschaften kann als ein kleinerer. So sind beispielsweise die Lebenshaltungskosten einer Person, die allein lebt, höher als die einer Person, die in einem Vier-Personen-Haushalt lebt. Der Vier-Personen-Haushalt zahlt im Normalfall pro Person weniger Miete und kann bei der Haushaltsführung gegenüber Alleinlebenden Kosten einsparen, da er in der Regel nicht vier Kühlschränke, Herde, Waschmaschinen, Fernsehgeräte oder Badezimmer benötigt. Um dies zu berücksichtigen, wurden sogenannte Äquivalenzskalen entwickelt. Die bekannteste und gebräuchlichste Skala stammt von der Organisation für wirtschaftliche Zusammenarbeit und Entwicklung (OECD). In ihrer aktuellen Form (sogenannte neue bzw. modifizierte OECD-Skala) gewichtet sie den Bedarf der Haushaltmitglieder wie folgt (vgl. BMAS 2017: 604f.; Hauser 2018: 158f.):

- Person 1 Faktor 1
- jede weitere Person ab 14 Jahre Faktor 0,5
- jede Person unter 14 Jahre Faktor 0,3

Dazu ein Beispiel zur Erläuterung mit fünf Haushalten in unterschiedlicher Zusammensetzung, in denen die erwachsenen Haushaltsmitglieder pro Kopf das gleiche Einkommen nach Abzug von Steuern erzielen:

*Tabelle 5: Bedarfsgewichtung nach der neuen OECD-Skala*

|  | HH 1 | HH 2 | HH 3 | HH 4 | HH 5 |
|---|---|---|---|---|---|
| Monatliches Haushaltsnettoeinkommen | 2.000€ | 4.000€ | 2.000€ | 4.000€ | 4.000€ |
| Haushaltsmitglieder |  |  |  |  |  |
| Erwachsener 1 | 1 | 1 | 1 | 1 | 1 |
| Erwachsener 2 | - | 1 | - | 1 | 1 |
| Kind(er) 14 Jahre u. älter | - | - | - | 1 | - |
| Kind(er) unter 14 Jahre | - | - | 1 | 1 | 2 |
| Haushaltsmitglieder gewichtet nach neuer OECD-Skala | 1 | 1,5 | 1,3 | 2,3 | 2,1 |
| Nettoäquivalenzeinkommen[1] | 2.000€ | 2.666€ | 1.538€ | 1.739€ | 1.904€ |

[1] pro Haushaltsmitglied auf ganze Eurobeträge abgerundet

Das Nettoäquivalenzeinkommen gibt jeweils an, wie viel Einkommen ein Ein-Personen-Haushalt erzielen müsste, um sich auf dem gleichen Wohlfahrtsniveau wie die Angehörigen der Mehrpersonenhaushalte zu bewegen. Auf der Grundlage der Haushaltsnettoeinkommen macht es die Lebensverhältnisse von Personen in verschiedenen Haushalten unter Berücksichtigung des Lebensalters und der Anzahl der Haushaltsmitglieder vergleichbar. Mit dem jeweiligen Nettoäquivalenzeinkommen fließen die Haushaltsmitglieder in den Vergleich der Einkommen aller Personen aus allen Haushalten ein.

Die Verteilung der Einkommen in einer Gesellschaft lässt sich auf dieser Basis wiederum in mehreren Varianten darstellen. Einerseits in Form der Berechnung des sogenannten Gini-Koeffizienten, andererseits in Form der Berechnung von Quantilsanteilen.

Der Gini-Koeffizient ist international gebräuchlich und ermöglicht es, die Ungleichheit in einer Gesellschaft in einer einzigen Zahl zwischen 0 und 1 zum Ausdruck zu bringen. Dies macht Unterschiede zwischen Ländern und Regionen ebenso wie Bilanzen zu einzelnen Ländern oder Regionen im Zeitverlauf besonders prägnant und anschaulich. Er basiert auf einem in einem Koordinatensystem abgebildeten Vergleich der tatsächlichen Einkommensverteilung in einer Grundgesamtheit (sogenannte Lorenz-Kurve) mit der Diagonale, die sich bei einer absoluten Gleichverteilung ergeben würde. Zwischen der Gleichverteilungsdiagonale und der Kurve einer gegebenen (ungleichen) Einkommensverteilung entsteht eine Fläche, die umso größer ist, je ungleicher die Einkommen verteilt sind. Mit der Fläche steigt aufgrund des Berechnungsverfahrens auch der Gini-Koeffizient. Entsprechend ist er umso höher, je ungleicher die Einkommen verteilt sind (vgl. BMAS 2017: 609f.; Hradil 2005: 219f.).

Bei der Berechnung von Quantilsanteilen werden die Einkommen nach ihrer Höhe geordnet, in gleich große Gruppen (Quantile) unterteilt und deren Anteil am Gesamteinkommen ermittelt. Üblich ist die Bildung von fünf oder zehn Gruppen (Quintile bzw. Dezile). Bei einer Gleichverteilung der Einkommen müssten alle Gruppen jeweils 20% (Quintile) bzw. 10% (Dezile) des Gesamteinkommens auf sich vereinen. Bei der real gegebenen Ungleichverteilung von Einkommen liegen die Anteile in den unteren Gruppen deutlich darunter und in den oberen Gruppen deutlich darüber. Im untersten Quantil ist der Anteil am geringsten, im obersten Quantil am höchsten. Die Ungleichheit ist umso größer, je höher jeweils die Abweichungen vom Gleichverteilungsanteil sind. Um das Ausmaß der Ungleichheit auch hier in einer Zahl zum Ausdruck zu bringen, kann man das oberste Quantil mit dem untersten in ein Verhältnis setzen (vgl. BMAS 2017: 607; Hradil 2005: 221).

Wie sich die Verteilung der Einkommen konkret darstellt, ist allerdings auch von den jeweiligen Erhebungs- und Berechnungsverfahren der Forschungsinstitute und Statistischen Ämter abhängig. Die Angaben zum Ausmaß der Ungleichheit schwanken je nach Datensatz zum Teil erheblich und lassen sich allenfalls hinsichtlich der jeweiligen Trends miteinander vergleichen.[60]

Die Entwicklung des Gini-Koeffizienten sowie der Quintilsanteile auf der Datenbasis des Sozio-oekonomischen Panels (SOEP) vom Deutschen Institut für Wirtschaftsforschung (DIW) zeigen für West- und Ostdeutschland hinsichtlich der Einkommensverteilung folgendes Bild:

---

60 Die wichtigsten Datensätze zur Berechnung von Einkommensverhältnissen für Deutschland bzw. Europa sind die European Union Statistics on Income and Living Conditions (EU-SILC), die Einkommens- und Verbrauchsstichprobe (EVS) sowie der Mikrozensus. Sie werden in Deutschland allesamt vom Statistischen Bundesamt nach jeweils unterschiedlichen Regeln erstellt. Häufig Bezug genommen wird zudem auf das Sozio-oekonomische Panel (SOEP) des Deutschen Instituts für Wirtschaftsforschung (DIW). Die Ursachen für die Unterschiede bei der Ermittlung von Einkommensverhältnissen resultieren unter anderem aus der Berücksichtigung bzw. Nichtberücksichtigung des Mietwerts von selbst genutztem Wohneigentum als Einkommen. Die Europäische Verbrauchsstichprobe (EVS) und das Sozio-oekonomische Panel (SOEP) berücksichtigen dies, die EU-Erhebung zu Einkommens- und Lebensbedingungen, European Union Statistics on Income and Living Conditions (EU-SILC), und der Mikrozensus nicht. Dies führt dazu, dass beispielsweise die Angaben zu den Armutsquoten bei gleicher Definition der Armutsrisikoschwelle je nach Datenbasis erheblich schwanken (vgl. BMAS 2008: 23, 2017: 549).

## 10. Soziale Ungleichheit

*Tabelle 6: Verteilung des Nettoäquivalenzeinkommens auf Bevölkerungsquintile und Gini-Koeffizient in West- und Ostdeutschland 1991-2010*

| | Quintile | | | | | | | | | | Verhältnis 5./1. Fünftel | | Gini-Koeffizient | |
|---|---|---|---|---|---|---|---|---|---|---|---|---|---|---|
| | West | | | | | Ost | | | | | West | Ost | West | Ost |
| | 1. | 2. | 3. | 4. | 5. | 1. | 2. | 3. | 4. | 5. | | | | |
| 1991 | 10,0 | 14,6 | 18,1 | 22,8 | 34,6 | 11,3 | 15,6 | 18,6 | 22,6 | 32,0 | 3,5 | 2,8 | 0,246 | 0,208 |
| 1995 | 9,1 | 14,3 | 17,9 | 22,7 | 36,0 | 11,4 | 15,6 | 18,5 | 22,2 | 32,4 | 4,0 | 2,8 | 0,267 | 0,209 |
| 2000 | 9,3 | 14,3 | 17,9 | 22,7 | 35,9 | 11,0 | 15,5 | 18,6 | 22,2 | 32,8 | 3,8 | 3,0 | 0,264 | 0,215 |
| 2005 | 8,6 | 13,4 | 17,1 | 22,0 | 38,9 | 9,7 | 14,8 | 18,3 | 23,1 | 34,1 | 4,5 | 3,5 | 0,300 | 0,246 |
| 2010 | 8,7 | 13,5 | 17,4 | 22,4 | 38,0 | 9,5 | 14,5 | 18,1 | 22,9 | 35,0 | 4,4 | 3,7 | 0,291 | 0,254 |

Quelle: Geißler 2014: 77 (Datenbasis SOEP, neue OECD-Skala).

Für die Jahre zuvor lassen sich Daten der Einkommens- und Verbrauchsstichprobe (EVS) des Statistischen Bundesamts auf Grundlage der alten OECD-Skala[61] heranziehen:

*Tabelle 7: Verteilung des Nettoäquivalenzeinkommens auf Bevölkerungsquintile und Gini-Koeffizient in der Bundesrepublik Deutschland 1962-1988*

| | Quintile | | | | | Verhältnis 5./1. Fünftel | Gini-Koeffizient |
|---|---|---|---|---|---|---|---|
| | 1. | 2. | 3. | 4. | 5. | | |
| 1962 | 9,4 | 13,4 | 16,7 | 21,4 | 39,1 | 4,2 | 0,292 |
| 1973 | 10,5 | 14,3 | 17,6 | 22,1 | 35,5 | 3,4 | 0,248 |
| 1978 | 10,5 | 14,3 | 17,7 | 22,2 | 35,3 | 3,4 | 0,247 |
| 1988 | 9,9 | 14,4 | 17,9 | 22,4 | 35,4 | 3,6 | 0,253 |

Quelle: Hauser 1998: 164 (Datenbasis EVS, alte OECD-Skala).

Die Daten zeigen, dass in Westdeutschland das unterste Fünftel der Bevölkerung im gesamten Zeitraum seit 1962 zumeist weniger als die Hälfte des Gleichverteilungsanteils von 20% zur Verfügung hatte. Demgegenüber lag der Anteil des obersten Fünftels zu Beginn und zum Ende des dargestellten Zeitraums bei annähernd dem Doppelten dieses Maßstabs.

In den 1960er- und 1970er-Jahren ging die Ungleichheit zunächst zurück. In den 1980er-Jahren stieg sie dann wieder etwas an. Die Daten ab 1991 zeigen, dass seither die Ungleichheit der Einkommensverteilung weiterhin kontinuierlich zuge-

---

[61] Gegenüber der neuen OECD-Skala gewichtet die alte weitere Erwachsene und Jugendliche ab 14 Jahre mit dem Faktor 0,7, Kinder unter 14 Jahre mit dem Faktor 0,5 (vgl. BMAS 2008: 278f; Hauser 2018: 159). Die Ungleichheiten sind dadurch etwas stärker ausgeprägt (vgl. Geißler 2014: 77).

nommen hat. Erst ab 2005 war sie in Westdeutschland wieder etwas rückläufig, während sie in Ostdeutschland nach wie vor wuchs.

Neuere Daten des Statistischen Bundesamts auf Basis der Erhebung zu Einkommen und Lebensbedingungen in der Europäischen Union (EU-SILC) lassen für Deutschland insgesamt einen Rückgang der Ungleichheit der Einkommensverteilung zwischen 2008 und 2012 erkennen. In den Jahren danach hat sie dann allerdings wieder zugenommen:

*Tabelle 8: Einkommensverteilung (Nettoäquivalenzeinkommen) in Deutschland 2008-2018*

|  | 2008 | 2010 | 2012 | 2014 | 2016 | 2018 |
|---|---|---|---|---|---|---|
| Verhältnis 5./1. Fünftel | 4,8 | 4,5 | 4,3 | 5,1 | 4,6 | 5,1 |
| Gini-Koeffizient | 0,302 | 0,293 | 0,283 | 0,307 | 0,295 | 0,311 |

Quelle: Statistisches Bundesamt 2020h (Datenbasis EU-SILC, neue OECD-Skala).

Innerhalb Europas und der Mitgliedsstaaten der Organisation für wirtschaftliche Zusammenarbeit und Entwicklung (OECD) bewegt sich Deutschland mit seinen Werten zur Einkommensverteilung im Mittelfeld. Vor allem in den skandinavischen Ländern sowie in Belgien, Tschechien, Slowenien und der Slowakei ist die Ungleichheit geringer, während sie in Süd- und Südosteuropa (z.B. Italien, Spanien, Bulgarien und Rumänien), in Litauen und Lettland sowie im englischsprachigen Raum (Großbritannien, USA, Kanada und Australien) stärker ausgeprägt ist (vgl. Eurostat 2020b; OECD 2020). Relativ geringe Ungleichheiten sind vor allem auf wohlfahrtsstaatliche Umverteilungen durch Steuern bzw. Sozialtransfers zurückzuführen.

Das Nettoäquivalenzeinkommen (NÄE) bildet auch die Grundlage für die Definition von Armutsrisiko- und Reichtumsschwellen. Sie liegen bei 60% des mittleren NÄE (Medianeinkommens)[62] für das Armutsrisiko[63] (vgl. Kap. 11.1.2) und bei

---

62 Der Median (Zentralwert) ist ein statistischer Mittelwert, der eine Grundgesamtheit hinsichtlich einer bestimmten Ausprägung in zwei gleich große Hälften teilt. Bei der Ermittlung des Medianeinkommens werden die Personen nach ihrem Äquivalenzeinkommen aufsteigend geordnet. Der Median ist hier der Einkommenswert, der die obere Hälfte von der unteren trennt (vgl. BMAS 2017: 611). Würden beispielsweise die Einkommen von zehn Personen nach ihrer Höhe geordnet, wäre das Medianeinkommen der Wert, bei dem fünf Personen darüber und fünf Personen darunter liegen, wobei in diesem Fall das arithmetische Mittel zwischen dem fünften und sechsten Einkommenswert als Medianwert definiert wird. Bei elf Personen wäre es das Einkommen der Person, die in der Einkommensrangordnung auf Rang sechs platziert ist.
63 Die Begriffe Armut, Armutsrisiko und Armutsgefährdung werden oft synonym verwandt und beziehen sich in der Regel auf den von der Europäischen Union (EU) definierten Schwellenwert von 60% des mittleren Nettoäquivalenzeinkommens. Unter dieser Voraussetzung bringen sie den gleichen Sachverhalt zum Ausdruck (vgl. BMAS 2017: 549, 605; Kott 2018: 232; Statistisches Bundesamt 2020e). International wird zum Teil allerdings auch ein Schwellenwert von 50% des mittleren Nettoäquivalenzeinkommens für ein Armutsrisiko zugrunde gelegt. So beispielsweise bei Daten und Studien der OECD und von UNICEF (vgl. DIW 2011; Bertram 2017: 98; OECD 2019a). Bei der Betrachtung der Einkommensverhältnisse wird in der Regel nicht von Armut, sondern von einem Armutsrisiko bzw. einer Armutsgefährdung gesprochen, „da das Einkommen nur einen indirekten Indikator für Armut darstellt" (Goebel/Krause 2018: 243). Vgl. auch entsprechend Anmerkung 24 (Kap. 7.2.6) und Anmerkung 70 (Kap. 11.1.1).

200% bzw. 300% für den Reichtum. Entsprechend der Datenbasis gibt es wiederum unterschiedliche Angaben hierzu:

*Tabelle 9: Armutsrisiko- und Reichtumsschwellen auf Basis des Nettoäquivalenzeinkommens.*

|  | Datenbasis | EVS | EU-SILC | Mikrozensus | SOEP |
|---|---|---|---|---|---|
|  | Einkommensjahr | 2013 | 2016 | 2017 | 2016 |
|  | Median | 1.982€ | 1.835€ | 1.666€ | 1.871€ |
| 60% | Schwellenwert | 1.189€ | 1.096€ | 999€ | 1.123€ |
|  | Anteil Personen | 16,7% | 16,1% | 15,8% | 16,6% |
| 200% | Schwellenwert | 3.903€ | 3.671€ | 3.332€ | 3.742€ |
|  | Anteil Personen | 7,7% | 7,2% | 8,1% | 7,7% |
| 300% | Schwellenwert | 5.854 | 5.507€ | 4.998€ | 5.614€ |
|  | Anteil Personen | 1,7% | 1,6% | - | 1,8% |

Quellen: BMAS 2020a, 2019a; eigene Berechnungen.

Auf der Grundlage des SOEP lag danach beispielsweise im Jahr 2016 das Nettoäquivalenzeinkommen von 16,6% der Bevölkerung unterhalb der Armutsrisikoschwelle von 1.123€. Sie galten daher als von Armut bedroht. Gleichzeitig erzielten 7,7% ein gegenüber dem Medianeinkommen von 1.871€ mindestens doppelt so hohes Nettoäquivalenzeinkommen (≥ 3.742€). Damit waren sie als reich zu betrachten.

> Die Grundlage der sozialwissenschaftlichen Darstellung von Einkommensungleichheiten bildet das Nettoäquivalenzeinkommen, das – ausgehend von den Haushaltsnettoeinkommen – die Zahl und das Alter von Haushaltsmitgliedern in Form einer Bedarfsgewichtung mittels Äquivalenzskalen berücksichtigt. Dadurch werden die Lebensverhältnisse von Personen in verschiedenen Haushalten vergleichbar. Die Verteilung der Einkommen in einer Gesellschaft lässt sich auf dieser Basis in Form des Gini-Koeffizienten oder in Form von Quantilsanteilen darstellen. Legt man diese Maßzahlen zugrunde, zeigt sich, dass die Einkommensungleichheit in Deutschland seit den 1990er-Jahren trotz leichter Schwankungen kontinuierlich zugenommen hat.

Die Einkommensverhältnisse werden primär durch die Bildung beeinflusst. Sie entscheidet über die beruflichen Möglichkeiten und entsprechende Gehaltsniveaus.

Gegenüber Frauen mit einem Abschluss im Sekundarbereich II[64] beziehen beispielsweise Akademikerinnen mit einem Masterabschluss oder einem gleichwertigen und höheren akademischen Abschluss ein um über 60% höheres, Frauen oh-

---

[64] Die Bildungsgänge im Sekundarbereich II (ISCED 3) können allgemeinbildend und berufsbildend sein. Es handelt sich beispielsweise um Schulabschlüsse, die zu einem (Fach-)Hochschulzugang berechtigen oder einen Berufsabschluss vermitteln (vgl. Autorengruppe Bildungsberichterstattung 2018: XII). Zur Zuordnung von Bildungsgängen im Rahmen des ISCED-Klassifikationssystems insgesamt vgl. ebd.: XII-XIII sowie Anmerkung 77 und 78.

ne abgeschlossene Berufsausbildung hingegen ein um 8,5% niedrigeres Einkommen. Bei Männern mit entsprechenden Abschlüssen sind es 53,4% mehr bzw. 7,5% weniger (vgl. Autorengruppe Bildungsberichterstattung 2018: 207 sowie bereits Kap. 8.2.2). Weitere Determinanten der Einkommensungleichheit sind vor allem das Geschlecht, ein Migrationshintergrund, die Lebensform, das Alter sowie die Wohnsituation (in Wohneigentum oder zur Miete).

Aufgrund der geschlechtsspezifischen Bewertung von Tätigkeiten, der mit der Geschlechtlichkeit verbundenen Rollenmuster sowie der daraus resultierenden Erwerbsbiografien (vgl. Kap. 6.3.1) lagen die Gehälter von Frauen 2019 in Deutschland um 20% unter denen der Männer (unbereinigter Gender Pay Gap, vgl. Statistisches Bundesamt 2020i).[65] Selbst wenn strukturelle Faktoren wie Tätigkeitsfelder und Positionen, Bildungsvoraussetzungen oder der Beschäftigungsumfang herausgerechnet werden, so dass keine anderen, durchaus auch geschlechtsspezifisch wirksamen Momente einfließen (bereinigter Gender Pay Gap), bleibt eine Einkommensdifferenz von etwa 6% (2014) bei gleicher Qualifikation und Tätigkeit erhalten (vgl. ebd.).

Personen mit Migrationshintergrund[66] haben im Vergleich zur einheimischen deutschen Bevölkerung häufiger eine geringere schulische Bildung und berufliche Qualifikation. Zudem werden sie öfter nicht entsprechend ihrer Ausbildung beschäftigt. Dadurch sowie aufgrund der höheren Kinderzahl war 2016 ihr mittleres Nettoäquivalenzeinkommen (Median) um etwa 10% niedriger als das der einheimischen deutschen Bevölkerung (vgl. Schacht/Metzing 2018; Geißler 2014: 291f.).

Die Bedeutung der Wohnsituation, des Alters und der Lebensform wird anhand der folgenden Übersicht deutlich:

*Tabelle 10: Median des monatlichen Nettoäquivalenzeinkommens in Deutschland 2013.*

| Insgesamt | 1.957 | | |
|---|---|---|---|
| in Wohneigentum | 2.332 | zur Miete/mietfrei | 1.494 |
| 50-65 Jahre | 2.101 | 16-25 Jahre | 1.841 |
| Paare ohne Kinder | 2.112 | Paare mit Kindern | 2.036 |
| Alleinlebend | 1.564 | Alleinerziehend | 1.304 |

Quelle: Statistisches Bundesamt 2018g: 37 (Datenbasis EVS, neue OECD-Skala, Angaben in Euro).

---

65 Der unbereinigte (unadjusted) Gender Pay Gap ist „als Differenz zwischen den durchschnittlichen Bruttostundenverdiensten männlicher und weiblicher Beschäftigter in Prozent der durchschnittlichen Bruttostundenverdienste männlicher Beschäftigter definiert" (Finke 2011: 37).

66 Entsprechend der Definition des Statistischen Bundesamts gehören zu den Personen mit Migrationshintergrund „alle Ausländer/innen, (Spät-)Aussiedler/innen und Eingebürgerten sowie Personen, die die deutsche Staatsangehörigkeit durch Adoption durch einen deutschen Elternteil erhalten haben. Ebenso dazu gehören Personen, die zwar mit deutscher Staatsangehörigkeit geboren sind, bei denen aber mindestens ein Elternteil Ausländer/in, (Spät-)Aussiedler/in, eingebürgert oder Deutsch durch Adoption ist" (Statistisches Bundesamt 2019s: 20, vgl. dazu auch die Erläuterungen ebd.: 4ff.).

Danach lag im Jahr 2013 das mittlere Nettoäquivalenzeinkommen (NÄE) bei Personen, die in einer eigenen Wohnung leben, um mehr als 50% über dem derjenigen, die in einer gemieteten Wohnung leben. 50- bis 65-Jährige, die unter allen Altersgruppen das höchste NÄE erzielten, hatten ein um 14% höheres NÄE als 16- bis 25-Jährige, die unter allen Altersgruppen das niedrigste NÄE erzielten. Hinsichtlich der Lebensformen haben Alleinerziehende das niedrigste und Paare ohne Kinder das höchste NÄE. Das NÄE der Paare ohne Kinder war 2013 um 62% höher als das der Alleinerziehenden. Selbst Paare mit drei und mehr Kindern erzielten ein um über 40% höheres NÄE als Alleinerziehende mit einem Kind (vgl. Statistisches Bundesamt 2018g: 37). Hier zeigt sich, dass die Lebensform einen besonders großen Einfluss auf die Einkommensverhältnisse hat.

> Die wichtigsten Determinanten ungleicher Einkommensverhältnisse sind die Bildung, das Geschlecht, das Lebensalter, die Wohnsituation, ein Migrationshintergrund und insbesondere die Lebensform. Menschen mit höheren Bildungsabschlüssen erzielen ein höheres Einkommen als diejenigen mit niedrigeren Bildungsabschlüssen, ebenso Männer gegenüber Frauen, Ältere (50-65) gegenüber Jüngeren (16- bis 25-Jährige), in einer eigenen Wohnung Lebende gegenüber in einer Mietwohnung Lebenden, Einheimische gegenüber Menschen mit Migrationshintergrund und Paare ohne Kinder (aber auch mit Kindern) gegenüber Alleinerziehenden.

Auch die Vermögen sind in der Bundesrepublik mit zunehmendem Wohlstand insgesamt stark angewachsen. Zwischen 1991 und 2018 stieg das private Nettovermögen (einschließlich privater Organisationen ohne Erwerbszweck) von etwa 4,5 Billionen Euro auf gut 14 Billionen Euro an (vgl. BMAS 2013: 50, 435; Statistisches Bundesamt/Deutsche Bundesbank 2019: 10f.). Es besteht aus Sachvermögen, Geldvermögen und Gebrauchsvermögen. Der größte Anteil entfällt auf den Grund- und Immobilienbesitz (vgl. Statistisches Bundesamt/Deutsche Bundesbank 2019: 10f.). Die Vermögen sind deutlich ungleicher verteilt als die Einkommen. So lag auf der Datenbasis des SOEP im Jahr 2017 der Gini-Koeffizient bei den Nettovermögen bei 0,783 gegenüber 0,289 bei den Nettoäquivalenzeinkommen (vgl. BMAS 2019b, 2019c). Die oberen 10% der Haushalte verfügten über annähernd 60% des gesamten Vermögens, die unteren 50% lediglich über 0,5%. Nachdem die Konzentration der Vermögen zwischen 1998 und 2008 zugenommen hat, ist sie seither wieder leicht rückläufig (vgl. BMAS 2019b). Bei der Vermögensbildung handelt es sich zumeist um einen Prozess, der sich über das gesamte Leben erstreckt, so dass ältere Menschen in aller Regel über höhere Vermögen verfügen als jüngere. Darüber hinaus besitzen Paare mehr Vermögen als Alleinlebende, während Alleinerziehende wiederum am schlechtesten gestellt sind (vgl. BMAS 2013: 343f., 2017: 507).

> **Zusammenfassung**
>
> Soziale Ungleichheit liegt vor, wenn Menschen von den knappen Gütern und Ressourcen einer Gesellschaft regelmäßig mehr bzw. weniger als andere erhalten. Sie resultiert aus sozialen Beziehungen und ist in modernen Gesellschaften auf der Grundlage der Idee der natürlichen Gleichheit aller Menschen immer mit Fragen sozialer Gerechtigkeit verknüpft.
>
> Soziale Ungleichheiten bestehen in unterschiedlichen Dimensionen und können anhand von empirischen Indikatoren sowie hinsichtlich einflussreicher Determinanten beschrieben werden. Das Gesamtgefüge sozialer Positionen, in dessen Rahmen soziale Ungleichheiten zum Ausdruck kommen, stellt die Sozialstruktur einer Gesellschaft dar. Die Stellung von Menschen in diesem Gefüge wird als ihr sozialer Status bezeichnet. Sozialstruktur und sozialer Status wurden im Verlauf der gesellschaftlichen Entwicklung durch die soziale Herkunft (Stände), die Stellung im ökonomischen Produktionsprozess (Klassen), den Beruf (Schichten) oder eine Vielzahl von Lebensbedingungen (soziale Lagen) und Lebensweisen (Milieus und Lebensstile) geprägt. Während die traditionellen Klassen- und Schichtmodelle primär auf das Erwerbsleben bezogen sind, versuchen Modelle sozialer Lagen, die Gesamtheit ungleicher Lebensbedingungen zu erfassen und auch die Lebensumstände, die nicht unmittelbar aus dem Erwerbsleben resultieren, sowie die Formen der Lebensführung zu integrieren. Generell finden in neueren Theorien sozialer Ungleichheit neben ökonomischen verstärkt auch kulturelle und soziale Faktoren Berücksichtigung.
>
> Weltweit sind die Ungleichheiten zwischen Ländern und Regionen sehr viel stärker ausgeprägt als innerhalb einzelner Nationalstaaten. Dabei zählt Deutschland zu den reichsten Ländern der Erde.
>
> Einkommensvergleiche werden auf der Grundlage des Nettoäquivalenzeinkommens (NÄE), das die Zahl und das Alter der in einem Haushalt lebenden Personen in Form einer Bedarfsgewichtung mittels Äquivalenzskalen berücksichtigt, durchgeführt. Das mittlere NÄE (Medianeinkommen) dient zugleich als Ausgangspunkt für die Definition von Armuts- und Reichtumsschwellen.
>
> Einkommensungleichheiten in einer Gesellschaft können durch den Gini-Koeffizienten und Quantilsanteile (Quintile oder Dezile) dargestellt werden. Dabei zeigt sich, dass die Einkommensungleichheit in Deutschland seit den 1990er-Jahren trotz leichter Schwankungen kontinuierlich zugenommen hat. Neben Bildung und Beruf sind die Geschlechtszugehörigkeit, ein Migrationshintergrund, das Lebensalter, die Wohnsituation und insbesondere die Lebensform weitere Determinanten der Einkommensungleichheit. Auch die Vermögen sind erheblich gewachsen, zugleich aber deutlich ungleicher verteilt als die Einkommen.

## 10. Soziale Ungleichheit

> **Fragen zur Wiederholung**
>
> 1. Was zeichnet soziale Ungleichheiten aus?
>    Stichworte: Knappheit, Relativität, Gerechtigkeit.
> 2. Was sind zentrale Kategorien der Analyse und Beschreibung sozialer Ungleichheiten?
>    Stichworte: Dimensionen, Indikatoren, Determinanten, sozialer Status, soziale Mobilität, Sozialstruktur. Stände, Klassen, Schichten, soziale Lagen, Milieus und Lebensstile.
> 3. Was sind die Grundlagen der empirischen Analyse von Einkommensverhältnissen?
>    Stichworte: Nettoäquivalenzeinkommen, Äquivalenzskalen, Gini-Koeffizient, Quantilsanteile.
> 4. Was lässt sich zur Entwicklung der Einkommensungleichheiten in Deutschland auf der Grundlage empirischer Daten feststellen?
>    Stichworte: Entwicklung der Einkommensungleichheit seit den 1960er-Jahren, Determinanten der Einkommensungleichheit, Vermögensverteilung.

Literatur zur Vertiefung:

Bünning, Mareike, 2018: Soziale Lagen und soziale Schichtung. In: Statistisches Bundesamt/Wissenschaftszentrum Berlin für Sozialforschung (Hg.), Datenreport 2018. Ein Sozialbericht für die Bundesrepublik Deutschland. Bonn: Bundeszentrale für politische Bildung, S. 255-261. https://www.destatis.de/DE/Service/Statistik-Campus/Datenreport/Downloads/datenreport-2018.pdf?__blob=publicationFile&v=4 (Zugriff am 29.6.2020).
Burzan, Nicole, 2011: Soziale Ungleichheit. Eine Einführung in die zentralen Theorien. 4. Auflage. Wiesbaden: VS, S. 7-147.
Geißler, Rainer, 2014: Die Sozialstruktur Deutschlands. Zur gesellschaftlichen Entwicklung mit einer Bilanz zur Vereinigung. 7. Auflage. Wiesbaden: Springer VS, S. 59-130.
Goebel, Jan/Krause, Peter, 2018: Einkommensentwicklung – Verteilung, Angleichung, Armut und Dynamik. In: Statistisches Bundesamt/Wissenschaftszentrum Berlin für Sozialforschung (Hg.), Datenreport 2018. Ein Sozialbericht für die Bundesrepublik Deutschland. Bonn: Bundeszentrale für politische Bildung, S. 239-247. https://www.destatis.de/DE/Service/Statistik-Campus/Datenreport/Downloads/datenreport-2018.pdf?__blob=publicationFile&v=4 (Zugriff am 29.6.2020).
Hradil, Stefan, 2005: Soziale Ungleichheit in Deutschland. 8. Auflage. Wiesbaden: VS, S. 27-46, 216-221.
Huinink, Johannes/Schröder, Torsten, 2019: Sozialstruktur Deutschlands. 3. Auflage. München: UVK (UTB), S. 98-128, 149-204.
Koller, Peter, 1995: Soziale Gleichheit und Gerechtigkeit. In: Müller, Hans-Peter/Wegener, Bernd (Hg.), Soziale Ungleichheit und soziale Gerechtigkeit. Opladen: Leske + Budrich, S. 53-79.
Scherr, Albert, 2016b: Diskriminierung. Wie Unterschiede und Benachteiligungen gesellschaftlich hergestellt werden. 2. Auflage. Wiesbaden: Springer VS.

## 11. Armut als soziales Problem

Die Ungleichheit von Lebenslagen kann im Extremfall Formen annehmen, die eine besondere Benachteiligung darstellen und die Möglichkeiten der Lebensführung grundlegend infrage stellen, so dass ihnen nach allgemeiner Auffassung entgegengewirkt werden sollte. In diesen Fällen, in denen soziale Ungleichheiten mit einer Aufforderung zu einem entgegenwirkenden Handeln verbunden sind, spricht man in der Soziologie von sozialen Problemen. Sie sind das zentrale Aufgaben- und Handlungsfeld der Sozialen Arbeit (vgl. Einleitung „Soziale Ungleichheit und soziale Probleme" sowie Kap. 1).

Von der Vielzahl sozialer Probleme, die grundsätzlich immer in einer Gesellschaft existieren, soll in diesem Kapitel exemplarisch die Armut als eines der gravierendsten, komplexesten und in der Öffentlichkeit – sicherlich zu Recht – auch am häufigsten diskutierten sozialen Probleme behandelt werden. Obwohl jeder ein intuitives Verständnis von Armut hat, stellt sich bei einer genaueren sozialwissenschaftlichen Betrachtung des Phänomens eine Reihe grundlegender Fragen:

- Was ist Armut und welche Formen der Armut gibt es?
- Wie lassen sich Armutslagen bestimmen?
- Welches Ausmaß hat die Armut in einer Gesellschaft?
- Welche Lebensumstände führen zu Armut und wie kann man dem entgegenwirken?

### 11.1 Was ist Armut? – Theoretische Grundlagen und Konzepte

Allgemein bezeichnet der Begriff der Armut einen Mangel an elementaren Lebensmöglichkeiten, so dass Menschen nicht in der Lage sind, grundlegende Bedürfnisse zu befriedigen. Was elementare Lebensmöglichkeiten bzw. grundlegende Bedürfnisse sind, bemisst sich dabei immer an einer von der Gesellschaft gesetzten Norm. Diese besagt beispielsweise, dass niemand in einem Gemeinwesen hungern soll oder die Lebensmöglichkeiten aller sich nicht zu weit unterhalb der allgemein üblichen Bedingungen der Lebensführung bewegen sollten. Ist dies gleichwohl der Fall und haben sich die Betroffenen nicht freiwillig in diese Lage begeben, resultiert aus der Wahrnehmung dieser Armutslage eine moralisch gebotene Verpflichtung zur Hilfe und Unterstützung. Im Unterschied zur sozialen Ungleichheit ist also die Armut immer mit einem Appell zu Gegenmaßnahmen verknüpft. Das zeichnet sie als soziales Problem und zugleich alle sozialen Probleme als unerwünschte soziale Tatsachen aus (vgl. Groenemeyer/Ratzka 2012/1: 367; Jacobs 1995: 403f.).

Es sind demnach drei Elemente, auf denen ein allgemeines Verständnis von Armut basiert:

1. Es gibt menschliche Bedürfnisse, deren Befriedigung in einem Gemeinwesen als für alle Mitglieder dieses Gemeinwesens grundlegend notwendig und wünschenswert angesehen wird.

## 11. Armut als soziales Problem

2. Es gibt Menschen in einem Gemeinwesen, die diese Bedürfnisse nicht mit eigenen Mitteln befriedigen können.
3. Sie werden daher von anderen Mitgliedern des Gemeinwesens als hilfsbedürftig wahrgenommen, so dass gemeinschaftliche Bemühungen daraus erwachsen, ihnen die Befriedigung dieser Bedürfnisse zu ermöglichen.

Aus soziologischer Sicht ist für das Verständnis von Armut der erste Aspekt, die Existenz einer sozialen Norm, die eine Befriedigung bestimmter Bedürfnisse als für alle grundlegnd notwendig und wünschenswert ansieht, von entscheidender Bedeutung. Nur unter dieser Voraussetzung kann Armut als solche wahrgenommen werden und nur dann entsteht die Bereitschaft der anderen zur Solidarität.

> Ein allgemeines Verständnis von Armut umfasst drei Momente:
> 1. Menschliche Bedürfnisse, deren Befriedigung in einem Gemeinwesen als grundlegend notwendig angesehen wird.
> 2. Menschen, die diese Bedürfnisse nicht mit eigenen Mitteln befriedigen können.
> 3. Die gesellschaftliche Wahrnehmung des Hilfebedarfs, so dass gemeinschaftliche Bemühungen entstehen, allen die Befriedigung dieser Bedürfnisse zu ermöglichen.

Vor diesem Hintergrund gibt es unterschiedliche Ansatzpunkte, die Armutslagen von Menschen zu bestimmen:

### 11.1.1 Ressourcen vs. Lebenslagen

Der Ressourcenansatz geht davon aus, dass Armut auf einem Mangel an finanziellen Möglichkeiten beruht. Arm in diesem Sinne ist, wer zu wenig Geld zur Verfügung hat, um die Befriedigung seiner Bedürfnisse in einem gesellschaftlich als notwendig und wünschenswert angesehenen Maß zu gewährleisten. Entsprechend ist die Armut eine Einkommensarmut, die sich durch das Unterschreiten einer gesellschaftlich definierten Einkommensgrenze bestimmt. Andere Ressourcen, etwa kulturelle und soziale, lassen sich durch den Einsatz finanzieller Mittel erschließen.

Lebenslagenansätze gehen demgegenüber davon aus, dass die Möglichkeiten der Lebensführung von Menschen nicht allein von ihren finanziellen Ressourcen abhängig sind. Einerseits benötigen sie in unterschiedlichem Umfang finanzielle Mittel, um ein vergleichbares Leben führen zu können. Menschen, die beispielsweise auf einen Rollstuhl und persönliche Assistenz angewiesen sind, haben gegenüber anderen, bei denen dies nicht der Fall ist, einen höheren Ressourcenbedarf, um wie sie regelmäßig zur Schule zu gehen, eine Beschäftigung auszuüben oder in Urlaub zu fahren. Der Maßstab für Armut oder Wohlergehen wären demnach nicht die zur Verfügung stehenden finanziellen Ressourcen, sondern die sich daraus ergebenden Handlungsspielräume und Verwirklichungschancen. Sie – und nicht die Ressourcen – sollen allen gleichermaßen zur Verfügung stehen.[67]

Andererseits gehen Lebenslagenansätze davon aus, dass finanzielle Möglichkeiten nicht immer in nichtmonetäre Handlungsressourcen konvertiert werden können.

---

[67] Dieser Gedanke liegt dem sogenannten Capability Approach (Verwirklichungschancen-Ansatz), der vor allem auf die Arbeiten von Amartya Sen und Martha Nussbaum zurückgeht, zugrunde.

So lassen sich beispielsweise Bildung, Gesundheit oder soziale Kontakte nicht einfach kaufen. Ebenso wenig können gesellschaftliche Rahmenbedingungen, wie etwa Grund- und Sozialrechte, Wohn- und Freizeitverhältnisse, die Barrierefreiheit der Infrastruktur oder die Möglichkeiten der sozialen Unterstützung, unmittelbar durch die persönlichen Einkommensverhältnisse beeinflusst werden. Die Handlungsspielräume einer Person, die sich aus dieser Gesamtheit an Rahmenbedingungen ergeben, müssen daher, unabhängig von ihrer Ausstattung mit finanziellen Ressourcen, berücksichtigt werden.

Ein Versuch, die internationale Sozialberichterstattung im Sinne der Lebenslagenansätze weiterzuentwickeln, ist der sogenannte Index für menschliche Entwicklung (HDI) der Vereinten Nationen (UN),[68] der seit 1990 die Grundlage der Berichterstattung zu den Lebensbedingungen in den Mitgliedsländern bildet. Neben dem Einkommen als Indikator für den Lebensstandard werden dabei ein Bildungsindex als Indikator für soziale Teilhabechancen sowie die Lebenserwartung als Indikator für Gesundheit und Sicherheit berücksichtigt (vgl. UNDP 2019a: 1ff.). Unter den 189 Ländern, die in den UN-Bericht über die menschliche Entwicklung (Human Development Report) 2018 eingeflossen sind, nimmt Deutschland mit Platz vier einen Spitzenplatz ein. Eine niedrige Entwicklung weisen demgegenüber vor allem afrikanische Länder südlich der Sahara auf (vgl. UNDP 2019b: 32ff.).

Ein weiteres Beispiel für den Versuch, Lebenslagen jenseits der rein finanziellen Ressourcenausstattung zu berücksichtigen, ist der innerhalb der Europäischen Union im Jahr 2010 eingeführte Indikator zu Armut und sozialer Ausgrenzung, der neben der Armutsgefährdung aufgrund geringer Einkommen noch die Kriterien „erhebliche materielle Entbehrung" und „Haushalt mit sehr geringer Erwerbsbeteiligung" berücksichtigt (vgl. Statistisches Bundesamt 2019r).[69] Danach erreichte in Deutschland im Jahr 2018 der Anteil der von Armut oder sozialer Ausgrenzung betroffenen Bevölkerung einen Wert von 18,7%, während die reine Einkommensarmut (Armutsrisiko- bzw. Armutsgefährdungsquote)[70] lediglich bei 16,0% lag. Für die gesamte EU bewegten sich im gleichen Jahr die Werte bei

---

68  Die Abkürzung HDI steht für „Human Development Index"; UN für „United Nations".
69  „Erhebliche materielle Entbehrung liegt nach der EU-Definition für EU-SILC dann vor, wenn aufgrund der Selbsteinschätzung des Haushalts mindestens vier der folgenden neun Kriterien erfüllt sind: 1. Finanzielles Problem, die Miete oder Rechnungen für Versorgungsleistungen rechtzeitig zu bezahlen. 2. Finanzielles Problem, die Wohnung angemessen heizen zu können. 3. Finanzielles Problem, unerwartete Ausgaben in einer bestimmten Höhe aus eigenen finanziellen Mitteln bestreiten zu können. 4. Finanzielles Problem, jeden zweiten Tag Fleisch, Fisch oder eine gleichwertige vegetarische Mahlzeit einnehmen zu können. 5. Finanzielles Problem, jährlich eine Woche Urlaub woanders als zu Hause zu verbringen. 6. Fehlen eines Pkw im Haushalt aus finanziellen Gründen. 7. Fehlen einer Waschmaschine im Haushalt aus finanziellen Gründen. 8. Fehlen eines Farbfernsehgeräts im Haushalt aus finanziellen Gründen. 9. Fehlen eines Telefons im Haushalt aus finanziellen Gründen. Ein Haushalt mit sehr geringer Erwerbsbeteiligung liegt nach der EU-Definition für EU-SILC dann vor, wenn die tatsächliche Erwerbsbeteiligung (in Monaten) der im Haushalt lebenden, erwerbsfähigen Haushaltsmitglieder im Alter von 18 bis 59 Jahren insgesamt weniger als 20% ihrer potenziellen Erwerbsbeteiligung beträgt... Armut oder soziale Ausgrenzung ist nach der EU-Definition für EU-SILC dann gegeben, wenn eines oder mehrere der drei Kriterien ‚Armutsgefährdung', ‚erhebliche materielle Entbehrung', ‚Haushalt mit sehr geringer Erwerbsbeteiligung' vorliegen." (Statistisches Bundesamt 2019r)
70  Die Begriffe Armut, Armutsrisiko und Armutsgefährdung werden oft synonym verwandt und beziehen sich in der Regel auf den von der Europäischen Union (EU) definierten Schwellenwert von 60% des mittleren Nettoäquivalenzeinkommens. Unter dieser Voraussetzung bringen sie den gleichen Sachverhalt zum Ausdruck (vgl. BMAS 2017: 549, 605; Kott 2018: 232; Statistisches Bundesamt 2020e). International wird zum

21,8 % bzw. 17,1 % (vgl. Eurostat 2020a, 2020c). Die Quoten der von Armut oder sozialer Ausgrenzung betroffenen Bevölkerung sind damit deutlich höher als die reinen Einkommensarmutsquoten.

Gleichwohl bleibt es schwierig, die gesamten Lebensmöglichkeiten und Handlungsspielräume von Menschen jenseits ihrer Ausstattung mit finanziellen Ressourcen methodisch verlässlich zu erfassen und angemessen zu bewerten. Während rein monetäre Größen relativ einfach dargestellt und miteinander verglichen werden können, lassen sich Freiheitsspielräume, soziale Teilhabechancen, die gesundheitliche Lage oder das subjektive Wohlbefinden nicht so leicht dokumentieren, im Verhältnis zueinander gewichten und zusammenfassend bilanzieren. Daher kommt dem Ressourcenansatz trotz seiner Unzulänglichkeiten nach wie vor eine große Bedeutung zu. Er bleibt ein wesentliches Element der Beschreibung von Lebensverhältnissen und Armutslagen.

### 11.1.2 Absolute und relative Armut

Armut lässt sich einerseits daran bemessen, inwieweit Menschen über die Möglichkeit verfügen, ihre existentiellen Grundbedürfnisse zu befriedigen. Ist ihr alltägliches Leben und Überleben nicht gewährleistet, weil es ihnen etwa an Nahrung, Kleidung oder Behausung in ausreichendem Maß mangelt, spricht man von absoluter Armut. Sie bestimmt sich durch das physische Existenzminimum des Menschen.

Demgegenüber kann Armut aber auch durch einen bestimmten Grad der Unterschreitung des normalen Lebensstandards in einer Gesellschaft definiert werden. In diesen Fällen spricht man von relativer Armut. Sie bestimmt sich durch die Lebensmöglichkeiten, die Menschen im Verhältnis zu anderen zur Verfügung stehen. Die Armutsgrenze ist in diesem Fall ein soziokulturelles Existenzminimum.

Im Unterschied zur absoluten Armut ist die relative Armut damit entscheidend vom Wohlfahrtniveau des jeweiligen Landes abhängig, in dem die Menschen leben. So kann in Deutschland jemand arm sein, der zwar ausreichend Nahrung und Kleidung zur Verfügung hat, zugleich aber nicht am normalen gesellschaftlichen und sozialen Leben teilhaben kann, weil er sich beispielsweise keinen Restaurantbesuch, keinen Internetzugang oder kein Fernsehgerät leisten kann.

> Absolute Armut bemisst sich an den Ressourcen, die Menschen zur Befriedigung ihrer existentiellen Grundbedürfnisse benötigen (physisches Existenzminimum). Relative Armut bestimmt sich durch die Lebensmöglichkeiten, die ihnen im Vergleich zu anderen Mitgliedern einer Gesellschaft zur Verfügung stehen (soziokulturelles Existenzminimum).

Innerhalb der Europäischen Union (EU) sowie im Rahmen der Armuts- und Reichtumsberichterstattung der Bundesregierung und der sozialwissenschaftlichen

---

Teil allerdings auch ein Schwellenwert von 50 % des mittleren Nettoäquivalenzeinkommens für ein Armutsrisiko zugrunde gelegt. So beispielsweise bei Daten und Studien der OECD und von UNICEF (vgl. DIW 2011; Bertram 2017: 98; OECD 2019a). Bei der Betrachtung der Einkommensverhältnisse wird in der Regel nicht von Armut, sondern von einem Armutsrisiko bzw. einer Armutsgefährdung gesprochen, „da das Einkommen nur einen indirekten Indikator für Armut darstellt" (Goebel/Krause 2018: 243). Vgl. auch entsprechend Anmerkung 24 (Kap. 7.2.6) und Anmerkung 63 (Kap. 10.4).

## 11.1 Was ist Armut? – Theoretische Grundlagen und Konzepte

Armutsforschung in Deutschland hat sich als Schwelle für die relative Armut (Armutsrisikogrenze) der Wert von 60% des mittleren Nettoäquivalenzeinkommens etabliert (vgl. Kap. 10.4). Man geht also davon aus, dass derjenige Anteil der Bevölkerung, dem weniger zur Verfügung steht, von Armut bedroht ist (Armutsrisikoquote).

Für das Ausmaß der absoluten Armut wird international häufig eine Definition der Weltbank herangezogen, nach der eine Person zum unmittelbaren Überleben mindestens 1,90 US-Dollar (in Kaufkraftparitäten)[71] pro Tag zur Verfügung haben sollte. Legt man diesen Wert zugrunde, lebten im Jahr 2015 etwa 736 Millionen Menschen auf der Welt in absoluter Armut. Das war ungefähr ein Zehntel der gesamten Menschheit. Während in vielen afrikanischen Ländern südlich der Sahara über 40% der Bevölkerung in absoluter Armut leben, ist sie in Europa so gut wie nicht existent (vgl. Weltbank 2020, 2017).

### 11.1.3 Objektive und subjektive Armut

Einerseits kann Armut auf der Grundlage objektiver Indikatoren gemessen werden. So lässt sich beispielsweise aufgrund einer festgelegten Armutsrisikogrenze eindeutig bestimmen, wie viele Menschen in einer Gesellschaft von Armut betroffen sind. Diese Quote ist unabhängig davon, wie die Menschen selbst ihre Lebenslage wahrnehmen, und wird daher als objektive Armut bezeichnet.

Andererseits hat die Armut aber auch immer eine subjektive Seite. So können Menschen sich als arm empfinden, ohne nach objektiven Maßstäben arm zu sein. Umgekehrt können sie mit ihrer Lebenslage sehr zufrieden sein, obwohl sie nach objektiven Maßstäben von Armut betroffen sind. Sofern Menschen sich selbst – unabhängig von ihrer tatsächlichen Lebenslage – als arm ansehen, spricht man von subjektiver Armut. Im Unterschied zur objektiven Armut erfasst sie die persönliche Bewertung der eigenen Lebensumstände. Die Befunde zum subjektiven Armutsempfinden in Deutschland sind uneinheitlich. Einige Untersuchungen deuten darauf hin, dass es niedriger ist bzw. sich in etwa auf dem gleichen Niveau bewegt wie die objektiv gemessenen Armutsquoten (vgl. Glatzer/Becker 2009: 6), andere wiederum lassen vermuten, dass die subjektive Armutsquote höher ist als die objektive Armutsquote (vgl. Lejeune/Romeu Gordo/Simonson 2017: 107).

### 11.1.4 Bekämpfte und verdeckte Armut

Da Armut ein unerwünschtes soziales Problem darstellt, wird ihr mithilfe sozialstaatlicher Leistungen entgegengetreten, um sie zu vermeiden oder abzuwenden. In diesem Fall spricht man von bekämpfter Armut.

In Deutschland handelt es sich im Bereich der Einkommensarmut dabei vor allem um sogenannte Mindestsicherungsleistungen nach dem Zweiten und Zwölften Buch Sozialgesetzbuch (SGB II und SGB XII), insbesondere um Arbeitslosengeld II

---

71 ‚in Kaufkraftparitäten' bedeutet, dass die Kaufkraft des US-Dollars in lokale Kaufkraft umgerechnet wird, so dass absolut arme Menschen „nicht in der Lage sind sich täglich die Menge an Gütern zu kaufen, die in den USA 1,90 US-Dollar kosten würden" (BMZ o.J.).

(ALG II), Sozialgeld, Hilfe zum Lebensunterhalt (HLU) sowie die Grundsicherung im Alter und bei dauerhafter Erwerbsminderung (vgl. Abb. 26). 2018 erhielten in Deutschland 7,2 Millionen Menschen eine dieser Leistungen. Das waren 8,7% der Bevölkerung. Die größte Gruppe (knapp 5,6 Millionen Menschen) waren Bezieher von Arbeitslosengeld II bzw. Sozialgeld nach SGB II (vgl. Statistische Ämter des Bundes und der Länder 2020b, 2020c).

*Abbildung 26: Fürsorgerechtliche Leistungssysteme in Deutschland.*

| Anspruchsberechtigter Personenkreis | Leistungen | Gesetz |
|---|---|---|
| Erwerbsfähige Personen ab dem 15. bis zum 65. Lebensjahr | Arbeitslosengeld II | SGB II |
| und die mit ihnen zusammenlebenden Familienangehörigen | Sozialgeld | |
| Kinder und Erwachsene unter 65 Jahren, die zeitweise voll erwerbsgemindert sind | Hilfe zum Lebensunterhalt/ Sozialhilfe | SGB XII |
| Personen ab 65 Jahren und Volljährige, die dauerhaft voll erwerbsgemindert sind | Grundsicherung bei Alter und Erwerbsminderung | SGB XII |
| Ausländische Personen ohne gewöhnlichen Aufenthalt und Bürgerkriegsflüchtlinge in den ersten drei Jahren ihres Aufenthalts | Grundsätzlich Sachleistungen, nachrangig Wertgutscheine und Geldleistungen | Asylbewerberleistungsgesetz |

Quelle: Bäcker et al. 2010/1: 314.

Die Leistungen nach SGB II und SGB XII bewegen sich bis auf geringfügige Abweichungen auf dem gleichen Niveau, während die Leistungen nach dem Asylbewerberleistungsgesetz etwas niedriger ausfallen (vgl. Hauser 2018: 168). 2020 betrug der Regelsatz nach dem Regelbedarfs-Ermittlungsgesetz (Eckregelsatz) für die Leistungen nach SGB II und SGB XII 432€. Paare in einer Bedarfsgemeinschaft erhalten je 389€, Jugendliche (14-17 Jahre) 328€, ältere Kinder (6-13 Jahre) 308€ und jüngere Kinder (unter 6 Jahre) 250€. Hinzu kommen die Kosten für Unterkunft und Heizung, soweit sie als angemessen bewertet werden, sowie Mehrbedarfszuschläge für alleinerziehende, schwangere und behinderte Personen.

Nicht alle Menschen, die dazu berechtigt wären, nehmen die Leistungen auch tatsächlich in Anspruch. In diesen Fällen spricht man von verdeckter Armut. Ihr tatsächliches Ausmaß lässt sich naturgemäß nicht genau bestimmen. Schätzungen gehen davon aus, dass mindestens ein Drittel, nach manchen Studien sogar bis zu zwei Drittel, aller Leistungsberechtigten ihre Ansprüche nicht geltend machen. Eine Untersuchung auf Basis der Einkommens- und Verbrauchsstichprobe (EVS) von 2008, nennt Quoten der Nicht-Inanspruchnahme von Leistungen nach SGB II und SGB XII zwischen 33,8 und 43 % (vgl. Bruckmeier et al. 2013: 11).

Hierfür gibt es eine Reihe von Gründen. So wirken die Leistungsgrundsätze für viele abschreckend. Sie scheuen sich, ihre persönlichen Lebensverhältnisse gegenüber den Behörden offenzulegen. Zudem bestehen Ängste vor einer Schädigung von Familienbeziehungen, da vorrangige Unterstützungsverpflichtungen naher Angehöriger zu prüfen sind. Man möchte weder Behörden noch Familienangehörigen zur Last fallen und von ihnen abhängig sein. Viele befürchten darüber hinaus, dass ein Bekanntwerden des Leistungsbezugs zu einer Stigmatisierung im sozialen Zusammenleben führen könnte. Insbesondere fehlen jedoch auch häufig Kenntnisse über Höhe und Bedingungen der Leistungsansprüche oder es liegen Falschinformationen vor (vgl. Becker/Hauser 2005: 173ff.; Bäcker et al. 2010/1: 330; Groenemeyer/Ratzka 2012/1: 418ff.).

## 11.2 Zur Entwicklung der Armut in Deutschland

Mit der Einführung der bedarfsorientierten Grundsicherung im Alter und bei Erwerbsminderung im Jahr 2003 sowie der Einführung des Arbeitslosengeld II (ALG II) für alle erwerbsfähigen Personen und des Sozialgeldes für deren Familienangehörige (sogenannte Hartz IV-Regelung) im Jahr 2005 wurde die Sozialgesetzgebung in Deutschland grundlegend reformiert.

Dadurch stehen zur bekämpften Armut für die alte Bundesrepublik langfristig bis 2003 bzw. 2005 Daten zur Hilfe zum Lebensunterhalt (HLU) und Arbeitslosenhilfe gemäß den damaligen Regelungen zur Verfügung, während danach die Leistungen nach SGB II und SGB XII sowie dem Asylbewerberleistungsgesetz die Grundlage der Darstellung bilden. Daraus ergibt sich folgendes Bild:

## 11. Armut als soziales Problem

*Tabelle 11: Bevölkerungsanteile der Empfänger von Mindestsicherungsleistungen (in %).*

| Westdeutschland | | | | | | Gesamtdeutschland | | | |
|---|---|---|---|---|---|---|---|---|---|
| 1973 | 1978 | 1983 | 1988 | 1993 | 1998 | 2003 | 2008 | 2013 | 2018 |
| **Sozialhilfe (HLU)** | | | | | | | | | |
| 1,1 | 1,5 | 1,9 | 2,6 | 3,3 | 3,8 | 3,4 | 0,1 | 0,2 | 0,1 |
| **Leistungen nach dem Asylbewerberleistungsgesetz** | | | | | | | | | |
| | | | | | | 0,3 | 0,2 | 0,3 | 0,5 |
| **Arbeitslosenhilfe** | | | | | | | | | |
| 0,04 | 0,25 | 0,8 | 0,85 | 0,8 | 1,35 | 2,45 | | | |
| **Bedarfsorientierte Grundsicherung** | | | | | | | | | |
| | | | | | | 0,5 | 0,9 | 1,2 | 1,3 |
| **Arbeitslosengeld II und Sozialgeld für Familienangehörige** | | | | | | | | | |
| | | | | | | | 7,9 | 7,2 | 6,8 |

Der Übergang von den grauen zu den weißen Feldern markiert die neuen bzw. veränderten Rechtsgrundlagen für entsprechende Leistungen. In den leeren Feldern waren die Rechtsgrundlagen noch nicht bzw. nicht mehr gegeben.
Quellen: Hauser 2008: 111, 2018: 169; Statistische Ämter des Bundes und der Länder 2020b, 2020c; eigene Berechnungen.

Die Entwicklung des Anteils aller Empfänger von sozialen Mindestsicherungsleistungen an der Gesamtbevölkerung verdeutlicht die folgende Übersicht:

*Tabelle 12: Anteil der Empfängerinnen und Empfänger sozialer Mindestsicherungsleistungen an der Gesamtbevölkerung in Deutschland (in %).*

| Jahr | 2006 | 2010 | 2014 | 2015 | 2016 | 2017 | 2018 |
|---|---|---|---|---|---|---|---|
| Quote der Empfänger von Mindestsicherungsleistungen | 9,8 | 8,8 | 9,1 | 9,7 | 9,5 | 9,2 | 8,7 |

Quellen: Hauser 2018: 169; Statistische Ämter des Bundes und der Länder 2020a.

Parallel zur Reform der Arbeitslosen- und Sozialhilfe etablierte sich eine Armutsberichterstattung, die unabhängig von den politischen Regelungen zu Sozialleistungsansprüchen und der Problematik von nur relativ vage schätzbaren Dunkelziffern die relative Armut auf der Grundlage internationaler sozialwissenschaftlicher Standards erfasste (vgl. Kap. 10.4). So erschien im Jahr 2001 der erste Armuts- und Reichtumsbericht der Bundesregierung, der sich an diesen Maßstäben orientierte. Seither wurde diese Form der Berichterstattung fortgeführt. 2005 erschien der zweite, 2008 der dritte, 2013 der vierte und 2017 der fünfte Bericht.

# 11.2 Zur Entwicklung der Armut in Deutschland

Bei der Dokumentation der relativen Armut besteht jedoch die Schwierigkeit, dass aufgrund unterschiedlicher Erhebungs- und Berechnungsverfahren die Quoten allenfalls mit Einschränkungen vergleichbar sind (vgl. ebd.). Unter Zugrundelegung des heute gängigen Grenzwertes von 60% des mittleren Nettoäquivalenzeinkommens (Medianeinkommen), das nach der neuen, modifizierten OECD-Skala ermittelt wurde (vgl. ebd.), zeigt sich bei den für unterschiedliche Zeiträume und Jahre vorliegenden Datensätzen folgender Entwicklungsverlauf:

*Tabelle 13: Armutsrisikoquoten in Deutschland bezogen auf 60% des Medians der Nettoäquivalenzeinkommen aller Personen (neue OECD-Skala, in %).*

| Westdeutschland | | | | | | Gesamtdeutschland | | | |
|---|---|---|---|---|---|---|---|---|---|
| 1973 | 1978 | 1983 | 1988 | 1993 | 1998 | 2003 | 2008 | 2013 | 2018 |
| *Datenbasis EVS* | | | | | | | | | |
| 8,7 | 9,0 | 11,0 | 11,8 | 12,0 | 13,1 | 13,6 | 16,0 | 16,7 | |
| *Datenbasis SOEP* | | | | | | | | | |
| | | | 11,2 | 14,0 | 13,3 | 13,2 | 14,3 | 15,2 | 16,1[2] |
| *Datenbasis EU-SILC* | | | | | | | | | |
| | | | | | | 12,2[1] | 15,2 | 16,1 | 16,0 |
| *Datenbasis Mikrozensus* | | | | | | | | | |
| | | | | | | 14,7[1] | 14,4 | 15,5 | 15,5 |

[1] Angaben für das Jahr 2005
[2] Angaben für das Jahr 2017
Quellen: Hauser 2008: 112; BMAS 2013: 462, 2017: 551-554, BMAS 2020a; Statistisches Bundesamt 2019h, 2019j; Eurostat 2020c.

Die Daten zu den Empfängern von Mindestsicherungsleistungen (Tab. 11) weisen ebenso wie die Daten zur Entwicklung der Armutsrisikoquote (Tab. 13) auf einen langfristigen Anstieg der Armut hin. Die Zahl der Empfänger von laufender Hilfe zum Lebensunterhalt hat sich seit den 1970er-Jahren bis zum Beginn des einundzwanzigsten Jahrhunderts mehr als verdreifacht. Die Armutsrisikoquote verdoppelte sich im gleichen Zeitraum ebenfalls annähernd. Seither sind die Trends jedoch uneinheitlich. Während die Quote der Empfänger von Mindestsicherungsleistungen insgesamt nur geringfügigen Schwankungen unterliegt, steigt die Armutsrisikoquote nach allen Datensätzen weiterhin an. Nach den Daten des Mikrozensus und der EU-SILC bewegt sie sich zwischen 2013 und 2018 konstant bzw. annähernd konstant auf einem vergleichsweise hohen Niveau. Hingegen ist sie nach den Daten des SOEP zwischen 2013 und 2017 nochmals angestiegen (vgl. Tab. 12 und 13).

Der Hauptgrund für den langfristigen Anstieg der Armut war die Arbeitslosigkeit. Seit Mitte der 1970er-Jahre nahm sie über einen langen Zeitraum kontinuierlich zu, so dass immer mehr Menschen auf entsprechende Sozialleistungen angewiesen

## 11. Armut als soziales Problem

waren. Seit 2005 ist sie jedoch deutlich zurückgegangen. Gleichwohl stellt Arbeitslosigkeit nach wie vor das mit Abstand größte Armutsrisiko dar. Mehr als jede zweite Person ohne Beschäftigung erzielt ein Einkommen, das unterhalb des Schwellenwerts von 60% des mittleren Nettoäquivalenzeinkommens liegt. Nach den Daten des SOEP und der EU-SILC sind es sogar mehr als zwei Drittel dieses Personenkreises (vgl. BMAS 2020a). Besondere Arbeitsmarktrisiken bestehen bei niedrigen Bildungsabschlüssen und fehlender beruflicher Ausbildung. Da Menschen mit Migrationshintergrund[72] relativ oft diese ungünstigen Voraussetzungen mitbringen, ist ihr Armutsrisiko mehr als doppelt so hoch wie das der einheimischen deutschen Bevölkerung (vgl. Statistische Ämter des Bundes und der Länder 2020a; BMAS 2020a).

Die zweite Gruppe, die nach den Arbeitslosen das größte Armutsrisiko trägt, sind die Alleinerziehenden. Ihre Quote ist mehr als doppelt so hoch wie die der Gesamtbevölkerung.[73] Auch die Alleinlebenden weisen mit ca. 25%[74] deutlich höhere Quoten als die Gesamtbevölkerung auf, so dass neben der Arbeitsmarktintegration die Lebensform ein entscheidender Faktor ist, der das Armutsrisiko von Menschen beeinflusst (vgl. ebd.).

Darüber hinaus sind die Gefährdungslagen räumlich ungleich verteilt. Strukturschwache Gebiete haben höhere Quoten als Regionen mit hoher Wirtschaftskraft. So waren 2018 in Bremerhaven 27,9% der Menschen betroffen, während es in München lediglich 8,5% waren (vgl. Statistische Ämter des Bundes und der Länder 2020d).

Die Armut im Alter ist langfristig deutlich zurückgegangen, in den letzten Jahren jedoch wieder leicht angestiegen (vgl. BMAS 2020a; Statistisches Bundesamt 2019j sowie Kap. 9.2.1). Auch das höhere Armutsrisiko von Frauen gegenüber Männern hat sich langfristig deutlich verringert. Die Differenz bewegt sich in den letzten Jahren allerdings stabil bei etwa 1 bis 2% (vgl. BMAS 2020a; Statistisches Bundesamt 2019j).

Die Angaben zu den Armutsrisiken einzelner Personengruppen schwanken je nach Datensatz zum Teil erheblich. So liegt die Armutsrisikoquote älterer Menschen (65 und älter) nach der EU-SILC 2018 über dem Wert für die Gesamtbevölkerung, während sie auf der Grundlage anderer Datensätze darunterliegt (vgl. Kap. 9.2.1). Paare mit drei und mehr Kindern weisen nach der EVS und der EU-SILC im Jahr 2013 ein unterdurchschnittliches Armutsrisiko auf, nach den anderen Datensätzen hingegen ein erheblich erhöhtes. Jüngere Menschen (bis 17 Jahre) hatten wiederum 2018 nach der EU-SILC kein erhöhtes Armutsrisiko, während die Daten des Mikrozensus ein erhöhtes ausweisen (vgl. dazu auch bereits Kap. 7.2.6). Übereinstimmend – wenn auch in unterschiedlichem Ausmaß – zeigen alle Datensätze hingegen das überdurchschnittliche Armutsrisiko von jungen Erwachsenen

---

72  Zur Definition des Personenkreises vgl. Anmerkung 66 in Kap. 10.4.
73  Nach den Daten der EU-SILC lag sie 2018 bei 33,9%, nach den Daten des Mikrozensus im gleichen Jahr sogar bei 41,5% und nach den Daten des SOEP für 2017 bei 36,8% (vgl. BMAS 2020a; Statistisches Bundesamt 2020j).
74  Nach der EU-SILC waren es 2018 sogar ca. 30% (vgl. Statistisches Bundesamt 2020j).

(vgl. Kap. 8.2.2), Alleinlebenden, Arbeitslosen und Alleinerziehenden (vgl. BMAS 2020a, 2017: 551ff.).

Der mittlere Abstand der Einkommen der Armutsrisikogruppe zur Armutsrisikogrenze (relative Armutslücke)[75] ist seit Beginn des einundzwanzigsten Jahrhunderts weitgehend konstant geblieben (vgl. BMAS 2017: 551ff., 2020a). Das Ausmaß der Armut der Betroffenen ist insofern relativ stabil. Junge und ältere Armutsgefährdete (unter 18 Jahre bzw. 65 Jahre und älter) haben einen deutlich geringeren Abstand zum Schwellenwert als die 18 bis 64-Jährigen (vgl. Statistisches Bundesamt 2019j). Obwohl Frauen gegenüber Männern häufiger von Armut betroffen sind, liegt das mittlere Einkommen der armutsgefährdeten Frauen über dem der Männer. Armut tritt demnach bei ihnen häufiger auf, ist aber zugleich nicht so stark wie bei den Männern ausgeprägt (vgl. Statistisches Bundesamt 2018g: 40).

Mit dem Anstieg der Armut ist allerdings auch die Quote der Menschen, die als dauerhaft arm gelten,[76] angestiegen. Ihr Anteil an der gesamten Armutspopulation lag 2017 bei über 60%, während er um die Jahrtausendwende noch deutlich niedriger war (vgl. BMAS 2020a). Damit lebt mehr als die Hälfte der Betroffenen dauerhaft in Armut.

Da alle anderen sich nur zeitweilig in dieser Lage befinden, sind über einen Zeitraum von mehreren Jahren sehr viel mehr Menschen betroffen, als durch die jährlichen Armutsrisikoquoten deutlich wird. So waren zwischen 2000 und 2003 etwa 12% der Menschen arm, während etwa ein Viertel der gesamten Bevölkerung mindestens einmal in Armut lebte (vgl. Bäcker et al. 2010/1: 366; BMAS 2013: 462).

Die Fluktuation zeigt, dass es vielen gelingt, sich aus Armutslagen zu lösen, wobei sich die meisten allerdings in einer Zone des prekären Wohlstands bewegen, die sie anfällig für neuerliche Armutslagen bleiben lässt. Die sogenannte dynamische Armutsforschung spricht in diesem Zusammenhang von einer Verzeitlichung und sozialen Entgrenzung der Armut. Sie äußern sich in häufig wiederkehrenden Armutsepisoden im Lebenslauf eines größeren Teils der Bevölkerung, dessen Einkommen ansonsten die Armutsrisikogrenze nur geringfügig überschreitet (vgl. Leisering/Buhr 2012; Giesselmann/Vandecasteele 2018).

> Langfristig ist die relative Armut in Deutschland gewachsen. Vor allem Arbeitslosigkeit, das Alleinerziehen und Alleinleben sowie ein Migrationshintergrund und eine niedrige Bildung sind mit einem erhöhten Armutsrisiko verbunden. Mehr als die Hälfte der Betroffenen ist dauerhaft arm. Gleichzeitig ist ein erheblicher Teil der Bevölkerung im Leben phasenweise von Armut betroffen.

Die Bekämpfung der Armut durch soziale Leistungen hat einen erheblichen Einfluss auf die Höhe der Armutsrisikoquote. Ohne Sozialtransfers würde sie sich um etwa 50% erhöhen. Für das Jahr 2017 läge sie nach den Daten des SOEP bei

---

75 Die relative Armutslücke „ist definiert als Differenz zwischen Armutsrisikogrenze und Median der Nettoäquivalenzeinkommen der Personen unter der Armutsrisikogrenze in Relation zur Armutsrisikogrenze" (BMAS 2017: 615).
76 „Als dauerhaft armutsgefährdet gilt, wer aktuell und in zwei der drei Vorjahre armutsgefährdet war" (BMAS 2020a).

## 11. Armut als soziales Problem

22,8%, nach der EU-SILC bei 24,0% (vgl. BMAS 2020b). Sozialtransfers tragen jedoch immer weniger zur Reduktion der Armutsrisikoquote bei. Während diese, auf der Basis der SOEP-Daten, 1995 noch um fast 40% durch Sozialtransfers verringert wurde, waren es 2017 nur noch 29,2% (vgl. ebd.).

In Europa nimmt Deutschland hinsichtlich des Armutsrisikos eine mittlere Position ein. Die Quote lag 2018 mit 16,0% leicht unter dem durchschnittlichen Wert für alle Staaten der Europäischen Union (17,1%). Deutlich geringer war sie in Tschechien (ca. 10%) sowie in Finnland, der Slowakei, Dänemark, Ungarn und Norwegen (12 bis 13%), deutlich höher (über 21%) in Ländern wie Rumänien, Lettland, Litauen, Bulgarien, Estland und Spanien (vgl. Eurostat 2020c).

Nach dem Indikator zu Armut und sozialer Ausgrenzung, der neben der Armutsgefährdung aufgrund geringer Einkommen noch die Kriterien „erhebliche materielle Entbehrung" und „Haushalt mit sehr geringer Erwerbsbeteiligung" berücksichtigt (vgl. Kap. 11.1.1), zeigen sich ähnliche Befunde. 2018 waren in Deutschland 18,7% der Bevölkerung von Armut oder sozialer Ausgrenzung betroffen. Der durchschnittliche Wert für alle Staaten der Europäischen Union lag hingegen bei 21,8%. Die niedrigsten Quoten hatten auch hier Tschechien (12,2%) sowie Norwegen und Slowenien (16,2%), die höchsten Bulgarien und Rumänien mit 32,8% bzw. 32,5% (vgl. Eurostat 2020a).

Während insbesondere Arbeitslosigkeit, das Alleinerziehen und Alleinleben sowie niedrige Bildung (ISCED 0-2)[77] mit einem erhöhten Armutsrisiko verbunden sind, stellen ein hoher Bildungsstatus (ISCED 5-8)[78] und eine Erwerbstätigkeit Schutzfaktoren dar (vgl. BMAS 2020a; Kott 2018: 234).

Als kritische Lebensereignisse, die zu Armut führen können, gelten neben dem Verlust des Arbeitsplatzes auch Krankheit sowie der Verlust des Partners oder einer anderen wichtigen Bezugsperson. Trennungen und Scheidungen sind insbesondere für Frauen mit einem erhöhten Armutsrisiko verbunden (vgl. Feldmann 2006: 122f.; Giesselmann/Vandecasteele 2018: 73ff.).

Überwunden werden kann die Armutslage durch die Aufnahme einer Erwerbstätigkeit, die Erhöhung des Erwerbseinkommens, den Bezug von Sozialleistungen oder die Veränderung von Haushaltskonstellationen. Letzteres beispielsweise durch eine neue Partnerschaft, die zu einer Erhöhung des Haushaltseinkommens beiträgt, oder durch das zunehmende Alter der Kinder, wodurch eine Erwerbstä-

---

77 ISCED (International Standard Classification of Education) ist ein Instrument zur internationalen Klassifikation von Bildungsgängen. Die ursprüngliche Fassung (ISCED 97) wurde 2011 überarbeitet (ISCED 2011) und unterscheidet seither zwischen insgesamt zehn Bildungsbereichen (ISCED 0-9). Die Klassifikationsstufen 0-2 umfassen den Elementarbereich (Kindertagesstätten, Vorklassen, Schulkindertagesstätten), den Primarbereich (Grundschulen sowie andere Schultypen der Klassen 1-4) sowie den Sekundarbereich I (Hauptschulen, Realschulen sowie andere Schultypen der Klassen 5-10 und berufsvorbereitende Programme, die Zugänge zur nächsthöheren ISCED-Stufe vermitteln). Zur Gesamtklassifikation vgl. Autorengruppe Bildungsberichterstattung 2018: XII-XIII; OECD 2019b: 23-24.

78 Die ISCED-Stufen 5-8 umfassen die höhere berufliche Bildung (z.B. die Erzieher-, Meister- und Technikerausbildung) sowie akademische Bildungsprogramme (Diplom-, Bachelor- und Masterstudiengänge sowie ein Promotionsstudium). Zur Gesamtklassifikation vgl. Autorengruppe Bildungsberichterstattung 2018: XII-XIII; OECD 2019b: 23-24.

tigkeit der Eltern bzw. eines Elternteils möglich wird (vgl. Bäcker et al. 2010/1: 367f.).

Längerfristige Einkommensarmut schränkt nicht allein die Konsummöglichkeiten ein. Sie wirkt sich auch auf die Verwirklichungschancen in anderen Bereichen aus. Eine schlechtere Gesundheit und subjektive Befindlichkeit, ungünstige Wohnbedingungen, geringere Bildungschancen oder die Reduktion sozialer Kontakte und Erfahrung sozialer Ausgrenzung sind zwar nicht zwingend, gleichwohl aber überdurchschnittlich häufig mit Armutslagen verbunden und führen daher unter Umständen auch zu einer Kumulation von nachteilhaften Lebensumständen und sozialen Problemen (vgl. Lampert 2018; Böhnke/Esche 2018; Spellerberg/Giehl 2018; Kohlrausch 2018; Böhnke/Link 2018; Berger/Neu 2007: 264; Kap. 7.2.6).

Soziale Hilfen zielen daher nicht allein auf die unmittelbare Überwindung der Einkommensarmut, sondern ebenso auf die Vermeidung weiterer Benachteiligungen in anderen Lebensbereichen. Die Unterstützungsbemühungen müssen dabei neben den objektiv gegebenen Lebensumständen auch das subjektive Erleben und die Verarbeitung von Armutserfahrungen berücksichtigen, da sie nur unter diesen Voraussetzungen wirksam sein können.

Hinsichtlich der Art und Weise, wie die Betroffenen mit ihrer Armutslage umgehen, lassen sich drei Muster unterscheiden (vgl. Bäcker et al. 2010/1: 368f.):

- Aktive und schnelle Überwindung der Situation
  Dies gilt vor allem für jüngere, gesundheitlich nicht beeinträchtigte, arbeitslose Menschen, denen ein Erst- oder Wiedereinstieg ins Erwerbsleben meist relativ schnell gelingt.
- Aktive Gestaltung des eigenen Lebens unter eingeschränkten Bedingungen
  Dies gilt vor allem für alleinerziehende Personen, die sich zunächst mit der Armutssituation arrangieren, mittelfristig jedoch eine Ausstiegsperspektive entwickeln, indem sie den Wiedereinstieg in das Erwerbsleben für die Zeit anstreben, wenn die Kinder älter sind.
- Verfestigung von Armut und Passivität
  Dies gilt für Personengruppen, bei denen verschiedene Problemkonstellationen wie Langzeitarbeitslosigkeit, ein fehlender Schulabschluss und eine fehlende Ausbildung, Suchterkrankungen oder Vorstrafen zusammentreffen, so dass besondere Hürden für einen Erst- bzw. Wiedereinstieg ins Erwerbsleben bestehen. Darüber hinaus findet sich dieses Muster auch bei Personen, die aufgrund gesundheitlicher Beeinträchtigungen dauerhaft erwerbsgemindert sind oder aufgrund ihres Alters keinen Wiedereinstieg ins Erwerbsleben anstreben können, weshalb die Entwicklung von Ausstiegsperspektiven kaum möglich erscheint.

Das Ziel der Sozialen Arbeit ist es, unter den jeweils gegebenen Umständen die Handlungsressourcen der Betroffenen zu stärken und ihre Verwirklichungschancen im Rahmen sozialer Lebensbezüge zu erhöhen, damit sich ihnen die Gelegenheit zu einem konstruktiven Umgang mit ihrer Lebenssituation eröffnet.

## 11. Armut als soziales Problem

Die Resilienzforschung, die sich mit der Möglichkeit eines gelingenden Lebens und der erfolgreichen Bewältigung von Entwicklungsaufgaben unter prekären ökonomischen oder psycho-sozialen Lebensumständen beschäftigt, hat verdeutlicht, dass kontinuierliche und stabile Beziehungen im sozialen Nahraum (Familie, Freunde, Nachbarschaft), wertschätzende und motivationsfördernde Alltagserfahrungen in sozialen Institutionen (Schule, Betrieb, Behörden, Vereine, Einrichtungen) sowie prosoziale Rollenmodelle, inklusive Normen und integrierende Unterstützungsangebote auf der gesellschaftlichen und sozialpolitischen Ebene entscheidend hierzu beitragen (vgl. Balz 2018; Kap. 7.2.6).

Aus soziologischer Perspektive hängt eine erfolgreiche Bewältigung von Armutserfahrungen insbesondere davon ab, dass Armut nicht als individuelles Versagen der Betroffenen, sondern als ein soziales Problem, das aus den Strukturen des Zusammenlebens der Menschen hervorgeht, gedeutet wird (vgl. Groenemeyer/Ratzka 2012/1: 423).

### Zusammenfassung

Armut ist eine soziale Lage, in der Menschen Bedürfnisse, deren Befriedigung in einer Gesellschaft als für alle wünschenswert angesehen wird, mit eigenen Möglichkeiten nicht befriedigen können, so dass sie hilfsbedürftig erscheinen und gemeinschaftliche Bemühungen entstehen, um diesen Lebensumständen entgegenzuwirken.

Ressourcenansätze gehen dabei davon aus, dass Armut auf einem Mangel an finanziellen Möglichkeiten beruht. Lebenslagenansätze basieren demgegenüber auf der Annahme einer Mehrdimensionalität sozialer Lagen, in deren Rahmen das Maß an Handlungsspielräumen und Verwirklichungschancen in unterschiedlichen Lebenszusammenhängen die Grundlage für Armut oder Wohlergehen darstellen.

Armutsforschung und Armutsberichterstattung unterscheiden zwischen absoluter Armut, der ein physisches Existenzminimum zugrunde liegt, und relativer Armut, die auf einem soziokulturellen Existenzminimum beruht, das sich am allgemeinen Wohlstand in einer Gesellschaft bemisst. Darüber hinaus kann zwischen der Feststellung von Armut nach allgemeinen, gesellschaftlich definierten Kriterien und der Bewertung der Lebenslage durch die Betroffenen selbst differenziert werden (objektive bzw. subjektive Armut). Das Verständnis von Armut als soziales Problem impliziert, dass ihr mit sozialstaatlichen Leistungen entgegengewirkt wird (bekämpfte Armut), wobei generell nicht alle, die dazu berechtigt wären, die Leistungen in Anspruch nehmen (verdeckte Armut).

Die Armut in Deutschland hat in den letzten Jahrzehnten kontinuierlich zugenommen. Überproportional trifft sie vor allem Menschen, die arbeitslos sind, einen niedrigen Bildungsstatus besitzen, Migrationshintergründe haben, alleinlebend oder alleinerziehend sind. Mehr als die Hälfte der Betroffenen lebt dauerhaft mit Armutsrisiken, während parallel ein hohes Maß an Fluktuation besteht (Verzeitlichung bzw. soziale Entgrenzung der Armut). Die Bekämpfung der Armut durch soziale Leistungen hat einen erheblichen, in den letzten Jahren jedoch rückläufigen, Einfluss auf die Höhe der Armutsrisikoquote. Innerhalb der Europäischen Union nimmt Deutschland hinsichtlich des Armutsrisikos eine mittlere Position ein.

Bei der Bewältigung von Armutserfahrungen lassen sich, je nach Lebensumständen, drei unterschiedliche Muster erkennen: erstens eine aktive und schnelle Überwindung der Situation, zweitens eine aktive Gestaltung des eigenen Lebens unter eingeschränkten Bedingungen sowie drittens die Verfestigung von Armut und Passivität. Das Ziel der Sozialen Arbeit ist es, Handlungsressourcen der Betroffenen zu stärken und ihre Verwirklichungschancen zu erhöhen. Aus soziologischer Perspektive hängt eine erfolgreiche Bewältigung von Armutserfahrungen insbesondere davon ab, dass Armut nicht als individuelles Versagen der Betroffenen, sondern als ein soziales Problem, das aus den Strukturen des Zusammenlebens der Menschen hervorgeht, gedeutet wird.

**Fragen zur Wiederholung**

1. Wann ist ein Mensch arm?
   Stichworte: Bedürfnisse, gesellschaftliche Anerkennung, Hilfe.
2. Was sind zentrale Kategorien der Analyse und Beschreibung von Armut?
   Stichworte: Ressourcen- vs. Lebenslagenkonzepte, absolute und relative Armut, objektive und subjektive Armut, bekämpfte und verdeckte Armut.
3. Was sind die wesentlichen Aspekte der Entwicklung der Armut in Deutschland?
   Stichworte: Zunahme, Dauerhaftigkeit vs. Verzeitlichung, relative Armutslücke, Reduktionsquote durch Sozialtransfers, internationaler Vergleich.
4. Was sind wesentliche Determinanten für ein Armutsrisiko?
   Arbeitslosigkeit, geringe Bildung und geringe berufliche Qualifikation, Migrationshintergründe, alleinerziehend, alleinlebend.

Literatur zur Vertiefung:

Bäcker, Gerhard/Naegele, Gerhard/Bispinck, Reinhard/Hofemann, Klaus/Neubauer, Jennifer, 2010: Sozialpolitik und soziale Lage in der Bundesrepublik Deutschland. Band 1. 5. Auflage. Wiesbaden: VS, S. 356-371.
Barlösius, Eva, 2018: Gesellschaftstheoretische Grundlagen und Potentiale der Armutsforschung. In: Böhnke, Petra/Dittmann, Jörg/Goebel, Jan (Hg.), Handbuch Armut: Ursachen, Trends, Maßnahmen. Opladen/Toronto: Barbara Budrich, S. 35-44.
Best, Norman/Boeckh, Jürgen/Huster, Ernst-Ulrich, 2018: Armutsforschung: Entwicklungen, Ansätze und Erkenntnisgewinne. In: Huster, Ernst-Ulrich/Boeckh, Jürgen/Mogge-Grotjahn, Hildegard (Hg.), Handbuch Armut und soziale Ausgrenzung. 3. Auflage. Wiesbaden: VS, S. 27-58.

BMAS (Bundesministerium für Arbeit und Soziales), 2017: Lebenslagen in Deutschland. Der Fünfte Armuts- und Reichtumsbericht der Bundesregierung, S. 549-576. https://www.armuts-und-reichtumsbericht.de/DE/Bericht/Archiv/Der-fuenfte-Bericht/Der-Bericht/der-bericht.html;jsessionid=10032B68BF0FD07BDBFF6466C50ADB3B (Zugriff am: 23.6.2020).

Diezinger, Angelika/Mayr-Kleffel, Verena, 2009: Soziale Ungleichheit. Eine Einführung für soziale Berufe. 2. Auflage. Freiburg: Lambertus, S. 223-242.

Dittmann, Jörg/Goebel, Jan, 2018: Armutskonzepte. In: Böhnke, Petra/Dittmann, Jörg/Goebel, Jan (Hg.), Handbuch Armut: Ursachen, Trends, Maßnahmen. Opladen/Toronto: Barbara Budrich, S. 21-34.

Dittmann, Jörg/Oehler, Patrick, 2018: Soziale Arbeit und Armut. In: Böhnke, Petra/Dittmann, Jörg/Goebel, Jan (Hg.), Handbuch Armut: Ursachen, Trends, Maßnahmen. Opladen/Toronto: Barbara Budrich, S. 331-340.

Geißler, Rainer, 2014: Die Sozialstruktur Deutschlands. Zur gesellschaftlichen Entwicklung mit einer Bilanz zur Vereinigung. 7. Auflage. Wiesbaden: Springer VS, S. 229-266.

Giesselmann, Marco/Vandecasteele, Leen, 2018: Armut in Lebenslaufperspektive. In: Böhnke, Petra/Dittmann, Jörg/Goebel, Jan (Hg.), Handbuch Armut: Ursachen, Trends, Maßnahmen. Opladen/Toronto: Barbara Budrich, S. 69-78.

Groenemeyer, Axel/Ratzka, Melanie, 2012: Armut, Deprivation und Exklusion als soziales Problem. In: Albrecht, Günter/Groenemeyer, Axel (Hg.), Handbuch soziale Probleme. Band 1. 2. Auflage. Wiesbaden: Springer VS, S. 367-432.

Groh-Samberg, Olaf/Voges, Wolfgang, 2013: Armut und soziale Ausgrenzung. In: Mau, Steffen/Schöneck, Nadine (Hg.), Handwörterbuch zur Gesellschaft Deutschlands. Band 1. 2. Auflage. Wiesbaden: VS, S. 58-79.

Hauser, Richard, 2018: Das Maß der Armut: Armutsgrenzen im sozialstaatlichen Kontext. Der sozialstatistische Diskurs. In: Huster, Ernst-Ulrich/Boeckh, Jürgen/Mogge-Grotjahn, Hildegard (Hg.), Handbuch Armut und soziale Ausgrenzung. 3. Auflage. Wiesbaden: VS, S. 149-178.

Leisering, Lutz/Buhr, Petra, 2012: Dynamik von Armut. In: Huster, Ernst-Ulrich/Boeckh, Jürgen/Mogge-Grotjahn, Hildegard (Hg.), Handbuch Armut und soziale Ausgrenzung. 2. Auflage. Wiesbaden: VS, S. 147-163.

## Literatur

Adamson, Peter, 2013: Report Card 11 (gekürzte Fassung). In: Bertram, Hans (Hg.), Reiche, kluge, glückliche Kinder? DER UNICEF-Bericht zur Lage der Kinder in Deutschland. Weinheim/Basel: Beltz Juventa, S. 26-51.

Alanen, Leena, 2005: Kindheit als generationales Konzept. In: Hengst, Heinz/Zeiher, Helga (Hg.), Kindheit soziologisch. Wiesbaden: VS, S. 65-82.

Albrecht, Günter, 2010: Jugend: Recht und Kriminalität. In: Krüger, Heinz-Hermann/Grunert, Cathleen (Hg.), Handbuch der Kindheits- und Jugendforschung. 2. Auflage. Wiesbaden: VS, S. 831-904.

Alt, Christian/Gloger-Tippelt, Gabriele, 2008: Persönlichkeitsentwicklung und Sozialstruktur. Überlegungen zu einer modernen Kindheitsforschung. In: Alt, Christian (Hg.), Kinderleben – Individuelle Entwicklungen in sozialen Kontexten. Band 5: Persönlichkeitsstrukturen und ihre Folgen. Wiesbaden: VS, S. 7-26.

Alt, Christian/Lange, Andreas/Huber, Johannes, 2008: Kinder, ihre Freunde, ihre Väter: Beziehungen zu anderen als Aspekt kindlichen Wohlbefindens. In: Bertram, Hans (Hg.), Mittelmaß für Kinder. Der UNICEF-Bericht zur Lage der Kinder in Deutschland. München: Beck, S. 167-192.

Andresen, Sabine/Hurrelmann, Klaus, 2010: Kindheit. Weinheim/Basel: Beltz.

Andresen, Sabine/Beblo, Miriam/Hahlweg, Kurt, 2016: Ausgewählte Analysen zum Zusammenhang von Migration und Teilhabe. In: Wissenschaftlicher Beirat für Familienfragen (Hg.), Migration und Familie. Kindheit mit Zuwanderungshintergrund. Wiesbaden: Springer VS, S. 181-194.

Ariès, Philippe, 1975: Geschichte der Kindheit. München: Hanser (zuerst: Paris 1960).

Arránz Becker, Oliver, 2015: Determinanten von Trennung und Scheidung. In: Hill, Paul B./Kopp, Johannes (Hg.), Handbuch Familiensoziologie. Wiesbaden: Springer VS, S. 527-561.

Autorengruppe Bildungsberichterstattung, 2018: Bildung in Deutschland 2018. Ein indikatorengestützter Bericht mit einer Analyse zu Wirkungen und Erträgen von Bildung. https://www.bildungsbericht.de/de/bildungsberichte-seit-2006/bildungsbericht-2018/pdf-bildungsbericht-2018/bildungsbericht-2018.pdf (Zugriff am: 22.6.2020).

Baas, Stephan/Schmitt, Marina, 2010: Partnerschaft und Sexualität im Alter. In: Aner, Kirsten/Karl, Ute (Hg.), Handbuch Soziale Arbeit und Alter. Wiesbaden: VS, S. 377-383.

Backes, Gertrud M./Clemens, Wolfgang, 2013: Lebensphase Alter. Eine Einführung in die sozialwissenschaftliche Alternsforschung. 4. Auflage. Weinheim/Basel: Beltz Juventa.

Baecker, Dirk, 1994: Soziale Hilfe als Funktionssystem der Gesellschaft. In: Zeitschrift für Soziologie 23 (2), S. 93-110.

Bäcker, Gerhard/Naegele, Gerhard/Bispinck, Reinhard/Hofemann, Klaus/Neubauer, Jennifer, 2010: Sozialpolitik und soziale Lage in der Bundesrepublik Deutschland. 2 Bände. 5. Auflage. Wiesbaden: VS.

Baier, Dirk/Pfeiffer, Christian/Simonson, Julia/Rabold, Susann, 2009: Jugendliche in Deutschland als Opfer und Täter von Gewalt. Erster Forschungsbericht zum gemeinsamen Forschungsprojekt des Bundesministeriums des Innern und des KFN. Forschungsbericht Nr. 107. Hannover: Kriminologisches Forschungsinstitut Niedersachsen (KFN). https://kfn.de/wp-content/uploads/Forschungsberichte/FB_107.pdf (Zugriff am: 22.6.2020).

Baier, Dirk/Pfeiffer, Christian, 2011: Jugendliche als Opfer und Täter von Gewalt in Berlin. Kriminologisches Forschungsinstitut Niedersachsen (KFN), Forschungsbericht Nr. 117. https://kfn.de/wp-content/uploads/Forschungsberichte/FB_114.pdf (Zugriff am: 22.6.2020).

Balz, Hans-Jürgen, 2018: Prekäre Lebenslagen und Krisen. Strategien zur individuellen Bewältigung. In: Huster, Ernst-Ulrich/Boeckh, Jürgen/Mogge-Grotjahn, Hildegard (Hg.), Handbuch Armut und soziale Ausgrenzung. 3. Auflage. Wiesbaden: VS, S. 643-662.

Barlen, Clarissa/Hochgürtel, Tim, 2019: Die Abbildung von Einzelkindern auf der Basis des Mikrozensus. In: Statistisches Bundesamt (Hg.), Wirtschaft und Statistik (WISTA), Ausgabe 1/2019, S. 131-142.

Barlösius, Eva, 2007: Die Demographisierung des Gesellschaftlichen. Zur Bedeutung der Repräsentationspraxis. In: Barlösius, Eva/Schiek, Daniela (Hg.), Demographisierung des Gesellschaftlichen. Analysen und Debatten zur demographischen Zukunft Deutschlands. Wiesbaden: VS, S. 9-34.

Barlösius, Eva, 2018: Gesellschaftstheoretische Grundlagen und Potentiale der Armutsforschung. In: Böhnke, Petra/Dittmann, Jörg/Goebel, Jan (Hg.), Handbuch Armut: Ursachen, Trends, Maßnahmen. Opladen/Toronto: Barbara Budrich, S. 35-44.

Baumann, Thomas/Hochgürtel, Tim/ Sommer, Bettina, 2018: Lebensformen in der Bevölkerung und Kinder. In: Statistisches Bundesamt/Wissenschaftszentrum Berlin für Sozialforschung (Hg.), Datenreport 2018. Ein Sozialbericht für die Bundesrepublik Deutschland. Bonn: Bundeszentrale für politische Bildung, S. 51-65. https://www.destatis.de/DE/Service/Statistik-Campus/Datenreport/_inhalt.html (Zugriff am 29.6.2020).

Beck, Ulrich, 1986: Risikogesellschaft. Auf dem Weg in eine andere Moderne. Frankfurt am Main: Suhrkamp.

Becker, Howard S., 1973: Außenseiter. Zur Soziologie abweichenden Verhaltens. Frankfurt: S. Fischer (zuerst: New York 1963).

Becker, Irene/Hauser, Richard, 2005: Dunkelziffer der Armut. Ausmaß und Ursachen der Nicht-Inanspruchnahme zustehender Sozialhilfeleistungen. Berlin: edition sigma.

Bendel, Klaus, 2005: Inklusion und Integration. Soziale Arbeit zwischen funktionaler Differenzierung und sozialer Ungleichheit. In: Corsten, Michael/Rosa, Hartmut/Schrader, Ralph (Hg.), Die Gerechtigkeit der Gesellschaft. Wiesbaden: VS, S. 127-150.

Bendel, Klaus, 2009a: Wie funktioniert Zusammenleben? Grundelemente des Sozialen. In: Greving, Heinrich/Heffels, Wolfgang (Hg.), Pädagogik und Soziale Arbeit. Kernkompetenzen zentraler Aufgaben. Bad Heilbrunn: Klinkhardt, S. 53-78.

Bendel, Klaus, 2009b: Soziale Arbeit als soziales Handeln und soziales System. Ansatzpunkte für einen Diskurs zu Theorien Sozialer Arbeit. In: Sozialmagazin 34 (6), S. 42-59.

Berg-Lupper, Ulrike, 2006: Kinder mit Migrationshintergrund. Bildung und Betreuung von Anfang an? In: Bien, Walter/Rauschenbach, Thomas/Riedel, Birgit (Hg.), Wer betreut Deutschlands Kinder? DJI-Kinderbetreuungsstudie. Weinheim/Basel: Beltz, S. 83-104.

Berger, Peter A./Neu, Claudia, 2007: Sozialstruktur und soziale Ungleichheit. In: Joas, Hans (Hg.), Lehrbuch der Soziologie. 3. Auflage. Frankfurt am Main/New York: Campus, S. 241-266.

Bertram, Hans, 2002: Die multilokale Mehrgenerationenfamilie. Von der neolokalen Gattenfamilie zur multilokalen Mehrgenerationenfamilie. In: Berliner Journal für Soziologie 12 (4), S. 517-529.

Bertram, Hans, 2008: Deutsches Mittelmaß: Der schwierige Weg in die Moderne. In: Bertram, Hans (Hg.), Mittelmaß für Kinder. UNICEF-Bericht zur Lage der Kinder in Deutschland. München: Beck, S. 37-81.

Bertram, Hans, 2013: Reiche Kinder, kluge Kinder: Glückliche Kinder? In: Bertram, Hans (Hg.), Reiche, kluge, glückliche Kinder? DER UNICEF-Bericht zur Lage der Kinder in Deutschland. Weinheim/Basel: Beltz Juventa, S. 7-25.

Bertram, Hans, 2017: Finanzkrise, europäische Wohlfahrtsstaaten und bekämpfte Armut von Kindern. In: Bertram, Hans (Hg.), Zukunft mit Kindern, Zukunft für Kinder. Der UNICEF-Bericht zur Lage der Kinder in Deutschland. Opladen/Toronto: Barbara Budrich, S. 95-115.

Best, Norman/Boeckh, Jürgen/Huster, Ernst-Ulrich, 2018: Armutsforschung: Entwicklungen, Ansätze und Erkenntnisgewinne. In: Huster, Ernst-Ulrich/Boeckh, Jürgen/Mogge-Grotjahn, Hildegard (Hg.), Handbuch Armut und soziale Ausgrenzung. 3. Auflage. Wiesbaden: VS, S. 27-58.

# Literatur

BiB (Bundesinstitut für Bevölkerungsforschung), 2018a: Ledige nach Altersgruppen und Geschlecht in Deutschland, 1970, 1980, 1990, 2000, 2010 und 2016 https://www.bib.bun d.de/DE/Fakten/Fakt/B26-Ledige-Alter-Geschlecht-ab-1970.html;jsessionid=82956AD2E 57301FDFE56A8FC73875923.2_cid380?nn=9994194 (Zugriff am: 29.6.2020).

BiB (Bundesinstitut für Bevölkerungsforschung), 2018b: Durchschnittliches Heiratsalter nach dem bisherigen Familienstand der Ehepartner in Deutschland, ab 1971. https://www.bib.bund.de/DE/Fakten/Fakt/L122-Heiratsalter-Familienstand-ab-1971.html (Zugriff am: 29.6.2020).

BiB (Bundesinstitut für Bevölkerungsforschung), 2018c: Zusammengefasste Geburtenziffer in Deutschland, 1871 bis 2016. https://www.bib.bund.de/DE/Fakten/Fakt/F08-Zusamme ngefasste-Geburtenziffer-ab-1871.html?nn=9991998 (Zugriff am: 29.6.2020).

BiB (Bundesinstitut für Bevölkerungsforschung), 2018d: Durchschnittliches Alter der Mütter bei Geburt des 1. Kindes in der bestehenden Ehe in Deutschland, West- und Ostdeutschland, 1960 bis 2016. https://www.bib.bund.de/DE/Fakten/Fakt/F20-Alter-Muette r-bei-Erstgeburt-Deutschland-West-Ost-ab-1960.html (Zugriff am: 29.6.2020).

BiB (Bundesinstitut für Bevölkerungsforschung), 2018e: Zusammengefasste Ehescheidungsziffern in Deutschland, West- und Ostdeutschland, 1970 bis 2016. https://www.bib.bund .de/DE/Fakten/Fakt/L131-Zusammengefasste-Ehescheidungsziffer-Deutschland-West-Os t-ab-1970.html (Zugriff am: 29.6.2020).

BiB (Bundesinstitut für Bevölkerungsforschung), 2020: Jugend-, Alten- und Gesamtquotient (1871-2060). https://www.bib.bund.de/DE/Fakten/Fakt/B16-Jugendquotient-Altenquotie nt-Gesamtquotient-1871-Vorausberechnung.html (Zugriff am: 16.4.2020).

BIBB (Bundesinstitut für Berufsbildung) 2019: Datenreport zum Berufsbildungsbericht 2019. Informationen und Analysen zur Entwicklung der beruflichen Bildung. Bonn: BIBB. https://www.bibb.de/dokumente/pdf/bibb_datenreport_2019.pdf (Zugriff am: 29.6.2020).

Birgmeier, Bernd/Mührel, Eric, 2017: Wissenschaftliche Grundlagen der Sozialen Arbeit. 2. Auflage. Schwalbach: Wochenschau.

Blinkert, Baldo, 2016: Urbane Kindheit und Räume. In: Braches-Chyrek, Rita/Röhner, Charlotte (Hg.), Kindheit und Raum. Opladen/Toronto: Barbara Budrich, S. 65-83.

BMAS (Bundesministerium für Arbeit und Soziales), 2008: Lebenslagen in Deutschland. Der 3. Armuts- und Reichtumsbericht der Bundesregierung. https://www.armuts-und-rei chtumsbericht.de/DE/Bericht/Archiv/Der-dritte-Bericht/dritter-bericht.html (Zugriff am: 23.6.2020).

BMAS (Bundesministerium für Arbeit und Soziales), 2013: Lebenslagen in Deutschland. Der Vierte Armuts- und Reichtumsbericht der Bundesregierung. https://www.armuts-un d-reichtumsbericht.de/DE/Bericht/Archiv/Der-vierte-Bericht/vierter-bericht.html;jsessioni d=213B5F10018C6CE11A6317F6EB8A1F15 (Zugriff am: 23.6.2020).

BMAS (Bundesministerium für Arbeit und Soziales), 2017: Lebenslagen in Deutschland. Der Fünfte Armuts- und Reichtumsbericht der Bundesregierung. https://www.armuts-un d-reichtumsbericht.de/DE/Bericht/Archiv/Der-fuenfte-Bericht/Der-Bericht/der-bericht.ht ml;jsessionid=10032B68BF0FD07BDBFF6466C50ADB3B (Zugriff am: 23.6.2020).

BMAS (Bundesministerium für Arbeit und Soziales), 2019a: Armuts- und Reichtumsbericht. Indikatoren. Reichtum. Einkommensreichtumsquote. https://www.armuts-und-reichtums bericht.de/DE/Indikatoren/Reichtum/Einkommensreichtum/einkommensreichtum.html (Zugriff am: 12.5.2020).

BMAS (Bundesministerium für Arbeit und Soziales), 2019b: Armuts- und Reichtumsbericht. Indikatoren. Gesellschaft. Vermögensverteilung. https://www.armuts-und-reichtum sbericht.de/DE/Indikatoren/Gesellschaft/Vermoegensverteilung/vermoegensverteilung.ht ml (Zugriff am: 23.5.2020).

BMAS (Bundesministerium für Arbeit und Soziales), 2019c: Armuts- und Reichtumsbericht. Indikatoren. Gesellschaft. Einkommensverteilung. https://www.armuts-und-reichtumsbe

richt.de/DE/Indikatoren/Gesellschaft/Einkommensverteilung/einkommensverteilung.html (Zugriff am: 23.5.2020).

BMAS (Bundesministerium für Arbeit und Soziales), 2020a: Armuts- und Reichtumsbericht. Indikatoren. Armut. Armutsrisikoquote. https://www.armuts-und-reichtumsbericht.de/DE/Indikatoren/Armut/Armutsrisikoquote/armutsrisikoquote.html (Zugriff am: 10.6.2020).

BMAS (Bundesministerium für Arbeit und Soziales), 2020b: Armuts- und Reichtumsbericht. Indikatoren. Armut. Wirkung von Sozialtransfers. https://www.armuts-und-reichtumsbericht.de/DE/Indikatoren/Armut/Wirkung-von-Sozialtransfers/wirkung-von-sozialtransfers.html (Zugriff am: 18.6.2020).

BMFSFJ (Bundesministerium für Familie, Senioren, Frauen und Jugend) (Hg.), 2010: Familienreport 2010. Leistungen, Wirkungen, Trends. https://www.bmfsfj.de/bmfsfj/service/publikationen/familienreport-2010/74518 (Zugriff am: 26.6.2020).

BMFSFJ (Bundesministerium für Familie, Senioren, Frauen und Jugend) (Hg.), 2015: Fünfter Bericht zur Evaluation des Kinderförderungsgesetzes. Bericht der Bundesregierung 2015 über den Stand des Ausbaus der Kindertagesbetreuung für Kinder unter drei Jahren für das Berichtsjahr 2014 und Bilanzierung des Ausbaus durch das Kinderförderungsgesetz. https://www.bmfsfj.de/blob/94100/d93a87aaa82b95cb9e346de6d1681a46/kifoeg-fuenfter-bericht-zur-evaluation-des-kinderfoerderungsgesetzes-data.pdf (Zugriff am: 29.6.2020).

BMFSFJ (Bundesministerium für Familie, Senioren, Frauen und Jugend) (Hg.), 2017: Familienreport 2017. Leistungen, Wirkungen, Trends. https://www.bmfsfj.de/familienreport-2017 (Zugriff am: 29.6.2020).

BMZ (Bundeministerium für wirtschaftliche Zusammenarbeit und Entwicklung), o.J.: Armut. http://www.bmz.de/de/service/glossar/A/armut.html (Zugriff am: 3.6.2020).

Böger, Anne/Huxhold, Oliver/Wolff, Julia K., 2017: Wahlverwandtschaften: Sind Freundschaften für die soziale Integration wichtiger geworden? In: Mahne, Katharina/Wolff, Julia Katharina/Simonson, Julia/Tesch-Römer, Clemens (Hg.), Altern im Wandel. Zwei Jahrzehnte Deutscher Alterssurvey (DEAS). Wiesbaden: Springer VS, S. 257-271.

Böhnke, Petra/Esche, Frederike, 2018: Armut und subjektives Wohlbefinden. In: Böhnke, Petra/Dittmann, Jörg/Goebel, Jan (Hg.), Handbuch Armut: Ursachen, Trends, Maßnahmen. Opladen/Toronto: Barbara Budrich, S. 235-246.

Böhnke, Petra/Link, Sebastian, 2018: Armut, soziale Netzwerke und Partizipation. In: Böhnke, Petra/Dittmann, Jörg/Goebel, Jan (Hg.), Handbuch Armut: Ursachen, Trends, Maßnahmen. Opladen/Toronto: Barbara Budrich, S. 247-257.

Bois-Reymond, Manuela du (unter Mitarbeit von Torrance, Kathleen), 1994: Die moderne Familie als Verhandlungshaushalt. Eltern-Kind-Beziehungen in West- und Ostdeutschland und in den Niederlanden. In: Bois-Reymond, Manuela du/Büchner, Peter/Krüger, Heinz-Hermann/Ecarius, Jutta/Fuhs, Burkhard, Kinderleben. Modernisierung von Kindheit im interkulturellen Vergleich. Opladen: Leske + Budrich, S. 137-219.

Borscheid, Peter, 1994: Der alte Mensch in der Vergangenheit. In: Baltes, Paul B./Mittelstrass, Jürgen/Staudinger, Ulrike M. (Hg.), Alter und Altern: Ein interdisziplinärer Studientext zur Gerontologie. Berlin/New York: de Gruyter, S. 35-61.

Bosbach, Gerd, 2004: Demografische Entwicklung – nicht dramatisieren! In: Gewerkschaftliche Monatshefte (GMH) 2/2004, S. 96-103.

Bourdieu, Pierre, 1982: Die feinen Unterschiede. Frankfurt am Main: Suhrkamp (zuerst: Paris 1979).

Brenke, Kurt, 2017: Jugendliche in Europa: rückläufige Arbeitslosigkeit, aber weiterhin große Probleme auf dem Arbeitsmarkt. In: DIW-Wochenbericht Nr. 44/2017, S. 985-995.

Bröckling, Ulrich, 2007: Das unternehmerische Selbst. Soziologie einer Subjektivierungsform. Frankfurt am Main: Suhrkamp.

Bruckmeier, Kerstin/Pauser, Johannes/Walwei, Ulrich/Wiemers, Jürgen, 2013: Simulationsrechnungen zum Ausmaß der Nicht-Inanspruchnahme von Leistungen der Grundsicherung. Studie im Auftrag des Bundesministeriums für Arbeit und Soziales zur Abgrenzung und Struktur von Referenzgruppen für die Ermittlung von Regelbedarfen auf Basis der Einkommens- und Verbrauchsstichprobe 2008. IAB Forschungsbericht 5/2013. Nürnberg: Institut für Arbeitsmarkt- und Berufsforschung. http://doku.iab.de/forschungsbericht/2013/fb0513.pdf (Zugriff am: 26.6.2020).

Bründel, Heidrun/Hurrelmann, Klaus, 2017: Kindheit heute. Lebenswelten der jungen Generation. Weinheim/Basel: Beltz.

Bühler-Niederberger, Doris, 2011: Lebensphase Kindheit. Theoretische Ansätze, Akteure und Handlungsräume. Weinheim/München: Juventa.

Bühler-Niederberger, Doris, 2020: Lebensphase Kindheit. Theoretische Ansätze, Akteure und Handlungsräume. 2. Auflage. Weinheim/Basel: Juventa.

Bünning, Mareike, 2018: Soziale Lagen und soziale Schichtung. In: Statistisches Bundesamt/Wissenschaftszentrum Berlin für Sozialforschung (Hg.), Datenreport 2018. Ein Sozialbericht für die Bundesrepublik Deutschland. Bonn: Bundeszentrale für politische Bildung, S. 255-261. https://www.destatis.de/DE/Service/Statistik-Campus/Datenreport/Downloads/datenreport-2018.pdf?__blob=publicationFile&v=4 (Zugriff am: 29.6.2020).

Bullinger, Hermann/Nowak, Jürgen, 1998: Soziale Netzwerkarbeit. Eine Einführung. Freiburg: Lambertus.

Bundeskriminalamt, 2019/3: Polizeiliche Kriminalstatistik. Bundesrepublik Deutschland. Jahrbuch 2018, Band 3, Tatverdächtige. Wiesbaden: Bundeskriminalamt. https://www.bka.de/DE/AktuelleInformationen/StatistikenLagebilder/PolizeilicheKriminalstatistik/PKS2018/pks2018_node.html (Zugriff am: 9.2.2020).

Bundeswahlleiter, Der, 2018: Wahl zum 19. Deutschen Bundestag am 24. September 2017. Informationen des Bundeswahlleiters. Heft 4: Wahlbeteiligung und Stimmabgabe der Frauen und Männer nach Altersgruppen. Wiesbaden: Statistisches Bundesamt. https://www.bundeswahlleiter.de/dam/jcr/e0d2b01f-32ff-40f0-ba9f-50b5f761bb22/btw17_heft4.pdf (Zugriff am: 2.2.2020).

Burkart, Günter, 2005: Die Familie in der Systemtheorie. In: Runkel, Gunter/Burkart, Günter (Hg.), Funktionssysteme der Gesellschaft. Beiträge zur Systemtheorie von Niklas Luhmann. Wiesbaden: VS, S. 101-128.

Burkart, Günter, 2008: Familiensoziologie. Konstanz: UVK (UTB).

Burkart, Günter, 2010: Familiensoziologie. In: Kneer, Georg/Schroer, Markus (Hg.), Handbuch spezielle Soziologien. Wiesbaden: VS, S. 123-144.

Burkart, Günter, 2018: Soziologie der Paarbeziehung. Eine Einführung. Wiesbaden: Springer VS.

Burkart, Günter/Kohli, Martin, 1992: Liebe, Ehe, Elternschaft. Die Zukunft der Familie. München/Zürich: Piper.

Burzan, Nicole, 2011: Soziale Ungleichheit. Eine Einführung in die zentralen Theorien. 4. Auflage. Wiesbaden: VS.

BZgA (Bundeszentrale für gesundheitliche Aufklärung), 2011: Der Alkoholkonsum Jugendlicher und junger Erwachsener in Deutschland 2010. Kurzbericht zu Ergebnissen einer aktuellen Repräsentativbefragung. Köln. https://www.bzga.de/forschung/studien/abgeschlossene-studien/studien-ab-1997/suchtpraevention/alkoholkonsum-jugendlicher-und-junger-erwachsener-in-deutschland-2010/ (Zugriff am 17.2.2020).

Cinar, Melihan, 2013: Frühkindliche Bildung, Betreuung und Erziehung. In: Cinar, Melihan/Otremba, Katrin/Stürzer, Monika/Bruhns, Kirsten, Kinder-Migrationsreport. Ein Daten- und Forschungsüberblick zu Lebenslagen und Lebenswelten von Kindern mit Migrationshintergrund. München: Deutsches Jugendinstitut (DJI), S. 122-165.

Coleman, James S, 1961: The Adolescent Society. The Social Life of the Teenager and its Impact on Education. New York: Free Press.

Coleman, James S, 1986: Die asymmetrische Gesellschaft. Weinheim/Basel: Beltz (zuerst: Syracuse 1982).

Cooley, Charles Horton, 1993: Social Organizations. New York: Scribners (zuerst: New York 1909).
Cumming, Elaine/Henry, William E., 1961: Growing old. The process of disengagement. New York: Basic Books.
Dahrendorf, Ralf, 1965: Gesellschaft und Demokratie in Deutschland. München: Piper.
Dietrich, Hans, 2018: Erwerbsarbeit und Arbeitslosigkeit Jugendlicher. In: Lange, Andreas/Reiter, Herwig/Schutter, Sabina/Steiner, Christine (Hg.), Handbuch der Kindheits- und Jugendsoziologie. Wiesbaden: Springer VS, S. 205-239.
DHS (Deutsche Hauptstelle für Suchtfragen) (Hg.), 2019: Essstörungen. Suchtmedizinische Reihe Band 3. https://www.dhs.de/fileadmin/user_upload/pdf/Broschueren/Suchtmed_Reihe_3_Essstoerungen.pdf (Zugriff am: 29.6.2020).
Diekmann, Andreas, 2016: Spieltheorie. Einführung, Beispiele, Experimente. 4. Auflage. Reinbek: Rowohlt.
Diezinger, Angelika/Mayr-Kleffel, Verena, 2009: Soziale Ungleichheit. Eine Einführung für soziale Berufe. 2. Auflage. Freiburg: Lambertus.
Dinkel, Reiner H., 1994: Demographische Alterung: Ein Überblick unter besonderer Berücksichtigung der Mortalitätsentwicklungen. In: Baltes, Paul B./Mittelstrass, Jürgen/Staudinger, Ulrike M. (Hg.), Alter und Altern: Ein interdisziplinärer Studientext zur Gerontologie. Berlin/New York: de Gruyter, S. 62-93.
Dittmann, Jörg/Goebel, Jan, 2018: Armutskonzepte. In: Böhnke, Petra/Dittmann, Jörg/Goebel, Jan (Hg.), Handbuch Armut: Ursachen, Trends, Maßnahmen. Opladen/Toronto: Barbara Budrich, S. 21-34.
Dittmann, Jörg/Oehler, Patrick, 2018: Soziale Arbeit und Armut. In: Böhnke, Petra/Dittmann, Jörg/Goebel, Jan (Hg.), Handbuch Armut: Ursachen, Trends, Maßnahmen. Opladen/Toronto: Barbara Budrich, S. 331-340.
DIW (Deutsches Institut für Wirtschaftsforschung), 2011: Statistikdebatte: Kinder- und Jugendarmut ist nach wie vor das drängendste Problem. Pressemitteilung vom 12.5.2011. http://www.diw.de/de/diw_01.c.372595.de/themen_nachrichten/statistikdebatte_kinder_und_jugendarmut_ist_nach_wie_vor_das_draengendste_problem.html (Zugriff am: 29.6.2020).
Dollinger, Bernd/Schabdach, Michael, 2013: Jugendkriminalität. Wiesbaden: Springer VS.
Dowd, James J., 1975: Aging as exchange: A preface to theory. In: Journal of Gerontology 30, S. 584-593.
DRV (Deutsche Rentenversicherung), 2019a: Rentenversicherung in Zeitreihen 2019. DRV-Schriften Band 22. https://www.deutsche-rentenversicherung.de/SharedDocs/Downloads/DE/Statistiken-und-Berichte/statistikpublikationen/rv_in_zeitreihen.html (Zugriff am: 25.2.2020).
DRV (Deutsche Rentenversicherung), 2019b: Rentenversicherung in Zahlen 2019. https://www.deutsche-rentenversicherung.de/SharedDocs/Downloads/DE/Statistiken-und-Berichte/statistikpublikationen/rv_in_zahlen_2019.html (Zugriff am: 9.3.2020).
Dudel, Christian, 2014: Vorausberechnung von Verwandtschaft. Wie sich die gemeinsame Lebenszeit von Kindern, Eltern und Großeltern zukünftig entwickelt. Opladen/Toronto: Barbara Budrich.
Ebert, Andreas/Kistler, Ernst, 2007: Demographie und Demagogie – Mythen und Fakten zur „demographischen Katastrophe". In: PROKLA 146, S. 39-60.
Ecarius, Jutta/Eulenbach, Marcel/Fuchs, Thorsten/Walgenbach, Katharina, 2011: Jugend und Sozialisation. Wiesbaden: VS.
Eifler, Stefanie/Marquart, Danny, 2015: Gewalt als Folge sozialer Ungleichheit. In: Melzer, Wolfgang/Hermann, Dieter/Sandfuchs, Uwe/Schäfer, Mechthild/Schubarth, Wilfried/Daschner, Peter (Hg.), Handbuch Aggression, Gewalt und Kriminalität bei Kindern und Jugendlichen. Bad Heilbrunn: Klinkhardt, S. 58-62.
Eifler, Stefanie/Schepers, Debbie 2018. Theoretische Ansatzpunkte für die Analyse der Jugendkriminalität. In: Dollinger, Bernd/Schmidt-Semisch, Henning (Hg.), Handbuch Ju-

gendkriminalität. Kriminologie und Sozialpädagogik im Dialog. 3. Auflage. Wiesbaden: VS, S. 219-239.
Eisenstadt, Shmuel N., 1966: Von Generation zu Generation. Altersgruppen und Sozialstruktur. München: Juventa (zuerst: New York 1956).
Endreß, Martin, 2018: Soziologische Theorien kompakt. 3. Auflage. Berlin/Boston: De Gruyter Oldenbourg.
Engels, Dietrich, 2010: Einkommen und Vermögen. In: Aner, Kirsten/Karl, Ute (Hg.), Handbuch Soziale Arbeit und Alter. Wiesbaden: VS, S. 289-300.
Engelke, Ernst/Spatscheck, Christian/Borrmann, Stefan, 2016: Die Wissenschaft Soziale Arbeit. Werdegang und Grundlagen. 4. Auflage. Freiburg: Lambertus.
Engstler, Heribert/Klaus, Daniela, 2017: Auslaufmodell ‚traditionelle Ehe'? Wandel der Lebensformen und der Arbeitsteilung von Paaren in der zweiten Lebenshälfte. In: Mahne, Katharina/Wolff, Julia Katharina/Simonson, Julia/Tesch-Römer, Clemens (Hg.), Altern im Wandel. Zwei Jahrzehnte Deutscher Alterssurvey (DEAS). Wiesbaden: Springer VS, S. 201-213.
Entorf, Horst/Sieger, Philip, 2010: Unzureichende Bildung: Folgekosten durch Kriminalität. https://www.bertelsmann-stiftung.de/fileadmin/files/BSt/Publikationen/GrauePublikationen/GP_Unzureichende_Bildung.pdf (Zugriff am: 29.6.2020).
Erikson, Erik H. 1966: Identität und Lebenszyklus. Drei Aufsätze. Frankfurt am Main: Suhrkamp (zuerst: New York 1959).
Esser, Hartmut, 2000/2: Soziologie. Spezielle Grundlagen Band 2: Die Konstruktion der Gesellschaft. Frankfurt am Main/New York: Campus.
Esser, Hartmut, 2000/3: Soziologie. Spezielle Grundlagen Band 3: Soziales Handeln. Frankfurt am Main/New York: Campus.
Esser, Hartmut, 2000/5: Soziologie. Spezielle Grundlagen Band 5: Institutionen. Frankfurt am Main/New York: Campus.
Eurostat (Statistisches Amt der Europäischen Union), 2019a: Total fertility rate, 1960–2017 (live births per woman). https://ec.europa.eu/eurostat/statistics-explained/index.php?title=File:Total_fertility_rate,_1960%E2%80%932017_(live_births_per_woman).png (Zugriff am: 29.6.2020).
Eurostat (Statistisches Amt der Europäischen Union), 2019b: Frühzeitige Schul- und Ausbildungsabgänger nach Geschlecht. Anteil der Bevölkerung zwischen 18 und 24 Jahren, der höchstens die Sekundarstufe durchlaufen hat und keine weitere allgemeine oder berufliche Bildung erfahren hat. https://ec.europa.eu/eurostat/tgm/table.do?tab=table&init=1&language=de&pcode=t2020_40&plugin=1&tableSelection=1 (Zugriff am 23.1.2020).
Eurostat (Statistisches Amt der Europäischen Union), 2019c: Arbeitslosendaten nach Geschlecht und Alter – monatliche Daten. https://ec.europa.eu/eurostat/de/data/database (Zugriff am 23.1.2020).
Eurostat (Statistisches Amt der Europäischen Union), 2020a: Von Armut oder sozialer Ausgrenzung bedrohte Bevölkerung nach Alter und Geschlecht. https://ec.europa.eu/eurostat/de/web/income-and-living-conditions/data/database (Zugriff am 9.3.2020).
Eurostat (Statistisches Amt der Europäischen Union), 2020b: Gini-Koeffizient des verfügbaren Äquivalenzeinkommens – EU-SILC Erhebung. https://ec.europa.eu/eurostat/de/web/income-and-living-conditions/data/database (Zugriff am 26.6.2020).
Eurostat (Statistisches Amt der Europäischen Union), 2020c: Quote der von Armut bedrohten Personen nach Armutsgefährdungsgrenze, Alter und Geschlecht. https://ec.europa.eu/eurostat/de/web/income-and-living-conditions/data/database (Zugriff am 3.6.2020)
Feagin, Joe Richard/Feagin, Clairece Booher (1986): Discrimination American Style. Institutional Racism and Sexism. Malabar: Krieger (zuerst: New York 1978).
Feldmann, Klaus, 2006: Soziologie kompakt. Eine Einführung. 4. Auflage. Wiesbaden: VS.
Fend, Helmut, 1988: Sozialgeschichte des Aufwachsens. Bedingungen des Aufwachsens und Jugendgestalten im zwanzigsten Jahrhundert. Frankfurt am Main: Suhrkamp.

# Literatur

Ferchhoff, Wilfried, 1995: Jugendkulturelle Individualisierungen und (Stil)Differenzierungen in den 90er Jahren. In: Ferchhoff, Wilfried/Sander, Uwe/Vollbrecht, Ralf, Jugendkulturen – Faszination und Ambivalenz. Weinheim/München: Juventa, S. 52-65.

Ferchhoff, Wilfried, 2011: Jugend und Jugendkulturen im 21. Jahrhundert. Lebensformen und Lebensstile. 2. Auflage. Wiesbaden: VS.

Fertig, Michael/Tamm, Marcus, 2007: Kinderarmut im internationalen Vergleich. In: Deutsches Kinderhilfswerk e.V. (Hg.), Kinderreport Deutschland 2007. Daten, Fakten, Hintergründe. Freiburg: Velber, S. 31-41.

Fertig, Michael/Tamm, Marcus, 2008: Die Verweildauer von Kindern in prekären Lebenslagen. In: Bertram, Hans (Hg.), Mittelmaß für Kinder. Der UNICEF-Bericht zur Lage der Kinder in Deutschland. München: Beck, S. 152-166.

Finger, Jonas D./Varnaccia, Gianni/ Borrmann, Anja/ Lange, Cornelia/Mensink, Gert B. M., 2018: Körperliche Aktivität von Kindern und Jugendlichen in Deutschland – Querschnittergebnisse aus KiGGS Welle 2 und Trends. In: Journal of Health Monitoring 3 (1), S. 24-31. DOI 10.17886/RKI-GBE-2018-006.2.

Finke, Claudia, 2011: Verdienstunterschiede zwischen Männern und Frauen. Eine Ursachenanalyse auf Grundlage der Verdienststrukturerhebung 2006. In: Wirtschaft und Statistik 1/2001, S. 36-48. https://www.destatis.de/DE/Methoden/WISTA-Wirtschaft-und-Statistik/2011/01/verdienste-maenner-frauen-012011.html (Zugriff am: 29.6.2020).

Fischer, Jörg/Kosellek, Tobias (Hg.), 2019: Netzwerke und soziale Arbeit. Theorie, Methoden, Anwendungen. 2. Auflage. Weinheim/Basel: Beltz Juventa.

Frank, Laura/Yesil-Jürgens, Rahsan/Born, Sabine/Hoffmann, Robert/Santos-Hövener, Claudia/Lampert, Thomas, 2018: Maßnahmen zur verbesserten Einbindung und Beteiligung von Kindern und Jugendlichen mit Migrationshintergrund in KiGGS Welle 2. In: Journal of Health Monitoring 3 (1), S. 134-151. DOI 10.17886/RKI-GBE-2018-017.

Freund, Alexandra M./Nikitin, Jana, 2018: Junges und mittleres Erwachsenalter. In: Schneider, Wolfgang/Lindenberger, Ulman (Hg.), Entwicklungspsychologie. 8. Auflage. Weinheim/Basel: Beltz, S. 265-289.

Fuchs, Kirsten/Peucker, Christian, 2006: „... und raus bist du!" Welche Kinder besuchen den Kindergarten nicht und warum? In: Bien, Walter/Rauschenbach, Thomas/Riedel, Birgit (Hg.), Wer betreut Deutschlands Kinder? DJI-Kinderbetreuungsstudie. Weinheim/Basel: Beltz, S. 61-81.

Geiger, Theodor, 1949: Die Klassengesellschaft im Schmelztiegel. Köln/Hagen: Kiepenheuer.

Geiger, Theodor, 1967: Die soziale Schichtung des deutschen Volkes. Soziographischer Versuch auf statistischer Grundlage. Stuttgart: Enke (zuerst: Stuttgart 1932).

Gensicke, Thomas, 2010: Wertorientierungen, Befinden und Problembewältigung. In: Shell Deutschland Holding (Hg.), Jugend 2010. Eine pragmatische Generation behauptet sich. Frankfurt am Main: Fischer, S. 187-242.

Geißler, Rainer, 2014: Die Sozialstruktur Deutschlands. Zur gesellschaftlichen Entwicklung mit einer Bilanz zur Vereinigung. 7. Auflage. Wiesbaden: Springer VS.

Gerok, Wolfgang/Brandtstädter, Jochen, 1994: Normales, krankhaftes und optimales Altern: Variations- und Modifikationsspielräume. In: Baltes, Paul B./Mittelstrass, Jürgen/Staudinger, Ulrike M. (Hg.), Alter und Altern: Ein interdisziplinärer Studientext zur Gerontologie. Berlin/New York: de Gruyter, S. 356-385.

Giering, Dietrich, 2007: Arme Kinder. In: Deutsches Kinderhilfswerk e.V. (Hg.), Kinderreport Deutschland. Daten, Fakten, Hintergründe. Freiburg: Velber, S. 73-88.

Giesselmann, Marco/Vandecasteele, Leen, 2018: Armut in Lebenslaufperspektive. In: Böhnke, Petra/Dittmann, Jörg/Goebel, Jan (Hg.), Handbuch Armut: Ursachen, Trends, Maßnahmen. Opladen/Toronto: Barbara Budrich, S. 69-78.

Glatzer, Wolfgang/Becker, Jens, 2009: Armut und Reichtum in Deutschland. Einstellungsmuster der Bevölkerung. http://www.boeckler.de/pdf/v_2009_02_10_becker_glatzer.pdf (Zugriff am: 29.6.2020).

Goebel, Jan/Krause, Peter, 2018: Einkommensentwicklung – Verteilung, Angleichung, Armut und Dynamik. In: Statistisches Bundesamt/Wissenschaftszentrum Berlin für Sozialforschung (Hg.), Datenreport 2018. Ein Sozialbericht für die Bundesrepublik Deutschland. Bonn: Bundeszentrale für politische Bildung, S. 239-253. https://www.destatis.de/D E/Service/Statistik-Campus/Datenreport/Downloads/datenreport-2018.pdf?__blob=publi cationFile&v=4 (Zugriff am: 29.6.2020).

Göbel, Kristin/Baumgarten, Franz/Kuntz, Benjamin/Hölling, Heike/Schlack, Robert, 2018: ADHS bei Kindern und Jugendlichen in Deutschland – Querschnittergebnisse aus KiGGS Welle 2 und Trends. In: Journal of Health Monitoring 3 (3), S. 46-53. DOI 10.17886/RKI-GBE-2018-078.

Göttsche, Florian 2018: Bevölkerung mit Migrationshintergrund. In: Statistisches Bundesamt/Wissenschaftszentrum Berlin für Sozialforschung (Hg.), Datenreport 2018. Ein Sozialbericht für die Bundesrepublik Deutschland. Bonn: Bundeszentrale für politische Bildung, S. 28-42. https://www.destatis.de/DE/Service/Statistik-Campus/Datenreport/Downl oads/datenreport-2018.pdf?__blob=publicationFile&v=4 (Zugriff am: 29.6.2020).

Goffman, Erving, 1973: Asyle. Über die soziale Situation psychiatrischer Patienten und anderer Insassen. Frankfurt am Main: Suhrkamp (1961, New York: Doubleday).

Gomolla, Mechthild, 2017: Direkte und indirekte, institutionelle und strukturelle Differenzierung. In: Scherr, Albert/El-Mafaalani, Aladin/Yüksel, Gökçen (Hg.), Handbuch Diskriminierung. Wiesbaden: Springer VS, S. 133-155.

Gomolla, Mechthild/Radtke, Frank-Olaf, 2009: Institutionelle Diskriminierung. Die Herstellung ethnischer Differenz in der Schule. 3. Auflage. Wiesbaden: VS.

Granovetter, Mark S., 1974: Getting a Job: A Study of Contacts and Careers. Cambridge, MA: Harvard University Press.

Greve, Werner/Montada, Leo, 2008: Delinquenz und antisoziales Verhalten im Jugendalter. In: Oerter, Rolf/Montada, Leo (Hg.), Entwicklungspsychologie. Ein Lehrbuch. 6. Auflage. Weinheim: Beltz/PVU, S. 837-858.

Groenemeyer, Axel/Ratzka, Melanie, 2012: Armut, Deprivation und Exklusion als soziales Problem. In: Albrecht, Günter/Groenemeyer, Axel (Hg.), Handbuch soziale Probleme. Band 1. 2. Auflage. Wiesbaden: Springer VS, S. 367-432.

Gröning, Katharina/Lietzau, Yvette, 2010: Gewalt gegen ältere Menschen. In: Aner, Kirsten/ Karl, Ute (Hg.), Handbuch Soziale Arbeit und Alter. Wiesbaden: VS, S. 361-367.

Groh-Samberg, Olaf, 2018: Armut von Jugendlichen und jungen Erwachsenen. In: Böhnke, Petra/Dittmann, Jörg/Goebel, Jan (Hg.), Handbuch Armut: Ursachen, Trends, Maßnahmen. Opladen/Toronto: Barbara Budrich, S. 120-130.

Groh-Samberg, Olaf/Voges, Wolfgang, 2013: Armut und soziale Ausgrenzung. In: Mau, Steffen/Schöneck, Nadine (Hg.), Handwörterbuch zur Gesellschaft Deutschlands. Band 1. 2. Auflage. Wiesbaden: VS, S. 58-79.

Grunert, Cathleen/Krüger, Heinz-Hermann, 2006: Kindheit und Kindheitsforschung in Deutschland. Forschungszugänge und Lebenslagen. Opladen: Barbara Budrich.

Grunow, Daniela, 2013: Zwei Schritte vor, eineinhalb Schritte zurück. Geschlechtsspezifische Arbeitsteilung und Sozialisation aus der Perspektive des Lebenslaufs. In: Zeitschrift für Soziologie der Erziehung und Sozialisation 33 (4), S. 384-398.

Grunow, Daniela/Schulz, Florian/Blossfeld, Hans-Peter, 2007: Was erklärt die Traditionalisierung häuslicher Arbeitsteilung im Eheverlauf: soziale Normen oder ökonomische Ressourcen? Zeitschrift für Soziologie 36 (3), S. 162-181.

Grgic, Mariana, 2013: Musikalisch und künstlerische Aktivitäten im Aufwachsen junger Menschen. In: Züchner, Ivo/Grgic, Mariana (Hg.), Medien, Kultur und Sport. Was Kinder und Jugendliche machen und was ihnen wichtig ist. Die MediKuS-Studie. Weinheim/ Basel: Beltz Juventa, 29-87.

Gukenbiehl, Hermann L., 2016a: Soziologie als Wissenschaft. Warum Begriffe lernen? In: Korte, Hermann/Schäfers, Bernhard (Hg.), Einführung in Hauptbegriffe der Soziologie. 9. Auflage. Wiesbaden: Springer VS, S. 11-22.

Gukenbiehl, Hermann L., 2016b: Institution und Organisation. In: Korte, Hermann/Schäfers, Bernhard (Hg.), Einführung in Hauptbegriffe der Soziologie. 9. Auflage. Wiesbaden: Springer VS, S. 173-193.
Habermas, Jürgen, 1981: Theorie kommunikativen Handelns. Band 2: Zur Kritik der funktionalistischen Vernunft. Frankfurt am Main: Suhrkamp.
Hank, Karsten, 2015: Intergenerationale Beziehungen. In: Hill, Paul B./Kopp, Johannes (Hg.), Handbuch Familiensoziologie. Wiesbaden: Springer VS, S. 463-486.
Hauser, Richard, 1998: Einkommen und Vermögen. In: Schäfers, Bernhard/Zapf, Wolfgang (Hg.), Handwörterbuch zur Gesellschaft Deutschlands. Opladen: Leske + Budrich, S. 154-166.
Hauser, Richard, 2008: Das Maß der Armut: Armutsgrenzen im sozialstaatlichen Kontext. Der sozialstatistische Diskurs. In: Huster, Ernst-Ulrich/Boeckh, Jürgen/Mogge-Grotjahn, Hildegard (Hg.), Handbuch Armut und soziale Ausgrenzung. Wiesbaden: VS, S. 94-117.
Hauser, Richard, 2018: Das Maß der Armut: Armutsgrenzen im sozialstaatlichen Kontext. Der sozialstatistische Diskurs. In: Huster, Ernst-Ulrich/Boeckh, Jürgen/Mogge-Grotjahn, Hildegard (Hg.), Handbuch Armut und soziale Ausgrenzung. 3. Auflage. Wiesbaden: VS, S. 149-178.
Haushahn, Hermann, 1996: Jugendalkoholismus. Möglichkeiten der Prävention und sozialpädagogischen Intervention. Frankfurt/Berlin/Bern/New York/Paris /Wien: Peter Lang.
HBSC-Studienverbund Deutschland, 2015: Studie Health Behaviour in School-aged Children – Faktenblatt „Körperbild und Diätverhalten von Kindern und Jugendlichen".
Heinz, Wolfgang, 2015: Jugendkriminalität – Zahlen und Fakten. Bonn: Bundeszentrale für politische Bildung. https://www.bpb.de/politik/innenpolitik/gangsterlaeufer/203562/zahlen-und-fakten (Zugriff am: 29.6.2020).
Heitmeyer, Wilhelm/Olk, Thomas (Hg.), 1990: Individualisierung von Jugend. Gesellschaftliche Prozesse, subjektive Verarbeitungsformen, jugendpolitische Konsequenzen. Weinheim/München: Juventa.
Helsper, Werner/Böhme, Jeanette, 2010: Jugend und Schule. In: Krüger, Heinz-Hermann/Grunert, Cathleen (Hg.), Handbuch der Kindheits- und Jugendforschung. 2. Auflage. Wiesbaden: VS, S. 619-660.
Hengst, Heinz, 2013: Kindheit im 21. Jahrhundert. Differenzielle Zeitgenossenschaft. Weinheim/Basel: Beltz Juventa.
Hengst, Heinz/Zeiher, Helga, 2005: Von Kinderwissenschaften zu generationalen Analysen. In: Hengst, Heinz/Zeiher, Helga (Hg.), Kindheit soziologisch. Wiesbaden: VS, S. 9-23.
Henecka, Hans Peter, 2015: Grundkurs Soziologie. 10. Auflage. Konstanz: UVK (UTB).
Heßling, Angelika/Bode, Heidrun, 2015: Jugendsexualität 2015. Die Perspektive der 14- bis 25-Jährigen. Ergebnisse einer aktuellen Repräsentativen Wiederholungsbefragung. Köln: Bundeszentrale für gesundheitliche Aufklärung. https://www.forschung.sexualaufklaerung.de/fileadmin-forschung/pdf/Jugendendbericht%2001022016%20.pdf (Zugriff am: 29.6.20).
Hill, Paul B./Kopp, Johannes 2013: Familiensoziologie. Grundlagen und theoretische Perspektiven. 5. Auflage. Wiesbaden: Springer VS.
Hillebrandt, Frank 2010: Hilfe als Funktionssystem für Soziale Arbeit. In: Thole, Werner (Hg.), Grundriss Soziale Arbeit. Ein einführendes Handbuch. 3. Auflage. Wiesbaden: VS, S. 235-248.
Hock, Beate/Holz, Gerda/ Simmedinger, Renate/Wüstendörfer, Werner, 2000: Gute Kindheit – Schlechte Kindheit? Armut und Zukunftschancen von Kindern und Jugendlichen in Deutschland. Abschlussbericht zur Studie im Auftrag des Bundesverbandes der Arbeiterwohlfahrt. ISS-aktuell 4/2000. Frankfurt am Main: ISS e.V. 2. unveränderte Auflage 2013 als online-Publikation auch unter: https://www.iss-ffm.de/fileadmin/assets/veroeffentlichungen/downloads/InternetGute_Kindheit_Schlechte_Kindheit.pdf (Zugriff am: 29.6.2020).

## Literatur

Hölling, Heike/Schlack, Robert, 2007: Essstörungen im Kindes- und Jugendalter. Erste Ergebnisse aus dem Kinder- und Jugendgesundheitssurvey (KiGGS). In: Bundesgesundheitsblatt 50: S. 794-799. DOI 10.1007/s00103-007-0242-6. https://edoc.rki.de/handle/1 76904/427 (Zugriff am: 29.6.2020).

Hoffmann, Dagmar/Mansel, Jürgen, 2010: Jugendsoziologie. In: Kneer, Georg/Schroer, Markus (Hg.), Handbuch spezielle Soziologien. Wiesbaden: VS, S. 163-178.

Hollstein, Bettina, 2013: Soziale Netzwerke. In: Mau, Steffen/Schöneck, Nadine M. (Hg.), Handwörterbuch zur Gesellschaft Deutschlands. Band 2. 3. Auflage. Wiesbaden: Springer VS, S. 745-757.

Holthusen, Bernd, 2015: Jugendliche Intensivtäter. In: Melzer, Wolfgang/Hermann, Dieter/ Sandfuchs, Uwe/Schäfer, Mechthild/Schubarth, Wilfried/Daschner, Peter (Hg.), Handbuch Aggression, Gewalt und Kriminalität bei Kindern und Jugendlichen. Bad Heilbrunn: Klinkhardt, S. 335-338.

Holz, Gerda/Laubstein, Claudia/Sthamer, Evelyn, 2012: Lebenslagen und Zukunftschancen von (armen) Kindern und Jugendlichen in Deutschland. 15 Jahre AWO-ISS-Studie. Frankfurt am Main: ISS-Aktuell 23/2012. https://www.awo.org/sites/default/files/2017-0 7/AWO-ISS-Studie.pdf (Zugriff am: 26.6.2020).

Holz, Gerda/Richter, Antje/Wüstendörfer, Werner/Giering, Dietrich, 2006: Zukunftschancen für Kinder!? – Wirkung von Armut bis zum Ende der Grundschulzeit. Endbericht der 3. AWO-ISS-Studie im Auftrag des Bundesverbandes der Arbeiterwohlfahrt. Frankfurt am Main: Institut für Sozialarbeit und Sozialpädagogik (ISS).

Holz, Gerda/Skoluda, Susanne, 2003: Armut im frühen Grundschulalter. Vertiefende Untersuchung zu Lebenssituation, Ressourcen und Bewältigungshandeln von Kindern. Studie im Auftrag des Bundesverbandes der Arbeiterwohlfahrt. Frankfurt am Main: Institut für Sozialarbeit und Sozialpädagogik (ISS).

Homans, George C., 1978: Theorie der sozialen Gruppe. 7. Auflage. Opladen: Westdeutscher (zuerst: New York 1950).

Hradil, Stefan, 1987: Sozialstrukturanalyse in einer fortgeschrittenen Gesellschaft. Von Klassen und Schichten zu Lagen und Milieus. Opladen: Leske + Budrich.

Hradil, Stefan, 2005: Soziale Ungleichheit in Deutschland. 8. Auflage. Wiesbaden: VS.

Hübenthal, Maksim, 2018: Armut in der Kindheit. In: Böhnke, Petra/Dittmann, Jörg/ Goebel, Jan (Hg.), Handbuch Armut. Opladen/Toronto: Barbara Budrich (UTB), S. 107-119.

Huinink, Johannes/Reichart, Elisabeth, 2008: Der Weg in die traditionelle Arbeitsteilung – eine Einbahnstraße? In: Bien, Walter/Marbach, Jan H. (Hg.), Familiale Beziehungen. Familienalltag und soziale Netzwerke Ergebnisse der drei Wellen des Familiensurvey. Wiesbaden: VS, S. 43-79.

Huinink, Johannes/Schröder, Torsten, 2019: Sozialstruktur Deutschlands. 3. Auflage. München: UVK (UTB).

Hurrelmann, Klaus/Quenzel, Gudrun, 2016: Lebensphase Jugend. Eine sozialwissenschaftliche Einführung. 13. Auflage. Weinheim: Beltz Juventa.

Hußmann, Anke/Wendt, Heike/Bos, Wilfried/Bremerich-Vos, Albert/Kasper, Daniel/Lankes, Eva-Maria/ McElvany, Nele/Stubbe, Tobias C./ Valtin, Renate (Hg.), 2017: IGLU 2016. Lesekompetenzen von Grundschulkindern in Deutschland im internationalen Vergleich. Münster/New York: Waxmann. https://www.waxmann.com/?eID=texte&pdf=3700Vollt ext.pdf&typ=zusatztext (Zugriff am: 29.6.2020).

Inglehart, Ronald, 1977: The Silent Revolution: Changing Values and Political Styles among Western Publics. Princeton: Princeton University Press.

Inglehart, Ronald, 1989: Kultureller Umbruch. Wertewandel in der westlichen Welt. Frankfurt am Main/New York: Campus.

Jacobs, Herbert, 1995: Armut. Zum Verhältnis von gesellschaftlicher Konstituierung und wissenschaftlicher Verwendung eines Begriffs. In: Soziale Welt 46 (4), S. 403-420.

# Literatur

Jänsch, Agnes/Schneekloth, Ulrich, 2013: Die Freizeit: vielfältig und bunt, aber nicht für alle Kinder. In: World Vision Deutschland e.V. (Hg.), Kinder in Deutschland 2013. 3. World Vision Kinderstudie. Weinheim/Basel: Beltz, S. 135-167.

John, Ulrich/Hanke, Monika/Freyer-Adam, Jennis/Baumann, Sophie/Meyer, Christian, 2019: Alkohol. In: Deutsche Hauptstelle für Suchtfragen (Hg.): DHS Jahrbuch Sucht 2019. Lengerich: Pabst Science Publishers, S. 36-51.

Kaufmann, Franz-Xaver, 1995: Zukunft der Familie im vereinten Deutschland. Gesellschaftliche und politische Bedingungen. München: Beck.

Keddi, Barbara/Seidenspinner, Gerlinde, 1991: Arbeitsteilung und Partnerschaft. In: Bertram, Hans (Hg.), Die Familie in Westdeutschland. Opladen: Leske + Budrich, S. 159-192.

Kelle, Udo, 2008: Alter & Altern. In: Baur, Nina/Korte, Hermann/Löw, Martina/Schroer, Markus (Hg.), 2008: Handbuch Soziologie. Wiesbaden: VS, S. 11-31.

Klaus, Daniela/Mahne, Katharina, 2017: Zeit gegen Geld? Der Austausch von Unterstützung zwischen den Generationen. In: Mahne, Katharina/Wolff, Julia/Simonson, Katharina Julia/Tesch-Römer, Clemens (Hg.), Altern im Wandel. Zwei Jahrzehnte Deutscher Alterssurvey (DEAS). Wiesbaden: Springer VS, S. 247-256.

Klein, Thomas, 1996: Der Altersunterschied zwischen Ehepartnern. Ein Analysemodell. In: Zeitschrift für Soziologie 25 (5), S. 346-370.

Klein, Thomas, 2015: Partnerwahl. In: Hill, Paul B./Kopp, Johannes (Hg.), Handbuch Familiensoziologie. Wiesbaden: Springer VS, S. 321-343.

Klein, Thomas/Salaske, Ingeborg, 1994: Determinanten des Heimeintritts im Alter und Chancen seiner Vermeidung. Eine Längsschnittuntersuchung für die Bundesrepublik Deutschland. In: Zeitschrift für Gerontologie 27, S. 442-455.

Klipker, Kathrin/Baumgarten, Franz/Göbel, Kristin/Lampert, Thomas/Hölling, Heike, 2018: Psychische Auffälligkeiten bei Kindern und Jugendlichen in Deutschland – Querschnittergebnisse aus KiGGS Welle 2 und Trends. In: Journal of Health Monitoring 3 (3), S. 37-45. DOI 10.17886/RKI-GBE-2018-077.

Kneer, Georg/Nassehi, Armin, 2000: Niklas Luhmanns Theorie sozialer Systeme. Eine Einführung. 4. Auflage. München: Fink (UTB).

Kohlberg, Lawrence, 1984: Essays on moral development: Vol. 2. The psychology of moral development. San Francisco, CA: Harper & Row.

Kohli, Martin, 1985: Die Institutionalisierung des Lebenslaufs. In: Kölner Zeitschrift für Soziologie und Sozialpsychologie 37 (1), S. 1-29.

Kohli, Martin, 1994: Altern in soziologischer Perspektive. In: Baltes, Paul B./Mittelstrass, Jürgen/Staudinger, Ulrike M. (Hg.), Alter und Altern: Ein interdisziplinärer Studientext zur Gerontologie. Berlin/New York: de Gruyter, S. 231-259.

Kohli, Martin, 2013: Alter und Altern der Gesellschaft. In: Mau, Steffen/Schöneck, Nadine M. (Hg.), Handwörterbuch zur Gesellschaft Deutschlands. Band 1. 3. Auflage. Wiesbaden: Springer VS, S. 11-24.

Kohlrausch, Bettina, 2018: Armut und Bildung. In: Böhnke, Petra/Dittmann, Jörg/Goebel, Jan (Hg.), Handbuch Armut: Ursachen, Trends, Maßnahmen. Opladen/Toronto: Barbara Budrich, S. 177-188.

Kolland, Franz, 2010: Freizeit im Alter. In: Aner, Kirsten/Karl, Ute (Hg.), Handbuch Soziale Arbeit und Alter. Wiesbaden: VS, S. 355-360.

Konietzka, Dirk/Kreyenfeld, Michaela, 2013: Familie und Lebensformen. In: Mau, Steffen/Schöneck, Nadine M. (Hg.), Handwörterbuch zur Gesellschaft Deutschlands. Band 1. 3. Auflage. Wiesbaden: Springer VS, S. 257-271.

Konietzka, Dirk/Tatjes, André, 2018: „Hotel Mama" revisited. Stabilität und Wandel des Auszugs aus dem Elternhaus im langfristigen Kohortenvergleich. In: Kölner Zeitschrift für Soziologie und Sozialpsychologie 70 (1): S. 105-129.

Kott, Kristina, 2018: Armutsgefährdung und materielle Entbehrung. In: Statistisches Bundesamt/Wissenschaftszentrum Berlin für Sozialforschung (Hg.), Datenreport 2018. Ein

Sozialbericht für die Bundesrepublik Deutschland. Bonn: Bundeszentrale für politische Bildung, S. 231-238. https://www.destatis.de/DE/Service/Statistik-Campus/Datenreport/Downloads/datenreport-2018.pdf?__blob=publicationFile&v=4 (Zugriff am: 29.6.2020).

Kreckel, Reinhard, 2004: Politische Soziologie der sozialen Ungleichheit. 3. Auflage. Frankfurt/New York: Campus.

Kroneberg, Clemens, 2014: Theorien rationaler Wahl: James S. Coleman und Hartmut Esser. In: Lamla, Jörn/Laux, Henning/Rosa, Hartmut/Strecker David (Hg.), Handbuch der Soziologie. Konstanz: UVK (UTB), S. 228-243.

Künemund, Harald, 2006: Tätigkeiten und Engagement im Ruhestand. In: Tesch-Römer, Clemens/Engstler, Heribert/Wurm, Susanne (Hg.), Altwerden in Deutschland. Sozialer Wandel und individuelle Entwicklung in der zweiten Lebenshälfte. Wiesbaden: VS, S. 289-327.

Künemund, Harald/Kohli, Martin, 2010: Soziale Netzwerke. In: Aner, Kirsten/Karl, Ute (Hg.), Handbuch Soziale Arbeit und Alter. Wiesbaden: VS, S. 309-313.

Kuhnt, Anne-Kristin/Steinbach, Anja, 2014: Diversität von Familie in Deutschland. In: Steinbach, Anja/Hennig, Marina/Arránz Becker, Oliver (Hg.), Familie im Fokus von Wissenschaft. Wiesbaden: Springer VS, S. 41-70.

Kuntz, Benjamin/Rattay, Petra/Poethko-Müller, Christina/Thamm, Roma/Hölling, Heike/Lampert, Thomas, 2018: Soziale Unterschiede im Gesundheitszustand von Kindern und Jugendlichen in Deutschland – Querschnittergebnisse aus KiGGS Welle 2. In: Journal of Health Monitoring 3 (3), S. 19–36. DOI 10.17886/RKI-GBE-2018-076.

Kuntz, Benjamin/Zeiher, Johannes/Starker, Anne/Prütz, Franziska/Lampert, Thomas, 2018: Rauchen in der Schwangerschaft – Querschnittergebnisse aus KiGGS Welle 2 und Trends. In: Journal of Health Monitoring 3 (1), S. 47-54. DOI 10.17886/RKI-GBE-2018-009.

Kurth, Bärbel-Maria/Hölling, Heike/Schlack, Robert, 2008: Wie geht es unseren Kindern? Ergebnisse aus dem bundesweit repräsentativen Kinder- und Jugendgesundheitssurvey (KiGGS), In: Bertram, Hans (Hg.), Mittelmaß für Kinder. Der UNICEF-Bericht zur Lage der Kinder in Deutschland. München: Beck, S. 104-126.

Kurth, Bärbel-Maria/Schaffrath Rosario, Angelika, 2007: Die Verbreitung von Übergewicht und Adipositas bei Kindern und Jugendlichen in Deutschland. Ergebnisse des bundesweiten Kinder- und Jugendgesundheitssurveys (KiGGS). In: Bundesgesundheitsblatt 50, S. 736-743.

Kurth, Bärbel-Maria/Schaffrath Rosario, Angelika, 2010: Übergewicht und Adipositas bei Kindern und Jugendlichen in Deutschland. In: Bundesgesundheitsblatt 53, S. 643-652. DOI 10.1007/s00103-010-1083-2.

Lamnek, Siegfried/Luedke, Jens/Ottermann, Ralf/Vogl, Susanne, 2013: Tatort Familie. Häusliche Gewalt im gesellschaftlichen Kontext. 3. Auflage. Wiesbaden: Springer VS.

Lampert, Thomas, 2018: Armut, soziale Ungleichheit und Gesundheit. In: Böhnke, Petra/Dittmann, Jörg/Goebel, Jan (Hg.), Handbuch Armut: Ursachen, Trends, Maßnahmen. Opladen/Toronto: Barbara Budrich, S. 225-234.

Lampert, Thomas/Hoebel, Jens/Kuntz, Benjamin/Müters, Stephan/Kroll, Lars Eric, 2017: Gesundheitliche Ungleichheit in verschiedenen Lebensphasen. Gesundheitsberichterstattung des Bundes gemeinsam getragen von RKI und Destatis. Berlin: RKI. DOI: 10.17886/RKI-GBE-2017-003. https://www.rki.de/DE/Content/Gesundheitsmonitoring/Gesundheitsberichterstattung/GBEDownloadsB/gesundheitliche_ungleichheit_lebensphasen.pdf?__blob=publicationFile (Zugriff am: 29.6.2020).

Lampert, Thomas/Hoebel, Jens/Kuntz, Benjamin/Müters, Stephan/Kroll, Lars Eric, 2018: Messung des sozioökonomischen Status und des subjektiven sozialen Status in KiGGS Welle 2. In: Journal of Health Monitoring 3 (1), S. 114–133. DOI 10.17886/RKI-GBE-2018-016.

## Literatur

Lange, Andreas, 2000: Aufwachsen in Zeiten der Unsicherheit. Kultur und Alltag im postmodernen Kinderleben. In: Lange, Andreas/Lauterbach, Wolfgang (Hg.), Kinder in Familie und Gesellschaft zu Beginn des 21. Jahrhunderts. Stuttgart: Lucius & Lucius, S. 209-240.

Laubstein, Claudia/Holz, Gerda/Dittmann, Jörg/Sthamer, Evelyn, 2013: „Von alleine wächst sich nichts aus..." Aktuelle Ergebnisse zu Armut bei jungen Menschen bis zum Ende der Sekundarstufe I aus der AWO-ISS-Langzeitstudie. In: Theorie und Praxis der Sozialen Arbeit 64 (1), S. 4-16.

Laubstein, Claudia/Holz, Gerda/Seddig, Nadine, 2016: Armutsfolgen für Kinder und Jugendliche Erkenntnisse aus empirischen Studien in Deutschland. Gütersloh: Bertelsmann Stiftung. https://www.bertelsmann-stiftung.de/fileadmin/files/BSt/Publikationen/GrauePublikationen/Studie_WB_Armutsfolgen_fuer_Kinder_und_Jugendliche_2016.pdf (Zugriff am: 26.6.2020).

Lauterbach, Wolfgang, 2004: Die multilokale Mehrgenerationenfamilie. Zum Wandel der Familienstruktur in der zweiten Lebenshälfte. Würzburg: Ergon.

LBS-Initiative Junge Familie (Hg.), 2009: LBS-Kinderbarometer Deutschland 2009. Stimmungen, Trends und Meinungen von Kindern in Deutschland. Recklinghausen: RDN.

LBS-Initiative Junge Familie (Hg.), 2011: LBS-Kinderbarometer Deutschland 2011. Stimmungen, Trends und Meinungen von Kindern in Deutschland. Recklinghausen: RDN.

LBS-Gruppe (Hg.), 2018: LBS-Kinderbarometer Deutschland 2018. Stimmungen, Trends und Meinungen von Kindern aus Deutschland. https://www.lbs.de/media/unternehmen/west_6/kibaro/LBS-Kinderbarometer_Deutschland_2018.pdf (Zugriff am: 29.6.2020).

Leisering, Lutz/Buhr, Petra, 2012: Dynamik von Armut. In: Huster, Ernst-Ulrich/Boeckh, Jürgen/Mogge-Grotjahn, Hildegard (Hg.), Handbuch Armut und soziale Ausgrenzung. 2. Auflage. Wiesbaden: VS, S. 147-163.

Lejeune, Constanze/Romeu Gordo, Laura/Simonson, Julia, 2017: Einkommen und Armut in Deutschland: Objektive Einkommenssituation und deren subjektive Bewertung. In: Mahne, Katharina/Wolff, Julia/Simonson, Katharina Julia/Tesch-Römer, Clemens (Hg.), Altern im Wandel. Zwei Jahrzehnte Deutscher Alterssurvey (DEAS). Wiesbaden: Springer VS, S. 97-110.

Lenz, Karl, 2009: Soziologie der Zweierbeziehung. Eine Einführung. 4. Auflage. Wiesbaden: VS.

Lenz, Karl, 2013: Was ist eine Familie? Konturen eines universalen Familienbegriffs. In: Krüger, Dorothea Christa/Herma, Holger/Schierbaum, Anja (Hg.), Familie(n) heute. Entwicklungen, Kontroversen, Prognosen. Weinheim/Basel: Beltz Juventa, S. 104-125.

Lenz, Karl/Böhnisch, Lothar, 1999: Zugänge zu Familien – ein Grundlagentext. In: Böhnisch, Lothar/Lenz, Karl (Hg.), Familien. Eine interdisziplinäre Einführung. 2. Auflage. Weinheim/München: Juventa, S. 9-63.

Leven, Ingo/Schneekloth, Ulrich, 2010a: Die Freizeit: Sozial getrennte Kinderwelten. In: World Vision Deutschland e.V. (Hg.), Kinder in Deutschland 2010. 2. World Vision Kinderstudie. Frankfurt am Main: Fischer, S. 95-140.

Leven, Ingo/Schneekloth, Ulrich, 2010b: Die Schule: Frühe Vergabe von Lebenschancen. In: World Vision Deutschland e.V. (Hg.), Kinder in Deutschland 2010. 2. World Vision Kinderstudie. Frankfurt am Main: Fischer, S. 161-186.

Leven, Ingo/Quenzel, Gudrun/Hurrelmann, Klaus, 2015: Familie, Bildung, Beruf, Zukunft: Am liebsten alles. In: Schule, Freizeit: Kontinuitäten im Wandel. In: Shell Deutschland Holding (Hg.), Jugend 2015. Eine pragmatische Generation im Aufbruch. Frankfurt am Main: Fischer, S. 47-110.

Leven, Ingo/Quenzel, Gudrun/Hurrelmann, Klaus, 2019: Bildung: Immer noch entscheidet die soziale Herkunft. In: Shell Deutschland Holding (Hg.), Jugend 2019. Eine Generation meldet sich zu Wort. Weinheim/Basel: Beltz, S. 163-185.

Leven, Ingo/Utzmann, Hilde, 2015: Jugend im Aufbruch – vieles soll stabil bleiben. In: Shell Deutschland Holding (Hg.), Jugend 2015. Eine pragmatische Generation im Aufbruch. Frankfurt am Main: Fischer, S. 273-374.
Luce, R. Duncan/Raiffa, Howard, 1957: Games and Decisions. Introduction and Critical Survey. New York: Wiley.
Luhmann, Niklas, 1971: Sinn als Grundbegriff der Soziologie. In: Habermas, Jürgen/ Luhmann, Niklas, Theorie der Gesellschaft oder Sozialtechnologie? Frankfurt am Main: Suhrkamp, S. 25-100.
Luhmann, Niklas, 1981: Wie ist soziale Ordnung möglich? In: Luhmann, Niklas, Gesellschaftsstruktur und Semantik. Studien zur Wissenssoziologie der modernen Gesellschaft. Band 2. Frankfurt am Main: Suhrkamp, S. 195-285.
Luhmann, Niklas, 1984: Soziale Systeme. Grundriß einer allgemeinen Theorie. Frankfurt am Main: Suhrkamp.
Luhmann, Niklas, 1989: Individuum, Individualität, Individualismus. In: Luhmann, Niklas, Gesellschaftsstruktur und Semantik. Studien zur Wissenssoziologie der modernen Gesellschaft. Band 3. Frankfurt am Main: Suhrkamp, S. 149-258.
Luhmann, Niklas, 1990: Sozialsystem Familie. In: Luhmann, Niklas, Soziologische Aufklärung 5: Konstruktivistische Perspektiven. Opladen: Westdeutscher, S. 196-217.
Luhmann, Niklas, 1995: Inklusion und Exklusion. In: Luhmann, Niklas, Soziologische Aufklärung 6: Die Soziologie und der Mensch. Opladen: Westdeutscher, S. 237-264.
Luhmann, Niklas, 1997: Die Gesellschaft der Gesellschaft. 2 Bände. Frankfurt am Main: Suhrkamp.
Luhmann, Niklas, 2000: Organisation und Entscheidung. Opladen: Westdeutscher.
Luhmann, Niklas, 2017: Einführung in die Systemtheorie. 7. Auflage. Heidelberg: Carl-Auer.
Mahne, Katharina/Huxold, Oliver, 2017: Nähe auf Distanz: Bleiben die Beziehungen zwischen älteren Eltern und ihren erwachsenen Kindern trotz wachsender Wohnentfernungen gut? In: Mahne, Katharina/Wolff, Julia/Simonson, Katharina Julia/Tesch-Römer, Clemens (Hg.), Altern im Wandel. Zwei Jahrzehnte Deutscher Alterssurvey (DEAS). Wiesbaden: Springer VS, S. 215-230.
Mahne, Katharina/Klaus, Daniela, 2017: Zwischen Enkelglück und (Groß-)Elternpfliicht – die Bedeutung und Ausgestaltung von Beziehungen zwischen Großeltern und Enkelkindern. In: Mahne, Katharina/Wolff, Julia/Simonson, Katharina Julia/Tesch-Römer, Clemens (Hg.), Altern im Wandel. Zwei Jahrzehnte Deutscher Alterssurvey (DEAS). Wiesbaden: Springer VS, S. 231-245.
Mahne, Katharina/Motel-Klingebiel, Andreas, 2010: Familiale Generationenbeziehungen. In: Motel-Klingebiel, Andreas/Wurm, Susanne/Tesch-Römer, Clemens (Hg.), Altern im Wandel. Befunde des deutschen Alterssurvey (DEAS). Stuttgart: Kohlhammer, S. 188-214.
Mahne, Katharina/Wolff, Julia/Simonson, Katharina Julia/Tesch-Römer, Clemens, (Hg.), 2017: Altern im Wandel. Zwei Jahrzehnte Deutscher Alterssurvey (DEAS). Tabellenanhang. Wiesbaden: Springer VS.
Marx, Karl 1961: Zur Kritik der Politischen Ökonomie. In: Marx-Engels-Werke (MEW), Band 13. Berlin (DDR): Dietz, S. 7-160 (zuerst: 1859).
Meier, Jana/Liebscher, Laura/Fischer, Thomas A., 2018: Soziale Lebenslagen von mehrfachstraffälligen Jugendlichen aus jugendsoziologischer und kriminologischer Perspektive. In: Lange, Andreas/Reiter, Herwig/Schutter, Sabina/Steiner, Christine (Hg.), Handbuch der Kindheits- und Jugendsoziologie. Wiesbaden: Springer VS, S. 349-362.
Melzer, Wolfgang/Lenz Karl/Bilz, Ludwig, 2010: Gewalt in Familie und Schule. In: Krüger, Heinz-Hermann/Grunert, Cathleen (Hg.), Handbuch Kindheits- und Jugendforschung. 2. Auflage. Wiesbaden: VS, S. 957-985.
Mennemann, Hugo/Dummann, Jörn, 2018: Einführung in die Soziale Arbeit. 2. Auflage. Baden-Baden: Nomos.

Mensink, Gert B. M./Schienkiewitz, Anja/Rabenberg, Martina/Borrmann, Anja/Richter, Almut/Haftenberger, Marjolein, 2018: Konsum zuckerhaltiger Erfrischungsgetränke bei Kindern und Jugendlichen in Deutschland – Querschnittergebnisse aus KiGGS Welle 2 und Trends. In: Journal of Health Monitoring 3 (1), S. 32-39. DOI 10.17886/RKI-GBE-2018-007.

Mierendorff, Johanna, 2010: Kindheit und Wohlfahrtsstaat. Entstehung, Wandel und Kontinuität des Musters moderner Kindheit. Weinheim/München: Beltz Juventa, S. 15-32.

Mierendorff, Johanna/Olk, Thomas, 2010: Gesellschaftstheoretische Ansätze. In: Krüger, Heinz-Hermann/Grunert, Cathleen (Hg.), Handbuch der Kindheits- und Jugendforschung. 2. Auflage. Wiesbaden: VS, S. 125-151.

Möller, Kurt, 2015: Gender und Gewalt. In: Melzer, Wolfgang/Hermann, Dieter/Sandfuchs, Uwe/Schäfer, Mechthild/Schubarth, Wilfried/Daschner, Peter (Hg.), Handbuch Aggression, Gewalt und Kriminalität bei Kindern und Jugendlichen. Bad Heilbrunn: Klinkhardt, S. 63-66.

Moffitt, Terrie Edith, 1993: Adolscence-limited and life-course-persistent antisocial behavior: A developmental taxonomy. In: Psychological Review 100, S. 674-701.

Montada, Leo, 1995: Delinquenz. In: Oerter, Rolf/Montada, Leo (Hg.), Entwicklungspsychologie. Ein Lehrbuch. 3. Auflage. Weinheim: PVU, S. 1024-1036.

Mühling, Tanja/Rupp, Marina, 2008: Familie. In: Baur, Nina/Korte, Hermann/Löw, Martina/Schroer, Markus (Hg.), Handbuch Soziologie. Wiesbaden: VS, S. 77-95.

Naplava, Thomas, 2018a: Jugendliche Intensiv- und Mehrfachtäter. In: Dollinger, Bernd/Schmidt-Semisch, Henning (Hg.), Handbuch Jugendkriminalität. Interdisziplinäre Perspektiven. 3. Auflage. Wiesbaden: Springer VS, S. 337-356.

Naplava, Thomas, 2018b: Jugenddelinquenz im interethnischen Vergleich. In: Dollinger, Bernd/Schmidt-Semisch, Henning (Hg.), Handbuch Jugendkriminalität. Interdisziplinäre Perspektiven. 3. Auflage. Wiesbaden: Springer VS, S. 317-336.

Nauck, Bernhard, 1993: Sozialstrukturelle Differenzierung der Lebensbedingungen von Kindern in West- und Ostdeutschland. In: Markefka, Manfred/Nauck, Bernhard (Hg.), Handbuch der Kindheitsforschung. Neuwied/Kriftel/Berlin: Luchterhand, S. 143-164.

Nauck, Bernhard/Clauß, Susanne/Richter, Elisabeth, 2008: Zur Lebenssituation von Kindern mit Migrationshintergrund in Deutschland. In: Bertram, Hans (Hg.), Mittelmaß für Kinder. UNICEF-Bericht zur Lage der Kinder in Deutschland. München: Beck, S. 127-151.

Nave-Herz, Rosemarie, 2013: Ehe- und Familiensoziologie. Eine Einführung in Geschichte, theoretische Ansätze und empirische Befunde. 3. Auflage. Weinheim: Beltz Juventa.

Nave-Herz, Rosemarie, 2018: Familiensoziologie. Historische Entwicklung, theoretische Ansätze, aktuelle Themen. In: Wonneberger, Astrid/Weidtmann, Katja/Stelzig-Willutzki, Sabina (Hg.), Familienwissenschaft. Grundlagen und Überblick. Wiesbaden: Springer VS, 119-147.

Nave-Herz, Rosemarie, 2019: Familien heute. Wandel der Familienstrukturen und Folgen für die Erziehung. 7. Auflage. Darmstadt: WBG.

Nave-Herz, Rosemarie/Onnen-Isemann, Corinna, 2007: Familie. In: Joas, Hans (Hg.), Lehrbuch der Soziologie. 3. Auflage. Frankfurt am Main/New York: Campus, S. 313-336.

Niekrenz, Ivonne, 2018: Rausch als Grenzerfahrung bei Jugendlichen. In: Lange, Andreas/Reiter, Herwig/Schutter, Sabina/Steiner, Christine (Hg.), Handbuch der Kindheits- und Jugendsoziologie. Wiesbaden: Springer VS, S. 723-735.

Noll, Heinz-Herbert/Weick, Stefan, 2013: Materieller Lebensstandard und Armut im Alter. In: Vogel, Claudia/Motel-Klingebiel, Andreas (Hg.), Altern im sozialen Wandel: Die Rückkehr der Altersarmut? Wiesbaden: Springer VS, S. 113-138.

Nowak, Jürgen, 2009: Soziologie in der Sozialen Arbeit. Schwalbach: Wochenschau.

Nowossadeck, Sonja/Engstler, Heribert, 2013: Familie und Partnerschaft im Alter. In: Deutsches Zentrum für Altersfragen (DZA) (Hg.), Report Altersdaten, Heft 3/2013. http://w

ww.dza.de/fileadmin/dza/pdf/GeroStat_Report_Altersdaten_Heft_3_2013_PW.pdf (Zugriff am: 29.6.2020).

Nunner-Winkler, Gertrud/Paulus, Markus 2018: Prosoziale und moralische Entwicklung. In: Schneider, Wolfgang/Lindenberger, Ulman (Hg.), Entwicklungspsychologie. 8. Auflage. Weinheim/Basel: Beltz, S. 537-557.

OECD (Organisation for Economic Co-operation and Development) (Hg.), 2016: PISA 2015 Ergebnisse (Band I): Exzellenz und Chancengerechtigkeit in der Bildung. Bielefeld: W. Bertelsmann. https://www.oecd-ilibrary.org/docserver/9789264267879-de.pdf?expires=1598193963&id=id&accname=guest&checksum=A683C5277075FBD72AC76DBB5570237C (Zugriff am: 29.6.2020).

OECD (Organisation for Economic Co-operation and Development) (Hg.), 2019a: OECD Data. Poverty rate (indicator). doi: 10.1787/0fe1315d-en. https://data.oecd.org/inequality/poverty-rate.htm (Zugriff am: 29.6.2020).

OECD (Organisation for Economic Co-operation and Development) (Hg.), 2019b: Bildung auf einen Blick 2019. OECD-Indikatoren. Deutsche Übersetzung des Bundesministeriums für Bildung und Wissenschaft (BMBF). Bielefeld: wbv Media. https://www.oecd-ilibrary.org/docserver/6001821mw.pdf?expires=1598194774&id=id&accname=guest&checksum=1797B14EE5BC13D4936BD4904F6F496A (Zugriff am 29.6.2020).

OECD (Organisation for Economic Co-operation and Development) (Hg.), 2020: Income inequality (indicator). doi: 10.1787/459aa7f1-en (Accessed on 12 May 2020). https://data.oecd.org/inequality/income-inequality.htm#indicator-chart (Zugriff am: 12.5.2020).

Oerter, Rolf/Dreher, Eva, 1995: Jugendalter. In: Oerter, Rolf/Montada, Leo (Hg.), Entwicklungspsychologie. Ein Lehrbuch. 3. Auflage. Weinheim: PVU, S. 310-395.

Oerter, Rolf/Dreher, Eva, 2008: Jugendalter. In: Oerter, Rolf/Montada, Leo (Hg.), Entwicklungspsychologie. Ein Lehrbuch. 6. Auflage. Weinheim: Beltz/PVU, S. 271-332.

Olk, Thomas, 1985: Jugend und gesellschaftliche Differenzierung – zur Entstrukturierung der Jugendphase. In: Zeitschrift für Pädagogik, 19. Beiheft, S. 290-301.

Opitz, Sven, 2012: Doppelte Kontingenz. In: Jahraus, Oliver/Nassehi, Armin/Grizelj, Mario/Saake, Irmhild/Kirchmeier, Christian/Müller, Julian (Hg.), Luhmann-Handbuch. Leben – Werk – Wirkung. Stuttgart/Weimar: Metzler, 75-77.

Orth, Boris, 2016: Die Drogenaffinität Jugendlicher in der Bundesrepublik Deutschland 2015. Rauchen, Alkoholkonsum und Konsum illegaler Drogen: aktuelle Verbreitung und Trends. BZgA-Forschungsbericht. Köln: Bundeszentrale für gesundheitliche Aufklärung (BZgA). https://www.bzga.de/fileadmin/user_upload/PDF/studien/drogenaffinitaet_jugendlicher_2015_rauchen-alkohol-illegale_drogen--2fc4dda2b48e6399f746517fd7983a51.pdf (Zugriff am: 29.6.2020).

Orth, Boris/Merkel, Christina, 2019a: Der Alkoholkonsum Jugendlicher und junger Erwachsener in Deutschland. Ergebnisse des Alkoholsurveys 2018 und Trends. BZgA-Forschungsbericht. Köln: Bundeszentrale für gesundheitliche Aufklärung (BZgA). doi: 10.17623/BZGA:225-ALKSY18-ALK-DE-1.0. https://www.bzga.de/fileadmin/user_upload/PDF/studien/Alkoholsurvey_2018_Alkohol-Bericht.pdf (Zugriff am: 29.6.2020).

Orth, Boris/Merkel, Christina, 2019b: Der Cannabiskonsum Jugendlicher und junger Erwachsener in Deutschland. Ergebnisse des Alkoholsurveys 2018 und Trends. BZgA-Forschungsbericht. Köln: Bundeszentrale für gesundheitliche Aufklärung. doi: 10.17623/BZGA:225-ALKSY18-CAN-DE-1.0. https://www.bzga.de/fileadmin/user_upload/PDF/studien/Alkoholsurvey_2018_Cannabis-Bericht.pdf (Zugriff am: 29.6.2020).

Orth, Boris/Merkel, Christina, 2019c: Rauchen bei Jugendlichen und jungen Erwachsenen in Deutschland. Ergebnisse des Alkoholsurveys 2018 und Trends. BZgA-Forschungsbericht. Köln: Bundeszentrale für gesundheitliche Aufklärung. doi: 10.17623/BZGA:225-ALKSY18-RAU-DE-1.0. https://www.bzga.de/fileadmin/user_upload/PDF/studien/Alkoholsurvey_2018_Bericht-Rauchen.pdf (Zugriff am: 29.6.2020).

## Literatur

Palentin, Christian/Harring, Marius, 2010: Kindheit, Jugend und Drogen. In: Krüger, Heinz-Hermann/Grunert, Cathleen (Hg.), Handbuch der Kindheits- und Jugendforschung. 2. Auflage. Wiesbaden: VS, S. 1005-1017.

Parsons, Talcott, 1972: Das System moderner Gesellschaften. München: Juventa (zuerst: Englewood Cliffs, New Jersey 1971).

Parsons, Talcott, 1975: Gesellschaften. Evolutionäre und komparative Perspektiven. Frankfurt am Main: Suhrkamp (zuerst: Englewood Cliffs, New Jersey 1966).

Peuckert, Rüdiger, 2007: Zur aktuellen Lage der Familie. In: Ecarius, Jutta (Hg.), Handbuch Familie. Wiesbaden: VS, S. 36-56.

Peuckert, Rüdiger, 2012: Familienformen im sozialen Wandel. 8. Auflage. Wiesbaden: Springer VS.

Peuckert, Rüdiger, 2019: Familienformen im sozialen Wandel. 9. Auflage. Wiesbaden: Springer VS.

Poethklo-Müller, Christina/Kuntz, Benjamin/Lampert, Thomas/Neuhauser, Hannelore, 2018: Die allgemeine Gesundheit von Kindern und Jugendlichen in Deutschland – Querschnittergebnisse aus KiGGS Welle 2 und Trends. In: Journal of Health Monitoring 3 (1), S. 8–15. DOI 10.17886/RKI-GBE-2018-004.

Pötzsch, Olga, 2018: Kinderlosigkeit. In: Statistisches Bundesamt/Wissenschaftszentrum Berlin für Sozialforschung (Hg.), Datenreport 2018. Ein Sozialbericht für die Bundesrepublik Deutschland. Bonn: Bundeszentrale für politische Bildung, S. 79-85. https://www.destatis.de/DE/Service/Statistik-Campus/Datenreport/Downloads/datenreport-2018.pdf?__blob=publicationFile&v=4 (Zugriff am 29.6.2020).

Prahl, Hans-Werner/Schroeter, Klaus R., 1996: Soziologie des Alterns. Eine Einführung. Paderborn: Schöningh.

Pupeter, Monika/Hurrelmann, Klaus, 2013: Die Schule: Als Erfahrungsraum immer wichtiger. In: World Vision Deutschland e.V. (Hg.), Kinder in Deutschland 2013. 3. World Vision Kinderstudie. Weinheim/Basel: Beltz, S. 111-134.

Pupeter, Monika/Schneekloth, Ulrich, 2010: Die Gleichaltrigen: Gemeinsame – getrennte Welten. In: World Vision Deutschland e.V. (Hg.), Kinder in Deutschland 2010. 2. World Vision Kinderstudie. Frankfurt am Main: Fischer, S. 141-159.

Pupeter, Monika/Schneekloth, Ulrich, 2018a: Selbstbestimmung: Selbständigkeit und Wertschätzung. In: World Vision Deutschland e.V. (Hg.), Kinder in Deutschland 2018. 4. World Vision Kinderstudie. Weinheim/Basel: Beltz, S. 148-179.

Pupeter, Monika/Schneekloth, Ulrich, 2018b: Familie: Vielfältige Hintergründe und unterschiedliche Lebenslagen. In: World Vision Deutschland e.V. (Hg.), Kinder in Deutschland 2018. 4. World Vision Kinderstudie. Weinheim/Basel: Beltz, S. 54-75.

Pupeter, Monika/Schneekloth, Ulrich/Andresen, Sabine, 2018: Kinder und Armut: Spürbare Benachteiligungen im Alltag. In: World Vision Deutschland e.V. (Hg.), Kinder in Deutschland 2018. 4. World Vision Kinderstudie. Weinheim/Basel: Beltz, S. 180-195.

Pupeter, Monika/Wolfert, Sabine, 2018: Schule: Frühe Weichenstellungen. In: World Vision Deutschland e.V. (Hg.), Kinder in Deutschland 2018. 4. World Vision Kinderstudie. Weinheim/Basel: Beltz, S. 76-94.

Quenzel, Gudrun/Hurrelmann, Klaus/Albert, Matthias/Schneekloth, Ulrich, 2019: Jugend 2019: Eine Generation meldet sich zu Wort. In: Shell Deutschland Holding (Hg.), Jugend 2019. Eine Generation meldet sich zu Wort. Weinheim/Basel: Beltz, S. 313-324.

Qvortrup, Jens, 2000: Kolonisiert und verkannt: Schularbeit. In: Hengst, Heinz/Zeiher, Helga (Hg.), Die Arbeit der Kinder. Kindheitskonzept und Arbeitsteilung zwischen den Generationen. Weinheim/München: Juventa, S. 23-43.

Qvortrup, Jens, 2005: Kinder und Kindheit in der Sozialstruktur. In: Hengst, Heinz/Zeiher, Helga (Hg.), Kindheit soziologisch. Wiesbaden: VS, S. 27-47.

Rauschenbach, Thomas, 1999: Das sozialpädagogische Jahrhundert. Analysen zur Entwicklung sozialer Arbeit in der Moderne. Weinheim/München: Juventa.

Rauschenbach, Thomas/Mühlmann, Thomas/Schilling, Matthias/Pothmann, Jens/Meiner-Teubner, Christiane/Fendrich, Sandra/Tabel, Agathe/Feller, Nadine/Kopp, Katharina/Müller, Sylvia/Böwing-Schmalenbrock, Melanie, 2019: Kinder- und Jugendhilfereport 2018. Eine kennzahlenbasierte Analyse. Opladen/Berlin/Toronto: Barbara Budrich.
Rawls, John, 1975: Eine Theorie der Gerechtigkeit. Frankfurt am Main: Suhrkamp (zuerst: Cambridge, Massachusetts 1971).
Rawls, John, 2003: Gerechtigkeit als Fairneß. Ein Neuentwurf. Frankfurt am Main: Suhrkamp (zuerst: Cambridge, Massachusetts 2001).
Reckwitz, Andreas, 2017: Die Gesellschaft der Singularitäten. Zum Strukturwandel der Moderne. Frankfurt am Main: Suhrkamp.
Röttger, Christof/Weber, Brigitte/Weber, Enzo, 2019: Qualifikationsspezifische Arbeitslosenquoten. Nürnberg: Institut für Arbeitsmarkt- und Berufsforschung. http://doku.iab.de/arbeitsmarktdaten/qualo_2019.pdf (Zugriff am: 29.6.2020).
Rosa, Hartmut, 2005: Beschleunigung. Die Veränderung der Zeitstrukturen in der Moderne. Frankfurt am Main: Suhrkamp.
Rosa, Hartmut, 2012: Weltbeziehungen im Zeitalter der Beschleunigung. Umrisse einer neuen Gesellschaftskritik. Frankfurt am Main: Suhrkamp.
Rosa, Hartmut/Strecker, David/Kottmann, Andrea, 2018: Soziologische Theorien. 3. Auflage. Konstanz/München: UVK (UTB).
Rost, Harald/Schneider, Norbert F., 1994: Familiengründung und Auswirkungen der Elternschaft. In: Österreichische Zeitschrift für Soziologie 19 (2), S. 34-57.
Rost, Harald/Schneider, Norbert F., 1995: Differentielle Elternschaft – Auswirkungen der Geburt des ersten Kindes auf Männer und Frauen. In: Nauck, Bernhard/Onnen-Isemann, Corinna (Hg.), Familie im Brennpunkt von Wissenschaft und Forschung. Neuwied: Luchterhand, S. 177-194.
Rothgang, Heinz, 2005: Demographischer Wandel und Pflegeversicherung. In: Kerschbaumer, Judith/Schroeder, Wolfgang (Hg.), Sozialstaat und demographischer Wandel. Herausforderung für Arbeitsmarkt und Sozialversicherungen. Wiesbaden: VS, S. 119-146.
Rothgang, Heinz/Müller, Rolf/Unger, Rainer, 2013: BARMER GEK Pflegereport 2013. Schwerpunktthema Reha bei Pflege. Schriftenreihe zur Gesundheitsanalyse Band 23. Siegburg: Asgard-Verlagsservice. http://presse.barmer-https://www.barmer.de/blob/37306/897643940585a399cc44ef781ffb3f02/data/pdf-pflegereport-2013.pdf (Zugriff am: 29.6.2020)
Rothgang, Heinz/Müller, Rolf, 2019: BARMER Pflegereport 2019. Ambulantisierung der Pflege. Schriftenreihe zur Gesundheitsanalyse Band 20. Berlin. https://www.barmer.de/blob/215396/a68d16384f26a09f598f05c9be4ca76a/data/dl-barmer-pflegereport-2019.pdf (Zugriff am: 29.6.2020).
Rübenach, Stefan, 2018: Kindertagesbetreuung. In: Statistisches Bundesamt/Wissenschaftszentrum Berlin für Sozialforschung (Hg.), Datenreport 2018. Ein Sozialbericht für die Bundesrepublik Deutschland. Bonn: Bundeszentrale für politische Bildung, S. 66-68. https://www.destatis.de/DE/Service/Statistik-Campus/Datenreport/Downloads/datenreport-2018.pdf?__blob=publicationFile&v=4 (Zugriff am 26.6.2020).
Rüssmann, Kirsten/Kopp, Johannes/Hill, Paul B., 2015: Macht, Arbeitsteilung, Konflikt, Konfliktstile und Gewalt in Partnerschaften. In: Hill, Paul B./Kopp, Johannes (Hg.), Handbuch Familiensoziologie. Wiesbaden: Springer VS, S. 487-525.
Rupp, Marina, 2013: Die Berufsrückkehr von Müttern unter den Bedingungen des neuen Elterngeldes. Broschüre mit zentralen Studienergebnissen. ifb-Materialien 1-2013. https://www.ifb.bayern.de/imperia/md/content/stmas/ifb/materialien/mat_2013_1.pdf (Zugriff am 29.6.2020).
Rupp, Marina/Blossfeld, Hans-Peter, 2008: Familiale Übergänge: Eintritt in nichteheliche Lebensgemeinschaften, Heirat, Trennung und Scheidung, Elternschaft. In: Schneider, Norbert F. (Hg.), Lehrbuch Moderne Familiensoziologie. Theorien, Methoden, empirische Befunde. Opladen/Farmington Hills: Barbara Budrich (UTB), S. 139-166.

Saake, Irmhild, 2006: Die Konstruktion des Alters. Eine gesellschaftstheoretische Einführung in die Alternsforschung. Wiesbaden: VS.
Sack, Fritz, 2007: Abweichung und Kriminalität. In: Joas, Hans (Hg.), Lehrbuch der Soziologie. Frankfurt am Main/New York: Campus, S. 183-215.
Schacht, Diana/Metzing, Maria, 2018: Lebenssituation von Migrantinnen und Migranten und deren Nachkommen. In: Statistisches Bundesamt/Wissenschaftszentrum Berlin für Sozialforschung (Hg.), Datenreport 2018. Ein Sozialbericht für die Bundesrepublik Deutschland. Bonn: Bundeszentrale für politische Bildung, S. 272-279. https://www.destatis.de/DE/Service/Statistik-Campus/Datenreport/Downloads/datenreport-2018.pdf?__blob=publicationFile&v=4 (Zugriff am: 26.6.2020).
Schäfers, Bernhard, 2016: Die soziale Gruppe. In: Korte, Hermann/Schäfers, Bernhard (Hg.), Einführung in Hauptbegriffe der Soziologie. 9. Auflage. Wiesbaden: Springer VS, S. 153-172.
Schelsky, Helmut, 1957: Die skeptische Generation. Eine Soziologie der deutschen Jugend. Düsseldorf: Diederichs.
Scherr, Albert, 2009: Jugendsoziologie. Einführung in Grundlagen und Theorien. 9. Auflage. Wiesbaden: VS.
Scherr, Albert, 2016a: Gesellschaft und Gemeinschaft. In: Scherr, Albert (Hg.), Soziologische Basics. Eine Einführung für pädagogische und soziale Berufe. 3. Auflage. Wiesbaden: Springer VS, S. 89-98.
Scherr, Albert, 2016b: Diskriminierung. Wie Unterschiede und Benachteiligungen gesellschaftlich hergestellt werden. 2. Auflage. Wiesbaden: Springer VS.
Scherr, Albert, 2017: Soziologische Diskriminierungsforschung. In: Scherr, Albert/El-Mafaalani, Aladin/Yüksel, Gökçen (Hg.), Handbuch Diskriminierung. Wiesbaden: Springer VS, S. 39-58.
Scherr, Albert, 2018: Jugend als gesellschaftliche Institution und Lebensphase. In: Dollinger, Bernd/Schmidt-Semisch, Henning (Hg.), Handbuch Jugendkriminalität. Interdisziplinäre Perspektiven. 3. Auflage. Wiesbaden: Springer VS, S. 17-33.
Schienkiewitz, Anja/Brettschneider, Anna-Kristin/Damerow, Stefan/Schaffrath Rosario, Angelika, 2018: Übergewicht und Adipositas im Kindes- und Jugendalter in Deutschland – Querschnittergebnisse aus KiGGS Welle 2 und Trends. In: Journal of Health Monitoring 3 (1), S. 16–23. DOI 10.17886/RKI-GBE-2018-005.2.
Schillenkamp, Elke, 2017: Die gemeinsame Zeit zwischen Kindern und ihren Eltern. In: Bertram, Hans (Hg.), Zukunft mit Kindern, Zukunft für Kinder. Der UNICEF-Bericht zur Lage der Kinder in Deutschland im europäischen Kontext. Opladen/Toronto: Barbara Budrich, S. 33-49.
Schimank, Uwe, 2007: Gruppen und Organisationen. In: Joas, Hans (Hg.), Lehrbuch der Soziologie. 3. Auflage. Frankfurt am Main/New York: Campus, S. 217-239.
Schimank, Uwe/Volkmann, Ute, 2017a: Das Regime der Konkurrenz: Gesellschaftliche Ökonomisierungsdynamiken heute. Weinheim/Basel: Beltz Juventa.
Schimank, Uwe/Volkmann, Ute, 2017b: Die Ökonomisierung der Gesellschaft. In: Maurer, Andrea (Hg.), Handbuch der Wirtschaftssoziologie. 2. Auflage. Wiesbaden: VS, 593-609.
Schlack, R./Rüdel, J./Karger, A./Hölling, H., 2013: Körperliche und psychische Gewalterfahrungen in der deutschen Erwachsenenbevölkerung. Ergebnisse der Studie zur Gesundheit Erwachsener in Deutschland (DEGS1). In: Bundesgesundheitsblatt 56, S. 755–764.
Schneekloth, Ulrich, 2015: Jugend und Politik: Zwischen positivem Gesellschaftsbild und anhaltender Politikverdrossenheit. Shell Deutschland Holding (Hg.), Jugend 2015. Eine pragmatische Generation im Aufbruch. Frankfurt am Main: Fischer, S. 153-200.
Schneekloth, Ulrich, 2019: Entwicklungen bei den Wertorientierungen der Jugendlichen. In: Shell Deutschland Holding (Hg.), Jugend 2019. Eine Generation meldet sich zu Wort. Weinheim/Basel: Beltz, S. 103-131.

Schneekloth, Ulrich/Albert, Mathias, 2019: Jugend und Politik: Demokratieverständnis und politisches Interesse im Spannungsfeld von Vielfalt, Toleranz und Populismus. In: Shell Deutschland Holding (Hg.), Jugend 2019. Eine Generation meldet sich zu Wort. Weinheim/Basel: Beltz, S. 47-101.

Schneekloth, Ulrich/Andresen, Sabine, 2013: Was fair und was unfair ist: die verschiedenen Gesichter von Gerechtigkeit. In: World Vision Deutschland e.V. (Hg.), Kinder in Deutschland 2013. 3. World Vision Kinderstudie. Weinheim/Basel: Beltz, S. 48-78.

Schneekloth, Ulrich/Leven, Ingo, 2007a: Familie als Zentrum: nicht für alle gleich verlässlich. In: World Vision Deutschland e.V. (Hg.), Kinder in Deutschland 2007. 1. World Vision Kinderstudie. Frankfurt am Main: Fischer, S. 65-109.

Schneekloth, Ulrich/Leven, Ingo, 2007b: Die Gleichaltrigen: Gemeinsame und getrennte Welten. In: World Vision Deutschland e.V. (Hg.), Kinder in Deutschland 2007. 1. World Vision Kinderstudie. Frankfurt am Main: Fischer, S. 143-164.

Schneekloth, Ulrich/Pupeter, Monika, 2010: Wohlbefinden, Wertschätzung Selbstwirksamkeit: Was Kinder für ein gutes Leben brauchen. In: World Vision Deutschland e.V. (Hg.), Kinder in Deutschland 2010. 2. World Vision Kinderstudie. Frankfurt am Main: Fischer, S. 187-221.

Schneekloth, Ulrich/Pupeter, Monika, 2013: Familiäre Hintergründe: bunte Vielfalt, aber auch deutliche Unterschiede in den Lebenslagen. In: World Vision Deutschland e.V. (Hg.), Kinder in Deutschland 2013. 3. World Vision Kinderstudie. Weinheim/Basel: Beltz, S. 79-110.

Schneider, Norbert F./Rüger, Heiko, 2007: Value of Marriage. Der subjektive Sinn der Ehe und die Entscheidung zur Heirat. In: Zeitschrift für Soziologie 36 (2), S. 131-152.

Schnurr, Stefan, 2016: Organisationen. In: Scherr, Albert (Hg.), Soziologische Basics. Eine Einführung für pädagogische und soziale Berufe. 3. Auflage. Wiesbaden: Springer VS, S. 233-240.

Schönig, Werner/Motzke, Katharina, 2016: Netzwerkorientierung in der Sozialen Arbeit. Theorie, Forschung, Praxis. Stuttgart: Kohlhammer.

Schröder, Helmut, 1995: Jugend und Modernisierung. Strukturwandel der Jugendphase und Statuspassagen auf dem Weg zum Erwachsensein. Weinheim/München: Juventa.

Schroer, Markus, 2008: Individualisierung. In: Baur, Nina/Korte, Hermann/Löw, Martina/Schroer, Markus (Hg.), Handbuch Soziologie. Wiesbaden: VS, S. 139-161.

Schroeter, Klaus R./Künemund, Harald, 2010: „Alter" als Soziale Konstruktion – eine soziologische Einführung. In: Aner, Kirsten/Karl, Ute (Hg.), Handbuch Soziale Arbeit und Alter. Wiesbaden: VS, S. 393-401.

Schütze, Yvonne, 2002: Zur Veränderung im Eltern-Kind-Verhältnis seit der Nachkriegszeit. In: Nave-Herz, Rosemarie (Hg.), Kontinuität und Wandel der Familie in Deutschland. Eine zeitgeschichtliche Analyse. Stuttgart: Lucius & Lucius, S. 71-98.

Schulz, Florian/Blossfeld, Hans-Peter, 2006: Wie verändert sich die häusliche Arbeitsteilung im Eheverlauf. Eine Längsschnittstudie der ersten 14 Ehejahre in Westdeutschland. In: Kölner Zeitschrift für Soziologie und Sozialpsychologie 58 (1), S. 23-49.

Schulz, Florian/Blossfeld, Hans-Peter, 2009: Enttraditionalisierung und Traditionalisierung der Arbeitsteilung im Haushalt. Beide Seiten sind wichtig. Eine Antwort auf Johannes Kopp. In: Kölner Zeitschrift für Soziologie und Sozialpsychologie 61 (1), S. 124-128.

Schumann, Karl F., 2018: Jugenddelinquenz im Lebensverlauf. In: Dollinger, Bernd/Schmidt-Semisch, Henning (Hg.), Handbuch Jugendkriminalität. Kriminologie und Sozialpädagogik im Dialog. 3. Auflage. Wiesbaden: VS, S. 261-279.

Schwinn, Thomas, 2008: Nationale und globale Ungleichheit. In: Berliner Journal für Soziologie 18 (1), S. 8-31.

Shell Deutschland Holding (Hg.), 2006: Jugend 2006. Eine pragmatische Generation unter Druck. Bonn: Bundeszentrale für politische Bildung.

Shell Deutschland Holding (Hg.), 2010: Jugend 2010. Eine pragmatische Generation behauptet sich. Frankfurt am Main: Fischer.

Shell Deutschland Holding (Hg.), 2015: Jugend 2015. Eine pragmatische Generation im Aufbruch. Frankfurt am Main: Fischer.
Shell Deutschland Holding (Hg.), 2019: Jugend 2019. Eine Generation meldet sich zu Wort. Weinheim/Basel: Beltz.
Silkenbeumer, Mirja, 2018: Jugendkriminalität bei Mädchen. In: Dollinger, Bernd/Schmidt-Semisch, Henning (Hg.), Handbuch Jugendkriminalität. Kriminologie und Sozialpädagogik im Dialog. 3. Auflage. Wiesbaden: VS, S. 375-390.
Sinus-Institut für Markt- und Sozialforschung, o.J.: Sinus-Milieus in Deutschland. https://www.sinus-institut.de/sinus-loesungen/sinus-milieus-deutschland/ (Zugriff am: 29.6.2020).
Spellerberg, Annette/Giehl, Christoph, 2018: Armut und Wohnen. In: Böhnke, Petra/Dittmann, Jörg/Goebel, Jan (Hg.), Handbuch Armut: Ursachen, Trends, Maßnahmen. Opladen/Toronto: Barbara Budrich, S. 270-281.
Spieß, Katharina C., 2008: Öffentlich finanzierte Betreuungs- und Bildungsinfrastruktur für Kinder: Was ist zu tun. In: Bertram, Hans (Hg.), Mittelmaß für Kinder. UNICEF-Bericht zur Lage der Kinder in Deutschland. München: Beck, S. 193-219.
Spieß, Katharina C./Walper, Sabine/Diewald, Martin, 2016: Ausgewählte Analysen zum Zusammenhang von Migration und Teilhabe. In: Wissenschaftlicher Beirat für Familienfragen (Hg.), Migration und Familie. Kindheit mit Zuwanderungshintergrund. Wiesbaden: Springer VS, S. 129-180.
Statistische Ämter des Bundes und der Länder, 2020a: Sozialberichterstattung. Ergebnisse. Einkommensarmut und -verteilung. A.2 Armutsgefährdungsquoten, Bundesländer nach soziodemografischen Merkmalen (Bundesmedian). https://www.statistikportal.de/de/sbe/ergebnisse/einkommensarmut-und-verteilung/armutsgefaehrdung-0 (Zugriff am: 11.6.2020).
Statistische Ämter des Bundes und der Länder, 2020b: Sozialberichterstattung. Ergebnisse. Mindestsicherung. B.1.1 Mindestsicherungsquote, Bundesländer nach Geschlecht. https://www.statistikportal.de/de/sbe/ergebnisse/mindestsicherung/b-11-mindestsicherungsquote (Zugriff am: 11.6.2020).
Statistische Ämter des Bundes und der Länder, 2020c: Sozialberichterstattung. Ergebnisse. Mindestsicherung. B.1.3 Empfängerinnen und Empfänger nach Leistungssystemen, Bundesländer. https://www.statistikportal.de/de/sbe/ergebnisse/mindestsicherung/b-13-empfaengerinnen-und-empfaenger-nach-leistungssystemen (Zugriff am: 11.6.2020).
Statistische Ämter des Bundes und der Länder, 2020d: Sozialberichterstattung. Ergebnisse. Einkommensarmut und -verteilung. A.5 Armutsgefährdungsquoten, Raumordnungsregionen (Bundesmedian, Landesmedian, regionaler Median). https://www.statistikportal.de/de/sbe/ergebnisse/einkommensarmut-und-verteilung/armutsgefaehrdung-3 (Zugriff am: 13.6.2020).
Statistisches Bundesamt, 2011: Rechtspflege. Strafverfolgung 2010. Fachserie 10, Reihe 3. https://www.statistischebibliothek.de/mir/servlets/MCRFileNodeServlet/DEHeft_derivate_00006769/2100300107004.pdf (Zugriff am: 29.6.2020).
Statistisches Bundesamt, 2012: Periodensterbetafeln für Deutschland 1871/1881 – 2008/2010. https://www.statistischebibliothek.de/mir/servlets/MCRFileNodeServlet/DEHeft_derivate_00014653/5126202109004.pdf (Zugriff am 29.6.2020).
Statistisches Bundesamt, 2013a: Geburtentrends und Familiensituation in Deutschland 2012. https://www.destatis.de/DE/Themen/Gesellschaft-Umwelt/Bevoelkerung/Haushalte-Familien/Publikationen/Downloads-Haushalte/geburtentrends-5122203129004.pdf?__blob=publicationFile (Zugriff am: 29.6.2020).
Statistisches Bundesamt, 2013b: Europa 2020 Die Zukunftsstrategie der EU. Fakten und Trends zu Deutschland und den anderen EU-Mitgliedstaaten. https://www.destatis.de/DE/Themen/Laender-Regionen/Internationales/Publikationen/broschuere-europa-2020-0000149139004.pdf?__blob=publicationFile (Zugriff am: 29.6.2020).

Statisches Bundesamt, 2013c: Statistisches Jahrbuch. Deutschland und Internationales 2013. Wiesbaden. https://www.statistischebibliothek.de/mir/servlets/MCRFileNodeServlet/DEAusgabe_derivate_00000156/1010110137004.pdf (Zugriff am: 29.6.2020).

Statistisches Bundesamt, 2014: Altersunterschied bei Paaren im Durchschnitt 4 Jahre. Pressemitteilungen. Zahl der Woche vom 22.10.2013. https://www.presseportal.de/pm/32102/2581109 (Zugriff am: 29.6.2020).

Statistisches Bundesamt, 2016: Ältere Menschen in Deutschland und der EU. https://www.bmfsfj.de/blob/93214/95d5fc19e3791f90f8d582d61b13a95e/aeltere-menschen-deutschland-eu-data.pdf (Zugriff am: 29.6.2020).

Statistisches Bundesamt, 2017a: Kinderlosigkeit, Geburten und Familien. Ergebnisse des Mikrozensus 2016. https://www.destatis.de/DE/Themen/Gesellschaft-Umwelt/Bevoelkerung/Haushalte-Familien/Publikationen/Downloads-Haushalte/geburtentrends-tabellenband-5122203169014.pdf?__blob=publicationFile (Zugriff am: 29.6.2020).

Statistisches Bundesamt, 2017b: Bevölkerung und Erwerbstätigkeit. Natürliche Bevölkerungsbewegung. Fachserie 1, Reihe 1.1. https://www.destatis.de/DE/Themen/Gesellschaft-Umwelt/Bevoelkerung/Geburten/Publikationen/Downloads-Geburten/bevoelkerungsbewegung-2010110157004.pdf?__blob=publicationFile (Zugriff am 29.6.2020).

Statistisches Bundesamt, 2018a: Bevölkerung und Erwerbstätigkeit. Haushalte und Familien. Fachserie 1, Reihe 3. https://www.destatis.de/DE/Themen/Gesellschaft-Umwelt/Bevoelkerung/Haushalte-Familien/Publikationen/Downloads-Haushalte/haushalte-familien-2010300177004.pdf?__blob=publicationFile&v=4 (Zugriff am: 29.6.2020).

Statistisches Bundesamt, 2018b: Presse 10 % der Frauen hatten 2017 einen höheren Bildungsstand als ihr Partner. Pressemitteilung Nr. 422 vom 1. November 2018. https://www.destatis.de/DE/Presse/Pressemitteilungen/2018/11/PD18_422_12211.html (Zugriff am: 29.6.2020).

Statistisches Bundesamt, 2018c: 45 % der Seniorinnen in Deutschland leben allein. Pressemitteilung Nr. 49 vom 4. Dezember 2018. https://www.destatis.de/DE/Presse/Pressemitteilungen/Zahl-der-Woche/2018/PD18_49_p002.html (Zugriff am: 29.6.2020).

Statistisches Bundesamt, 2018d: Die Mehrheit der Kinder wächst mit Geschwistern auf. Pressemitteilung Nr. 128 vom 9. April 2018. https://www.destatis.de/DE/Presse/Pressemitteilungen/2018/04/PD18_128_122.html;jsessionid=08B6BC4209CA572F7605FDAB8F72F2E6.internet712 (Zugriff am: 29.6.2020).

Statistisches Bundesamt, 2018e: Pflegestatistik. Pflege im Rahmen der Pflegeversicherung. Deutschlandergebnisse 2017. https://www.destatis.de/DE/Themen/Gesellschaft-Umwelt/Gesundheit/Pflege/Publikationen/_publikationen-innen-pflegestatistik-deutschland-ergebnisse.html?nn=206104#234064 (Zugriff am: 29.6.2020).

Statistisches Bundesamt, 2018f: Schulen auf einen Blick. Ausgabe 2018. https://www.destatis.de/DE/Themen/Gesellschaft-Umwelt/Bildung-Forschung-Kultur/Schulen/_inhalt.html#sprg233806 (Zugriff am: 29.6.2020).

Statistisches Bundesamt, 2018g: Wirtschaftsrechnungen. Einkommens- und Verbrauchsstichprobe. Einkommensverteilung in Deutschland 2013. Fachserie 15, Heft 6. Wiesbaden. https://www.destatis.de/DE/Themen/Gesellschaft-Umwelt/Einkommen-Konsum-Lebensbedingungen/Einkommen-Einnahmen-Ausgaben/Publikationen/Downloads-Einkommen/einkommensverteilung-2152606139004.pdf?__blob=publicationFile (Zugriff am: 29.6.2020).

Statistisches Bundesamt, 2018h: Bevölkerung und Erwerbstätigkeit. Statistik der rechtskräftigen Beschlüsse in Eheauflösungssachen (Scheidungsstatistik) und Statistik der Aufhebung von Lebenspartnerschaften. Fachserie 1, Reihe 1.4. https://www.destatis.de/DE/Themen/Gesellschaft-Umwelt/Bevoelkerung/Eheschliessungen-Ehescheidungen-Lebenspartnerschaften/_inhalt.html#sprg233226 (Zugriff am: 29.6.2020).

Statistisches Bundesamt, 2018i: Pflegestatistik. Pflege im Rahmen der Pflegeversicherung Ländervergleich – Pflegebedürftige 2017. https://www.destatis.de/DE/Themen/Gesellschaft-Umwelt/Gesundheit/Pflege/_inhalt.html#sprg234062 (Zugriff am: 29.6.2020).

# Literatur

Statistisches Bundesamt, 2019a: Eheschließungen und durchschnittliches Heiratsalter Lediger. https://www.destatis.de/DE/Themen/Gesellschaft-Umwelt/Bevoelkerung/Eheschliessungen-Ehescheidungen-Lebenspartnerschaften/Tabellen/eheschliessungen-heiratsalter.html (Zugriff am: 29.6.2020).

Statistisches Bundesamt, 2019b: Zusammengefasste Geburtenziffer nach Kalenderjahren. https://www.destatis.de/DE/ZahlenFakten/GesellschaftStaat/Bevoelkerung/Geburten/Tabellen/GeburtenZiffer.html (Zugriff am: 29.6.2020).

Statistisches Bundesamt, 2019c: Bevölkerung und Erwerbstätigkeit. Haushalte und Familien. Ergebnisse des Mikrozensus. Fachserie 1, Reihe 3, 2018. https://www.destatis.de/DE/Themen/Gesellschaft-Umwelt/Bevoelkerung/Haushalte-Familien/Publikationen/Downloads-Haushalte/haushalte-familien-2010300187004.pdf?__blob=publicationFile (Zugriff am: 29.6.2020).

Statistisches Bundesamt, 2019d: Daten zum durchschnittlichen Alter der Mutter bei Geburt nach der Geburtenfolge für 1. Kind, 2. Kind, 3. Kind, 4. Kind und weiteres Kind und insgesamt 2018. https://www.destatis.de/DE/Themen/Gesellschaft-Umwelt/Bevoelkerung/Geburten/Tabellen/geburten-mutter-biologischesalter.html (Zugriff am: 29.6.2020).

Statistisches Bundesamt, 2019e: Daten zum durchschnittlichen Alter der Mutter bei Geburt in Deutschland für die Jahre 2014 bis 2018. https://www.destatis.de/DE/Themen/Gesellschaft-Umwelt/Bevoelkerung/Geburten/Tabellen/geburten-mutteralter.html (Zugriff am: 29.6.2020).

Statistisches Bundesamt, 2019f: Statistisches Jahrbuch. Deutschland und Internationales 2019. https://www.destatis.de/DE/Themen/Querschnitt/Jahrbuch/statistisches-jahrbuch-2019-dl.pdf?__blob=publicationFile (Zugriff am: 29.6.2020).

Statistisches Bundesamt, 2019g: Ehescheidungen und betroffene minderjährige Kinder. https://www.destatis.de/DE/Themen/Gesellschaft-Umwelt/Bevoelkerung/Eheschliessungen-Ehescheidungen-Lebenspartnerschaften/Tabellen/ehescheidungen-kinder.html (Zugriff am: 22.7.2019).

Statistisches Bundesamt, 2019h: Sozialberichterstattung. Armutsgefährdungsquote – gemessen am Bundesmedian. https://www.destatis.de/DE/Themen/Gesellschaft-Umwelt/Soziales/Sozialberichterstattung/Tabellen/liste-armutsgefaehrungsquote-bundeslaender.html (Zugriff am: 10.6.2020).

Statistisches Bundesamt, 2019i: Sozialberichterstattung. Armutsgefährdungsquote gemessen am Bundesmedian nach Alter und Geschlecht in Prozent im Zeitvergleich. https://www.destatis.de/DE/Themen/Gesellschaft-Umwelt/Soziales/Sozialberichterstattung/Tabellen/03agq-zvbm-alter-geschl.html (Zugriff am: 29.6.2020).

Statistisches Bundesamt, 2019j: Lebensbedingungen und Armutsgefährdung. Armutsschwelle und Armutsgefährdung (monetäre Armut) in Deutschland. https://www.destatis.de/DE/Themen/Gesellschaft-Umwelt/Einkommen-Konsum-Lebensbedingungen/Lebensbedingungen-Armutsgefaehrdung/Tabellen/armutsschwelle-gefaehrdung-silc.html. (Zugriff am: 10.6.2020).

Statistisches Bundesamt, 2019k: Lebensbedingungen und Armutsgefährdung. Armut oder soziale Ausgrenzung AROPE-Indikator nach Geschlecht und Alter in Deutschland. https://www.destatis.de/DE/Themen/Gesellschaft-Umwelt/Einkommen-Konsum-Lebensbedingungen/Lebensbedingungen-Armutsgefaehrdung/Tabellen/eurostat-armut-sozialeausgrenzung-silc.html (Zugriff am: 29.6.2020).

Statistisches Bundesamt, 2019l: Bildung und Kultur. Nichtmonetäre hochschulstatistische Kennzahlen. Fachserie 11, Reihe 4.3.1. https://www.destatis.de/DE/Themen/Gesellschaft-Umwelt/Bildung-Forschung-Kultur/Hochschulen/Publikationen/_publikationen-innen-hochschulen-kennzahlen.html (Zugriff am: 29.6.2020).

Statistisches Bundesamt, 2019m: Bildung und Kultur. Berufliche Bildung. Fachserie 11, Reihe 3. https://www.destatis.de/DE/Themen/Gesellschaft-Umwelt/Bildung-Forschung-Kultur/Berufliche-Bildung/Publikationen/Downloads-Berufliche-Bildung/berufliche-bildung-2110300187004.pdf?__blob=publicationFile (Zugriff am: 29.6.2020).

Statistisches Bundesamt, 2019n: Armutsgefährdungsquote (monetäre Armut) nach Sozialleistungen in Deutschland nach dem überwiegenden Erwerbsstatus im Vorjahr und dem Bildungsstand. https://www.destatis.de/DE/Themen/Gesellschaft-Umwelt/Einkommen-Konsum-Lebensbedingungen/Lebensbedingungen-Armutsgefaehrdung/Tabellen/armutsgefquote-bildungsstand-silc.html#fussnote-3-115298 (Zugriff am: 25.1.2020).

Statistisches Bundesamt, 2019o: Rechtspflege. Strafverfolgung 2018. Fachserie 10, Reihe 3. https://www.destatis.de/DE/Service/Bibliothek/_publikationen-fachserienliste-10.html (Zugriff am: 29.6.2020).

Statistisches Bundesamt, 2019p: Bevölkerung und Erwerbstätigkeit. Bevölkerungsfortschreibung auf Grundlage des Zensus 2011. Fachserie 1, Reihe 1.3, 2017. https://www.destatis.de/DE/Themen/Gesellschaft-Umwelt/Bevoelkerung/Bevoelkerungsstand/_inhalt.html#sprg233540 (Zugriff am: 29.6.2020).

Statistisches Bundesamt, 2019q: Bevölkerung im Wandel Annahmen und Ergebnisse der 14. koordinierten Bevölkerungsvorausberechnung. https://www.destatis.de/DE/Themen/Gesellschaft-Umwelt/Bevoelkerung/Bevoelkerungsvorausberechnung/_inhalt.html#sprg233474 (Zugriff am: 29.6.2020).

Statistisches Bundesamt, 2019r: Anteil der von Armut und sozialer Ausgrenzung bedrohten Menschen in Deutschland stabil. Pressemitteilung Nr. 419 vom 30. Oktober 2019. https://www.destatis.de/DE/Presse/Pressemitteilungen/2019/10/PD19_419_639.html (Zugriff am: 29.6.2020).

Statistisches Bundesamt, 2019s: Bevölkerung und Erwerbstätigkeit. Bevölkerung mit Migrationshintergrund. Ergebnisse des Mikrozensus 2018. Fachserie 1, Reihe 2.2. https://www.destatis.de/DE/Themen/Gesellschaft-Umwelt/Bevoelkerung/Migration-Integration/_inhalt.html#sprg228898 (Zugriff am 29.6.2020).

Statistisches Bundesamt, 2020a: Was ist die zusammengefasste Geburtenziffer der Kalenderjahre. https://www.destatis.de/DE/Themen/Gesellschaft-Umwelt/Bevoelkerung/Geburten/FAQ/zusammengefasste-geburtenziffer.html (Zugriff am: 29.6.2020).

Statistisches Bundesamt, 2020b: Kinderlosenquote. https://www.destatis.de/DE/Themen/Gesellschaft-Umwelt/Bevoelkerung/Geburten/Tabellen/kinderlosigkeit.html (Zugriff am: 29.6.2020).

Statistisches Bundesamt, 2020c: Statistiken der Kinder- und Jugendhilfe. Kinder und tätige Personen in Tageseinrichtungen und in öffentlich geförderter Kindertagespflege am 1.3.2019. https://www.destatis.de/DE/Themen/Gesellschaft-Umwelt/Soziales/Kindertagesbetreuung/_inhalt.html#sprg234640 (Zugriff am: 29.6.2020).

Statistisches Bundesamt, 2020d: Betreuungsquote von Kindern unter 6 Jahren mit und ohne Migrationshintergrund in Kindertagesbetreuung am 1. März 2019 nach Ländern. https://www.destatis.de/DE/Themen/Gesellschaft-Umwelt/Soziales/Kindertagesbetreuung/Tabellen/betreuungsquote-migration-unter6jahren-aktuell.html (Zugriff am: 29.6.2020).

Statistisches Bundesamt, 2020e: Sozialberichterstattung. Armutsgefährdungsquote. https://www.destatis.de/DE/Themen/Gesellschaft-Umwelt/Soziales/Sozialberichterstattung/Glossar/armutsgefaehrdungsquote.html (Zugriff am: 29.6.2020).

Statistisches Bundesamt, 2020f: Durchschnittliche Lebenserwartung (Periodensterbetafel). Deutschland, Jahre, Geschlecht, Vollendetes Alter. https://www-genesis.destatis.de/genesis//online?operation=table&code=12621-0002&bypass=true&levelindex=1&levelid=1598291984427#abreadcrumb (Zugriff am: 29.6.2020).

Statistisches Bundesamt, 2020g: Lebensformen älterer Menschen. https://www.destatis.de/DE/Themen/Querschnitt/Demografischer-Wandel/Aeltere-Menschen/lebensformen.html (Zugriff am: 29.6.2020).

Statistisches Bundesamt, 2020h: Lebensbedingungen und Armutsgefährdung. Einkommensverteilung (Nettoäquivalenzeinkommen) in Deutschland. https://www.destatis.de/DE/Themen/Gesellschaft-Umwelt/Einkommen-Konsum-Lebensbedingungen/Lebensbedingungen-Armutsgefaehrdung/Tabellen/einkommensverteilung-silc.html (Zugriff am: 12.5.2020)

Statistisches Bundesamt, 2020i: Gender Pay Gap 2019: Frauen verdienten 20 % weniger als Männer. Pressemitteilung Nr. 097 vom 16. März 2020. https://www.destatis.de/DE/Presse/Pressemitteilungen/2020/03/PD20_097_621.html (Zugriff am: 19.5.2020).

Statistisches Bundesamt, 2020j: Armutsgefährdungsquote (monetäre Armut) nach Sozialleistungen in Deutschland nach dem Haushaltstyp. https://www.destatis.de/DE/Themen/Gesellschaft-Umwelt/Einkommen-Konsum-Lebensbedingungen/Lebensbedingungen-Armutsgefaehrdung/Tabellen/armutsgef-quote-typ-silc.html (Zugriff am 14.6.2020).

Statistisches Bundesamt/Deutsche Bundesbank, 2019: Vermögensbilanzen 1999–2018. Sektorale und gesamtwirtschaftliche Vermögensbilanzen. https://www.destatis.de/DE/Themen/Wirtschaft/Volkswirtschaftliche-Gesamtrechnungen-Inlandsprodukt/_inhalt.html#sprg227266 (Zugriff am: 23.5.2020).

Staub-Bernasconi, Silvia, 2018: Soziale Arbeit als Handlungswissenschaft. Auf dem Weg zu kritischer Professionalität. 2. Auflage. Opladen & Toronto: Barbara Budrich (UTB).

Strauß, Susanne/Ebert, Andreas, 2013: Einkommensungleichheiten in Westdeutschland vor und nach dem Renteneintritt. In: Vogel, Claudia/Motel-Klingebiel, Andreas (Hg.), Altern im sozialen Wandel: Die Rückkehr der Altersarmut? Wiesbaden: Springer VS, S. 253-272.

Stubbe, Tobias C./Bos, Wilfried/Schurig, Michael, 2017: Der Übergang von der Primar- in die Sekundarstufe. In: Hußmann, Anke/Wendt, Heike/Bos, Wilfried/Bremerich-Vos, Albert/Kasper, Daniel/Lankes, Eva-Maria/McElvany, Nele/Stubbe, Tobias C./Valtin, Renate (Hg.), IGLU 2016. Lesekompetenzen von Grundschulkindern in Deutschland im internationalen Vergleich. Münster/New York: Waxmann, S. 235-250. https://www.waxmann.com/?eID=texte&pdf=3700Volltext.pdf&typ=zusatztext (Zugriff am: 29.6.2020).

Stürzer, Monika, 2013: Schule und Nachmittagsbetreuung von Schulkindern. In: Cinar, Melihan/Otremba, Katrin/Stürzer, Monika/Bruhns, Kirsten, Kinder-Migrationsreport. Ein Daten- und Forschungsüberblick zu Lebenslagen und Lebenswelten von Kindern mit Migrationshintergrund. München: Deutsches Jugendinstitut (DJI), S. 166-230.

Tartler, Rudolf, 1961: Das Alter in der modernen Gesellschaft. Stuttgart: Enke.

Tesch-Römer, Clemens, 2010: Soziale Beziehungen alter Menschen. Stuttgart: Kohlhammer.

Tews, Hans Peter, 1993: Neue und alte Aspekte des Strukturwandels des Alters. In: Naegele, Gerhard/Tews, Hans Peter (Hg.), Lebenslagen im Strukturwandel des Alters. Opladen: Westdeutscher, S. 15-42.

Thieme, Frank, 2008: Alter(n) in der alternden Gesellschaft. Eine soziologische Einführung in die Wissenschaft vom Altern. Wiesbaden: VS.

Thiersch, Hans, 1992: Das sozialpädagogische Jahrhundert. In: Rauschenbach, Thomas/Gängler, Hans (Hg.), Soziale Arbeit und Erziehung in der Risikogesellschaft. Neuwied: Luchterhand, S. 9-25.

Thomas, Jürgen, 2015: Kriminalität im Lebenslauf. In: Melzer, Wolfgang/Hermann, Dieter/Sandfuchs, Uwe/Schäfer, Mechthild/Schubarth, Wilfried/Daschner, Peter (Hg.), Handbuch Aggression, Gewalt und Kriminalität bei Kindern und Jugendlichen. Bad Heilbrunn: Klinkhardt, S. 47-50.

Tietze, Wolfgang, 2010: Institutionelle Betreuung von Kindern. In: Krüger, Heinz-Hermann/Grunert, Cathleen (Hg.), Handbuch der Kindheits- und Jugendforschung. 2. Auflage. Wiesbaden: VS, S. 543-568.

Tönnies, Ferdinand, 2005: Gemeinschaft und Gesellschaft. Grundbegriffe der reinen Soziologie. Darmstadt: WB (Nachdruck der 8. Auflage von 1935, zuerst 1887).

Tyrell, Hartmann, 1988: Ehe und Familie – Institutionalisierung und Deinstitutionalisierung. In: Lüscher, Kurt/Schultheis, Franz/Wehrspaun, Michael (Hg.), Die 'postmoderne' Familie. Familiale Strategien und Familienpolitik in einer Übergangszeit. Konstanz: Universitätsverlag, S. 145-156.

UN (United Nations), 2019: Population Division. Department of Economic and Social Affairs. World Population Prospects. Total population (both sexes combined) by region, subregion and country, annually for 1950-2100 (thousands). https://population.un.org/wpp/Download/Standard/Population/ (Zugriff am 8.4.2020).

UNDP (United Nations Development Programme), 2019a: The Human Development Report 2019. Beyond income, beyond averages, beyond today. Inequalities in human development in the 21st century. Technical Notes. http://hdr.undp.org/en/2019-report/download (Zugriff am: 29.6.2020).

UNDP (United Nations Development Programme), 2019b: Überblick. Bericht über die menschliche Entwicklung 2019. Jenseits von Einkommen, Durchschnittswerten und über den heutigen Tag hinaus. Ungleichheiten in der menschlichen Entwicklung im 21. Jahrhundert. http://hdr.undp.org/en/2019-report/download (Zugriff am: 29.6.2020).

UNICEF, 2007: Child Poverty in Perspective. An Overview of Child Well-Being in Rich Countries. Innocenti Report Card 7. Florence: UNICEF Innocenti Research Centre. https://www.unicef.org/media/files/ChildPovertyReport.pdf (Zugriff am: 29.6.2020).

UNICEF, 2013: Child Well-being in Rich Countries. A comparative overview. Innocenti Report Card 11 (written by Peter Adamson). Florence: UNICEF Office of Research. https://www.unicef-irc.org/publications/683-child-well-being-in-rich-countries-a-comparative-overview.html (Zugriff am: 29.6.2020).

UNICEF, 2017: 'Building the Future: Children and the Sustainable Development Goals in Rich Countries'. Innocenti Report Card 14. Florence: UNICEF Office of Research. https://www.unicef-irc.org/publications/890-building-the-future-children-and-the-sustainable-development-goals-in-rich-countries.html (Zugriff am: 29.6.2020).

Vogel, Claudia/Künemund, Harald, 2018: Armut im Alter. In: Böhnke, Petra/Dittmann, Jörg/Goebel, Jan (Hg.), Handbuch Armut: Ursachen, Trends, Maßnahmen. Opladen/Toronto: Barbara Budrich, S. 144-153.

Vogel, Claudia/Romeu Gordo, Laura, 2019: Ehrenamtliches Engagement von Frauen und Männern im Verlauf der zweiten Lebenshälfte. In: Vogel, Claudia/Wettstein, Markus/Tesch-Römer, Clemens (Hg.), Frauen und Männer in der zweiten Lebenshälfte. Älterwerden im sozialen Wandel. Wiesbaden: Springer VS, S. 113-132.

Voges, Wolfgang, 2008: Soziologie des höheren Lebensalters. Ein Studienbuch zur Gerontologie. Augsburg: Maro.

Voges, Wolfgang/Zinke, Melanie, 2010: Wohnen im Alter. In: Aner, Kirsten/Karl, Ute (Hg.), Handbuch Soziale Arbeit und Alter. Wiesbaden: VS, S. 301-308.

Völschow, Yvette, 2014: Gewalt in der Familie. In: Nave-Herz, Rosemarie (Hg.), Familiensoziologie. Ein Lehr- und Studienbuch. München: De Gruyter Oldenbourg, S. 179-194.

Wagner, Michael 2018: Entwicklung und Vielfalt der Lebensformen. In: Schneider, Norbert F. (Hg.), Lehrbuch Moderne Familiensoziologie. Theorien, Methoden, empirische Befunde. Opladen/Farmington Hills: Barbara Budrich (UTB), S. 99-120.

Weber, Max, 1972: Wirtschaft und Gesellschaft. Grundriss der verstehenden Soziologie. 5. Auflage. Tübingen: Mohr (zuerst: Tübingen 1922).

Weber, Max, 2010: Die protestantische Ethik und der Geist des Kapitalismus. Vollständige Ausgabe. 3. Auflage. München: Beck (zuerst: Tübingen 1920).

Weichhold, Karina/Silbereisen, Rainer K., 2018: Jugend (10-20 Jahre). In: Schneider, Wolfgang/Lindenberger, Ulman (Hg.), Entwicklungspsychologie. 8. Auflage. Weinheim/Basel: Beltz, S. 239-263.

Weltbank, 2017: World Development Indicators: Poverty rates at international poverty lines. http://wdi.worldbank.org (Zugriff am 3.6.2020).

Weltbank, 2019: GNI per capita, Atlas method (current US$). https://data.worldbank.org/indicator/NY.GNP.PCAP.CD?name_desc=false&order=wbapi_data_value_2012+wbapi_data_value+wbapi_data_value-last&sort=desc (Zugriff am: 5.5.2020).

Weltbank, 2020: World Development Indicators: Poverty rates at international poverty lines Part 2. http://wdi.worldbank.org (Zugriff am 3.6.2020).

Wendt, Heike/ Bos, Wilfried/Selter, Christoph/Köller, Olaf/Schwippert, Knut/Kasper, Daniel (Hg.), 2016: TIMSS 2015. Mathematische und naturwissenschaftliche Kompetenzen von

Grundschulkindern in Deutschland im internationalen Vergleich. Münster/New York: Waxmann. https://www.waxmann.com/?eID=texte&pdf=3566Volltext.pdf&typ=zusatzt ext (Zugriff am: 29.6.2020).

Werse, Bernd, 2011: Die Mär von der besoffenen Jugend. Zu den tatsächlichen Alkohol-Konsumtrends unter Heranwachsenden am Beispiel einer lokalen Drogen-Monitoring-Studie aus Frankfurt am Main und anderer Erhebungen. In: Soziale Probleme 22 (1), S. 7-27.

Wetzel, Martin/Simonson, Julia, 2017: Engagiert bis ins hohe Alter? Organisationsgebundenes ehrenamtliches Engagement in der zweiten Lebenshälfte. In: Mahne, Katharina/Wolff, Julia Katharina/Simonson, Julia/Tesch-Römer, Clemens (Hg.), Altern im Wandel. Zwei Jahrzehnte Deutscher Alterssurvey (DEAS). Wiesbaden: Springer VS, S. 81-95.

Wetzstein, Matthias/Rommel, Alexander/Lange, Cornelia, 2015: Pflegende Angehörige – Deutschlands größter Pflegedienst. In: RKI (Hg.), GBE kompakt. Zahlen und Trends aus der Gesundheitsberichterstattung des Bundes. DOI 10.17886/RKI-GBE-2016-018. https://edoc.rki.de/handle/176904/3137 (Zugriff am: 3.4.2020).

Weymann, Ansgar, 2007: Interaktion, Institution und Gesellschaft. In: Joas, Hans (Hg.), Lehrbuch der Soziologie. 3. Auflage. Frankfurt am Main/New York: Campus, S. 117-123.

Wimmer-Puchinger, Beate, 2015: Feminisierung des Alters: Psychosoziale Aspekte. In: Brunnauer, Cornelia/Hörl, Gabriele/Schmutzhart, Ingrid (Hg.), Geschlecht und Altern. Interdisziplinäre Betrachtungen. Wiesbaden: Springer VS, S. 134-152.

Wintersberger, Helmut, 2005: Generationale Arbeits- und Ressourcenteilung. In: Hengst, Heinz/Zeiher, Helga (Hg.), Kindheit soziologisch. Wiesbaden: VS, S. 181-200.

Wolfert, Sabine/Leven, Ingo, 2019: Freizeitgestaltung und Internetnutzung: Wie Online und Offline ineinandergreifen. In: Shell Deutschland Holding (Hg.), Jugend 2019. Eine Generation meldet sich zu Wort. Weinheim/Basel: Beltz, S. 213-246.

Wolfert, Sabine/Pupeter, Monika, 2018a: Freizeit: Hobbys und Mediennutzung. In: World Vision Deutschland e.V. (Hg.), Kinder in Deutschland 2018. 4. World Vision Kinderstudie. Weinheim/Basel: Beltz, S. 95-125.

Wolfert, Sabine/Pupeter, Monika, 2018b: Freundschaften: Soziales Erprobungsfeld für Kinder. In: World Vision Deutschland e.V. (Hg.), Kinder in Deutschland 2018. 4. World Vision Kinderstudie. Weinheim/Basel: Beltz, S. 126-147.

Wolfert, Sabine/Quenzel, Gudrun, 2019: Vielfalt jugendlicher Lebenswelten: Familie, Partnerschaft, Religion und Freundschaft. In: Shell Deutschland Holding (Hg.), Jugend 2019. Eine Generation meldet sich zu Wort. Weinheim/Basel: Beltz, S. 133-161.

Wolff, Julia K./Nowossadeck, Sonja/Spuling, Svenja M., 2017: Altern nachfolgende Kohorten gesünder? Selbstberichtete Erkrankungen und funktionale Gesundheit im Kohortenvergleich. In: Mahne, Katharina/Wolff, Julia Katharina/Simonson, Julia/Tesch-Römer, Clemens (Hg.), Altern im Wandel. Zwei Jahrzehnte Deutscher Alterssurvey (DEAS). Wiesbaden: Springer VS, S. 125-137.

World Vision Deutschland e.V. (Hg.), 2018: Kinder in Deutschland 2018. 4. World Vision Kinderstudie. Weinheim/Basel: Beltz.

Wunderer, Eva, 2015: Praxishandbuch Soziale Arbeit mit Menschen mit Essstörungen. Weinheim/Basel: Beltz Juventa.

Wunderer, Eva/Borse, Sigrid/Schnebel, Andreas, 2013: Essstörungen. In: Deutsche Hauptstelle für Suchtfragen (DHS) (Hg.), Jahrbuch Sucht 2013. Lengerich: Pabst, S. 135-142.

Wurm, Susanne/Tesch-Römer, Clemens, 2006: Gesundheit, Hilfebedarf und Versorgung. In: Tesch-Römer, Clemens/Engstler, Heribert/Wurm, Susanne (Hg.), Altwerden in Deutschland. Sozialer Wandel und individuelle Entwicklung in der zweiten Lebenshälfte. Wiesbaden: VS, S. 329-383.

Zeiher, Helga, 2000: Hausarbeit: Zur Integration der Kinder in die häusliche Arbeitsteilung. In: Hengst, Heinz/Zeiher, Helga (Hg.), Die Arbeit der Kinder. Kindheitskonzept und Arbeitsteilung zwischen den Generationen. Weinheim/München: Juventa, S. 45-69.

Zeiher, Hartmut J./Zeiher, Helga, 1994: Orte und Zeiten der Kinder. Soziales Leben im Alltag von Großstadtkindern. Weinheim/München: Juventa.
Zerle, Claudia, 2008: Lernort Freizeit: Die Aktivitäten von Kindern zwischen 5 und 13 Jahren. In: Alt, Christian (Hg.), Kinderleben – Individuelle Entwicklungen in sozialen Kontexten. Band 5: Persönlichkeitsstrukturen und ihre Folgen. Wiesbaden: VS, S. 345-368.
Zick, Andreas, 2017: Sozialpsychologische Diskriminierungsforschung. In: Scherr, Albert/El-Mafaalani, Aladin/Yüksel, Gökçen (Hg.), Handbuch Diskriminierung. Wiesbaden: Springer VS, S. 59-80.
Zinnecker, Jürgen, 1981: Jugend 1981: Porträt einer Generation. In: Jugendwerk der Deutschen Shell (Hg.), Jugend '81. Band 1. Lebensentwürfe, Alltagskulturen, Zukunftsbilder. Hamburg: Jugendwerk der Deutschen Shell, S. 80-122.
Zinnecker, Jürgen, 1985: Kindheit. Erziehung. Familie. In: Jugendwerk der Deutschen Shell (Hg.). Jugend und Erwachsene '85: Generationen im Vergleich. Band 3: Jugend der fünfziger Jahre – Heute. Opladen: Leske + Budrich, S. 97-292.
Zinnecker, Jürgen, 1990: Vom Straßenkind zum verhäuslichten Kind. In: Behnken, Imbke (Hg.), Stadtgesellschaft im Prozess der Zivilisation. Opladen: Leske + Budrich, S. 142-162.
Züchner, Ivo, 2013: Sportliche Aktivitäten im Aufwachsen junger Menschen. In: Züchner, Ivo/Grgic, Mariana (Hg.), Medien, Kultur und Sport. Was Kinder und Jugendliche machen und was ihnen wichtig ist. Die MediKuS-Studie. Weinheim/Basel: Beltz Juventa, S. 89-138.
Züchner, Ivo/Cloos, Peter, 2012: Das Personal der Sozialen Arbeit. In: Thole, Werner (Hg.), Grundriss Soziale Arbeit. Ein einführendes Handbuch. 4. Auflage. Wiesbaden: VS, S. 933-954.

# Stichwortverzeichnis

Die Angaben verweisen auf die Seitenzahlen des Buches.

Adoptivfamilie 77
AGIL-Schema 57, 58, 67
Aktivitätstheorie 151, 152
Akzeleration, säkulare 131
Alleinerziehende 71, 113, 206
Altenquotient 171, 173
Alter 69, 79, 84–86, 89, 91, 93, 97–99, 101–104, 107–109, 111, 115–117, 128, 132, 135, 139, 146, 151–169, 171, 175, 183, 192, 199, 204, 205, 207, 211, 214, 215, 218, 220
Äquivalenzskalen 199, 204, 207, 208
Arbeitslosengeld II 98, 213–216
Arbeitsteilung 48, 49, 66, 67, 78, 80, 88–90, 94, 165, 166
– häusliche 94
Armut 17, 19, 70, 87, 101, 110, 112–117, 135, 161, 164, 179, 184, 203, 204, 209–223
– absolute 212, 213, 222
– bekämpfte 213, 215, 222
– relative 212, 213, 216, 217, 219, 222, 223
– verdeckte 213, 214, 222, 223
Armutsberichterstattung 216, 222
Armutsforschung, dynamische 219
Armutsgefährdung 112, 113, 116, 117, 161, 203, 211, 212, 220
Armutsgefährdungsquote 113, 135, 161, 211
Armutslücke, relative 219, 223
Armutsrisiko 103, 112–114, 117, 135, 161–163, 175, 203, 204, 211, 212, 218–220, 223
Armutsrisikogrenze 213, 219
Armutsrisikoquote 112, 161, 213, 217–220, 223
Armutsrisikoschwelle 201, 204
Ausgrenzung, soziale 19, 66, 116, 161, 211, 212, 220, 221
Autonomie 61, 123, 125, 127, 129, 131, 158, 165
Autopoiesis 37
AWO 116, 117

Basisdimension 182
Bedarfsgewichtung 199, 200, 204, 207
Beschleunigung, soziale 64, 67
Besitzklassen 188
Beziehungsmodell, egalitäres 90
Bindungsverhalten 103
Binnendifferenzierung 129
BMI 111, 146
BZgA 131, 144, 145
Capability Approach 210
Commuter-Familie 78

Deinstitutionalisierung 80, 82, 94
Deprivation, multiple 116
Destandardisierung 128, 148
Determinanten 182, 183, 185, 205–208, 223
Devianz 140, 148
Dezile 201, 207
Dichte 46, 52
Dienstleistungsgesellschaft 64, 65, 185, 186
Differenzierung 29, 59–61, 65–67, 71, 72, 75, 78, 80, 82, 100
Differenzierung, funktionale 59, 60, 67, 78, 100
Differenzprinzip 182
Dimensionen 64, 114, 116, 182–186, 192–194, 198, 207, 208
Disengagementtheorie 151, 152
Diskriminierung, soziale 183, 184
DIW 112, 113, 201, 203, 212
Ehe 28, 72, 80, 82–84, 86, 162, 167
– bildungshomogame 83
Ehegründung, kinderorientierte 84
Eherechtsreformgesetz, Erstes 88
Ein-Eltern-Familie 77
Elternrolle 91, 94
Elternschaft, professionalisierte 91
Emergenz 33, 34, 40
Emotionalisierung 82, 94, 128
Entberuflichung 155, 156, 159, 176

255

## Stichwortverzeichnis

Entstrukturierung 128
Entwicklungsaufgaben 121, 124, 140, 146, 153, 222
Erstheiratsalter 82
Erwerbsklassen 188
EU-SILC 113, 116, 161, 201, 203, 204, 211, 217, 218, 220
Eurostat 85, 113, 116, 133, 134, 161, 203, 212, 217, 220
EVS 161, 201, 202, 204, 205, 215, 217, 218
Existenzminimum
– physisches 212, 222
– soziokulturelles 212
Exklusionsindividualität 61, 67
Familie 19, 28, 45, 48, 54, 55, 59, 62, 69, 71–82, 85, 87–89, 91–94, 97, 99, 101, 103, 112, 116, 117, 124, 128, 130, 135, 136, 138, 147, 162, 163, 166, 183, 222
– bilokale 78
– binukleare 78, 87
– erweiterte 77
– matrilokale 77
– neolokale 77
– patrilokale 77
– polygame 77
Feminisierung 155, 156, 159, 176
Fortsetzungsfamilie 77
Funktionssysteme 36, 59, 60, 67
– gesellschaftliche 60
Geburtenrate 84, 85, 103, 115, 156, 168, 169
Geburtenziffer, zusammengefasste 84
Gefangenendilemma 35
Gemeinschaft 29, 30, 56, 57, 67, 90, 144, 181, 189
Gender Pay Gap 205
Generation, skeptische 136
Generationen 19, 54, 61, 64, 71, 73, 77, 91–94, 97, 98, 100, 131, 137, 138, 152, 154, 158, 162, 163, 166, 174
Generationenrolle 29
Gesamtquotient 171–173
Geschlechtsrolle 61, 89, 90, 94, 109, 162
Geschlossenheit, operative 60, 67
Gesellschaft 18–21, 28, 33, 34, 37, 47, 53–64, 66, 67, 69–71, 73–82, 94, 97–100, 117, 118, 121, 125–127, 137, 144, 145, 147, 151–154, 156, 164, 173, 175, 176, 179, 181, 182, 184, 185, 187–189, 191, 198–200, 204, 207, 209, 212, 213, 222
– asymmetrische 56
– moderne 37, 47, 53–56, 58–61, 63, 64, 67, 69, 71, 73–75, 78–82, 94, 100, 117, 118, 121, 126, 144, 145, 147, 151, 154, 156, 175, 176, 181, 187, 188
– spätmoderne 64, 67
Gini-Koeffizient 200–203, 206, 208
Gleichaltrigengruppe 125
Gleichberechtigungsgesetz 88
Grundsicherung 160, 162, 214–216
Gruppe 17, 38, 43–45, 51, 52, 70, 71, 73, 74, 83, 101, 107, 110, 125, 133–136, 142, 161, 171, 173, 175, 181, 185, 186, 190, 192, 197, 214, 218
– informelle 44, 45, 56, 166
– soziale 44–47, 52, 73
Gruppengröße 43, 45, 52
Gruppenhierarchie 43
Gruppenidentität 43
Habitus 196–198
Handeln 15, 19, 21, 23–30, 32–36, 38–41, 49, 57, 58, 123, 125, 140, 179, 187–189, 196, 209
– soziales 15, 21, 25–27, 30, 41
Handlungssystem, allgemeines 57
Handlungstheorie 38
Haushaltsnettoeinkommen 199, 200, 204
HDI 211
Heiratsmotive 84, 94
Heiratsneigung 83, 87, 94
HLU 214–216
Hochaltrigkeit 153, 155, 159, 175, 176
IGLU 105
Indikatoren 114, 182, 183, 185, 207, 208, 213
Individualisierung 61, 62, 67, 80, 82, 94, 128, 129
Individuation 121–124, 147
Industriegesellschaft 65, 185–187
Inseminationsfamilie, heterologe 77

# Stichwortverzeichnis

Institutionalisierung 28, 62, 67, 99, 100, 117, 118, 126, 128
Institutionen 16, 27–29, 32, 34, 39, 61, 62, 66, 97, 103, 104, 117, 175, 194, 222
- sekundäre 61
Integration 45, 46, 57, 61, 62, 76–78, 82, 94, 105, 108, 116, 121, 122, 124, 192
ISCED 204, 220
ISS 116, 117

Jugend 69, 91, 121, 124, 126–130, 136, 137, 147, 151, 154, 159, 171, 172, 176
Jugendkultur 136, 137, 147
Jugendquotient 171

Kapital 196–198
- kulturelles 198
- ökonomisches 196–198
- soziales 196–198
Kapitalismus 55
Kapitalisten 187–189
Kinderrechtskonvention 114
Kindheit 45, 48, 69, 89, 97–103, 105, 108, 109, 117, 118, 121, 122, 124, 126, 130, 135, 137, 140, 143, 144, 151, 154
Klassen 34, 106, 179, 185–189, 192, 195–198, 207, 208, 220
- soziale 185, 187, 188, 197
Kleingruppen 43–45, 47
Knoten 46
Kommunikationscodes 36, 60, 61
Kompensationshandlung 144
Komplexität 23–25, 30–32, 51
Konformitätshandlung 144
Kontingenz 23–27, 29–32, 36
- doppelte 26
Kontinuitätsthese 152, 153
Kultur 27–29, 32, 55, 57, 65, 100, 123, 124, 126, 127, 130, 135, 136, 197
Kumulationsthese 153

Labeling Approach 143, 148
Lagen, soziale 46, 114, 117, 153, 179, 185–188, 192, 193, 195, 198, 207, 208, 222
Lebenserwartung 87, 92, 93, 153, 155–159, 163, 168, 169, 171, 172, 175, 211

Lebensformen 50, 54, 71, 72, 87, 94, 99, 102, 125, 179, 181, 206
Lebensformenkonzept 71
Lebensgemeinschaft 83, 84, 86, 158
- gleichgeschlechtliche 71, 86
- nichteheliche 82–84, 87
Lebenslagenansatz 114
Lebenslauftheorie 143
Lebensstile 125, 126, 136, 137, 185–187, 207, 208
Lebenswelt 56, 67, 99, 136
Lebenszeitprävalenz 145, 146
Lebensziele 192
Lohnarbeit 53, 54, 66, 67, 99, 154, 155, 175, 176
Lorenz-Kurve 200

Median 160–162, 203–205, 219
Medianeinkommen 203, 204, 207, 217
Mehrgenerationenfamilie 77, 93, 94, 158
- multilokale 94
Migration 168
Migrationshintergrund 19, 104, 106, 109, 111, 113, 114, 179, 184, 205–207, 218, 219
Mikrozensus 72, 112, 113, 135, 161, 191, 201, 204, 217, 218
Milieus 61, 90, 144, 179, 185, 186, 194, 195, 207, 208
- soziale 194
Mindestsicherungsleistungen 213, 216, 217
Mobilität 54, 66, 67, 93, 103, 163, 185, 188, 208
- intergenerationale 185
- soziale 54, 66, 67, 185, 188, 208
Modernisierungstheorie 55, 56
Monogamie, exklusive 77
Moratorium, psychosoziales 127
Morbidität 159
Mortalität 168
Multimorbidität 166

Nettoäquivalenzeinkommen 160, 162, 199, 200, 203–206, 208, 217, 219
Nettovermögen 206
Netzwerke 43, 45–47, 51–53, 158, 159, 163, 164, 175, 196
- soziale 45, 47, 52, 158

257

# Stichwortverzeichnis

Nivellierungsthese 153
Normen 27–29, 43, 44, 46, 51, 52, 57, 58, 61, 62, 66, 80, 97, 122, 123, 140, 143, 222
Nutzenmaximierung 34
OECD 98, 105, 112, 199, 200, 202, 203, 205, 212, 217, 220
OECD-Skala 200
Ökonomisierung 63, 67
Organisationen 19, 28, 41, 43, 44, 46–53, 55, 56, 63, 66, 79–81, 183, 184, 206

Parteien 44, 139, 140, 164, 188, 189
Patchwork-Familie 77
Peergroup 124
Pendler-Familie 78
Pflegebedürftigkeit 159, 163, 164, 166, 167, 175
Pflegefamilie 77
Pflichtwerte 137, 138
PISA 105, 115
Postadoleszenz 129, 130, 147
Primärgruppen 45
Privilegierung 183, 184
Pro-Kopf-Einkommen 198, 199
Probleme, soziale 17, 19, 20, 63, 140, 179, 209, 221
Produktionsmittel 187, 188

Quantilsanteile 207, 208
Quintile 201, 202, 207

Rational-Choice-Theorie 34
Rationalisierung 48, 55, 67, 99
Reichtumsschwellen 203, 204, 207
Resilienz 222
Ressourcenansatz 210, 212
Retraditionalisierung 89
Rollen, soziale 29, 122, 126, 152, 157

Scheidungstransmission, intergenerationale 86
Scheidungsziffer, zusammengefasste 86
Schichten, soziale 101, 102, 105–110, 126, 136, 139, 142, 146, 190
Scholarisierung 99, 117, 118
Schulabgänger, frühe 147
Selbst, unternehmerisches 63

Selbstentfaltungswerte 137
Selbstreferenz 37
Selbstwirksamkeitserwartung 110
Singularisierung 63–65, 67, 155, 158, 159, 176
Sinn 23–25, 32, 47, 121, 165
Situationen, soziale 16, 19, 26, 30, 38
SOEP 113, 161, 201, 202, 204, 206, 217–220
Soziale Arbeit 15–21, 33, 37, 39, 46, 48, 62, 69
Sozialgeld 98, 214, 216
Sozialgesetzbuch 98, 160, 213
Sozialisation 29, 45, 74, 89, 97, 117, 196
– geschlechtsspezifische 89
Sozialisationsinstanzen 45, 97, 124
Sozialkapital 46
Soziologie 15, 17–21, 23, 26, 29, 33, 34, 39, 55, 56, 71, 72, 97, 179, 209
Stände 188, 189, 207, 208
Status 43, 45, 71, 75, 76, 97, 110, 111, 117, 121, 124, 127, 142, 143, 151–153, 166, 182, 184–187, 196, 198, 207, 208
– sozialer 117, 121, 127, 142, 143, 151, 153, 166, 182, 184, 185, 187, 198, 207, 208
Statusgruppe 110, 184
Statushandlung 144
Statusinkonsistenz 185
Statuskonsistenz 185
Stereotype 184
Substanzen, psychoaktive 143, 147
Systeme, soziale 36, 37, 40, 51, 60
Systemtheorie 37, 38, 58, 59

Tatbestände, soziale 21, 33, 36, 39
Teilsysteme, gesellschaftliche 36, 57–60, 67

Ungleichheit, soziale 179, 181, 188
UNICEF 101, 107, 110–112, 114–116, 203, 212
Urbanisierung 99
Utilitarismus 34

Verhaltenserwartungen 27, 29, 76, 77, 89, 90, 121, 145, 151, 153, 175
– generalisierte 77

Verhandlungshaushalt 91, 93, 94
Verhäuslichung 102, 118
Verinselung 102, 117, 118
Verurteiltenziffer 141

Wandel, demografischer 50, 168
Werte 27, 28, 43–45, 51, 61, 134, 137, 138, 141, 188, 211
– gesellschaftsbezogene 137, 138
– materialistische 137, 138
– persönliche 137, 138
– postmaterialistische 137
Wertewandel 137
Wohlergehen 46, 114, 116, 117, 210, 222

Zentralität 46, 52
Zusammenleben, getrenntes 78